한국인은 누구인가?

한국인의 정체성

한국인은 누구인가?
한국인의 정체성

초판인쇄 | 2022년 6월 20일
초판발행 | 2022년 6월 25일

지은이 | 홍사명
펴낸이 | 김경옥
디자인 | 김현림
펴낸곳 | 도서출판 온북스

등록번호 | 제 312-2003-000042호
등록일 | 2003년 8월 14일

주소 | 서울시 은평구 은평로 194-6, 502호
전화번호 | 02-2263-0360
팩스 | 02-2274-4602

ISBN 979-11-92131-14-6 03300

잘못 만들어진 책은 교환해드립니다.
이 출판물은 저작권법에 의하여 보호받는 저작물이므로
무단 전재와 무단 복제를 할 수 없습니다.

한국인은 누구인가?

한국인의 정체성

저자 홍사명

온북스
ONBOOKS

머리말

한국인의 정체성

"한국인의 정체성, 한국인은 누구인가?"는 먼저 영문으로 2017년에 출판을 보았다. 4년이 흐른 후 국문으로 완역하여 출판을 보게 되어 숙원 사업이 마무리된 듯 후련하고 기쁘다. 본서는 저자가 한국학 개발을 위하여 스톡홀름, 함부르크 대학교를 위시한 여러 해외 대학에서 강의하던 원고를 기초로 했기 때문에 영문으로 출판을 보게 되었으나 이 책이 일정한 독자들에 한정되어 있어 일반 독자들 속으로 파급해야 한다는 권유에 따라 국역을 감행하게 되었다.

'자기의 정체성'은 다른 사람들에게 비추어진 자화상과 비교함으로 얻어진 차이를 갈고 닦아서 얻어진 자화상이다. 세계인들의 눈에 비친 동아시아인 하면 중국과 일본을 먼저 생각한다. 이 인식 속에 한국인이 점유할 자리는 적어진다. 우리의 정체성 확립에 가장 큰 변인이 지정학적 요인이다. 우리의 이웃인 중국은 한반도의 50배에 달한다. 중국의 문명의 대류는 이웃 국가를 압도해 왔고 한국은 막강한 대륙의 흥망 소용돌이 속에서 약자로서 살아온 국가로서의 역사적 특징을 지니고 있다. 저자는 어느 해인가 해외여행 중 어느 외국인이 "한국이 고유의 언어를 갖고 있느냐?"는 질문을 받고 충격을 받은 경험이 있다. 한국인의 정체성에 관한 주관적 견해와 객관적 견해는 다르다. 바로 이러한 점이 나를 한국인의 정체성 연구에 끌어들인 동인이 되었다. 내용의 전개에 있어 정체성에 관한 이론을 시작으로 한국인의 역사의식을 살펴보았다.

다음으로 한국인의 전통사상을 유교 중심으로 다루었고 본론에서 한국인의 정체성을 이루는 특징적 사고와 행동 유형을 상술했다. 이어서 한국 청년들의 사고와 행동이 선진국의 청년과 어떻게 다른가 보았다. 저자는 한국의 청년들이 권위주의 정권에 대항하여 싸우던 시기에 외국에서 체류 중 한국 학생들의 과격 시위, 경찰과의 대치, 최루탄으로 얼룩진 시가전을 방불케 하는 혼란에 관하여 외국인들의 질문을 받아 왔다. 이 경험들이 모두 한국인의 정체성 연구에 정진하게 만든 동기가 되었다. 결어에서 특수적 가치와 보편적 가치의 충돌을 살펴보고 한국인의 문화적 성숙도에 비추어 자유민주주의 실현 가능성을 예측해 보았다.

한국인의 가장 두드러진 특징으로 종족 중심 민족주의를 들 수 있다. 우리의 역사를 볼 때 민족, 문화, 국가가 동일체를 이루고 있다는 사실에 주목할 필요가 있다. 한국인이 '혈통적으로 과연 동일체를 이루고 있는가?'는 의문의 여지를 남겨두고 있다. 문제는 "동일체 과정이 얼마나 오래 지속 되었는가?"에 초점을 맞추어야 하지 않을까 한다. 한국의 중앙 집권적 통일 국가가 다른 나라에 비하여 먼저 등장했다. 중국도 소수민족으로 인하여 민족과 문화는 맞아떨어지지 않는다. 유럽 국가들 중 민족과 문화, 문화와 국가가 동일체를 이루는 예는 없다.

독일의 중앙 집권적 통일 국가가 성립된 것은 1871년이다. 한국인은 단군을 민족의 시조로 하여 단일민족이라는 의식이 강할 뿐만 아니라 이를 긍지로 삼고 있다. 따라서 우리가 단일 배달민족이라는 것은 상상적 의식에 의한 것 임을 알 수 있다. 한국인의 민족주의는 일본의 식민정책에 의하여 보다 격렬해졌다. 해방된 지 거의 한 세기에 가까워도 일본에 대한 적의는 쇠퇴함이 없다. 민족 감정이 과하면 특정 민족에 대한 저주로 연결된다. 나치 독일은 종족 중심 민족주의의 전형을 보인다.

한국인은 수직적-집단적 의식이 강하다. 사회 계층과 제도는 모두 수직적으로 구성되고 사고는 집단의식에 의존한다. "나"에 대한 감각(The sense of ego) 이 약하므로 수많은 분자 집단을 형성하여 집단의 구성원으로 존재한다. 따라서 가족주의와 혈연주의는 같이 간다. 강한 수직적 의식은 평등 개념과 충돌한다. 자유민주주의가 한국인의 집단의식 속에서 순항할 수 있을까? 이 문제는 결어에서 상술한 바 있다.

본서 출판에 앞서 저자와 개인적 친분이 깊었던 故 데비드 스트랭웨이 박사에 관하여 첨언하고자 한다. 이분의 전공은 지구과학으로 캐나다 서부의 명문인 브리티슈 컬럼비아 대학의 총장으로 재직 시 한국학 개강을 실현하셨다. 대학을 떠난 후도 한국학에 깊은 관심을 갖고 저자의 원고를 꼼꼼히 읽고 출판을 강력히 권장하시었으나 출판을 보지 못하시고 영민하시었다. 저자로서는 참으로 애잔한 이야기가 아닐 수 없다.

이 책을 故 스트랭웨이 박사의 영전에 바치고자 한다.

저자 **홍사명**

추천사

"한국인의 정체성"의 저자는 본인이 대학 총장으로 재직 시 한국학술진흥재단에서 한국학의 세계화에 정진하고 있을 때 업무 관계로 인연을 맺게 되었다. 무엇보다 그의 외국어 구사 능력을 인지하고 사업도 같이 해 온 터라 우리는 30년간의 돈독한 인연을 이어오고 있다.

1998년 2월 저자는 정년을 맞은 후 한국외국어대학교에서 "Korea and the World"라는 원어 강의를 담당했었다. 저자는 초빙교수로 임명된 후 단일 과목으로 한 직장에서 23년간 봉직했다. 이 과목 자체가 한국인의 정체성과 깊은 관련을 갖고 있는바 저자는 이 주제를 중심으로 동 대학 대학원의 강의를 열어 '한국인의 정체성'을 깊이 파고들었다. 더욱이 독일 함부르크 대학과 스웨덴 스톡홀름 대학에서 강의는 그의 전문적 식견을 격상시킬 수 있는 귀중한 기회가 되었다. 외국인 학생과의 경험은 그로 하여금 '한국인의 정체성'의 출판을 가능케 한 밀알이 되였다.

한 민족의 정체성 연구는 여러 영역을 망라한다. '나는 누구인가?'로부터 시작되는 이 연구는 한 민족의 집단의식을 정의하는 시도로 끝난다. 나를 안다는 자체는 나와 다른 사람을 비교한다는 뜻이 담겨있다. 따라서 이 연구는 이웃 나라 사람과 비교는 물론 서양인과도 비교를 통하여 한국인의 특징을 찾아내려고 한다. 서양인의 정체성은 강한 '에고이즘'을 특징으로 하는 반면 한국인의 정체성은 집단의식에 매몰된 인상을 준다. 본 주제는 저자가 아니고는 다른 연구 영역에서 체계적으로 다루지 않던 것으로 앞으로 주목을 받게 될 것이다.

저자는 원래 이 주제를 원어로 저술했고 저자 본인이 한국어로 완역을 했다. 저자가 연륜의 무게를 느끼고 있느니 만큼 적기에 한국어로 출판을 보게 되어 감개무량하다. 이 책이 독자들에게 "나는 누구인가?"에 대한 명상에 젖어보는 계기가 되기를 바란다.

전 한국외국어대학교 총장 **안병만**

차례

머리말 004
추천사 008

1장 한국인, 그들은 누구인가?

국가의 정체성 016
문화, 사회적 행동, 가치와 제도 016
자기 중심적 세계 017
환경적 요인 024
지형 지리학적 요인 024
종교적 다원주의 039
한국의 지정학적 위치 051
세계화의 역설 061

2장 역사적 정체성

약자의 운명 072
단일 민족주의 077
민족주의와 이데올로기 082
왕조의 계속성 089
한 민족 두 국가 094
    한국 전쟁
    남북한, 무엇이 다른가?
    통일의 전망
    시간은 고통을 치유할 수 있을까?
현대화 128
역사 전쟁 135

3장 한국인의 지적 기반

고유사상과 유교 — 160
거미줄 사회와 오륜 — 166
현자의 도덕성 — 181
외국 사상과의 만남 — 189
성리학, 도전을 만나다 — 194
동양과 서양의 가치관 — 200

4장 한국인의 특성

한국인의 가치 의식 — 216
    수직적 가치 의식
    집단적 의식
가족주의와 혈연 — 223
조상 숭배 — 228
권위 주의 — 232
    수직적 사회구조의 산물
    새로운 부자 관계
    권위주의와 개인숭배
    합리적 권위주의
도덕의 개념 — 240
    즉흥적 윤리관(Improvised Ethics)
    도덕적 판단기준
    사교의 공간(The circle of association)
    도덕성과 법
민족 주의 — 254
    종족 중심 민족주의

민족주의와 이데올로기
　　민족주의의 극적 전환
　　자부심의 원천
감정의 지배 266
　　의리
　　정
　　한
　　굿
　　기분
　　조화와 비조화
고아 입양 283
예의 바른 민족 289
집단적 행동의 특징 294
집단주의와 파벌 주의 302
새로운 한국의 여성상 307
　　성 구별
　　새로운 기대
　　세대 차이
한국인의 정서에 비친 고향 324
오도된 교육열 330
급행열차 탄 사회 336

5장 청년문화와 청년운동

청년운동의 세계적 추세 346
한국 청년의 특징 351
　　이념적 위상
　　대통령을 만든 사람들
　　민족주의와 민주 투사
　　반미 정서
이념보다 실익을 375

6장 한국 가치관의 변화

모순의 숲 — 382

특수주의와 보편주의 — 388
- 감정적 행위와 감정정화적 행위
- 인간관계와 개인능력
- 집단 에고이즘과 시민의식

가치관의 이분법 — 396
- 개인주의와 창의성
- 발전의 역설
- 자연숭배와 연속선
- 이성과 세속화
- 신용사회와 비 신용사회
- 가족, 새로운 도전을 받다

자유 민주주의의 재고 — 418
- 자유 민주주의 조건
- 구 시대 가치관
- 평등의 위세
- 집단주의와 개인주의
- 권위주의와 민주주의
- 디지털 포퓰리즘
- 지역 기반 당파성
- 인간관계의 파괴
- 문화적 동질성과 국가의 건강
- 좌로 갈것인가?

[제 **1** 장]

한국인,
그들은
누구인가?

문화는 민족 또는 국가의 정체성으로서 인간의
자아의식에 의하여 형성된다

국가의 정체성

문화, 사회적 행동, 가치와 제도

이 연구의 목적은 한국인이 다른 나라 사람들과 어떻게 다른가를 중심으로 한국인의 정체성(正體性)을 정립하는 데 있다. 여기에서 각 민족이나 국가는 사회행동, 문화, 제도 간 오랫동안 지속된 상호 작용의 결과라는 전제가 깔려있다(니콜라스 웨이드 2014,58-9). 니콜라스 웨이드에 의하면 문화의 차이는 사회제도에 기인한다고 하여 문화를 사회 제도의 종속 변인으로 보고 있다. 그러나 사회제도는 유전과 문화 간의 교호작용의 결과라고 보는 이론이 설득력을 갖고 있다. 따라서 문화는 사회 제도에 대한 영향력을 행사한다. 큰 틀로 보아 문화는 자연의 반대 개념이다. 즉 문화는 자연과의 투쟁에서 인간이 이룩한 산물이다. 폴 호톤은 문화를 사회 구성원 간 생활을 통하여 배우고 공유하는 모든 것으로 정의한다(1964,59). 데이비드 랜드에 의하면 문화를 결정적 변인으로 보고 이것이 집단 간의 차이점을 설명해야 한다는 주장을 펴고 있다. 문화는 한 사회의 필요를 충족하기 위한 집단 활동의 표출이라고 정의한다.

사회적 행동이 유전적 기초를 갖고 있다고 한다면 이 연구는 유전을 다루지 않는다는 점에서 제약을 받는다. 그러나 유전이라는 하나의 변인이 제외되었다고 하여 인간의 행동 유형을 설명하는데 크게 위축되는 것은 아니다. 민족이나 문화라는 변인이 그들의 역할을 하고 있기 때문이다. 여기에서 도출될 가설에 의하면 개인은 상시적으로 존재하는 민족과 문화의 공동체 속에서 살아옴으로써 하나의 특징적으로 형성되는 성격이 각 개인의 정체성이라는 것이다. 문화는 인간이 선택하거나 의도적으로 만들려고 하는 대상이 아니다. 문화는 한 개인의 통제나 논리적 사고를 벗어나 자연적으로 발생하는 것이다. 한 문화권 또는 국가의 구성원은 그들이 천부적으로 부여된 특성을 문화와 제도라는 돌에 갈아서 얻어지는 것이 정체성이다.

무엇이 동남아에 거주하는 중국인이 본토 중국인보다 경제적으로 유복하게 만들고 있나? 핵심 가치관을 다루는데 있어서, 문화가 어느 것보다 먼저 수면위로 떠오른다. 문화는 사회적 행동이 환경적 요인과 진화적 상호 작용에 의하여 얻어지는 결과이다. 사회적 행동은 주어진 장소에서 살아가고 번영하려는 욕망을 성취한 결과이다. 서양이 동양보다 선진화 되었다는 것을 설명할 때 유전과 문화가 변인으로 떠오른다.

자기 중심적 세계

헌팅톤에 의하면 정체성이란 "한 개인이나 집단은 특수적 성격을 지녔다"는 전제로 부터 출발한다. 자신이 다른 사람과 다르다는 인식은 "나를 너로 부터, 우리를 그들로부터" 차별화 한다. 비록 조상,

성별, 및 민족이라는 변인에 의하여 영향을 받을 지라도 사람들은 자신들이 원하는 대로 정체성을 비교적 자유롭게 정의하고 있다. 각 개인은 자기 나름대로 자기들만의 거처로서 수 많은 작은 세계를 그리고 있다. 한편 정체성은 상상에 불과하다고도 한다. 그렇다면 자기가 상상하는 자기 이미지와 진정한 이미지와는 차이가 있다는 것을 알게 된다. 자기의 진실된 이미지는 자기 자신이 생각하는 이미지 (self image)와 타인이 생각하는 이미지 (perceived image)와 타협하여 얻은 결과이다. 주관적 이미지와 객관적 이미지의 차이를 감소시켜 진정한 이미지에 도달 할 수 있다. 다른 나라를 이해한다는 것은 이것이 우리나라의 이해에 실마리를 제공 할 수 있다는 뜻으로 해석된다. 역으로 우리의 이해는 다른 나라를 이해하는 단서를 제공한다.

한국인의 정체성 탐구는 세계가 공간적으로 축소되고 공통분모를 지향하고 있다는 추세 때문에 여러 번 좌절을 맛보았다. 국가 간의 상호 교역이 증대됨으로 세계 여러 나라들은 공통된 모습을 보이기 시작했다. 따라서 세계화가 진전 됨에 따라 보편적 가치가 특수적 가치를 압도하는 경향이 있다. 공유된 역사는 과거에 대한 공통적 기억을 창출하고 이것이 환경적 요소와의 상호작용을 한다. 과거 어느 사건의 역사는 현재와 단절된 역사가 아니라 과거와 현재를 연결하는 진행형의 역사이다. 그러나 새로운 주장에 의하면 역사적 사건의 특수성으로 보아 같은 사건이 반복될 가능성은 없어진다고 보고 있다.

한국인의 정체성은 과거에 형성된 산물이라는 주장과 전 역사 과정을 통하여 존재했던 보편적 역사의 산물이라는 두 주장이 평행선을 달린다. 하나는 특정 과거에 집착하고 다른 하나는 전 역사를 통하여 강물같이 흐르고 있다.

문화와 가치를 한축으로 하고 역사적 경험을 또 하나의 축으로 보고 이들 간의 관계를 생각해 볼 때 이둘 중 어느 것이 원인 아니면 결과가 되는지 질문을 갖게 된다. 한국인의 정체성 탐구에서는 그들의 사회적 행동과 제도를 받들어 주는 가치관을 특정화하는 것이 중요하다고 본다. 서양의 예를 들어 민족의 정체성이 다양한 이질적 가치와 이데올로기 간의 작용의 산물이라고 할 때 한국인의 정체성을 찾는 노력은 심한 타격을 받는다. 인류의 문화는 하나의 종류로 만들어진 것이 아니라 다양한 종류의 합성체이기에 문화적 순수성이란 말은 그 의미를 잃어간다. 문화는 끊임없이 혼자 있지 못하고 다른 것과 합성했다 분리를 반복하고 있다. 문화적 단순함이 문화적 순수성의 모태가 된다.

한국의 가치관은 수천 년 다른 가치관과 융합되고 분리되는 과정을 통하여 이루어진 합성체이다. 새로 창출되는 가치는 다른 가치를 만나면서 하나의 지층으로 남아있거나 소멸된다. 한반도 같은 규모 면에서 적으나 엄연한 국경을 가장 오래 갖고 있어 다른 나라에 비하여 비교적 일관되고 명료한 정체성의 정의를 내리기가 비교적 용이하다. 유럽의 경우 국경이 수시로 변하여 동일 문화 집단을 갖는다는 것은 불가능하다. 유럽의 민족의식은 여타지역에 비하여 늦게 발전했다.

동일한 존재

앞에서 언급한 바와 같이 한국인은 정치집단과 문화집단이 동일체를 이루고 있는 것이 특징이다. 한국인을 단일민족으로 보는데 문제가 있으나 이들은 일찍 부터 왕권국가 체제에서 통일된 정치집단을 이루어 왔다. 이들이 외쳐온 민족동일체는 다른 나라 보다 오랫동안 통일국가를 이루어왔다는 사실에 근거한다. 결과적으로 한국인의 행동은 어느 일정한 패턴에 속한다고 할 수 있다. 모든 한국인은 길에서 학교 선생님을 만나면 예외없이 몸을 구부려 경의를 표한다. 이러한 일상적 예의는 본인의 자유의사와는 관계없이 숙달된 버릇으로 간주할 수 있으나 학생이 이 예를 다하지 못한다면 상하 간 구분이 엄격한 사회에서 선생님들에게는 커다란 충격과 불쾌감을 준다.

한국인의 정체성 탐구는 먼 과거로 되돌아가 한국인의 믿음이 무엇인지 파악하려는 노력이 필요하다. 우리의 토속 신앙인 무속에 외래 사상인 불교와 유교가 가미되었다. 한국인은 수직적 사회구조에 익숙하여 강한 계급의식을 갖고 있어 이들이 미국이나 캐나다의 중산층과 대조를 이룬다. 이들 국가에서 모든 시민은 평등사상에 배태되어 있다. 처녀 땅에 정착하여 이들은 과거의 제도적 금기상황으로부터 행동이 자유로웠다. 한국의 경우 대대로 이어지는 권위와 계급의식이 무의식중에 작용한다. 과거의 인습에 젖은 국가 중 영국에서는 아직도 계급의식이 강하나 평등주의 원칙에 따라 누구나 노력하면 출세할 수 있다는 사회적 보장을 믿고 있다. 영국사회에서 구시대 인습이 신시대 인습과 조화로운 동행을 하고 있다. 한국은 계급의식과 평등주의가 조화롭게 구사되고 있을까?

한국인은 한때 예의 바른 민족으로 알려져 있었다. 그들은 타고난 신분에 따른 예(禮)의 무게를 포기하지 않았다. 언제부터인가 한국인은 많이 변했다. 그들은 물질적 문명에 매료되어 허세를 부리기 시작했다. 물질적 부를 과시하고 화려한 집과 외제 자동차를 소유한데서 오는 부풀어진 자부심에 도취되어 있다. 한국인의 허세는 신생국가인 미국이나 캐나다의 중산층과는 자못 다른 현상을 보인다. 이들 국가들의 중산층은 부의 충족에서 한국의 상류사회와 대등의 위치에 있으나 전체 인구의 다수를 이루고 있어 개개인이 남과 다르다는 인식이 그렇게 강하게 작용하지는 않는다. 여기에는 허세를 부릴 이유가 없다는 뜻이다. 수직사회에서는 남보다 나아야 한다는 의식이 팽배하다. 전통 사회에서의 정체성은 남자로 태어남이 하나의 프라이드로 인정한다. 따라서 어릴 때부터 남자라는 인식을 강하게 나타낸다. 수직사회에서 사람의 판단은 그 사람의 생김이나 개인적 능력보다 그 사람의 조직 내에서의 위치에 보다 더 큰 관심을 보이고 있다. 수직적 조직에서 어느 위치에 있느냐가 인간관계를 맺어 오는데 중요한 고려대상이 된다.

한국인의 외국인에 대한 혐오는 과거 역사의 트라우마에 기인 한 것이나 이것은 오늘날 인종적 편견에 잘 나타나 있다. 한 개인은 타인과의 관계를 통해서 자기 정체성을 추구한다. 한국인의 정체성은 민족, 역사, 문화와 가치관에 기초를 둔다. 역사가 일천한 미국인에게는 앵글로 색슨과 개신교 (WASP, Anglo-Saxon, Protestant)가 정체성을 대표했으나 외부 세계로부터 인구의 이주가 늘면서 WASP가 공격의 대상이 되자 자유평등, 민주주의, 법치, 사유 재산 등에 관한 믿음이 정체성을 파악하는 잣대가 되고 있다 (사무엘 헌팅톤, 2004,46). 과거에 대한 공통 기억을 갖고 있는 한국인에게는 민족 문화적 동질성이 정체성을 파악하는 기준이 될 수밖에 없었다. 한국인과 일본인 간의 관계에서 볼 때 일본은 한국을 지배하는 명분으로 민족의 뿌리가 같다는 주장을 폈다. 이에 대하여 한국인은 시베리아로 부터 이주한 조상을 근거로 두 민족 간의 융합 가능성을 배제해 왔다. 19세기에 이르러 일본이 세계국가의 반열에 오르자 한국인은 극도의 신경질적 반응을 보였다. 일본에 대한 한국인의 부정적 이미지는 줄기차게 이어 왔다. 오늘날에도 대다수 한국인은 보다 향상된 부를 즐길지라도 일본에 뒤지는 것은 용납할 수 없다고 한다. 차라리 절대적 빈곤속에도 일본보다 잘 사는 편이 좋다고 한다.

우리는 단군을 민족의 시조로 숭배하고 있기에 모든 한국인이 같은 조상으로부터 온 것이라고 믿고 있으나 실제로는 그렇지 않다. 천년이상 한 국가의 울타리 안에서 살아왔기에 민족, 문화, 정치집단 간 동일체를 이루고 있다는 상상에 기인한다. 민족과 문화가 상호작용하여 한국인이 세계를 보는 시각은 민족 중심 정체성으로 흘러갔다. 민족 중심 시각은 역사의 주관적 견해와 객관적 견해의 차이를 창출하여 이 차이를 극복하지 못하면 자화자찬의 이미지로 기울어진다. 한국의 고대사는 고구려와 중국 (수·당나라) 과의 전쟁에서 고구려의 승리를 서사시적으로 기술한다. 허나 세계사의 객관적 기술에서 이에 대한 언급은 한줄도 찾아 볼 수 없다. 한국은 하늘이 지정한

"영원한 패배자"로 각인되어 있다. 19세기 조선이 프랑스와 미국같은 강대국과의 무력 충돌을 민족의 긍지로 여기고 있다. 당시의 조선인은 외국인에 대한 혐오감이 종족 민족주의의 발로로 보고 있다. 중국과 일본은 서양 제국주의에 굴복했고 오직 조선만이 아세아의 숭고한 문명의 보루로서 서양열강과의 타협을 거절해왔다는데 긍지를 갖고 있다. 서양 열강과의 충돌에는 조선이 용감성을 발휘했다기 보다 적을 모르는데서 오는 무모한 도전이라고 보는 편이 타당하다. 당시 상황으로 보아 이 보다 성숙된 중국이나 일본같으면 서양 열강과의 무모한 충돌은 피했을 것이다. 조선은 머리보다 신뢰를 바탕으로 하여 외국열강과 교류하기를 원했다. 이제 한국은 범 무서운 줄 모르는 하룻강아지를 탈피 할 때가 되었다.

그동안 시간이 흘러 한국인에게도 많은 변화가 있었음을 감지했다. 한국인 모두가 유교적 덕목을 마음에 품은 것은 아니지만 그 사회가 대안적 가치관 없이 억압적 규범에 의하여 이루어 졌음은 분명하다. 이것이 유교의 도그마이다. 도덕에 대한 유교적 해석은 금욕적이라고 할 수 있다. 이제 한국도 복합사회로 진입하는 과정에서 국가의 정체성을 다시 정립해야 할 단계에 와 있다. 무엇보다 시민의 문화적 성숙도가 중요한 위치를 차지 하고 있다. 한 개인이 유년기에 달하면 마음이 극히 유동적이다. 유년기의 특징으로 한때는 부모에 크게 의존하다가 다음 단계에서는 자기 독립을 얻기 위하여 열정적 투쟁을 벌인다 (휴 맥게이 1993,202). 한국은 아직도 미성숙한 인간에 비유할 수 있다. 이 관계에서 각자의 자신감이나 믿음이 외부의 부정적 판단에 의하여 무기력해 진다. 작은 성공은 오만으로 치부되기 쉽다. 한국인은 외부의 칭찬이 아닌 말에는 관용이 없다. 미래를 내다볼 때 한국인은 보다 성숙됨을 보여 줄 때가 왔다. 문화유산의 깊이 있는 이해로 부터 힘을 얻어 보다 성숙된 자세를 보일 때가 왔다. 한국인의 긍정적 평판은 우리의 문화유산이 세계적 이해를 얻을 때 제고된다. 민족, 문화 및 가치관이 우리의 행동유형의 변인이 될 때는 지나갔다. 한국인은 불확실성의 시대로 진입하게 됨으로 정체성의 재 확립은 필연적이다.

환경적 요인

지형 지리학적 요인

환경적 요인이 인간의 정체성 확립에 큰 영향을 미친다는 것은 주지의 사실이다. 그중에도 지형적 요인은 전통적 사회의 성격을 잘 설명해주고 있다. 전통적 농촌 마을을 둘러싸고 있는 소규모 경작지는 산에 의하여 다른 지역과 분리 되어 있다. 이 안에 거주하는 사람들은 자연적으로 밀착된 혈연관계를 유지하며 그들의 사회적 결속은 이 혈연관계의 범위를 초월하지 못한다. 집단의식이 강한 한국인은 고향을 향한 염원도 그만큼 강하다. 고향은 본인의 출생지로서 과거에 대한 동일한 추억을 갖고 있어 고향에 대한 귀환의 염원이 강하다. 고향은 선조 대대가 살아 왔고 그들이 잠들어 있는 곳이기도 하다. 따라서 고향은 정감이 깃들어 있는 곳이며 나그네에게는 향수를 불러일으키고 떠나는 사람은 불귀의 객이 되지 않을까 고향과 눈물 겨운 이별을 한다. 명절이 가까워지면 누구나 고향을 향한 발걸음을 재촉한다. 교통체증을 마다하지 않고 수 십시간 달려온 고통은 가족 친지와의 재회의 기쁨에 순식간에 사라져 버린다. 사랑하는 가족을 북한에 두고 남하한 피난민들은 고향을 찾는 남한 사람들을 부러워한다. 명절날 갈 곳 없는 서러움을 어디에 비교할 수 있을까? 도시에 거주하는 사람들은 고향 친지나 매일 접촉하는 사람들로 구성된 분자 집단[1]을 형성하여 향수의 고통과 외로움을 달래고저 한다. 외세의 침입이 빈번했던 시기에 한국인은 강한 민족적 결속력을 유지해왔다. 이 강한 민족적 결속력은 고립주의와 연결되어 종족중심 민족주의가 발기할 토대를 만들어 주었다.

한국은 열대와 대륙기후의 중간 온대지방에 속하여 여름에 혹독한 더위와 겨울의 매서운 추위를 피하고 있다. 따라서 한국인은 다른 민족보다 기후의 요인이 정체성 형성에 큰 영향을 미친다고 볼 수 없다. 이와 대조적으로 영국인은 젖은 기후 탓으로 우울한 성향을 보인다. 잿빛 하늘에 지상 풍경도 잿빛이다. 이 우울한 증세로 인하여 영국인은 다른 사람에게는 좀처럼 관심을 나타내지 않는다. 다른 사람에 대한 냉담은 프라이버시 존중과 맞물린다. 반대로 한국인들은 작은 마을을 이루고 있을 때 명랑하고, 사교적이며, 낙천적이다. 조상대대로 농업에 매달려 왔기에 그들은 자연에 복종하고 순응한다. 과거로부터 토지에 집착되어 왔기에 낯설은 타지로 이동하기를 꺼려한다. 그들이 외침에 굴복해 왔듯이 모진 운명의 매를 이기고 살아왔다. 한국은 무역이나 대양진출의 교두보 역할을 뒷받침했던 반도의 이점을 이용하지 못한 유일한 국가가 된다. 로마, 오스만 터키, 스페인, 이 모든 제국의 시발은 반도였다.

　한국인의 특징을 설명하는데 지리적 요건을 지나칠 수 없다. 중국인은 한반도의 50배 큰 광할한 영토에서 살아 왔기에 사소한 일에는 동요하지 않는 대륙적 기질을 갖고 있다. 그들은 말이 적고 사소한 일로 일회일비 할 사람들이 아니다. 얼굴에도 표정의 변화가 없어 얼굴을 보고 속 마음을 헤아리기가 어렵다. 이와 대조적으로 한국인은 감정에 동요되어 얼굴 하나만으로 그들의 속 마음을 들여다 볼 수 있다. 오늘의 한국인은 자기의사를 거침없이 표출하고 때로는 감정을 폭발시킨다. 일본인은 감정을 억제하는 성향이 있다. 알란 프리만은 한국인의 성격을 매웁고 짠 음식에 비유한다. 한국인은 자기가 모욕을 당했다면 끝까지 싸운다(1975, 118). 외국인으로 한국인을 대할 때 수시로 느끼는 감정의 폭발에도 불구하고 세월이 지나면 한국인이 예의에 바르고 뜨거운 가슴을 갖고 있다는 것을 발견하게 된다.

　일본인 하면 그들 특유의 친절과 질서의식이 외국인의 눈길을 끌고 있다. 허나 그들이 보여주는 행동의 일치감은 외국인을 당황하게 만든다. 일본인 심리는 안과 밖이 다른 이중적 구조를 갖고 있다. 외면적으로 표출되는 친절뒤에는 이와 다른 의도를 갖고 있다는 사실을 외국인으로는 상상 할 수 없다 (프리만, 114). 일본인은 표면적으로 수모를 당해도 이를 받아들이나 후일 반듯이 복수한다. 도구가와 일본이 1855년 문을 개방 한 후 많은 외국인들이 요꼬하마 거리를 활보하고 있을 때 이유없이 뒤에서 달려드는 괴한의 단도에 쓸어지는 자가 많았다. 개방에 대한 국민적 수모를 집단적 복수로 응답한 것이다.

인접국가 사람들에 비하여 한국인은 보다 자유롭고 개인주의적이다. 이와는 반대로 한국인은 낯설은 사람들에게 배타적이라는 평을 받고 있다. 이러한 인식은 근대에 들어와 제국주의와의 투쟁의 산물로 이해된다. 그럼에도 불구하고 한국인이 다른 이웃보다 접근하기 쉽다고 한 것은 현대화 과정에서 외국과의 접촉이 빈번 해진 결과라고 해석할 수 있다. 아세아의 여러 나라들이 수세기동안 서양의 식민지가 된 반면 한국은 이웃 국가, 야만국가로 얕잡아 보던 일본에 의하여 36년간 식민통치를 받았다. 비록 단기간일 지라도 한국인이 겪은 식민통치는 극단적 증오와 원한을 안겨 주었다.

한국인은 일본인보다 큰 체격을 타고 났다. 몽고인의 신체적 특징이 일본인보다 한국인 중에서 보다 빈번히 발견되고 있다. 또 하나의 비유로 한국인을 동양의 아어어라슈라고 한다. 한국과 아일랜드는 과거에 교류의 흔적을 발견 할 수는 없어 먼 나라 사람들과 비유하는 데는 다소 문제가 있다. 허나 이 두 민족은 감정적으로 공유하는 부분이 있다는데 많은 사람들의 의견이 일치한다. 한국인하면 아일랜드 인같이 마음이 따뜻하고, 정열적이고, 쾌활하고, 쉽게 울고 쉽게 웃는 성품을 갖고 있다. 외국인으로 한번 오면 떠나기 어렵게 만드는 것이 한국인의 정이다. 그레고리 핸더슨은 한국인을 이태리 사람으로, 일본인을 독일 사람으로 비유한 바 있다.

한국인의 정서적 특징은 상시적이 아니고 주위 환경에 따라 변화

한다. 일찍이 한국인은 금욕적이고 감정적 동요를 자제 할 줄 아는 민족으로 알려져 있었다. 과학 기술문명이 이입됨으로 인류는 점점 조급해 지고 있다. 안정적 환경과 그 속에서 맺어지는 지속적 인간관계는 이제는 기대하기 힘들게 되었다. 빨라지는 생활패턴은 순간의 감정에 매몰되기 쉽다. 긴급한 상황에 처해 있을 때 인간은 순간의 재기를 발하는 즉흥적 조치를 필요로 하고 있다. 한국의 젊은이들은 인간적 관계를 오래 지속하는 평온한 상태에 안주하기를 거절한다.

현대사회는 감정을 통제할 안전밸브를 결여하고 있다. 중국인도 그 옛날의 중국인이 아니다. 그들도 한국인 같이 감정을 다스리지 못할 때가 가끔 있다. 중국이 서방세계와 적극적 교류가 있은 이후부터 그들 나름의 특징은 사라졌다. 오늘날 중국 관광객이 밀려오면서 그 소용돌이에 말려들면 확성기가 귀를 강타한다. 일본인의 특징은 친절한 성품과 질서있는 생활에 착시하나 내면과 외면이 다른 이중적 심리 구조를 갖고 있다는 것을 발견한다. 이것은 일본이 세계를 향하여 사죄해야할 사건과 관련하여 진실을 외면하는 경향으로 나타난다. 세계적으로 지탄을 받는 어두운 역사에 직면하게 되면 일본인의 내면과 외면이 충돌한다. 과거의 취부는 그들 내면에 잠재해 있던 폭발적 기질을 자극하여 일본인 특유의 근신과 자제력을 잃고 있다.

이와 대조적으로 독일인의 역사적 감각은 사건의 진실을 직시하고 솔직히 인정하는 자세를 지탱해 주고 있다. 과거는 우리의 기억들을 모아놓은 단순한 집합체가 아니다. 과거가 주는 영감과 인식은 자신의 취부를 객관적으로 인정하는 데 어려움을 주고 있다.

우울한 날씨 때문에 영국인 간에 보다 염세주의자가 많다고 하지만 이런 성향은 다른 사람에 대한 일종의 냉담으로 해석된다. 다른 사람의 일에 개의치 않으려는 영국인의 태도는 영국을 개인존중과 프라이버시를 중요시하는 최초의 민주주의 국가로 만든 요인이기도 하다. 개인존중과 프라이버시의 중요성을 강조하는 것이 외부 세계와의 단절을 의미하는 것이 아니다. 이것은 외부의 개입을 차단한 내부의 안락함과 고독을 즐기려는 욕구에 불과하다 영국인의 가정을 성이라고 부르는 이유는 그곳에 가족원 이외의 사람의 접근을 금하고 있다는 뜻이기도 하다.

공동체 정신

한국인의 배타성은 씨족중심 사회로부터 형성되어 왔다. 마을로 내려가면 집과 집 사이에 울타리가 없는 공동체 정신이 흐르고 있다. 이 정신은 마을 사람들 간의 자유로운 감정의 이입을 조장하고 있다. 마을은 다른 마을에 대하여 배타적 공동체를 형성하고 있다. 마을 안에서는 비밀이 없다. 마을 전체의 귀가 삽시간에 퍼지는 소문이나 가십에 집중된다. 한국의 속담에 "낮 말은 새가 듣고 밤 말은 쥐가 듣는다"라는 말이 있다. 마을 주민은 "이웃 집에 수저가 몇 개 있느냐"에 정확한 답을 주는 초인적 능력을 발휘하고 있다. 마을 주민들은 나와 너를 "우리들"로 용해 해 버린다. 한국인의 집 문이 열려 있다는 것은 영국인의 "성"(casstle)의 반대 개념을 말한다. 이 "성"의 개념은 고립을 뜻함으로 상황에 따라 오만으로 해석될 여지를 남겨놓고 있다.

모든 행과 불행을 함께 감수하려는 자발적 의지가 마을 공동체의 특징이다. 당면 문제 해결에 공동의 노력이 필요함을 역설하고 있다. 대한민국의 초대 대통령 이승만은 "흩어지면 죽고 뭉치면 산다"는 말을 수시로 역설했다. 학교 교훈에 "단결"이란 말이 반듯이 등장한다. 한국의 어린이들은 어려서부터 단결의 중요성을 배우고 있다. 허나 한국인은 다른 민족보다 단결력이 강하다는 징후는 없다. 단결이란 구성원의 동일한 믿음이나 의향을 전제로 한다. 그 이면에는 모든 사람이 동일체가 됨을 지향하는 심리적 욕구가 작용하고 있다. 또 하나의 공동노력으로 마을 일에 공동으로 참여하는 것이다. 문제는 자기 마을에 집착하는 자는 보다 큰 공동체로 전환하기에 어려움을 격게 된다. 이웃이란 작은 집단의 성원으로 모두 농촌에 뿌리를 두고 있다는 뜻이다. 거주자가 마을 경계를 벗어날 때 그들은 다른 마을 사람들과 접촉함으로 서로 시기하고 질투하고 경멸한다. 지리적으로 가깝다고 하여 좋은 이웃이 되는 것은 아니다. 복잡한 감정이 얽혀 원만한 관계를 유지하기 어려워 진다. 한국과 일본의 관계는 프랑스와 독일의 관계에 비유되고 있다.

　마을에서 소문은 전염병같이 쾌속으로 퍼저간다. 그것은 마을 주민이 모든 행과 불행을 공유하려는 본능적 충동에 의한 것이다. 허나 소문을 퍼트리는 것이 반듯이 남을 해치려는 행동으로 보이지는 않고 있다. 누구나 모욕이나 수치를 당하면 분개하거나 흥분한다. 그럼에도 불구하고 남한은 북한의 핵 위협이나 혹독한 저주의 말을 잘 인내하고 있음은 아이어러니가 아닐 수 없다. 그들은 매일 쏟아내는 북한의 저주에 익숙하여 왔기에 북한을 정신이 빗나간 이웃 아저씨의

미친 행동으로 격하 한다. 우리가 살면서 괴이하고 비상한 일을 매일 경험하여 왔기에 이것이 우리가 복합사회에 살면서 치러야 하는 대가가 아닌가 생각도 해본다. 과거에 마을은 모든 사람의 사회 활동의 근원이 되었다. 에어 벌룬이 연계점에 고착되어 있듯이 사람들은 고향으로부터 멀리 갈수가 없었다. 한 개인의 결혼이나 죽음은 마을의 공동 관심사가 되었다. 한국인이 "개인보호"를 자유민주주의의 기본 권리로 이해한 것은 근대의 일이다. 처음 보는 사람에게 "나이가 어떻게 되죠?", "직업이 무엇이지요?"; "결혼 했나요?" 이런 질문들은 지나가는 관심의 표현에 불과하나 외국인이 들을 때 개인보호를 침해하는 의도로 볼 수밖에 없다. "당신 일에나 신경 쓰시오" 하고 응답할 때는 한국인의 마음을 해친다는 것을 명심해야 한다. 한국인의 남에 대한 관심은 진정한 개인보호개념을 훼손할 수 있다.

집단적 생활에 익숙해진 한국인에게는 개인보호는 그리 중요하지 않다. 오히려 그들 자신보다도 타인이 무엇을 어떻게 하는지에 관심을 두고, 상상하고, 퍼트리는데 더 많은 시간을 보내고 있다. 그런데 타인에 대한 관심을 부정적 시각으로만 볼 일이 아니다. 대부분의 경우 그들의 관심은 동정적 차원에서 이루어지기 때문이다. 그들의 질문이 프라이버시를 해칠지라도 사람들 간의 관계를 측정하고 이를 바탕으로 신뢰를 구축하는 노력으로 볼 수 있다. 이것이 인간 관계망을 형성하는 첫 단초이다. 한국인의 타인을 생각하는 성향은 진정한 의미의 동정심과는 다소 거리가 있다. 전자는 프라이버시를 염두에 두고 있지 않기 때문이다.

남한은 새마을 운동⁽²⁾을 실천한 최초의 개발도상 국가이다. 1970년대 초에 시발한 이 운동은 농촌 마을을 위한 생산적 업무를 주도할 저력을 극대화 하였다. 한국인의 협동정신이 생산적 활동에 활용된 사례가 된다. 이 운동은 다른 개발 도상국가들에 파급되어 희망적 모델이 되기도 했다. 허나 이 운동은 산업화와 도시화가 가져온 소란에 압도 되었다. 농촌인구는 중산층의 비대로 심히 위축되였다. 중산층은 프라이버시를 자유민주주의의 기본 권리로 옹호해왔다. 정보기술의 혁신적 변화에 의하여 개인은 인권 침해에 노출되여 있어 사회적으로 가장 민감한 이슈가 되었다.

자연 숭배

한국인은 천부적으로 꾸밈없이 타고난 자연인이다. 이것은 옛날 초가삼간 농촌 집에 잘 나타나 있다. 짚으로 엮은 낮은 지붕은 주위환경과 잘 어울려 먼데서 볼 때 주위환경과 구분하기 어렵다. 여기에는 나무, 강, 산, 내, 마을이 있어 완전한 풍경화를 이룬다. 주위환경 자체가 인간의 손이 닿지 않은 자연 정원이다. 일본인의 정원은 자연을 축소하여 집의 경계안으로 들어 와 있다. 여기에는 인간의 손길이 가미되어 자연의 맛이 없다. 문학 평론가인 이어령은 축소된 정원을 가리키어 일본인 특유의 축소 지향적 성격을 말하고 있다. 일본인은 바늘구멍에 궁전을 짖는 경이로운 섬세함을 소유하고 있다. 이와는 대조적으로 한국인의 손은 무디고 정확도가 떨어진다고 하나 그들은 미끄러운 쇠 젓가락으로 쌀알을 집는 세게 최강의 손가락을 자랑한다.

한국의 농촌가옥은 마치 어머니의 품같이 북과 동남으로 둘러 있는 산 허리에 위치하고 있어 정적인 분위기를 더하고 있다. 이들은 숲에 가리어 반쯤만 보이고 언덕 아래로 숨으려는 수줍운 신부의 인상을 품긴다. 평탄하고 단조로운 지형에 익숙한 여행객이 도로를 지날 때 농촌마을은 숨박꼭질하고 있는 느낌을 준다. 갑자기 눈앞에 펼쳐지는 전경에 오감이 즐거워 한다. 먼데에 있던 산이 갑자기 눈앞에 나타났다 다시 멀어져 동양화폭의 공간으로 흐려져 버린다. 한국인의 자연사랑은 자칫 미지의 세계로 진출을 꺼리는 수동적 성향으로 보여 질 수 있다. 마을의 경계를 벗어나기 어려움으로 인하여 한국인은 아직도 부족주위 범주를 벗어나지 못하고 있는 인상을 준다. 한국인의 부족중심 성향은 알렉산더 토크빌이 일컬은 보다 적극적 사회성을 지향하는 미국의 협동정신과는 거리가 있다.

지형의 특색이 앞으로 닦칠 운명을 예고한다는 믿음은 동양의 자연 사상에 널리 퍼져있다. 나의 어린 시절 우리 고향에 산이 있는데 그 정점에 사람의 접근을 불허하는 성역이 있었다. 그곳에 묘를 만들면 당해 가족은 부를 누리나 반듯이 다른 가족에 화를 입힌다는 전설이 있었다. 어느 날 그 마을의 법원장 부인이 아무 이유없이 사망한 사건이 있었다. 사람들의 시선은 그 성역에 쏠렸다. 그곳을 파보니 예상대로 시신이 발견되였다. 이 일에 관여한 사람은 체포되어 중벌을 받았다. 묘지를 정할 때 반듯이 산세를 꼼꼼히 보고 지형적 특색을 고려하여 결정한다. 묘를 잘못 쓰면 그 가정은 화를 면치 못한다는 믿음이 농촌지역에서 아직도 성행한다. 조선왕조가 탄생한 후 개성에서 서울로 천도한 것은 이 지형적 특색을 고려한 결과였다. 집을 신축할 때도 거주지의 위치를 세심이 보고 결정한다. 이 사상은 자연의 힘을 신비화하여 믿는 일종의 대중 신앙으로 자리를 잡게 되었다.

도시화

최근에 생활의 중심은 농촌으로부터 도시로 이동했다. 이것은 한국인의 생활 유형을 크게 변화시켰다. 사람들은 서로 도우려는 공동체 생활보다는 편리하고 실리적 생활을 선호하게 되었다. 한국전쟁이 발발하기 이전에는 전인구의 3/4가 농촌에 거주했으나 오늘 날 이 인구비율은 그 반대로 바뀌었다. 인구가 도시로 집중하면서 도시성장 속도가 빨라졌다. 끝없는 고층 아파트의 행렬은 자연의 혼에 깊은 상처를 주었다. 많은 논들은 빌딩 숲이나 비닐 하우스로 바뀌어 과거의 정서는 없어진지 오래다. 결과적으로 우리는 산업화를 이룬 대신 그에 대한 혹독한 대가를 치르고 있다. 산업화는 대가없이 이루어지는 것이 아니다. 이것이 자연환경에 미치는 영향은 지대하다. 이 현상은 비단 도시에만 국한된 것이 아니다. 농촌에도 고층 아파트가 들어서 녹색의 자연을 무참히 해치고 있다. 도시인은 감정의 불모지에서 살고 있다.

현대를 살아가는 한국인은 그들 자손들에게 큰 빚을 남기고 있다. 자연의 관대함은 도를 넘어 그들이 자연을 해치는 행위를 용서하지 않을 것이다. 도시가 성장하면서 빈민촌이 들어왔고 부자와 빈자의 격차를 더 벌어졌다. 이러한 현상은 각종 사회악을 유발한다. 도시인은 고밀도의 인구집중에 싫증을 느끼어 한적한 교외로 떠나기를 몽상하고 있다. 허나 대다수의 귀향인은 그토록 그리던 전원생활에 무료함과 인간적 접촉의 부재에 환멸을 느낀다. 농촌 마을은 문화 편의시설의 부족함은 물론 무엇보다 인구의 감소로 황폐되어 가고 있다. 교통의 소음과 산업의 피해로부터 벗어나려는 사람들은 고독과 은둔이 주는 권태를 알지 못한다. 한국의 농촌 생활은 더 이상 우리가 자라던 곳이 아니다. 전원적 생활은 하고 싶은 일을 미루어 왔던 사람들에게 적격이다. 일 없는 은둔생활은 한국인을 외면한다.

도시에 거주하는 한국인은 비록 이웃에 냉담할지라도 소규모 그룹이 부여하는 인간적 접촉에 습관화 되어 있다. 한국인은 인간적 접촉 없이는 물을 떠난 물고기이다. 은둔 생활의 장미 빛 이미지는 집단적 생활의 현실과 어울릴 수 없다. 한국인은 나이에 관계없이 인간적 접촉 밖에 있을 때 병이 아니면 권태로 죽어간다. 대다수 한국인은 전원생활이 주는 심미적 만족감을 얻지 못하여 편리한 도시생활을 선호한다. 이들은 자연으로 돌아갈 욕구를 저 버린다.

감정이 이성을 압도하다

과거의 한국인은 감정의 이입을 절제할 줄 알았으나 현재 거대 도시에 사는 한국인은 가끔 감정적으로 격한 행동을 보이고 있다. 외국인의 평에 의하면 '한국인은 쉽게 을고 쉽게 웃고 쉽게 노래한다'고 한다. 감정이 시계추처럼 극단에서 극단으로 왔다 갔다 한다는 뜻이다.

한국인의 극단적 감정 표출은 소규모 집단, 즉 서로 잘 알고 지내는 바운더리 안에서 일어난다. 감정 폭발은 역사적 트라우마나 지나친 도덕적 금기에 대한 반항으로부터 출발한다. 행동 절제가 강할수록 외부적 폭발은 더 큰 굉음을 낸다. 영국인 모두가 신사 숙녀가 아닌 것처럼 모든 한국인 모두가 유교 도덕적 금기에 익숙한 것은 아니다. 1983년 대한 항공 소속 첩보 비행기가 소련 전투기의 기습을 받아 수 백명이 수장되는 사건이 있었다. 공동 장례식장에 들어선 유가족은 사랑하는 남편과 자식을 잃은 설움에 장례식장을 통곡의 바다로 만들었다. 그 중에서도 눈에 띄는 서양인이 있었는데 그가 이번에 희생된 미국 의회 의원의 부인이었음이 밝혀 졌다.

설움에 겨워 통곡하고 몸부림치는 장면과 대조적으로 그녀는 조용히 손수건을 눈에 대고 흐느끼고 있었다. 아이러니하게도 한국인은 감정 억제의 중요성을 배워 왔는데도 배우지 않은 사람보다 감정의 제어에 익숙하지 못함을 보여주었다. 서양에서 도덕적 금기가 없는 것은 아니다. 서양인의 감정 억제도 기독교의 교훈인 정숙과 금욕에서 나타난다. 이러한 덕목은 한국인의 일상생활에서도 찾을 수 있다. 진정으로 서양인의 행동유형을 특징짓는 것은 우리보다 일직 형성된 도시화와 그로부터 잉태된 시민 의식이라고 볼 수 있다. 한국에서도 시민의식이 강한 엘리트 집단과 길들이지 않은 대중사이 차이에서 이를 감지할 수 있다.

한국인은 자신들을 하늘이 정한 "영원한 패배자"라고 부른다. 이 역사적 트라우마의 감성이 국수적 민족주의에 반영되어 있다. 이 국수적 민족주의는 19세기 제국주의 파고가 조선의 평화로운 해안을 강타할 때 절정에 이른다. 오랫동안 밖의 세상을 모르고 고립속에서 살아왔기에 국수적 민족주의의 이면에는 민족의 우수성을 예찬하고 있다. 이는 새로운 세계에 대한 무지의 소치라고 할수 있다. 서양인을 짐승만도 못한 인간으로 취급하여 왔고 이러한 인식이 한국인의 세계관을 지배했다. 도산 안창호는 반도 사람의 기질과 섬나라 일본인의 기질이 전적으로 다름을 강조해 왔다. 그는 평소에도 한국인의 파벌주의와 편협성을 개탄하며 한국인이 진정으로 독립국의 시민 되기를 원한다면 각자의 개성을 개조해야 한다고 주장했다. 국수적 민족주의가 짙게 깔려있는 한국인으로 자신을 객관적 시각으로 보고 개조할 것이 있으면 과감히 바꾸어야 한다고 주장한다는 것은 당시의 상황으로 보아 단호한 용기가 필요했다.

> "가시나무는 가시를 낳고 포도 덩굴은 포도를 낳는다. 사람은 제도적 악습을 벗어났다 해도 개성의 변화가 없는 한 이 악습은 다시 나타난다. 멕시코의 민주주의가 미국의 민주주의와 어떻게 다른가 생각해 보라. 씨앗이 아무리 좋은 것이라도 토양이 따라주지 않으면 그 농사는 실패한다" (안창호 1996, 258)

안창호[3]는 복잡한 현실과 대응할 준비 없는 무모한 민족주의를 경계하였다. 무모한 민족주의는 19세기 서양 열강과의 당돌한 충돌로 이어졌다. 무모함과 당돌한 행동은 한국인이 자신의 약점과 외부 세계를 모르고 서양의 강국과 대결을 불사했던 행동을 말한다. 외부인에 대한 배타적 태도는 한 집단에 국한될 때 강력한 집단 에고이즘으로 발현된다. 외부세계의 무지로 인하여 한국은 큰 대가를 치르게 된다: 한 국가가 정체(停滯)적 상황을 벗어나려면 세계열강과 원만한 관계를 유지 할 필요가 있다. 허나 나라 밖에서 일어나는 일에 대한 무지로 인하여 한국은 이 귀중한 기회를 흘러 버렸다.

한국의 정치는 반대파의 협상능력을 중요시 해 협상을 지향하는 정치인은 끝까지 버티는 의지가 약하다고 비난하는 이중적 구조를 갖고 있었다. 반대파와 협상한다는 것은 서로 반보씩 양보하여 중간점에서 만나는 것이다. 협상은 양보가 있어야 한다는 전제가 따른다. "상대가 양보할 때까지 끝까지 버티어라" (stick it out), 이것이 상대와의 타협에서 이길 수 있는 최선의 방법이다. 미국과 북한간의 비핵화 협상에서 북한은 벼랑 끝까지 가서 협상이 거의 파탄으로 이어질 지점에서 협상을 끝내는 아슬아슬한 서커스를 보는 것 같았다. 한국정치는 집단 에고이즘이 현실화되고 있음을 직시 해왔다.

이러한 현실에서 적과의 담판 의지를 보이는 정치인은 영원한 배반자로 낙인 찍혀 있다. 민주주의는 상호 간 충돌에서 시작한다. 따라서 협상은 민주주의의 씨앗이라고 할 수 있다. 이러한 현실과 마주할 때 한국에서 민주주의의 싹이 틀 것으로 기대하는 사람은 없을 것이다. 한국인은 집단 내 결집력을 과시 하나 한편 분당으로 파열되는 경향을 보여왔다.

종교적 다원주의

종교는 일종의 대중적 믿음으로 민족의 정체성을 밝히는 데 중요한 단서를 제공한다. 외국인의 눈에 비친 한국은 첫 마디로 다양한 종교가 평화적 공존을 이루고 있다고 할 수 있다. 서양에서 믿음은 단일 종교를 말한다. 단일 종교에 익숙해진 그들의 눈에 다른 종교들의 공존은 기현상으로 비쳤던 것이 분명하다. 한국 사람은 그들 자신이 즐겨 주장하는 민족문화의 동질성을 감안 할 때 한국이 단일 종교를 갖고 있어야 한다는 당위성이 떠오른다. 지배적 종교가 없다고 한국사람 믿음의 열정이 냉각되었다고 주장하기에는 무리가 따른다.

종교란 게프리 패린더 (1971, 69) 의 정의에 의하면 초인적 힘의 믿음이다. 믿음에 대한 연구에 의하면 믿음은 그 대상에 일정한 가치를 부여하고저 하는 인간의 열망을 대변한다. 이 가치는 우리가 즐기는 생명은 우연히 이루어 진 것이 아니라 일정한 목적을 갖고 있다는 믿음을 말해준다. 이 말은 목적을 가진 삶은 인간보다 강한 힘을 갖춘 절대자를 믿는 것이며 그를 인류의 고귀한 가치를 추구하는 인격체로 의인화하여 인간을 구제한다는 뜻이다. 이 기준에 의하면 유교와 무속은 종교가 추구하는 가치가 없다고 하여 종교의 자격을 결여하고 있다. 인류의 문명은 다신교로 부터 출발하여 유일신에 이른다. 불교와 유교는 외부로부터 유입되어 상위층의 교화에 그치고 일반대중에 미치지는 못했다.

무속 (샤머니즘에 해당하는 한국 말)은 시베리아 샤머니즘의 변형이다.

이것은 물활론과 뿌리를 같이 하고 있다. 이 물활론의 정의에 의하면 인간은 죽을 때 혼이 육체를 떠나서 그의 자손의 혼 속에 자리를 잡던지 아니면 떠 돌아 다니며 산 사람을 해치고 다닌다고 한다. 혼의 세계는 현대사회 운명을 결정하는 힘을 갖고 있다고 믿는다. 이 문맥으로 볼 때 우리가 살고 있는 이 세상은 무의미하고 내세에 대한 신념도 없다. 우리의 행과 불행은 그가 떠도는 혼[4] 과 어떻게 유화적이고 원만한 관계를 유지할 수 있는가 에 달려 있다.

무속과 유교는 사람의 행과 불행은 죽은 조상과 관계가 있다는 짐을 공유하고 있다. 이 논리는 죽은자의 혼이 부활하여 활동을 하고 있다는 역설적 전제가 된다. 한국에서 받들고 있는 조상숭배는 무속으로부터 온 것이 아니라 유교로부터 온 것이라고 하나 무속도 조상숭배의 가치를 중요하게 여긴다는 점에서 무속은 조상숭배에 관한 한 유교와 같은 역할을 한 것으로 추정된다.

무속은 도덕적 가치도 없고 삶의 목적도 없다. 우리가 경험하는 무아경 상태는 종교적 경험에 불과하다. 여기에서 무당이 무아경 상태를 주재하는 주인이 된다 (패린더 1971,42). 무당은 죽은자의 혼과 대화를 할 수 있다는 의미에서 혼을 통제하는 주제자가 된다. 현세와 혼의 세계를 좌지우지하는 자로서 병을 치유하는 능력의 소유자라고 치부한다. 전근대 시기에 무속은 일반 종교처럼 계시적 예언은 할 수 없다 해도 초인적 힘을 갈구하는 인간의 열망에 답이 될수 있었다.

아세아 인의 믿음의 공통분모는 자연은 창조된 것이 아니고 생의 주기를 반복함으로 무한대의 미래까지 계속되는 존재를 말한다. 힌두교와 불교는 이 점에서 다를 바가 없다. 이 믿음은 의인화 된 유일신과 대조를 이룬다. 의인화된 신이란 이 세상 창조자요 모든 죽은 물체에 생명을 불어 놓는 동인이 된다. 중국, 한국, 일본에 소개된 불교는 대승불교이다. 대승불교는 실체없는 세상 (비물질 세계), 열반, 죽음등을 절대자에 대한 다른 표현이라고 본다. (프릿트 보스 1995,95). 즉 이 같은 표현은 절대자가 존재한다는 것을 묵시적으로 표현 한 것이다. 불교에 의하면 진실은 신에 의하여 주어지는 것이 아니요 마음의 순수함에 내재하는 경험을 강조하는 것이다 (이원설 1990,69). 경험은 지식보다 더 중요하다. 깨달음은 구원에 이르는 통로가 된다. 한국인의 원초적 믿음은 우리의 생활을 삶과 죽음을 축으로 삼아 무한대로 돌아가는 윤회에 비유한다. 삶과 죽음은 다른 개념이 아니다. 이 둘은 조화의 일치를 통하여 서로 합쳐진다. 윤회의 개념은 죽은자는 현세속으로 돌아올 수 없다는 절대성을 부정하는 조상숭배 의식을 강조한다. 조상숭배 의식은 조상을 이 세상으로 이끌어내어 음식을 같이 즐긴다는 뜻을 말한다. 이 의식을 통하여 죽은자에 대한 효도가 계속되고 있음을 보여 준다. 삶과 죽음이 서로 교체 될 수 있다고 보는 한 이 두 개념간의 차이는 있을 수가 없다. 열반은 계속되는 윤회 (고행의 바다)를 이탈한 황홀한 상태를 말한다.

"한"의 개념은 우리 민족의 시조 단군의 신화에 나타나 있다. 단군은 삼위 신의 마지막 신좌를 뜻한다. 즉 그의 부친 환웅은 하늘의 왕자로서 인간사회에 내려오기를 희망 해 왔다. 그의 인간세상 도래는 인간을 이롭게하기 위함이었다. 그의 인간세상 도래와 하늘로 회귀는 하늘과 땅을 하나로 묶어 거대한 "한"을 이루기 위함이였다. 인간은 하늘과 땅의 중간에 서 있어 이 둘을 매개하는 역할을 한다. 한은 왕권국가 설립과정에서 새로운 명칭의 일부로서 꼭 있어야 할 구성요소의 하나이다. 삼한 (셋의 부족국기연합)과 19세기의 대한 제국과 오늘날의 대한민국, 모두 "한"을 포함하고 있다. 여기에서 한은 보다 큰 통합국가를 일컷는다. 불교가 말하는 삶과 죽음의 윤회 (계속성)는 기독교의 삶과 죽음 간의 단절과 대치된다.

기독교는 육체적 삶은 죽어 없어지고 결국에는 멸하지 않는 생의 도래에 길을 터주었다. 불멸의 생애 약속은 현세의 생활을 무의미 한 것으로 격하 한다. 다시 말하면 불교는 우리의 삶을 고행의 바다 또는 열반으로 가는 통과에 불과하다고 믿는다. 현실적으로 숙명론은 마치 실제적 생애가 다른 세상의 도래를 위하여 있다는 믿음을 거부한다. 열반은 반복되는 생의 윤회를 이탈하는 것이며 이것이 초월주의다.

무속은 현세를 주안점으로 한다는 점에서 유교와 다르지 않다. 이 세속적 생활에 치우침은 정적인 전근대 사상과 조화를 이룰 수 없다. 무속과 유교는 현대사회의 다이나믹한 힘을 반영한다는 뜻에서 공통점을 갖고 있다. 다원주의는 하나의 종교가 독선의 뿌리를 내리는데 더 이상 길을 터주지 않는다. 한국에서는 순교라는 이름으로 집단 살육이나 종교 혁명을 경험한 적이 없다. 종교 개혁이나 신 중심 세계를 맛본 바도 없다 (김숙주 2001,142). 종교적 열정에 대하여 말하면 한국인은 종교적 근본 원리자와 극단적 무종교 주의의 중간에 있다. 오늘날 한국인의 종교적 열정이 초월주의 보다 오히려 도덕적 지도, 세속적 욕망의 추구, 세상 고뇌로부터 이탈, 사회악을 치유하기위한 기도등 비 종교적 요소를 추구하고 있다.

불교

불교가 북방통로를 통하여 한국에 도착한 것은 4세기로 보고 있다. 당시 이 지역은 티베트의 지배하에 있었다. 불교는 지배계급의 호감을 사서 백성들의 정신적 통일을 이루어 이것이 통합된 왕권국가 형성에 기여한 바가 크다. 처음에는 심오한 철학적 종교로 출발하여 불교는 세속적 욕망을 멀리함으로 구원을 얻는다고 주장했다. 불교의 초월주의는 도교와 무속과 통합함으로 철학적 빛을 잃어갔다. 세속주의를 악으로 보는 것은 은둔생활을 기본으로 하는 도교와도 일맥상통한다. 도교는 엄격한 규율, 호흡, 성교의 통제를 통하여, 세속적 욕망으로부터 거리를 둠으로서 영원한 생명을 누릴 수 있다고 가르치고 있다.

열반은 의식이 깨우친 상태만을 말하는 것이 아니다. 자기의 경계를 넘어 초월적 수준에 도달할 수 있는 가능성을 제시한다. 이 초월 상태란 주와 객의 구분이 없어저 개인의 의식 깊이 잠재하는 신성을 발견할 수 있다고 한다 (심재룡 1981,381). 초월상태는 하나의 경험이며 초월적 신이 주는 것이 아니다. 불교의 내적 마음의 오묘함은 세인트 오거스틴이 말하는, '깊이를 측정할 수 없는 마음'과 일치한다 (캐런 암스트롱 1993, 121). 오거스틴은 잠재의식과 내면 깊숙이 있는 신성을 인정하는 최초의 철학자가 되었다. 따라서 신은 초월 상태의 객관적 존재가 아니라 자신의 깊은 내면에 있는 정신적 존재이다.

불교의 형이상학적 철학이 둔화되자 불교는 다른 종교를 통합하는 기능을 강조 해 왔다. 무속의 유입으로 불교는 철학과 신학적 가설이 결여되어 있다고 비난 받아왔다 (심재룡 1981, 383). 불교는 삶을 환상 또는 의미없는 상태로 본다. 이 세상에서 영구적인 것은 없다. 모든 생물체도 한번 태어나면 분명히 멸한다. 오늘의 나는 탄생하기 전 내가 존재했던 결과이다. 오늘 내가 존재한다는 것은 미래의 나를 결정하는 요인이다. 불교는 자아 중심 야망을 멀리 해야 할 악으로 조롱한다. 불교의 덕목은 야망의 부재, 정숙, 정직, 인내심, 고요함으로 요약될 수 있다. 기독교의 덕목은 관용,,사죄, 정직, 종교적 열의와 희망이다. 불교의 인내심과 절제는 다 (茶)문화에 반영되어 있다. 차를 끌일 때 열을 천천히 인내심을 갖고 올린다. 차를 서브할 때도 신중함과 정성을 잃지 말아야 한다. 여기에는 상당한 인내를 필요로 한다. 자연의 냄새는 외부의 고뇌로부터 마음을 안정시키는 효과가 있다.

불교가 말하는 無心 (No mind) 은 도교에서 말하는 空虛 (Nothing)와 유사하나 이는 선입관과 세속적 욕망을 완전히 버린 빈 마음으로의 회귀를 말한다. 이 빈 마음이 깨우침과 창조의 기저를 이룬다 (심재룡 1981,386). 세속적 생활, 육체적 쾌락 과 물질적 풍요는 흘러가는 것으로 마음에 둘 가치가 없다. 혼에 대한 불교의 개념은 모호하다. "재생에 대한 개념도 불멸에 대한 동양적 해석을 반영하여 촛불이 하나로부터 다른 하나로 이동하는 것에 불과하다" 고 한다.

자연은 다치지 말고 그대로 두는 것이 좋다. 자연은 두려움과 존경의 대상이 되고 있으나 인간이 필요에 따라 만들고 폐기하는 그런 대상이 아니다. 한국인의 자연관은 자연과 인간 사이에 연속성이 존재하여 이 두 존재 간의 구분이 사라진다고 주장한다. 그와 반대로 계몽사상은 인간이 할 수 있는 영역은 무한대이다. 이것은 자연을 착취하고 해치는 결과를 낳게 한다. 이성은 인간이 할 수 있는 미지의 영역으로 안내하는 열쇠가 된다. 계몽사상은 사회제도적 억압과 권위로 부터의 해방을 요구한다. 인간과 자연의 단절 – 두 존재를 하나로 보는 동양 사상과 대조 –은 자연을 인간이 필요에 맞게 재구성 할 수 있다는 허락을 의미한다.

불교와 유교는 서로 충돌하고 협조하면서 진화적 발전을 해 왔다. 이 두 사상의 존재는 사회가 과거로부터 현재로 발전 해 나가는 동맥을 이루었다. 유교가 추구하는 인간성은 불교의 자비에 해당한다. 다른 주장에 의하면 불교의 자비와 유교의 인간성 간에 원리상 다른 점이 없다고 한다. 인간성은 인간이 사회적 유대를 추구함에 있어 이 덕목의 상호성을 주장하는 반면 불교의 자비는 나와 너의 혼연일체를 형성하여 피아 간의 구분이 없어진다고 주장한다. 불교의 초월주의는 유교와 달리 일상생활과 관련된 관심이 결여되어 있다는 뜻이다. 유교의 실제적 접근은 조선왕조 후기에 성행했던 실학을 낳게 한다. 이것을 인간사회의 필요를 다루는 "기능적 접근으로의 회귀" 라고 한다.

불교의 세계관은 숙명론이 지배하고 있음에도 불구하고 불교는 우리에게 이로운 덕목을 가르치고 있다. 적극적 덕목으로 자비, 평등, 금욕, 인내는 과거 트라우마 에 시달린 한국인에게 정신적 위로가 되었다. 이 덕목의 확산은 유교의 상쇄적 인간관계의 편협성을 보상해 주었다. 브리드 밀 티코노프는 이 적극적 덕목이 불교의 위치를 높혀주고 있다고 주장한다. 불교의 이상은 자아 (ego)를 완전히 없에는 것이다. 20세기 초 소설가 이광수는 "어떻게 하여 인간의 장점이 단점이 될 수 있을까?"하고 의문을 제기한 바 있다. 예를 들면 관대함이나 자비는 제국주의와 식민주의에 대항하여 민족주의를 고취하는데 역작용을 한다. 여성을 위한 덕묵 중 가장 현저한 것으로 순결을 들 수 있다. 이 순결은 여성을 하나의 가정에 구류하여 남편과 사별한 이후에도 재가를 어렵게 하고 있다. 오늘날에도 많은 여성이 외로운 삶의 대안을 찾으므로 행복해 질 수 있는 기회를 놓쳐 버리고 있다. 전 근대적 사회에서 한국여성은 가정을 위하여 개인을 회생하는 경우가 많았다. 특히 혼자된 후 생활고에 시달리는 한국여성은 불교가 강조하는 평등의 매력과 정신적 해방의 약속에 유인되어 세속을 떠나 여승이 되였다 (미티나 도힐러, 1983,2). 재혼은 여성만이 갖고 있는 덕을 해치는 것으로 이해되고 있었고 사회적으로 도 멸시의 대상이 되였다. "고려와 조선 왕조 시기에 많은 여성이 혼자된 후에 이 길을 택하고 있는 것으로 나타났다 (마티나 도힐러 3).

유교

유교는 높은 예절과 품위를 수반하는 정교한 윤리적 행위를 말한다. 각 개인과 사회는 자신을 이상화 하려는 욕망을 갖고 있다. 대학 (大學)은 누구나 희망 하는 "개화된 인간의 모형"을 제시하고 있다. 서양에서는 개별 인간과 신의 관계가 주된 관심의 대상이 된다. 자신의 이상화된 가치를 찾는 것이 유교의 본질이다. "이 정신적 지주가 배제된 세계에서 유교가 정신적 틈을 채워주는 역할을 하고 있다. 유교는 국가와 사회의 이상 구현에 치중하여 개인들의 도덕적 의무를 쉴세 없이 각인시켜주고 있다. (대원 크리스토퍼 1966,35)." 이 도덕적 의무는 자기 수양으로부터 시작하여 개인과 사회의 불가피한 연결 고리를 제시하고 그 관련에서 개인의 의무를 제시하고 있다. 유교에서 중요시 되고 있는 것으로 사회를 하나의 유기체로 변화시키는 것이 인간관계이다. 이 같이 복집하게 얽켜있는 인간관계를 거미줄 "사회" (spider's web) 라고 부른다.

역사적으로 중국은 지방 호걸들의 등장으로 국가가 항상 사분오열로 쪼개지고 있어 통치자를 항상 괴롭혀왔다. 이들을 통합하여 하나의 국가를 유지하려는 것이 통치자의 가장 큰 의무가 되었다. 유교는 이 분열적 집단을 끌여들여 통합된 국가를 이루는데 실질적인 접근을 제시하고 있다. 이 접근 방법은 다양한 집단인 중국에서 실시되기를 희망했으나 시작부터 단일 민족 집단인 한국에서 더 큰 효과를 발휘하게 되었다. 유교하면 우선 부정적 요소를 들 수 있으나 경제 이론가들은 유교의 긍정적 역할에 주목하고 있다. 이 효과는 아세아와 동남아시아 몇몇 국가의 빠른 성장에 나타나고 있다. 유교의 직업윤리, 개인의 기강과 사회질서는 그 사회의 발전 저력을 진작시켜 적극적 동인으로 작용 할 수 있다.

공자는 서양의 사상과 달리 하늘 왕국을 전적으로 부정 했다. 그는 하늘을 조상들이 기거하는 곳으로 생각했다 (토마스 카트카르트과 다니엘 그라인 2010, 132). 믿음이 없던 한국인은 그들 후손들의 가슴에 이름을 각인시켜 자신들의 영구적 생명을 누리려고 했다. 유교는 기독교가 말하는 혼을 부정하기에 죽음 후에 오는 내세적 관념을 갖고 있지 않다. 허나 주어진 운명을 받아들이는 유교적 가치관이 자본주의와 기능적으로 유사하다는 것이 증명되었다. 유교는 어린아이들을 어려서부터 경쟁의 대열에 참가시키고 교육받은 사람들은 끈임없는 자신의 성장에 집중시킨다. 조용하고 고분고분하던 종래의 이미지를 탈피하고 유교에 심취된 한국인은 주어진 것에 영구적 불만을 느껴 그곳에 머물기를 거절한다. 유교는 이상적 성품과 행동을 소유한 사람을 민족의 성인으로 떠받들어 일반인으로 하여금 그들의 모범을 이어가도록 독려한다. 부모는 자식들을 떠 밀어 큰 세상으로 나가기를 권한다. 올챙이의 때를 벗어 개구리같이 큰 못에서 유영하는 것을 보고 싶어 한다. 허나 사회가 복잡해질수록 유교는 개인에게 많은 것을 요구하고 있어 그 매력을 잃고 있는 것이 현실이다.

무속은 더 이상 압박받던 저변층의 믿음이 아니고 대중을 대표하는 의식으로 발전했다. 무속 의식은 과거 생명을 위협하던 병을 치유하는 힘을 가져오는 역할에서 벗어나 대중을 대표하는 의식으로 발전하였다. 무속의 유교를 향한 패권도전은 폭발적이고 거칠어진 성격, 모험심과 물질적 욕망을 불러 일으켰다. 이러한 성격적 특징은 자본주의적 모험과 일치한다. 한때 조용하고 수동적 위엄을 지향했던 한국인은 오늘의 사회에 이르는 길목에서 경이로운 사건들을 많이 경험했다. 무속이 거칠고 즉흥적이며 자기중심적 문제 해결에 집착하려는 성향을 나타내는 것은 윤리적 의식이 결여되어 있음을 보여준다.

기독교

　기독교는 한국에 늦게 도래 했음에도 불구하고 전 인구대 기독교 신자의 비율로 보아 한국인을 대표하는 종교로 급성장하였다. 기독교가 이렇게 발전하게된 것은 여러 번의 카톨릭 신자들에 대한 대규모 피의 숙청이 이루어진 토양에 기초한다는 역설이 성립된다. 빠른 발전을 하게된 이유는 '죽음 다음에 오는 구원의 매력' 이었다는 데 이견은 없을 것이다. 카톨릭의 신자들은 당쟁에서 패한 남인 지식인과 압박받는 대중들이었다. 17세기 카톨릭의 도래는 무신론의 성리학과 정면충돌로 이어졌다. 하느님을 받드는 보편적 믿음은 하나의 국가에 국한된 어버이 통치자를 받드는 유교에 도전장을 낸 것이다. 의 (義)에 의한 통치를 지지하는 유교는 영혼의 존재를 막연히 하늘로 돌리고 있어 모호한 신의 실체를 설명해준다. 서양에서 말하는 신과는 거리가 있다.

　유교 지식인들을 격노케 한 것은 카톨릭의 가르침 - 하늘에 있는 초월적 신을 국경을 초월하여 모든 신자가 아버지라고 부르는 관례 - 이였다. 카톨릭 신자들이 제사를 위패 없이 지내는 사례를 발견하고 정부 권위가 무자비한 처형을 단행한데 대한 카톨릭의 분노도 양자간의 충돌을 가중시켰다. 예배 참여를 위한 신자들의 집합은 나날이 늘어가 왕권에 큰 위협이 되고 있었다. 카톨릭 신자들의 처형의 시기를 보면 서양함대가 조선 근해에 나타날 때와 일치한다.

　개신교가 조선에 도래한 것은 카톨릭 신자에 대한 박해가 있은 후 1880년대 초였다. 개신교 선교사들은 시초부터 조선인을 위한 의료

봉사와 교육으로 눈길을 끌기 시작하여 마침내 조정의 호감을 얻게 되었다. 개신교가 세운 학교들은 후에 일본 식민주의와 영웅적 투쟁을 한 수많은 민족주의자들을 길러냈다. 조선의 현대화에 불씨가 된 진취적 가치관을 부여한 것도 기독교의 정신이었다. 사회변화를 위한 씨앗이 싹을 트기 시작한 것이다. 모두가 형제자매라는 보편적 가치가 위계질서와 권위를 옹호하는 유교를 압도하기 시작했다. (이원설 1990,106). 무속의 세속적 성향이 기독교의 가치와 어울려 안간의 필요에 가깝게 접근 할 수 있었다. 무속의 힘이 기독교와 관계에서도 크게 두드러 진다. 무속언어들이 기독교 기도속으로 스며드는 현상을 볼 수 있다. 어느 신부는 이를 가리켜 "기독교 케익위에 얹은 巫糖"이라고도 부른다.

기독교의 획기적 확대에도 불구하고 이는 과거로부터 단절되었기에 한국을 대표하는 종교로 자리매김을 하는데 부족함이 없다고 단언 할 수 없다. 일본의 점령기가 끝날 때 까지 수많은 한국인은 기독교라는 다소 생소한 종교를 표면적으로 나마 이해를 하고 있었다 (맥도날드 도날드스톤 (1990,43). 그 후에 기독교가 선진국으로부터 도래했다는 사실만으로 선각자들을 포함한 많은 사람들이 기독교에 귀의했다. 그들은 발전된 사회의 정신적 지주가 기독교라는 것을 어느 정도 이해했다. 조선왕조에서 탄압 대상이 되었던 불교를 제외 하고 유교와 무속이 조선인의 정신을 지배 해 왔고 앞으로도 이들의 영향력은 기독교적 가치관과 경쟁관계에 있을 것으로 추측된다.

한국과 같이 다종교의 기원은 한국인이 오래 지켜온 다신교 전통으로 거슬러 올라간다. 한국인은 대안 종교를 배척하지 않았다. 한국인은 중세기 서양의 잔인한 종교 전쟁의 원인이었던 종교적 도그마를 겪어 본적이 없다. 다른 지역에서 볼수 있는 종교적 갈등과 상호 간의 증오를 경험한 적도 없다. 정치적 증오심은 치유될 수 있으나 종교적 증오는 치유 될 수가 없다. 기독교와 이슬람 교의 적대감은 세월이 가도 사라지기 보다 더 기승을 부린다. 전자가 오늘날 위대함의 긍지를 갖고 있으나 후자는 과거의 위대함에 자만하고 있다.

한국인은 그들의 믿음을 구체적으로 나타내지 않는 습관이 있다. 유교, 불교, 무속 같은 전통적 믿음은 좀처럼 표면화 되지 않는다. 카톨릭이나 개신교 신자라 해도 조상숭배 의식을 수행한다. 한국인은 그들이 카톨릭이나 이슬람교에 귀의 했다해도 모두가 유교와 불교의 신자가 된다. 이 아세아에 뿌리를 둔 믿음은 한국인의 마음 깊은 곳에 자리를 잡고 있어 그들의 의식을 무의식적으로 수행한다. 이들 믿음이 한국인 의식의 저류를 형성하고 있어 한국의 종교적 다원주의는 역사적 산물이라고 할 수 있다. 민족 동일체 의식과 종교적 다원주의는 서로 대립각을 형성하고 있다.

한국의 지정학적 위치

한국인은 50 배나 큰 중국, 중국을 호령했던 만주국과 몽골 같은 대륙국가와 역사적 부침을 공유하여 왔다. 강대국과 이웃하고 있음은 "고래 싸움에 새우등 터진다"는 비유적 속담을 낳고 있다. 한국인은 이웃 강대국의 공격을 받아 멸망의 문턱을 수없이 넘나 든 삶을 이어왔다. 다른 어느 나라에 비하여도 한국인의 특징에 지정학적 영향이 짙은 그림자를 남긴다. 한국인은 과거의 트라우마를 경험하여 왔기에 외세 공포증을 갖고 있으며 강대국 간의 싸움에 휘말리지 않으려고 했으나 힘의 대결이 강한 블랙홀을 만들어 이에 본의 아니게 말려들었다.

한국인의 자화상을 "영원한 약자"로 표현한다. 한국인은 강대국과의 대결에서 오는 고통을 당연한 것으로 받아 들였다. 따라서 한국인이 이룩한 역사적 성취는 반듯이 과거의 트라우마와 연결하여 기술하는 경향이 있다. 자기 운명을 숙명으로 받아들이는 그 이면에는 역사적 비극을 극복해온 한국인의 긍지가 엿보인다. "한강의 기적"은 가끔 한국인에 의하여 회자 된다. 세계 2차 대전의 패배를 극복하고 라인 강의 기적을 이룬 독일인의 긍지와 비견 할 만 하다는 뜻이다. 이 양자 간의 비유가 정당화 될 수 있는 지는 더 두고 볼일이나 서로 다른 정치적 배경을 감안 할 때 한국의 성취가 독일의 축소판으로 보기에는 다소 무리가 따른다. 우선 한국은 전쟁 당사자가 아니므로 패배자가 겪은 가혹한 처벌은 면 할 수 있었다. 현재의 성취를 과거의 트라우마와 연계함으로 한국인의 자화상은 일반적으로 알려진 것과 다르다.

중국의 문명은 대양의 물결 같아서 주변국가의 문명을 압도 해 왔다. 몽골과 만주족이 한때 중국을 무력으로 지배 했으나 정복자는 문화적으로 중국인이 되고 말았다. 이 상항에서도 한국과 베트남은 자기 고유문화를 지켜온 유일한 국가가 되었다. 고려조 에 이르러 한국은 외침의 수난을 가장 빈번히 받아 왔다. 우리를 괴롭혔던 국가들 중 몇몇은 과거 영광의 그림자와 함께 역사의 뒤안길로 사라지거나 보잘 것 없는 국가로 추락했다. 한국은 이 모든 시련을 이기고 간단없이 이어 와 과거와의 유일한 연결 고리로 남아 있다.

한반도는 아시아 대륙으로부터 단도(短刀)와 같이 뻗어 나와 일본을 향하고 있다. 한때 대륙국가의 문화를 일본에 전수한 육교로서의 역할은 이웃 강대국의 침략에 의하여 가려져 있었다. 한 반도에 왕권국가가 먼저 도래한 것은 한국인의 민족적-문화적 동질성에 기인한 바가 크다. 빈번한 외침은 한국인을 중앙 집권적 왕권국가로 결집시켰다. 12세기부터 만주족이 고려를 괴롭히기 시작 하더니 중국 송나라를 쳐 북방 영토를 지배하게 된다. 이 때 부터 송나라의 북방영토는 만주족에 의하여 180년 간 지배당해 오다가 몽고족이 발흥하여 만주족을 일거에 제거하고 중국 송나라를 쳐 양자강 이북의 한반도 33배의 영토를 점유한다. 1279년 송나라는 몽고의 최후 일격에 의하여 숨을 거둔다.

몽골제국 원나라 황제 쿠빌라이는 일본을 침략한다. 고려는 쿠빌라이 압력에 못 이겨 일본공격에 가담하나 2회에 걸친 침공은 태풍을 만나 참패하고 다시 국가적 위기에 직면하게 된다. 16세기에 들어와 몽고족에 의하여 흩어져 있던 여진족이 재결합하여 조선을 공격하니 전쟁의 쓰라림을 그만큼 맛보고도 대비를 못 했던 조선은 이에 가장 굴욕적 항복을 한다. 조선을 압도한 후 여진족은 중국 명나라를 쳐 청나라를 세운다. 청나라의 말로는 아편전쟁, 홍수전의 난, 위화단 사건, 청일전쟁의 패배로 얼룩져 있고 영토는 서양열강에 의하여 사분오열로 찢어졌다. 이 소용돌이에서 평온을 유지하던 은둔국 조선도 제국주의 파고에 휩쓸려 강대국 간 전쟁의 불소시게가 되었다.

중국은 러시아와 가장 긴 접경지대를 공유하고 있다. 러시아에 대한 중국의 유화정책은 브라지 포스톡을 포함한 연해주 지역을 러시아에 양도하는 북경조약을 1860년 서명함으로 이때 부터 러시아의 극동 진출이 가시화 되었다. 러시아의 말로 블라디보스토크는 "동양을 정복하라" 는 뜻이다. 러시아의 극동 진출은 러시아의 야욕이 전쟁에 지친 유럽으로부터 평화로운 동양으로 이동하고 있음을 말한다. 러시아의 눈은 얼지 않는 바다에 접근 할 수 있는 전략적 지역에 착시하고 있었다. 러시아의 동방 진출이 일본의 북방 군도를 위태롭게 하자 일본은 한반도에 진출하여 일본을 보호할 보루로 만들 결심을 한다. 일본은 섬에 국한하여 살아 왔기에 외세의 침략에 극도로 민감했다.

일본의 제국주의 야욕은 영토확장 정책으로부터 비롯된다. 한국은 일본의 대륙진출 정책의 최초의 희생자로 떠올랐다. 일본의 목적은 한국을 중국의 영향권으로부터 분리시켜 진공지대로 만들어 일본의 조선 지배를 용이하게 하기 위함 이였다. 일본을 두려워하던 한국에게 중국은 신뢰의 방패막이 되었으나 이제 중국은 더 이상 한국이 의존할 국가가 되지 못했다. 1894년 중일 전쟁은 한국으로서는 처음으로 중국과 결별하는 계기가 되었다. 이제 의존 할 수 있는 국가가 없는 상태에서 한국은 일분제국주의 먹이로 전락하고 있었다. 일본을 제어하기 위한 방안을 강구하던 조선은 미국에 마지막 기대를 걸어 보나 미국의 응답은 냉담이었다. 미국이 동북아에서 러시아를 견제하는데 일본을 믿을 만한 파트너로 생각하고 있었기에 한국은 미국의 관심 밖으로 밀려났다.

차선책으로 한국은 러시아를 끌어 들인다. 러시아는 동요하는 한국을 보호한다는 명분으로 한국을 지원하고 영향력을 행사했다. 허나 러시아는 한반도의 이권 층돌로 일본과의 전쟁에 휘말린다. 러시아가 승리했다면 한반도는 러시아의 영향권으로 들어갔을 것이 분명하다. 이제 제국주의 열강들이 한반도의 운명을 결정짓는 주역이 되었다. 일본이 러일 전쟁에서 승리함으로 일본은 한반도의 목을 점점 조여들고 있었다. 일본의 승리로 인하여 일본은 한반도를 제국주의 전진의 발판으로 삼았다. 한국 지도층은 나아 갈 방향을 잃고 패닉 상태에 있었다. 그들에게는 앞으로 닥쳐 올 최악의 시나리오를 저지할 능력 마저 잃었다.

1945년 8월 15일 한국은 일본 식민주의로부터 해방을 맞이했으나 해방정국에 암운이 깃들기 시작 했다. 국토가 남북으로 갈라져저 한국인들의 국가 재건의 꿈은 무참히 짓 밟혔다. 국토 분단 뒤에는 세계가 공산국가와 자유 민주국가로 이분화 되어 이들 간의 대립이 냉전의 이름으로 가시화되고 있었기 때문이다. 그러나 종전의 결과가 한국의 분단으로 이어 진다는 것은 납득하기 어려운 일이다. 독일의 예로 보아 분단국은 전쟁의 주범 일본이 되었어야 했다. 한국은 일본의 식민지요 전쟁 당사자가 아니다. 패전국에 전승국의 군대가 파견되는 것은 통상적으로 있는 일이나 한국이 러시아와 국경을 접하고 있어 러시아 군대의 한반도 진입이 예상되는 상황에서 미군의 진입은 시간 문제였다. 양국 군대의 한반도 진입은 국토분단을 예고하고 있었다. 한국의 분단은 지정학적 요인에 의한 것일까? 아니면 한국인의 무능력에 기인한 결과일까?

힘의 대결로 점철된 냉전의 세계에서 한국인은 스스로 자기 운명의 주인이 될 수 없음을 깨달았다. 냉전의 프레임에서 한국이 살아남기 위하여는 미국에 의존하지 않을 수 없음을 깨달았다. 미국과 한국의 관계는 밀월을 즐기는 편이었으나 당해 이슈에 따라서 파열음을 내는 경우도 있었다. 전반적으로 볼 때 동맹국 간의 화합의 분위기가 지배하고 있었다고 볼 수 있다. 한미 방위조약은 공동의 적에 대항한다는 두 나라의 결의를 나타낸다. 남한은 북한과의 전쟁에서 방패의 주역이며 가장 많은 인적 물적 피해를 입은 주요 교전국이었으나 휴전 당사국은 되지 못했다. 미국이 참전 우방 국가를 대표해서 휴전 제의에 서명했고 공산국가를 대신하여 중국과 북한이 휴전 당사국이 되었다. 남한이 휴전 당사국으로서 배제된 이유는 이승만 대통령이 휴전을 반대했고 국군이라도 단독 북진하겠다는 망상을 고집했기 때문이다. 이 강경한 태도는 추후에 미국과의 방위조약을 이끌어 내는 효과를 발휘했고 그 대가로 남한은 휴전을 추인했다. 북한은 남한이 휴전 당사국이 아니므로 북한과 대화 할 자격이 없다고 하여 미국과의 직접대화를 줄기차게 요구 해 왔다. 남한이 주도권을 지고 이 난국을 헤쳐 나가려는 노력은 좌절을 맛보았다. 통일의 문제는 남북 당사국의 울타리를 넘어 다른 국가들의 참여를 유도했고 현재에는 힘의 균형을 유지하고 있다. 이웃 국가인 중국과 일본, 먼거리 국가인 러시아와 미국을 포괄하는 2+2 라는 힘의 균형 공식이 성립된 것이다. 각국은 한국의 통일문제와 관련하여 일정한 영향력을 행사한다. 이 힘의 균형을 흔드는 어떠한 조치에 각국은 민감한 반응을 보인다. 이 힘의 균형을 유지하는 것이 동복아 평화를 유지하는 길이라면 한국의 분단은 영구화 될 수밖에 없다.

바다 건너편에는 세계 3위의 경제 대국 일본열도가 둘러싸 있다. 일본하면 동아시아에서 로마 제국으로 군림하던 중국과 불패의 신화인 러시아를 패주시킨 국가였다. 일본은 그 여세를 몰아 미국과 전쟁을 벌였던 국가이기도 하다. 중국은 한때 "잠자는 사자"로 통했으나 오랜 나태를 깨고 세계경제 대국 2위를 점유하고 있다. 중국은 가파른 성장을 계속하여 국민 총생산량이 2025년에는 미국을 추월할 것으로 전망된다. 러시아는 오랜 경제적 침체를 벗어나 잃었던 세계의 힘을 다시 찾기 위한 결의를 다지고 있다. 동북아는 세계에서 가장 역동적이고 활력이 넘치는 지역이 될 것이다.

미국과 중국의 파워 게임에서 한국은 위험한 줄타기를 한다. 중국에 경도되면 미국과의 관계는 찬 서리를 맞는다. 중국과의 화합은 중국이 북한에 영향력을 행사할 수 있는 유일한 국가라는 의미에서 중요한 전략적 의미를 갖고 있다. 그러나 미국과의 동맹은 북한과 잠재적 적에 대항하여 자유를 지키기 위한 결의로 맺어진 혈맹이다. 세계의 눈은 한국이 미국과 중국 사이에서 어떻게 대처해 나가는지 이에 주목하고 있다. 과거에도 현재에도 한국인은 그들이 의존 할 수 있는 강대국을 찾아왔다. 이 새로운 힘의 대결구도에서 강대국의 지원 없이 한국이 버틸 수 있을까?

중국이 세계의 힘으로 부상한 것은 자존심의 상처에 대한 일종의 보상 심리라고 할 수 있다. 18세기에 들어와 중국은 영국과 일본에 연패를 당하는 수모를 겪었다. 중국은 화려했던 과거로 회귀를 원하고 있는바 이것은 제국주의로 환원을 뜻한다. 현재 중국은 미국과의 경쟁을 통하여 세계질서 재편을 시도하고 있다. 미국과 중국의 대결은 과거의 위대함과 현재의 위대함 간의 싸움이다. 일찍이 중국의 방대함과 사소한 일에 초연함은 중국을 큰마음과 관대함을 상징하는 국가로 각인시켰다. 그러나 오늘의 중국은 빠른 경제성장에 의하여 쉽게 흔들리고 불균형한 상태를 벗어나지 못하고 있다. 인접국가의 반항에 매를 들려는 감정적 충동은 아직도 중국이 미성숙 사춘기 단계에 있음을 반증한다. 한 인접국가는 중국에 작은 바람을 일으켰다가 태풍으로 되돌려 받았다. 인접국가의 반항적 목소리는 늘 있었던 것이나 중국은 이것을 그의 성스러운 이권에 대한 도전으로 보고 있다. 이에 대한 중국의 반응은 분노와 민족주의적 감정이 동시에 폭발하니 굉음이 대지를 집어 삼킬 듯하다. 큰 나라로서 기대되는 자숙의 도를 넘고 있다. 중국의 신경질적 반응은 한국이 중국의 전략적 동반자로서 가야 할 길에 암영을 비쳐준다. 나아시즘에 도취된 중국은 세계 강국으로서 지켜야 할 새로운 질서의 비전을 잃고 있다. 사회적 성숙은 마음의 성숙이 신체의 성숙과 균형을 유지할 때 온다. 소영웅주의나 자아중심 민족주의는 강대국이 갖추어야할 숭고한 비전을 흐려버린다.

미국과 중국간의 경쟁측면에서 볼 때 러시아가 중국과 노선을 같이 할 가능성이 높다. 이것은 아세아에서 패권을 누리고 있는 미국에 새로운 도전을 의미한다. 미국은 패권을 유지하기위하여 일본에 의존하는 바가 크다. 일본은 대륙국가의 팽창을 저지하는 강력한 힘이 될 것으로 믿어 왔다. 당초에 미국은 한국과 일본을 포함하는 삼각동맹을 그리고 있었으나 이의 실현 가능성은 한국과 일본의 매끄러운 관계가 전제가 된다. 이러한 맥락에서 일본의 자체 방위능력을 강화하는데 미국의 원조가 한국인의 분노를 사면서 까지 진행되고 있었다. 일본의 우파가 정권을 잡으면 일본의 감성 민족주의가 발동하여 인접 국가들과 마찰을 빚어 왔다. 극단적 민족주의는 일본을 고립으로 몰고 갔다. 일본의 과거 취부에 대한 노골적 부정은 일본의 제국주의 부활로 인식되어 인접 국가들을 위협하고 있다. 또한 일본이 과거에 대한 사죄를 거부하는 만큼 한국인의 종족중심 민족주의가 발동한다. 삼각동맹을 구상하는 미국으로서는 한국과 일본이 돌아오지 못할 강을 건너지 않을까 노심초사하고 있다. 일본의 우파 정권의 도래는 한국인의 감정을 불러들여 오히려 한국이 중국에 편승할 가능성을 높여주고 있다.

중국의 그늘 밑에서 수백 년간 살아온 한국인으로서 의존할 수 있는 강국을 찾는 것이 상습화 되어있다. 약소국으로서 강대국에 의존해온 것 자체가 생존 전략이다. 한국인들 중 한국과 미국의 동맹이 영원한 것이라고 믿는 사람은 많지 않을 것이다. 지금 일어나고 있는 힘의 유동성은 영원한 동맹을 부정한다. 현대 중국은 한미관계가 균열되었을 때 한국인 마음의 빈자리를 채워 줄 대타가 될 준비를 갖추고 있다. 한국이 동맹을 잃었을 때 새로운 동맹을 갈구하는 심리를 중국은 어느 나라보다 잘 이해하고 있다. 모든 국제관계는 탄생, 유년기, 사춘기, 성인, 노쇠의 순환 고리를 경험하게 된다. 한국인은 가장 역동적인 지역에서 살아남기 위하여 새로운 길을 모색해야 한다. 한국은 과연 외세에 의존하지 않는 독립적 지위를 얻을 수 있을까?

한국은 현재 가장 위태로운 지역에 거주함으로 긴장의 중심에 서 있다고 볼 수 있다. 북한은 핵무기 개발을 완료한 상태로 서울을 삽시간에 불바다로 만들 수 있다고 호언한다. 북한은 핵보유의 정당성을 자신의 보호에서 찾고 있으나 실제로 핵 확산이 가져올 세계적 패닉은 자기방어 논리를 넘어선다. 북한은 인류의 최후의 날을 공공연히 거론하고 있음에도 남한 사람들은 동요하지 않고 있다. 남한에서 회자되는 핵무기의 목표는 다른 곳으로 향할지도 모른다는 추측이 무성하다. 핵무기는 한반도 어느 곳에서 터지든 북한도 안전지대는 아니다. 핵폭발의 파동은 부메랭이 되어 북한으로 돌아 갈 개연성이 높다. 북한의 공격적 프로퍼간다에도 불구하고 남한은 잘 버티고 있다. 남한을 저주하는 그들의 말투는 저급하고 조잡하여 문명국의 품위를 갖추지 못하고 있다.

남한은 북한의 꼬임수에 속절없이 당하고만 있으면서도 북한과의 담화에 환상적 기대를 저버리지 않고 있다. 북한이 속내를 보이지 않는 상황에서 그들의 수수게기 같은 정책은 이성의 옷을 입은 대화의 환상과 진실의 얼굴을 쓴 거짓의 양극을 왕래 한다. 북한과의 유화정책 추구에서 문제는 비단 제도적 차이에만 있는 것이 아니라 심리적 차이에도 있다. 이 심리적 차이는 시간이 갈수록 봉합이 어려워진다. 혁명의 열기가 한창 일 때 북한에서 태어나 외부와 단절된 채 살아 온 북한 지도자에게 외교적 접근은 항복과 사망을 의미한다. 외교적 해결이 차단된 상태에서 북한의 상대방에 대한 오판은 도박성 모험주의를 불러올 가능성이 높다. 핵의 단추가 불안한 성격의 소유자 손에 있다는 것을 상상해 보라. 세계 석학들은 과학적 근거를 들어 북한은 얼마 못 버틴다고 한다. 그래도 북한은 70년의 왕조를 유지하고 있다.

세계화의 역설

세계화는 발전단계에 따라 효과가 다르겠지만 국가의 가치관 형성에 지대한 영향을 준다. 과학의 발달은 세계를 개방사회로 이끌어 간다. 국가 간의 거리는 축소되고 경계는 흐려진다. 인간과 상품은 자유롭게 국경을 넘나든다. 이 세상에 완전히 고립된 나라는 없다. 우리가 원하든 아니든 세계화의 파고는 피 할 수 없는 현실이다. 우선 우리한테 이로운 점을 들면 세계화는 따뜻한 햇빛을 제공하여 북한 동토를 녹이는 효과를 기대 할 수 있을 것이다. 이 햇빛정책이 이념의 장벽을 넘어 공산치하 국가들의 몰락을 초래했다는 사실을 되 새겨 볼만하다. 세계화는 이념장벽을 뚫고 이념의 도그마에 가려진 국가들을 해방시켰다. 1989 -90 년 사이 공산주의 몰락은 연쇄적으로 일어났다. 세계화는 언제인가는 북한 동포들에게 새로운 희망의 빛을 비쳐 주리라고 믿는다.

소위 지구촌이란 실체가 없는 상상된 마을로 문화의 차이에 관계 없이 다른 민족과 평화롭게 살고 있는 곳이다. 20세기에 들어와 울트라 민족주의가 만연하여 세계 주요 강국들을 전쟁의 광란으로 몰아갔다. 국가 간 이념이나 제도가 다르다고 서로 냉대하고 증오했다. 세계화는 이러한 인류행동의 우를 지탄하고 과열경쟁을 막고 국가 간 긴장을 완화한다. 기술과 경제면에서 볼 때 세계화는 표준문화와 가치를 지향하는 공통분모를 창출한다. 국가 간의 접촉이 증가하면 보편적 가치가 특수 가치를 압도한다. 세계화가 계속된다면 미래의 어느 시점에 이르러 모든 세계인은 동일한 정체성을 갖게 될 것이다. 특수 가치는 세계인을 문화적 특색으로 구분 하려는 시도를 창출한다. 세계화는 특수가치를 퇴출하려고 하나 좀처럼 소멸되지 않는다. 현대화라고 하면 저개발 또는 개발도상국가들이 서양 문물과 정신을 모방하는 것이다. 현대화가 빠른 속도로 진행 될 때 과거 전통 지향적 가치가 표면으로 부상한다. 민족주의는 현대화에 대한 반작용으로 전통 문화에 기초한 새로운 정체성의 확립을 목표로 한다. 소련연방은 공산혁명의 산물이나 주변 소국가들을 계란처럼 깨트려 만든 일종의 스크램블이다. 이 국가들이 소련연방의 구성원으로 존재하는 중에도 과거의 정체성을 찾으려는 노력은 문화 민족주의로 나타나 지하의 온천수처럼 끓어 올랐다.

세계화는 가끔 힘의 논리를 통하여 인식된다. 미국이 세계화에 대한 가장 열성 지지자이므로 많은 국가들은 세계화 추세에 다소 회의적이다. 이들은 미국이 세계를 자기 이미지로 재구성하여 힘의 재패를 노린다고 믿는다. 세계화를 면밀히 볼 때 이는 세계가 어느 한 국가에 의하여 지배되는 것을 용납하지 않는다. 미국은 냉전이후 세계 유일의 슈퍼 파우어로 군림한 듯하나 실제로는 얻은 것 보다 잃은 것이 더 많아 보인다. 세계화는 중국을 세계 초강대국 반열에 올려놓아 미국과 대결의 구도를 만들었다.

세계화는 종족중심 민족주의가 사회발전을 저지한다고 본다. 한국인은 단일 민족을 국가의 합법성을 결정하는 주 요인으로 본다. 한 발 더 나아가 진보세력들은 이 주장에 터하여 북한정권에 합법성을 준다. 북한만이 민족의 순수성을 고수한다고 믿기 때문이다. 민족주의는 다양한 색채를 띠고 있으나 한국인의 개념에는 국수주의와 외국인 배척 사상이 지배적 특징을 이룬다. 국수주의는 고립주의를 외치고 외세에 대한 의타성을 배격한다. 이 주장에 더하여 북한은 남한을 식민잔재에 의존했고 제국주의에 굴종한 자들이라고 맹비난한다. 강한 민족적 순수성은 집단주의적 사회의 특징으로 나타나고 이러한 사회와 전제 독재주의에 노출되기 쉽다. 나치와 파시즘은 국가의 최고 존엄과 민족의 순수성을 지지한다. 북한에서는 민족의 순수성이 자본주의 악령에 대한 대항마로서 작용한다.

단일민족을 중심으로 세워진 사회는 개인의 자유를 억압하는 경향이 있다. 반면에 제도적 또는 이념적 공감대를 기초로 탄생한 국가는 개인행동 운신의 폭이 넓다. 단순 정치적 도그마에 의하여 형성된 사회는 그만큼 비인간적이고 억압적이다. 한국인의 국가에 대한 충성은 단일 민족이라는 민족의 순수성 의식으로부터 온다. 그러나 한국인의 국가에 대한 충성심이 공유된 가치와 제도에 기초한 미국인의 애국심보다 강하다고는 할 수 없다. 한국인은 민족의 순수성을 강조하여 애국심에 호소하나 이들은 오히려 감성적 민족주위로 흐르기 쉽다. 감성적 민족주의는 우리에게 부여된 의무를 자발적 의사의 발현이 아니라 독선적 시각으로 보고 있다.

경제적 세계화는 기적을 이루었다. 이 추세로 인하여 현대사회는 전례없는 부를 누리고 있다. 사람과 물자는 국경을 넘어 자유자재로 움직이고 첨단기술이 발현하면 다른 국가도 용이하게 접근할 수 있다. 이 같은 이익의 호혜성은 관련국들이 같은 발전단계에 있을 때 가능하다. 국가의 부와 벌전단계의 격차가 있을 때 세계화 추세는 저개발국가를 혼란으로 몰고 갈 수 있다. 한 나라에서 경제적 실패는 다른 나라로 전염병처럼 이동한다. 강한 나라가 기침을 하면 다른 나라는 감기에 걸린다.

경제적 세계화가 전반적으로 괄목할만한 성취를 이루었음에도 불구하고 정치적 세계화에 있어서 그 효과는 제한적이다. 중국은 세계화의 여진에 신중을 기하는 편이다. 다른 나라와 달리 중국은 정치적 사회주의 배경에 경제 세계화를 추구해 왔다[5]. 중국이 사회주의를 고집하는 이유는 과도한 개인주의로부터 오는 사회악에 대한 두려움뿐만 아니라 과거 화려했던 역사의 중압감에 눌려 서양에서 발달한 자유민주주의 개념을 쉽게 받아들일 처지가 아니기 때문이다. 시장경제와 사회주의의 결합이 지금까지 기대에 부응하는 결과를 초래했다고 할 수 있겠으나 이 두 이질적 제도의 동거는 장기적으로 볼 때 큰 우려를 낳고 있다. 자본주의적 문제를 사회주의적 수단으로 해결하려는 역설적 논리를 어떻게 설명할 것인가 중국은 고민하지 않을 수 없을 것이다. 사회주의 제도의 경직성은 사회적 안정을 헤치는 결과를 가져올 수 있다.

사회주의에서는 국가가 인민의 직접 통제를 통하여 현대사회의 불안정을 해소하는 조직적 방어체계를 제공한다. 이 점에서 사회주의는 국가목표를 보다 잘 이행할 수 있다. 사회주의는 제도적 경직성 때문에 복종과 의견일치가 당연시되는 사회에 잘 어울린다. 그러나 세계화 추세는 안착된 제도에 분열적 충돌을 일으킨다. 북한은 그의 제도가 빈부의 격차를 막는 방패라 하여 자랑하고 있으나 빈부의 격차는 자본주의에 만 있는 것이 아니라 사회주의에서도 암적 요인이 되고 있다. 중국인들도 앞으로 세계화 추세에 접함으로 사회 제도를 얼마나 오래 이어 가야 할지 고심 할 때가 있을 것이다. 중국은 세계 문명 발상지의 하나라는 점에서 남이 해결 할 수 없는 문제 - 자유민주주의와 사회주의의 동거 - 에 집착하여 그것의 존재가치를 증명하려고 할 것이다.

세계화는 구 가치관을 현대사회의 이성적 판단에 노출한다. 유교는 현대사회와 맞지 않는다는 비평을 받아 왔다. 그러나 유교에도 현실과 부합하는 윤리의식이 존재하여 현대의 새로운 문제에 도전하고 있다. 우리는 중국과 베트남이 어떻게 하여 사회주의 골격에 시장경제가 연착하여 왔는지 살펴볼 필요가 있다. 이러한 예는 동 유럽 공산권에서는 찾아볼 수 없다. 중국과 베트남이 빠른 경제성장을 이룬 것은 유교의 근로의식 때문이다. 이 근로의식의 특징은 나를 죽이고 보다 큰 사회의 복리를 실현하는 살신성인의 논리이다. 개인보다는 사회, 사익보다는 공리를 추구 해왔다는 점에서 개인 위주의 자유 민주주의와 대립각을 세운다.

세계화는 도덕보다도 법을 전면에 부각시켜 행동의 지침으로 삼는다. 법 수호에 대한 의식은 이성이 행동을 지배하고 있을 때 발전한다. 사회질서와 화합을 강조하는 한국인은 법을 중요하게 여기지 않는 경향이 있다. 가끔 법에 지나치게 집착하는 것이 오히려 불쾌한 느낌을 줄 때가 있다. 과도한 법 집착이 다른 사람에 대한 뜨거운 감정이나 동정을 해치고 있기 때문이다. 인간성과 동정은 소규모 집단 안에서 만 느끼는 특징이며 이는 집단의 확대를 저지하는 요인이 되기도 한다. 그 집단이 커지려면 새로운 가치와 연결 해주는 중간단계의 가치를 필요로 한다. 규모가 큰 집단에서는 인간성이나 동정심 같은 개인감정은 퇴보한다. 인간성에 호소하는 것은 부정적 결과를 도출하기 마련이다. 카리스마 넘치는 지도자는 불만을 품은 다수의 열정을 그릇된 정치적 목적으로 이용한다. 파시즘이나 나치즘은 대중의 열정을 인종 차별이나 과대 망상적 행위로 전환시키는 역할을 했다. 반대로 집단적 의식이 권위주의 지도자를 만나면 법은 정치적 목적에 굴복할 개연성이 높아진다. 국민은 법을 우롱하거나 집권세력의 입맛에 맞지 않을 때 이를 뜯어 고치려는 시도로 나타난다.

자유 민주주의를 지향하는 세계화는 변방의 값싼 노동력이 중앙으로 이동을 장려한다. 민족의 이동은 주거의 중요성, 문화의 정체성, 시민의식에 큰 타격을 준다. (세일라 벤호비브 2002,182). 전 지역에 퍼지고 있는 이 운동이 국가적 정체성을 결여한 개인과 도덕성을 회피하는 산업체를 만들어 낸다. 이러한 개연성에 새로운 위험이 도사리고 있음을 감지 할 수 있다. 디지털 문명을 맞이하여 개인은 이메일 공간에 한정되어 거주지가 대폭 축소되나 세계적 인간 네트워크의 일원이 되기도 한다. 세계화는 인간 권리나 도덕을 주제로 한 세계적 담론에 참여를 권장 한다. 따라서 인류 공동의 적 HIV 나 AID에 대응하는 국제적 협력체계의 구축에 자발적 참여를 유도 한다.

세계화는 보편적 가치를 추구하여 왔다. 문화 경계를 초월한 소통의 노력은 소수 인구의 언어를 퇴보시켜 국제적 언어가 지배하는 결과를 초래 할 것이다. 우리의 국어는 국제적 언어에 의하여 대치되던지 아니면 가치가 떨어질 수도 있다는 기우를 낳고 있다. 모국어를 상실한다는 것은 우리의 정체성을 확립할 수 없다는 결론으로 이어진다. 모국어가 없는 국가를 상상할 수 있을까? 자기의 정체성의 구현 없이 위대한 국가의 실현은 불가능하다. 새뮤엘 헌팅톤의 예언대로 냉전 후의 국가 간 충돌은 민족, 문화와 신앙에 관한 것이다. 무엇보다도 문화와 신앙의 차이는 국가 간 공존을 거부할 것이다.

세계화와 병행하는 또 하나의 현상으로 물질적 편의를 기준으로 하는 세속화를 들 수 있다. 세속화는 더 고상한 삶의 질을 배격한다. 현대생활은 세속화와 비인간화가 상호 보완적 관계로 특징지어진다. 유전코드의 비밀이 풀리고 인간 탄생의 비밀이 열리어 이제 인간의 힘으로 신의 창조에 도전하려고 한다. 도덕성이 배제된 기술의 발달은 인간존엄을 해치는 결과를 낳는다. 비인간성과 객관성이 새로운 합리적 사고의 기준이 되고 있다. 종교도 합리적 소리에 귀를 기울일 때가 되었다. 종교적 정통성은 이혼, 낙태, 마약과 역문화 (counter culture) 에 의하여 혼탁해진 역류 속에서 퇴보 되고 있다. 기독교는 아직도 인류문명의 시작을 알리는 원초적 가치관을 지탱하여 왔기에 현실을 외면하는 점이 없지 않다. 그러나 세상은 변하고 있다. 절대국가가 시민사회로, 신탁 (神託)통치가 민주주의로 전환했고, 종교적 독단주의가 종교적 다양성에 굴복하듯 원시사회의 금기와 성경의 무오류에 대한 믿음을 재정립 할 때가 되었다. 이슬람은 그 믿음의 영역을 넓혀가고 있어 기독교에 잔잔한 도전을 예고하고 있다. 이와 관련하여 기독교는 이슬람교를 진정 구원의 대안으로 생각 할 수 있는지 고민해야할 때가 되었다.

여러 종교의 공존은 이제 기독교도 독단적 확실성을 완화하고 다른 종교에 대한 관용을 생각해 볼 때가 왔음을 알려 준다. 세계화 추세는 물과 같이 높은 곳에서 낮은 곳으로 흐른다. 문명에 대한 잘못된 인식은 그것이 모든 제도, 문화, 사상 과 믿음을 창출하고 시간의 흐름에도 변하지 않을 것이라는 믿음에 있다. 서양이 동양에 비하여 기술적 우위를 점유하고 있음은 그리스 문명을 곧바로 계승했다고 자부하는 서양 문명의 탓으로 돌린다. 그리스 문명은 아데네라는 일정지역에 국한되어 기원전 5세기에 전광석화처럼 빛났다 사라졌다. 그리스 문명의 흐름은 기복이 심하여 그 자체가 시종 같은 형태로 유지되어온 것은 아니다. 문명의 계속성이 전제가 된다면 중세기 초의 암흑시대 문명을 회고하지 않을 수 없다. 이 시기에 유럽은 별과 같이 헤아릴 수 없이 많았던 공국 또는 제후국의 난립으로 혼탁해진 문명이 찬란한 그리스 문명의 계승자라고 하기에는 너무 초라했다.

　진정한 그리스 문명의 계승자는 이베리아 반도에서 이슬람 문명의 꽃을 피웠던 무어족이다. 15세기 대항해 시대, 과학의 발견을 탄생케 한 문명도 그리스 문명과 거이 단절 되어 있었음을 알 수 있다. 노오만 캔터는 문명의 결정론을 허구라고 반박한다. 그는 문명을 하나의 생물로서 탄생, 성장, 노쇠의 순환 고리를 반복한다고 보고 있다. 각 발전 단계는 시대적 특징을 기록으로 남긴다. 하나의 단계는 이를 앞서는 단계와 후속되는 단계가 서로 다름을 보여 준다. 세계화는 결국 문명 결정론에 대한 도전이라고 할 수 있다.

(1). 분자집단이란 집단 중 가장 미세한 집단으로 영어 molecular에서 따온 용어이다. 인간의 성격이 집단 내 구성원 간의 상호작용에 의하여 형성되고 있다. 분자 집단은 인간이 태어나서 처음으로 경험하는 집단생활을 말한다.

(2). 새마을 운동은 60년대와 70년대에 산업화가 빠르게 진행됨으로 이와 보조를 맞추기 위한 농촌개발 사업을 말한다. 농촌지역사회는 빠른 성장의 열매를 맛보지도 못하고 침체의 늪에 있을 때 농어촌 인구에게 생산적 활동에 참여시켜 농어촌 지역의 저력을 진작시키기 위함이다. 농어촌 인구의 협동정신이 지역사회 발전에 기여 할 수 있는 여건을 정부가 나서서 조성해 주었다. 농어촌 인구는 가내공업을 진

작시켜 생산 활동에 참여할 수 있었다. 한국에서 시작된 새마을운동은 여러 개발도상국가 들의 본보기가 되었다.

(3). 성격개조를 위한 안창호의 절규는 이광수의 민족개조론과 맥을 공유한다. 안창호의 전기를 쓴 이광수에게 안창호는 선생이었다. 이광수는 안창호가 건립한 흥사단에 가입하여 국가의 독립쟁취를 위한 활동에 참여한 동반자였다. 종족중심 민족주의가 극에 달하던 그 시절 국민개조론을 주장한다는 것은 위험천만한 일이 아닐 수 없다.

(4). 무속에서 말하는 혼은 죽은자 또는 망자를 뜻한다. 사람은 죽는 순간 혼이 육체를 떠나 방황하거나 다른 사람의 육체로 들어간다고 믿는다. 기독교에서 말하는 영혼은 불멸(Immortalty)이라는 특징을 갖고 있어 내세론을 전제를 하고 있다. 무속에서의 혼은 이 세상에서 생을 다하지 못한 원망이 서려있다. 혼은 일종의 악령으로 산사람을 해한다. 무속인은 초월적 힘을 빌려 혼과 대화를 한다고 믿는다.

(5). 중국의 사회주의와 북 구라파 사회주의를 동일시하는 경향이 있는데 이 양자 간에 근본적 차이를 모르고 하는 밀이다. 소득의 재분배라는 점에서 공통분모를 주장하나 북구라파에서는 정권교체를 선거를 통해서 만이 이루어진다. 또한 북 구라파에서는 지방분권이 잘 이루어져 있어 중앙집권적 중국과 거리가 있다.

[제 **2** 장]

역사적 정체성

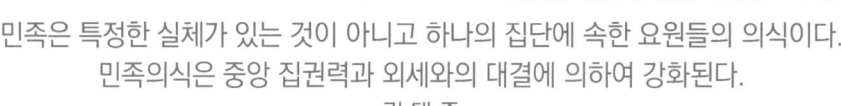

민족은 특정한 실체가 있는 것이 아니고 하나의 집단에 속한 요원들의 의식이다.
민족의식은 중앙 집권력과 외세와의 대결에 의하여 강화된다.
- 권 태 준 -

약자의 운명

한국인의 정체성 탐구에 있어서 역사는 유용한 자료의 보고이다. "역사를 어떻게 보느냐?"의 문제는 정체성 형성의 주요 변인이 된다. 보편적 인식은 한국을 중국의 지류에 불과하다고 보는 편이 지배적이다. 그러나 "한국은 중국의 일부가 아니냐?"고 어느 문외한이 물어본다면 의아스러운, 아니면 격한 반응을 보일 것이다. 독창적 문화와 언어를 소유한 민족에 대한 모독으로 보지 않을 수 없다. 한국의 역사는 자연 환경과 투쟁함으로 얻어진 자연적 귀결이다. 허나 한국은 이웃 대국인 중국과 접경함으로 그 그늘 속에서 존재 가치가 흐려진 것도 부정할 수 없는 사실이다.

각 나라는 인간과 자연환경과 상호 교역함으로 진화적으로 형성된 고유의 문화를 갖고 있다. 중국 문명은 가장 오래된 주류를 형성하여 주변국들의 문화를 흡수 통합하여 왔다. 한때 중국을 지배 했던 유목민족, 몽골과 만주족은 정복자이면서도 중국이라는 문명의 용광로에 들어가 그들의 정체성은 완전히 용해 증발되어 버렸다. 중국을 호령 했던 이들 대륙 국가들은 오늘날 보는 바 와 같이 초라한 소국으로 축소 되였거나 역사의 뒤안길로 사라져 버렸다. 한국인은 주변 강대국의 흥망이 교차하는 와중에도 약소국으로서 한국의 민족/문화적 정체성은 단 한 번도 굴절됨 없이 생명의 맥을 이어왔다. 유럽 왕권국가의 빈번한 흥망성쇠와 비교 할 때 주변 국가의 흥망성쇠를 보아온 한국의 역사는 독특한 예외성을 보여주고 있다.

한영우에 의하면 중국과 한국의 문화는 청동기 시대 (기원전 10세기까지) 까지 동일한 발전 단계에 있었다고 한다(1997,43). 허나 그 이후 중국이 철기문화를 먼저 도입함으로 양국 간의 틈이 벌어지기 시작했다. 한국인의 언어는 알타이 어족에 속하는데 여기에는 퉁구스, 일본, 몽골, 만주, 핀랜드, 터키, 헝거리 등이 포함된다. 이 어족들은 표음문자를 사용하여 상형문자를 사용하는 중국과 근본적으로 다르다. 이같이 동북아문화는 여러 개의 문화로 구성되어 있다.

지정학적으로 볼 때 한국은 강대국과 이웃하여 외세 침략만 당하는 "영원한 패배자"로서의 운명을 감내해 왔다. 기록에 의하면 한국은 다른 나라를 침범한 예가 없다. 한국인은 오히려 강대국과의 방어적 투쟁에서 그들의 정체성을 찾을 수 있었으며 이것은 한국의 왕조가 면면히 이어 왔다는 반증이기도 하다. 한국인은 수많은 외세의 침략을 받아온 이면에는 이 비극의 역사를 이겨낸 자부심이 면면히 흐르고 있다. 중국, 몽골, 만주, 터키 등 외세의 침략이 밀물처럼 들어왔으나 그들은 썰물처럼 퇴각했다. 문제는 한국이 빈번한 외세의 침략을 받으면서도 이에 대한 대비를 하지 못했다는 사실을 주시 할 필요가 있다. 미국의 철학자 산타냐의 경구가 귀에 떠오른다. "과거의 비극을 무시하는 자는 그 비극을 반복하게 된다"

한국이 속한 동북 아세아에서는 국가 간의 관계가 수직적으로 연결 되여 있다. 중국이 국가 간의 위계질서에서 상위를 점유함으로 그 외 국가들은 위성국가로 전락하였다. 이러한 관계에서 중국이 한국을 대신하여 유목민족의 매를 맞아왔다는 사실을 눈여겨 볼 필요가 있다. 서 만주에 주거하던 거란 민족이 결집하여 941년 요 왕조를 탄생시켰다. 거란 민족은 고려 초기에 3회에 걸쳐 침략을 감행한 후 송나라를 쳐서 중국 북방지역을 100년간 지배 하게 된다. 그 후 동만주에 흩어져 있던 여진족은 금나라를 세우고 고려를 2회 공략한 후 중국대륙을 급습하여 거란민족을 추방하고 그 지역을 80년간 통치했다. 그 후 몽골족의 침입으로 송나라는 양자강 남쪽으로 이동하여 남송으로 명맥을 이어 오다가 1297년 몽골족에 의 하여 패망 한다.

그 후 중국은 90 여년간 세계 지도에서 그 정체를 찾아 볼 수가 없었다. 조선왕조에 들어와 누루하치는 흩어져 있던 여진족을 다시 결집하여 후금을 세운 후 조선을 두 번 침입한 후 명나라를 쳐 청나라를 세웠다. 이들이 고려와 조선왕조를 괴롭힌 것은 중국을 치기 위한 일련의 전주곡에 불과 하다고 불수 있다. 다시 말하면 중국이 대신 매를 맞아 고려와 조선왕조는 유목민의 침략을 받아 오면서도 지배를 면 할 수가 있었다. 한 외국인의 평가에 의하면 한국인은 자신들의 업적을 기술함에 있어 트라우마 이론에 의존한다. 고난과 성취를 대립시켜 파괴 속에서 자신이 성취한 업적을 과시한다. 이 "고난의 역사"는 한국인만이 갖는 역사적 사실이며 이 보다 더 큰 고통을 격은 나라는 없다는 뜻으로 해석될 여지를 남겨두고 있다. 2000년 간 방랑과 박해를 받아 온 이스라엘 민족이라면 한국인의 트라우마 이론을 어떻게 볼 것인가?

한국인의 정체성은 민족과 문화적 특성에 기초하는 반면 유럽 국가들은 민족 문화적 특성을 발견하기가 불가능하다. 유럽에서는 중세기 봉건국가들이 1871년 까지 지속되었고 빈번한 전쟁의 여파로 수시로 국경이 변경되어 민족국가는 성립될 수가 없었다. 민족국가란 단일 민족이 하나의 국가를 형성하는 것을 말한다. 유럽의 문화적 기원은 그리스, 정치적 기원은 통일 국가를 이루었던 로마 제국으로 올라간다. 이 두 국가가 빚어낸 역사적 유산은 전 유럽을 관통하고 있다. 로마제국이 멸망한 후 유럽은 1000년 이라는 긴 세월의 암흑기에 들어간다. 역사가들이 아직도 중세기의 중압적 영향을 여러 면에서 인지되고 있음은 이 중세기가 너무 오래 지속 되었다는 사실과 통한다. 동아시아에는 국가들 간에 공유하고 있는 이러한 역사적 유산이 결여 되어 있다.

중국은 전통적으로 자신을 세계의 중심으로 보아왔으며 모든 나라는 그를 둘러싸고 있는 위성국가, 즉 부하의 나라로 간주해 왔다. 이러한 시각은 중국이 아직도 고수하고 있는 중원 국가 (Middle kingdom)의 개념에 잘 반영하고 있다. 동양에 온 최초의 예수회 신부 Matteo Ricci가 세계지도를 펴 보이며 중국은 지구의 중심국가가 아니고 세계의 일부를 점유하고 있는 하나의 국가일 뿐이라고 역설 했을 때 중국 지식인들의 실망을 짐작하고도 남음이 있다.

동아시아의 국가 간의 관계는 수직적 위계질서를 형성한다. 중국이 종주국이 되고 다른 나라는 중국의 통치 위임을 받아 변방을 다스리는 "부하의 나라" 로 보아 왔다. 중국은 55개 민족으로 구성된 다민족국가이나 세계에서 가장 오래된 통일 국가를 지탱해 왔다. 중국인은 주변국의 합보다 더 큰 영토에서 살아 왔기에 그들의 국경개념은 희박하다. 회색지역(Gray areas)을 대상으로 영토 분쟁이 있을 때 중국은 소수민족을 매개로 하여 그것이 자기편에 속한 것으로 주장하여 왔다. 이것이 중국인 만이 갖는 확대적 역사의식이다. 이로 인하여 중국은 이웃 나라와 역사전쟁을 계속하고 있다.

한국역사의 특징은 민족/문화의 일치성과 왕조의 연속에 있다. 영토가 크지 않고 분열의 원인이 없어 사회적 결속을 유지하는데 큰 문제가 없었다는 것이 민족/문화 의 일치성을 유지 할 수 있는 요건이 되었다. 한국인은 역사란 민족/문화의 동질화라는 최종 목표를 향하여 진행하는 과정으로 이해하고 있다. 한반도에 왕권 국가가 일찍 도래 했다는 것은 민족과 문화가 일치한다는 점에 근거를 둔다. 민족의 동질성은 자칫 배타적 민족주의로 발전하고 배타적 민족주의는 이웃 강대국과의 대결에서 영원한 피정복자로서 살아온 한국인의 좌절과 울분을 설명해 준다. 현재의 한국인에게 배타적 민족주의는 제국주의와 식민주의에 대한 즉흥적이고 강렬한 저항의 경계를 넘어서 이제는 국가적 성취에 자신감을 불어 주는 민족의식으로 자리 매김을 하고 있다.

현대화가 가속화 될수록 한국과 같이 민족의식이 강한 나라에서 과거에 대한 향수적 염원이 강하게 나타난다. 과거 지향적 운동은 특수가치 탐구로 표현 되어 원심 분리적 세계화 추세와 상충한다. 전근대적 가치는 퇴각하는 과정에서 강한 저항을 과시하며 보편적 가치와 충돌한다. 한국인의 민족 동질성 의식은 역사와 국가관에 잘 반영되어 강력한 반 식민투쟁과 반권위주의 투쟁을 불러 일으켰다.

역사는 개인의 의향이 취사선택 할 수 있는 것이 아니다. 역사는 숙명적으로 주어진 여건에 인간의 행동이 가미하여 생성된 결과이다. 역사적 사실은 그 특수성으로 보아 반복의 가능성을 배제한다. 반면 하나의 역사적 사건은 당대에 일어 난 것이 아니라 과거부터 이어지는 사건의 흐름을 말함으로 반복성을 시사하는 견해도 있다. 한 민족의 정체성 탐구는 복합성을 띄고 있어 과거를 살펴보는 긴 여행을 필요로 한다. 민족의 정체성 연구는 한국과 같은 단일 민족 국가에서만이 가능 할 것이다. 정체성 탐구는 외국과의 비교를 통하여 비교시각의 발전은 물론 담론의 객관성을 확보하는데도 유리 할 것이다. 한국인같이 주관적 자아의식이 강하게 나타나는 사회에서는 외국과의 비교를 통하여 자아의식을 객관적 시각으로 중화시키려는 노력이 필요하다.

단일 민족주의

민족과 소수민족 간의 갈등과 충돌로 야기 된 사회 문제들은 수많은 국가들을 괴롭혀 왔다. 이러한 문제로부터 비교적 자유로웠던 국가는 소수에 불과한데 그 중에 하나가 한국이다. 기본전제는 세계 어느 국가도 민족의 동질성을 주장하는 나라는 없다는 것이다. 이러한 추세로 보아 우리는 한국인이 민족의 동질성을 주장하는데 대하여 의심을 갖지 않을 수 없다. 한국인의 민족적 시조는 하나의 부족 국가 추장이었던 단군 (2333 BCE)이다. 단군은 민족의 시조로서 민족의 동질성과 순수성의 상징으로 추앙되어 왔으며 이에 대한 예찬은 모든 우리 역사 책 서문에도 잘 나타나 있다.

> "우리는 4천만년의 유구한 역사를 갖고 있으며 우리 민족의 시조는 단군이다. 단군 이래 5대 왕조를 거처 오는 동안 왕조간의 단절은 없었다. 잦은 외세의 침입에도 불구하고 민족의 순수성을 이어온 우리의 역사는 어느 나라에 비교해도 손색이 없다" (변영태의 My County)

한국인은 오랜 역사를 이어 오는 동안 5대 왕조를 계승 했다는 사실을 자랑으로 부각시킨다. 이 사실은 두 가지 뜻을 품고 있다. 하나는 각 왕조가 장수했다는 사실로 이해가 된다. 이웃 중국은 25대 왕조를 거처 오는 동안 각 왕조는 200-250년의 수명을 보이고 있다.

유럽 왕조의 평균 수명도 이와 비슷하게 나타난다. 허나 한국인들이 자랑으로 여기는 왕조의 장수는 가장 단명했던 발해(200년)를 제외하고는 거의 500년 아니면 그 이상의 수명을 보이고 있다는 사실을 눈여겨 볼 필요가 있다. 여기에서 민족의 동질성이라고 하는 것은 실체가 아닌 상상된 의식에 불과하다. 이러한 동질성은 유럽과 같이 통합된 국가에서는 찾아 볼 수없다 (사무엘 헌팅톤 2004, 15).

두 번째 의미로 왕조간의 교체가 비교적 순조롭게 이루어 왕조 간의 간극이 없거나 있다 해도 길지 않았다. 왕조의 교체는 단순한 통치가족의 교체가 아니고 모든 법과 제도, 국가 이념의 변화가 다르게 나타난다. 허나 중국의 경우 이 논의는 그렇게 간단히 적용될 문제가 아니다. 중국역사를 보면 통일국가와 전국시대의 교체가 하나의 주기를 형성하여 25회나 반복된다. 통일 국가이후 전국시대만 해도 모두 합해서 700년 간 계속되었다. 신성로마제국의 경우 대공위시대를 거쳐 합스브르크 왕조가 탄생한 것은 왕조의 교체가 오랜 내전에 의한 고통을 수반하고 있음을 보여준다.

김정배는 한반도에서 인류가 정착하기 시작한 시기는 신석기 시대로 추리한다. 그 당시 인류가 사용한 도자기가 분포 되었던 지역을 중심으로 추리한 결과 예맥족이 남으로 이동하면서 이 보다 먼저 정착한 석기시대 아세아 인과 통합 민족을 이루었던 이들이 한국인의 조상이 된다고 믿는다. 배형일은 한국인의 조상이 시베리아로부터 왔다는 이론을 펴 퉁구스 족과 연결되어 있다고 주장한다. 이 두 이론은 한국인이 북방으로부터 왔다는 데 의견의 일치를 본다.

이와 반대로 한국인이 남 중국으로 부터 유래 했다는 설도 있다. 그 당시 한반도는 반도가 아니고 중국대륙과 연결되어 아세아 대륙의 일부로 보았다. 이 학설들을 모두 수용한다면 하나의 민족은 다른 민족과 융합 또는 통합하여 왔기에 하나의 민족적 순수성을 주장하는 데 의심이 가지 않을 수 없다. 한국 민족은 석기시대 아세아 인과 융합하고 이 통합된 민족이 한사군 시절 중국인과도 통합을 이루어 점진적으로 국가의 형태를 이루워 왔다. 중국에서 최초의 통일 국가는 진 나라 (221 BCE)이나 이 왕조가 오래 지속하지 못하고 망한 후 수많은 봉건국가로 분할되어 전국시대를 이룬다. 이 혼란기에 한반도로 향하는 인구 대 이동이 시작 되어 이 바람 앞에 고조선이 망하고 한 제국이 등장한다. 한반도의 서북부는 그 이후부터 100여년간 한 제국의 영향권에 들어갔다.

한국인의 민족 동질성 주장은 하나의 조상을 갖고 있다는 상상 보다 다른 나라 보다 먼저 통일 국가를 세우고 한 울타리 안에서 보다 긴 민족 동질화 과정을 거쳐 왔다는 사실에 더 큰 무게를 두어야 한다. 한반도는 한때 3개의 왕권국가로 분단되어 있다가 668년 통일을 이루었다. 바로 이시기에 문화적 정체성과 정치집단이 일치감을 보인다. 그 이후에 언어 정체성과도 일치감을 보인다. 한국인의 민족 동질성에 대한 신념은 역사적 계속성을 기초하여 형성된 상상으로부터 비롯되었기에 이것이 한국인의 국가의식에 미친 영향은 대단하다. "민족은 독특한 정체가 아니고 하나의 집단에 속하고 있다는 구성원들의 의식이라 할 수 있다. 이러한 민족의식은 국가형성의 초기에 이루어져 국가의 중앙 집권화와 외세와의 전쟁에 의하여 더욱 강화 된다"(권태준 2006, 240)

한국인의 민족 동질성 주장은 한때 접경지대 국가로서 흥궐했던 고구려와 발해가 다 민족국가였다는 사실을 간과한다. 이 국가들은 예맥, 거란, 말갈, 몽골족으로 구성된 하나의 통합 국가로서 성장 했으나 고대 언어학자 이기문에 의하면 이들 간의 간격을 허물어 주는 공통의 언어가 부재했다고 한다. 허나 이들 어족이 알타이라는 사실에 비추어 볼 때 이들 간의 언어적 거리는 스웨덴과 노르웨이 또는 덴마크 정도에 해당함으로 그리 심각한 문제가 아니었을 것으로 추론된다.

파란만장했던 중국 역사에 비하면 한국인은 비교적 평온한 국가에 안주하여 왕조간의 교체는 서로 다른 민족을 통합의 국가로 수용하는 역할을 했다. 역사의 흐름은 이질적 민족을 보다 큰 통합의 그릇에 담아 융화하는 방향으로 이동한다. 민족의 동질성을 설명할 때 민족의 융합(ethnic fusion) 이 얼마나 오래 지속되어 왔는가에 대한 질문이 따른다. 국가의 통치 수단인 법, 행정, 영토의 정의 등이 새로운 민족과 기존민족간의 차이점을 해소하는 윤활류 역할을 했다. 여기에서 국가적 통합기능이 중요한 요소로 등장한다. 민족의 동질성을 주장하는 것은 아직도 그 사회가 전통사회(Gemeinschaft) 수준에 안주하고 있다는 것을 반증한다. 전통사회는 민족과 문화의 경계를 넘어 여러 민족을 하나의 법과 행정의 울타리에 넣어 두려는 현대적 국가기능의 개념에 배치된다. 민족 통합의 시발은 민족이라는 하나의 집단이 국가라는 통치 기능과 만남으로 이루어진다. 한국의 경우 이 두 요소가 만남은 통일 신라의 도래와 일치한다. 통일과정에서 개입했던 중국의 세력을 일소하고 정치적 독립을 쟁취한 때를 말한다. 여기에서 국가는 민족 융합을 유도하는 유일한 안내자로서의 역할을 하고 있다.

발해가 태어난 것은 신라가 통일을 이룩한 이후이다. 한반도에서는 발해와 신라가 남과 북을 점유하고 있어 잠시나마 중국의 남북조를 연상케 한다. 허나 신라는 발해가 먼저 멸망하는 것을 보고 이제 모든 이질적 민족을 하나의 민족으로 통합하는 역할을 수임한다. 후속되는 고려는 문을 개방하여 발해의 유민을 적극적으로 수용하니 이것이 고려의 북방정책이다. 이후부터 국가, 민족 및 문화가 단일체를 구성하는 민족동질성을 확보한다. 언어는 통하지 않을지라도 같은 언어를 일정기간 구사하면 그것이 공통언어가 된다.

지정학적 요인으로 국가는 하나의 민족으로 구성되어야 하는 당위성을 일찍부터 한국인에게 이해 시켰다. 한반도는 3면이 바다에 둘러 있고 북쪽의 접경지역은 험준한 산과 강으로 이루어져 외부와의 접촉을 제한해 왔다. 여기에서 오는 한국인의 고독함과 외로움이 오히려 민족 통합을 촉매하는 역할을 했다. 이웃 강대국에 비하여 왜소한 약자의 운명도 국가의 통합적 기능 확대에 큰 기여를 했다. 막강한 대륙 국가에 대한 두려움도 기존민족 간의 단결을 호소하는 외침이 되었다. 이때부터 한국인은 행복한 고독을 즐기고 있었으나 외국에 대한 한국인의 태도는 냉담과 무지였다. 민족의 단결은 외세와의 충돌에서 국가를 굳건히 보호하는 역할을 해 왔다. 주변 환경의 냉혹함과 주변 강대국의 반복되는 공세는 한국인의 민족동질성을 더욱 굳건히 하는 계기가 되었다.

민족주의와 이데올로기

한국에서 민족주의는 한국인이 특징적으로 갖고 있는 종족의식의 발현이다. 한반도는 역사적으로 고립되어 있어 민족주의는 종족중심 주의와 문화 국수주의로 발전될 가능성을 업고 성장했다. 우리 민족은 외부 세계와 고립된 상태에서 민족의 결집을 지켜 왔고 조선왕조는 독단적 이데올로기에 매몰된 고도의 섬이 되었다. 한국 사회는 일본 토쿠카와 정부보다도 더욱 폐쇄된 상태에 있었다. 이러한 상항에서 외국인에 대한 의심과 증오는 외부세계에 대한 무지와 연결되여 상대적으로 자국의 문화유산에 대한 만족감을 얻게되고 자기예찬이 강해진다. 조선 말기의 상황을 살펴보면 중국과 일본은 이미 외세에 굴복한 반면 폐쇄된 조선은 아세아의 숭고한 정신적 유산을 호위하는 유일한 보루라고 자화자찬한다. 조선은 1866년 불란서 함대와 1871년 미국 함대에 대한 무모한 대결로 "범 무서운줄 모르는 하루 강아지"의 별명을 얻게 된다. 이 약자의 당돌한 행위는 중국과 일본을 경악시켜 앞으로 닥칠 보복에 모든 나라가 떨고 있었다. 조선보다 앞서 개항한 중국과 일본으로서는 조선의 당돌한 행위를 감히 상상도 할 수 없는 일이다. 이웃 국가들 간에는 백인에 대한 공포증이 만연되어 있었으나 조선인들만이 이에 구애받지 않았다. 외세에 대한 행동은 단세포적이고 충돌적 반항이었다. 고립 속에 한국인은 자기만족에 도취되어 있었고 앞으로 닥쳐올 위기와 도전에 관심을 둘 여유가 없었다.

한국인의 강한 민족의식은 서양인들과 비교 할 때 보다 현저하게 나타난다. 서양인들에게는 정치적 집결보다는 민족, 문화, 또는 종교를 중심으로 국가를 형성해 왔다. 중세기에 번창했던 영주 소유의 소공국들이 근대에 까지 끈질기게 존재하고 있었기 때문에 민족국가의 형성이 늦었다. 따라서 서양인의 민족주의는 19세기 또는 20세기의 근대화의 산물이지 그 이전부터 존재했던 것은 아니다. 하나의 공유된 문화는 근대 국가 형성을 유도하는 선구자요 통일된 언어는 같은 역사와 문화의 기틀위에서 공동사회의 의식을 발전 시켰다(권태준

2006:243).

유럽에서 민족과 문화의 정체감이 일치한다는 것은 아주 희귀한 일이다. 절대왕조가 탄생하기 시작한 15세기 까지는 민족이 문화보다 강한 결집력으로 등장하나 그 이후부터 문화를 중심으로 한 결집력이 보다 강화 된다. 이외에도 오랫동안 계속된 종교적 갈등과 분쟁이 민족국가를 이루기 어렵게 하였다. 귀족들 간에는 왕조간의 결혼(Inter-dynastic marriage)이 유행하고 귀족과 서민 간의 간격이 더욱 멀어져 갔다. 한 국가 내에서 일반 서민이 사용하는 언어와 상류사회의 언어가 달랐다. 귀족들은 왕조 간 결혼을 통하여 2개 국가를 섬겨야 하는 부담을 갖고 있어 자기 조국에 대한 충성이 약화 되는 경향이 있었다. 나폴레옹 전쟁이후 종족 중심 민족주의가 독일과 이태리에서 발흥하여 19세기 민족 국가 탄생이라는 위업을 이루게 된다. 이것이 후일 배타적 민족주의로 발전하고 타민족 말살 정책으로 이어졌다.

한국인의 민족의식은 빈번한 외세의 침략에 의하여 점화되었다. 외침이 없는 안일을 구가하던 국가는 단결을 이루지 못하고 분단을 조장 한다 (헌팅톤 2004, 18). 한국인이 겪은 빈번한 수난 중에도 13세기의 몽골 침입과 16세기 왜침이 가장 파괴적 이였다. 이들의 침략은 막대한 인명의 살상과 기념비적 문화재의 손실을 초래 했다. 그 중에도 임진왜란은 외부세력으로부터 자신을 보호해 왔던 이념적 보호막에 틈새를 만들어 놓았다. 이를 통하여 카톨릭을 위시한 이질적 사상이 침투하기 시작했다. 18세기 조선왕조는 외부 세계와 부분적이나마 접촉이 이루어지고 있어 한국인만이 갖고 있던 문화적 우월성은 객관적 시각에 의하여 퇴보되기 시작 했다. 이것이 한국인의 주관적 이해와 외부의 객관적 이해가 충돌하는 과정이다. 한국인은 다른 민족과 달리 자기 자신에 대한 주관적 이미지를 외부의 질타에도 불구하고 오랫동안 고집하는 경향이 있다. 이것은 종족중심 민족주의가 뿌리 깊게 한국인의 의식에 내재해 왔음을 시사한다.

서양의 제국주의가 동양을 위협하기 시작하자 조선인의 민족의식은 대원군 (1864-75)에 이르러 최고조에 달 했다. 그의 고립정책은 1866년 불란서 함대와의 충돌과 미국 상선 셔먼 호의 소각으로 한 단계 격상 된다. 조선인의 이 같은 무모한 행위는 외세와의 경험에 의하여 다소 완화된 중국인이나 일본인과는 큰 대조를 이루었다. 서양인을 야만시 하여 '더러운 짐승의 발이 신성한 우리의 땅을 더럽힐 것' 이라는 염려 하에 일체의 접촉을 금하는 정책을 펴 나갔다.

이러한 국수적 민족주의는 세종대왕의 치하에 이룩했던 정치적 안정과 찬란한 문화의 꽃을 피웠던 유교에 대한 향수적 염원을 불러 왔다. 국방을 강화하고 산업을 발전시켜야 하는 현대화 정책은 빛을 잃고 역사적 진보주의는 한국인의 무지에 의하여 퇴색의 길을 걷게 되었다. 한국인의 진정한 정체성은 대규모의 농민 혁명과 때를 같이 하여 수난을 당한다. 나라가 외세의 침입에 의하여 새로운 위험에 처하게 되자 이에 대항하여 힘을 모으자는 외침이 크게 들려왔다. 19세기에 접어들어 배타적 민족주의는 민족이라는 집단이 국가와 조우함으로서 한층 더 강화 되었다.

1917년 러시아 혁명이 일어나자 한국의 몇몇 지식인들은 이 기발한 이론에 이끌려 사회주의 노선을 택하게 된다. 사회주의 이론은 압박받는 민족의 해방과 평등을 주장함으로 일본의 억압 정치에 눌려 있던 한국의 지식인들의 관심을 이끌어 왔으나 한국인의 민족 해방 전선의 분열을 초래 하여 이것이 해방 후 동존상잔이라는 비극으로 이어 진다. 대한민국정부는 걸음마를 배우기도 전에 깊은 이데올로기적 상흔을 견디어 내고 반공정신으로 이를 치유하여 왔다.

   반공정신이 전후 이념전쟁을 완전히 지배 하게 된다. 이 같은 반공 이데올로기의 독단은 공산주의와 같은 이단적 이념에 관용을 불허함으로 한국의 참다운 민주주의 발전을 저해하여 왔다. 과장된 북한의 위협은 남쪽에서 일연의 권위주의 정부를 탄생시키고 이들 권위주의 정부는 그들의 억압적 정치를 보상하기위하여 경제개발과 산업화를 기축으로 하는 현대화 정책을 추구해 왔다.

   한국인과 같은 강한 민족의식은 오랫동안 지속 되었던 통일된 중앙집권제와도 연결된다. 허나 외국에 대한 무지는 외세의 점진으로 야기되는 새로운 도전 앞에서 한국인을 무력하게 만들었다. 중앙집권제가 일천 했던 일본인이 근대화 과정에서 통일 된 힘을 과시 했다는 것은 역사적 아이러니가 아닐 수 없다. 일본의 경우 봉건적 소국가들 (번) 이 오랫동안 지속 되어 중앙 집권제의 실현을 지연 시켜왔다. 이러한 상황에도 불구하고 일본인은 서양의 제국주의가 국가의 존망을 가늠하고 있다는 위기의식을 다른 나라 보다 빨리 터득했다. 중국이 아편전쟁 (1938-41) 에서 패한 후 일본의 위기의식은 절정에 달 한다. 일본도 어느 시점에서는 서양 제국주의에 의하여 회생 될 수 있다는 두려움이 현대화 정책에 매진 할 수 있는 계기가 되였다. 한국인은 국가적 위기를 적극적 정책의 추구로 전환 할 수 있는 기회를 잃고 말았다.

권위주의 정권이 들어서 눈부신 경제 발전을 가져 온 바 이것은 경제 발전 이론가들이 말하는 민족/문화의 동질성과도 연관되어 있다. 이 동질성의 원리는 시민들 간에 국가 목표에 관한 의사소통을 원활하게 하고 의사표현에 있어 표준화를 통하여 대중의 이해를 쉽게 한다. 국가의 가치관을 공통언어로 표현 할 수 있고 이를 위하여 교육제도, 매스 콤 기타 비정형 교육제도를 하나의 언어로 관통 할 수 있는 목표 지향적 표준화를 촉진 시킨다. 결과적으로 모든 시민들은 현대화를 위한 강한 성취욕을 발휘한다. 문화적 동질성과 위계의식은 관료적 리더십을 바람직 한 방향으로 유도하는 동인이 되었고 여기에 합리적 사고가 첨가됨으로 경제성장을 위한 에너지 발산의 조건이 구비된다.

영구적 빈곤의 순환 고리로부터 자유롭지 못한 자들에게는 민족의식과 일연의 권위정부와 만남은 대중민족주의라는 이름으로 반정부 투쟁을 조장했다. 한국에서의 반정부 투쟁은 철권 정치가 강화 될수록 그 위세가 득세했다. 반정부 투쟁에 가담한 자들은 민주투사라는 이름을 얻게 된다. 피부에 난 상처는 피가 응고 하여 보호막이 되는 것과 같이 이데올로기는 가난한 자들의 상처를 어루만져 준다 (게르드 베렌스. 타임지 1994년 3월 31). 이 가난한 자들의 일부는 과격한 정치 운동에 가담하여 좌경으로 흐른다. 이들은 현재의 분단 상태에서 존재하는 두 개의 정부, 어느 것도 그 합법성을 인정하지 않는다. 이들은 종족 중심주의에 편승하여 국가적 통일을 절규한다.

국가 형성 과정에서 민족 통일과 이데올로기에 의한 분단 중 어느 편에 서야 할 것인가에 대한 끝없는 논쟁이 벌어진다. 국가적 통일이 먼저 와야 한다는 자들은 이데올로기에 애매한 태도를 보이고 있다. 한국인은 강한 민족의식을 갖고 있어 민족과 국가를 구분하지 못하는 경우가 많다. 한국사회도 다변화 되어가고 있어 이러한 민족의식으로는 새로운 도전에 임할 수 없음을 인지해야 한다. 종래의 국경선 개념은 흐려지고 이에 대비하여 새로운 국경선을 정의 할 필요가 있다.

한국 전쟁 이후 고국을 떠난 내국인이 팔백 만명, 한국에 거주하는 외국인은 이백 만명에 달한다 (한근수, 2008;13). 한국 사회는 상당히 개방 되었다고 하나 이 숫자의 비교로 보아 한국인은 아직도 외국인에 대한 이해와 수용이 부족하다고 할 수 있다. 한국인은 어쩌면 인종차별주의자 (Racists) 라는 낙인을 피할 수가 없을 것이다. 문화 동질성과 우월주의에 기초한 민족주의는 시대적으로 낙후된 이념이라 아니 할 수 없다. 민족의 동질성은 변화하는 시대적 요구와 보조를 맞추어 나가야 한다는 역사적 당위성과는 같이 갈 수 없다.

왕조의 계속성

중국과 같이 왕조가 수시로 교체되어 온 현상과는 대조적으로 한국에서 왕조의 교체는 아주 희귀한 현상이다. 따라서 각 왕조는 예외적으로 오래 지속 되어 왔음을 알 수 있다. 다시 말 하면 왕조의 장수가 한국 역사의 특징으로 나타난다. 왕조란 한 가족에 의하여 지배되는 정치 집단이다. 이는 넓은 영토를 지배하기 위하여 권력이 세대 간 자동적으로 계승 되고 중앙 집권화가 이루어져 통치 기능이 강화 되어 있음을 뜻한다. 중국이 복선적 왕조의 계속성을 보인 반면 한국은 단선적 계속성을 반영한다. 전국시대에서 중국을 대표하는 국가는 항상 복수였다. 따라서 중국이라는 말은 한 특정 시대를 상징하는 왕조를 지칭 하지 않고는 의미를 상실 한다. 조선왕조에 이르러 지배 가문의 남성만이 왕조를 계승할 자격을 부여함으로 오히려 리더십의 무력화를 초래했다. 사회 구조상 한국과 중국은 귀족 중심 구조이다.

사회 구조를 보면 중간 계층은 소수인 반면 하층 계급은 전체 인구의 대다수를 점유한다. 유럽의 절대왕조는 귀족과 하층 계층이 적은 반면 중간 계층이 다수를 점유하고 있다. 환언 하면 서양의 절대왕조에서는 중간 계층이 두터워 귀족의 설 자리가 거의 없어 보인다. 앞에서 언급한 바와 같이 중국의 역사는 하나의 통일 국가와 분열된 전국시대 간 교대가 부단히 이루어져 왔다. 중국의 통일 국가가 전국시대를 만나면 여러 개의 소국가로 분열 된다. 이 시기를 '난국의 시대' 라 하여 영웅호걸이 탄생한다는 시기이다. 중국은 북으로부터 오는 유목민의 이동에 의하여 통일 왕조가 망하고 소국가들이 발흥하여 난세를 이룬다.

신성 로마 제국의 황제는 제후국들이 모여 황제를 선출하나 그 후 다음세대로 권좌가 자동 계승된 다는 보장이 없다. 허나 1440년 이후부터 핵심 제후국인 오스트리아의 합스부르크 왕조가 황제의 자리를 독점하게 됨으로 자동적으로 왕위 계승의 길이 열리게 되어 있었다. 독일 제국 내에서 수 많은 소공국들이 존재하여 왔음은 왕조의 빈번한 교체를 잘 설명 해 준다. 불란서의 브르봉 왕조는 발르와르 왕조의 헨리 2세가 마상 시합도중 사망한 후 다음 이어지는 2대 왕의 후손이 없어 왕의 친 동생 브르봉 공의 아들을 후사로 삼으니 이가 앙리4세로 브르봉 왕조의 초대 왕이다. 바르와르 왕조와 브르봉 왕조는 같은 핏줄을 공유하면서도 왕조의 이름만 교체 되었다고 할 수 있다. 이것을 보면 프랑스도 왕조의 명운을 남성에게만 집착 하였음을 알 수 있다.

영국의 경우 여성도 통치를 허용하여 왔으므로 남자 후계자를 고집하여 왕조가 교체 되는 일은 없었으나 종교적인 이유로 왕조가 교체된 사례가 있다. 국왕은 개신교이어야 한다는 주장을 굽히지 않고 있던 영국의회와 카톨릭을 고수하던 왕실(스튜와드 왕조) 간의 다툼이 진행되던 중 영국 왕실의 사위가 되는 오랜지 (홀랜드) 공국의 윌리암 2세가 군대를 동원하여 무혈 혁명을 일으키어 성공한 사례이다. 현존 하는 에리자베스 여왕의 윈저왕조는 영국왕실의 사위임을 자임하고 영국국왕 자리에 도전했던 독일 하노바 공 죠지 1세에서부터 시작 되었다. 이제 300년간 이어지고 있는 이 왕조는 큰 정변이 없는 한 오래 지속 될 것으로 보인다. 근대에 들어와 왕조의 교체는 거이 불가능한 일이 되고 말았다. 영국 국왕으로 군림 했던 죠지 1세는 영어를 전연 구사 할 수 없게 되자 유명한 말을 남겼다. "왕은 통치를 하지 않는다. 다만 군림 할 뿐이다."

한국인은 왕조의 장수를 역사적 긍지로 보고 있다. 단군 이 후 5대 왕조가 교체 되었다는 사실은 각 왕조가 장수 했다는 뜻이다. 500년 이상을 지속한 왕조는 고구려, 백제, 신라, 및 조선을 들 수 있다. 고려는 여진, 거란, 몽골족으로 이어지는 침략에 대항하느라 파란 만장한 생애를 이어 왔음에도 기사회생 하여 조선왕조의 탄생의 교량 역할을 했다. 반면 중국의 송나라는 몽골의 침략에 100여년 간 버티다가 생을 마감했다. 중국은 이때부터 세계지도에서 찾아 볼 수 없는 역사적 미아가 돼 버렸다. 신라는 거의 천년 사직을 유지했으니 세계에서도 그 유래를 찾기 힘들다.

고대 한국의 왕조가 중앙 집권화 된 것은 불교와 유교를 받아들인 해와 일치한다. 불교는 한국인의 정신적 통일을 가져왔고 유교는 새로운 통치술을 도입하여 관료주의 터를 굳건히 했다. 이 두 이념은 상호 보완적 관계에 있어 초기의 혁명적 기능이 강화 되었으나 시간이 흐를수록 모든 제도는 정적인 침체기에 들어갔다. 따라서 왕조의 장수는 사회의 침체를 뜻 한다. 한국의 왕권 국가는 소수의 귀족 중심 국가로서 사회적 결속과 사회적 침체가 동시에 진행되고 있었음을 알 수 있다. 귀족은 주어진 기득권과 특권적 지위에 안주하고 있어 제도적 쇄신을 추구하기에는 관심이 없는 사람들이었다. 비교시각에서 볼 때 한국은 외적으로 강인한 모습을, 내적으로는 약한 모습을 보여 왔다. 외적으로 강인 한 모습은 수 백년간 이어온 외침을 견디어 낸 사회적 결집과 제도적 내구성에 나타 난 반면 내적인 허점으로 빈번한 내분과 당파적 소모 논쟁을 들 수 있다.

유교는 가족 간의 관계에서 질서를 유지하고 사회적 안정과 조화를 목표로 하는 통치술을 강화 하였다. 이러한 목표 지향적 유교는 결과적으로 사회적 결속과 제도적 경직성이라는 두가지 결과를 초래했다. 질서는 관습을 불러와 사회적 침체를 초래하고 왕권 국가의 조기 도래는 유교의 통합기능을 강화 해 왔음을 엿 볼 수 있다. 이로 인하여 이질 집단은 하나의 통합된 집단으로 발전 해 나갔다. 유교는 통치자를 하늘에 비유하고 인간은 땅에 비유한다. 하늘은 추상적 개념으로 일본 천황제도에 나타나는 세속 군주의 신격화와도 구분 된다. 하늘과의 비유는 불평등이라는 위계질서를 강력하게 나타내고 사회적 위계질서는 국가적 통합 기능을 강화해 왔다. 신라의 골품제도[1] 는 사회적 위계를 고집함으로 천년의 사직을 유지 하는 데 크게 기여 해 왔다. 이러한 현상은 변화를 위한 절규를 잠재우고 사회를 경직화하여 침체를 불러 왔다. 한국 사회는 현대화 과정에서 평등과 공정성을 기반으로 한 개혁에 착수 해 왔으나 아직도 개혁의 훈풍이 얼어붙어 있던 구습을 녹여 버리기에는 미흡 했다. 한국은 아직도 불평등의 사회이며 공정성이 뿌리를 내릴 수 있는 사회적 여건이 갖추어 있다고 볼 수 없다.

한국의 왕조가 장수를 누린 것은 통치자의 절대성을 강조하는 유교적 신념 과 높은 도덕성과 관련이 있다. 고려왕조에 들어와 무신의 난에 의하여 왕은 일개의 허수아비에 불과 했으나 근 100 여년 동안 무신 통치자들은 왕에 대한 예의를 등한시 한 적이 없고 비록 원나라의 황제의 신하로서 책봉 되어 있어도 457년의 사직을 유지해 왔다. 원나라는 몽골 족에 의하여 세워 졌으나 중국의 사가들은 이를 중국 왕조의 하나로 보고 있다. 원나라 통치자들은 정복자라고 해도 우수한 중국 문명에 동화 되어 고유의 정체성을 잃어 버렸기 때문이다.

조선 왕조도 두 임금이 부도덕한 행위로 축출 되었어도 500년간의 사직은 간단없이 유지 되어 왔다. 설사 반역적 당파가 임금을 축출했다 해도 정권은 기존 왕족에 의하여 유지 될 수 있도록 배려하는 예의를 지켜 왔다. 15세기의 유럽 왕조는 왕권의 절대성으로 보아 장수를 누렸을 것이나 중간 계층이 다수였음은 물론 이들은 벌써 부를 획득 했고 계몽사상에 젖어 개인주의 적이고 시민의식으로 가득 차 반항적 기질이 강했다. 이들은 절대왕조의 권위에 눌려 고분고분 지낼 사람들이 아니었다. 유럽 왕조의 빈번한 교체는 오히려 발전을 위한 원인을 제공해 주었다. 칸트는 일찍이 말 한바 있다. "투쟁은 진보의 필수 불가결한 반려자다".

개인주의와 경쟁 사회의 적정한 혼합은 인간이 성장하고 살아가는 능력을 부여 한다" (질 브란트 1961, 214). 서양에서는 왕조가 빈번히 교체 되어도 로마 제국은 유럽 통치자들의 가슴에 생생한 전통으로 남아 있다. 유럽의 역사적 계속성은 세속 군주들의 가슴에서 사라진 로마 제국의 부활로 나타난다. 찰스 (샤로맹), 오토 대제, 나폴레옹, 히틀러, 이들은 로마 제국의 부활을 꿈꾸며 정복 전쟁에 나섰다. 로마 제국이야 말로 모든 유럽인이 인종, 문화 언어의 장벽을 넘어 공유하고 있는 역사적 유물이다. 왕조의 빈번 한 교체는 이념과 제도를 새롭게 하는 기회를 제공한다. 반면 왕조의 계속성은 변화를 가져 올 대 변혁 사건이 부재했음을 반증한다.

1800년 정조가 사망한 이후부터 조선 왕조는 가파른 패망의 길로 들어선다. 오래 지속 되어온 왕권 정치의 결정적 모순이 일시에 나타났기 때문이다. 정조의 돌발적 서거는 나이 어린 왕이 통치하기에 버거워 장인의 손에 통치권을 넘기는 가하면 심지어는 동일 핏줄의 남아에게 만 왕권 승계를 국한함으로 전연 예기치 않았던 무능력자가 보위에 오르는 일도 있었다. 귀족중심의 왕권국가는 능력 있는 지도자를 외면해 왔다. 조선 말 안동 김씨 외척에 의한 통치가 64년 계속 되었고 여기에 무능한 고종의 통치기간 40년을 더하면 무려 100년 간 선장 없는 조선의 배는 침몰하고, 일본은 흥하고 중국은 서양 제국주의에 의하여 사분오열 되었다.

한 민족 두 국가

오늘날 한국의 정체성은 민족과 국토의 분단에서 찾을 수 있다. 한 민족 두 국가는 한국인에게는 낯 설은 이름이다. 한국인에게 민족과 국가 간의 차이는 미미하게 보이나 한국인의 민족의식은 유별나다. 그들은 냉전의 최초 희생자요 생전 듣지 못했던 이데올로기에 의하여 분단되었다. 세계 2차 대전 후 한반도를 위시하여 독일, 베트남 순서로 분단되었으나 독일과 베트남은 벌써 통일을 이루었고 한반도 만이 아직 분단 상태다. 한국이 이 두 나라와 다른 점은 무엇인가? 강한 민족의식이 있는데도 아직도 통일을 이루지 못한 이유는 무엇인가?

이념적 대결: 태평양 전쟁이 미국의 승리로 종결되어 갈 즈음 소비에트 연방은 이미 운명이 다한 일본에 선전포고를 함으로서 오랜 침묵을 깼다. 바로 이 선전포고를 한 날이 두 번 째 원자탄이 나가사키를 덥친 1945년 8월 9일이요 일본이 항복 일주일 남겨놓고 있었다.

이날 일본내각은 천황 주도하에 8시간의 마라돈 회의를 한 후 미국에 무조건 항복하기를 결정한다. 8월 15일 일본이 항복하던 날 소비에트 군대는 이미 한만 국경을 넘어 평양을 80 마일 앞에 두고 있었다. 소비에트와 일본과의 군사적 대결은 1주일간 진행되었다. 일본군의 저항을 거의 받지 않고 진격한 소비에트 군은 그 여세로 한반도 전체를 휩쓸어 버릴 위세였다. 이에 놀란 미국은 소비에트 군을 저지할 38선을 30분만에 결정하여 8월 11일 발표한다. 해방 후 일주일이 되어 소비에트 군은 북한 점령을 완료하고 공산주의를 실현하기 위한 초석을 놓기 시작했다. 이즈음 오기나와에 주둔하고 있던 미군 선봉대는 선편으로 한국으로 이동하고 있었다. 미군이 인천항에 도착한 날이 9월 7일, 소비에트 군의 평양 도착보다 2주가 뒤진다. 북한은 소비에트 군의 개입으로 질서를 유지하고 있었으나 남한은 좌우 이념 대결로 혼란에 빠져들었다. 더욱이 미군이 들어오면서 "어느 정파와 손을 잡지 않겠다"는 중도 노선을 택하자 혼란은 가중 되었다.

소비에트가 왜 패망이 짙은 일본에 선전포고를 했을까? 북한과 접경하고 있던 소비에트는 이웃 국가 운명에 대하여 관심을 떨쳐버릴 수가 없었다. 모든 전리품을 승자 미국이 그대로 가져간다는 것을 소비에트는 절대 묵과할 수 없었다. 소비에트는 미국의 전승 무드를 타고 일주일간의 전쟁에 참여한 보상으로 일본에 잃어버렸던 쿠릴 열도는 물론 한 반도 일부 또는 전체를 얻을 수 있다는 기대에 부풀어 있었기 때문이다. 한반도에 대한 러시아의 관심은 역사적인 반면 미국은 한반도에 대한 관심도 없었을 뿐더러 모든 면에서 문외한이었다. 소비에트의 기선에 미국은 즉흥적 대응 전략으로 응했다.

1945년 2월에 개최 된 얄타 정상 회담에서 루즈벨트 대통령과 처칠 수상은 스탈린에게 미끼를 던졌다. "소비에트가 대 일본 참전을 약속 한다면 1904년 러일 전쟁에서 일본에 잃었던 영토를 복구 할 수 있다." 영미 연합군은 하루 속히 전쟁을 종식시키기 위하여는 다른 대안은 생각할 수 없었다. 해방된 한국 땅에 일본군 무장 해제를 위하여 미군과 소비에트 군이 주둔 한다는 것은 이미 기정사실이 되었다. 두 외국군대의 주둔은 영토의 분단을 뜻 한다. 냉전은 두 개의 힘의 정상에 있는 국가 간에 상대방이 갖고 있는 가공할 무기 때문에 어떠한 공격적 행동도 취 할 수 없는 상태를 말 한다. 두 외국 군대의 한반도 주둔은 포츠담 회의에서도 논의 된 바 있다. 패전 국가에 외국군대가 주둔 한다는 것은 과거의 선례로 보아 당연시 했으나 한국은 패전국이 아니고 단지 일본의 식민지 였다는 사실에 비추어 한국인들 간에는 주둔을 반대할 명분을 일각에서 주장하고 있었다. 그러나 소비에트는 2월에 대일 참전 제의를 받고 8월에 결정을 한 것은 그동안 오랜 침묵이 있었음을 알 수 있다.

해방후 정국: 북한에 소비애트 군이 진주함으로서 평온을 유지하고 있었으나 남한에서는 좌 우 대결이 극에 달했다. 이 시기에 좌파세력은 모든 조직에서 압도적 우위를 점하고 있었다. 해방정국의 혼란은 공산주의의 집권 야욕에 유리하게 흘러갔다. 해방 정국의 혼란으로부터 질서를 회복하기 위하여 중도파 여운형이 고안 한 건국준비위원회 (이후부터 "건준"이라 함)가 설립 되었다. 여운형은 원래 마르크스 공산당에 가입했으나 그 후 본인은 중도파를 천명했다고 한다. 중도파라는 명분을 내 세워 좌우의 대결을 조정 할 수 있다는 신념에서 출발 했지만 일은 그리 만만 한 것이 아니었다. 좌파 공산주의 침투 세력에 모든 당파들은 당황하기 시작했다. 이들에 의하여 여운형의 협치 꿈도 산산 조각이 났다. 남한에서 좌우의 무력 충돌은 다반사였고 심지어는 젊은 학도들 간에 구타와 살육이 자행되였다.

북한에서는 소비에트 군의 통제하에 긴장의 적막이 흐르고 있었다. 공산주의의 본질인 계급투쟁이 시작되었다. 그 이면에는 지주, 성직자, 교육을 받은 자들이 인민 반역자의 이름으로 사라져가고 있었다. 이들은 인민의 적이며 계급투쟁의 회생자. 해방 이후부터 한국전쟁이 발발 할 때까지 200만명의 북한인이 남한으로 탈출 했다.

혼란의 정국에서 미국은 또 하나의 큰 정책적 실수를 했다. 1945년 9월 미 국무성의 좌파 관리들이 한국을 세계 4대 강국 하에 신탁통치[2]를 두기로 하고 12월 모스코바 외상회의에서 소비에트 지지를 이끌어 냈다. 미국 측으로서는 소비에트의 장기적 공산화 기획을 좌절시키기 위하여는 신탁통치외에 다른 대안이 없다는 입장을 견지했다. 소비에트도 이 정책이야 말로 국가의 장기적 이익에 부합함을 이해하고 이를지지 한다고 선언했다. 이 신탁통치는 좌우의 경계를 넘어 모든 한국인의 완강한 저항에 봉착하게 된다. 국가 주권을 회복하기 위하여 식민세력과 싸워 온 한국인으로 서는 또 다시 제국열강의 통치로 회귀하는 것을 방관 할 수가 없었다.

미국 내의 저항도 이에 못지않았다. 특히 주 모스코바 대사를 역임한 에버렐 해리만과 조지 에프 케난 대사의 반대가 미국민의 상상을 뛰어 넘었다. 예상치 못 했던 저항 앞에 미국은 은연중 정책을 거두어 들인다. 따라서 소비에트만이 신탁 통치를 고수 하자 남한 내 공산주의자들은 반탁에서 친탁으로 돌아 선다. 이로 인하여 좌우대립은 더욱 격화되고 수많은 인명이 희생 되었다. 이 기간에 남한의 저명인사 대다수가 이념 광신자들에의 테러에 의하여 숨을 거두었다.

남한의 정국은 공산당이 지배했고 그 이외에 한독당과 한민당이 있었다. 공산당은 미 군정청 하에서도 세력을 불려 나갔다. 해외로부터 귀국한 민족투사들 간에도 공산주의자가 지배적 위치에 있었고 국방 경비대 안에도 이들이 잠복하고 있어 남한의 정국은 하루 앞을 내다볼 수 없는 안개였다. 건준 안에서도 남노당계 공산주의의 득세로 여운형 자신도 리더십 중앙으로부터 점점 멀어 졌다. 이 공산주의자들은 건준 안에서 섭생하다가 건준 자체를 지배 했다. 이들은 건준을 인민 위원회로 나중에는 인민 공화국으로 개칭 했다. 건준 자체가 좌로 경도되었다는 반증이다. 미군의 인천 상륙보다 하루 앞서 인민 공화국은 정부 내각을 구성하여 공산당만이 나라를 이끌어 갈 수 있다는 결의를 미군에게 보여 주었다.

이 내각은 얼핏 보아 완전한 연립내각 같이 보였다. 대통령 이승만 (우파), 부통령 허헌 (좌파), 국무총리 여운형(중도), 내무부 장관 김구(중도), 문교부 장관 김성수 (우파), 정무장관 김일성 (좌파), 각부 차관에는 일률적으로 공산당이 배치되어 있었다. 이 내각 안을 미군이 부결하자 인민 공화국은 거리로 나가 항의 시위를 이어 갔다. 당시 미군은 국내 어떠한 정당도 지원하지 않겠다는 중도노선을 택했다. 따라서 공산당과의 대결에서 미군의 지원을 기대 했던 우파도 미군과의 유대를 저 버렸다. 이승만과 김구는 미군 주둔의 무용론을 펴 미군청장 하지 중장과의 관계가 삐걱대기 시작했다. 소비에트는 미리 짜놓은 원대한 기획에 따라 정책을 펴나가는 반면 미국은 장기 기획 없이 상항에 따라 임기응변식으로 접근하고 있어 소비에트에게 항상 기선을 제압당해 왔다. 복잡한 남한의 문제를 다루기에 천진난만 했던 미군은 이승만과 김구의 조롱 대상이 되었다. 미군은 앞으로 전개되는 상황을 주도 하기보다는 그 상황의 포로가 되어 지루한 3년의 세월을 남한에서 허비했다.

일본의 식민통치 하에서 많은 민족투사들이 국외로 추방되어 항일운동에 참여하게 된다. 이들은 일본이라는 공동의 적 앞에서 중국이나 사이베리아의 혁명세력과 의기투합하여 싸우는 과정에서 공산주의자가 되었다. 이념에 편승된 민족주의자들이 해방된 조국으로 귀국함으로 이념갈등은 이념대결로 표면화 되었고 "하나의 민족은 하나의 국가로" 라는 구호는 퇴색해 버렸다. 남한은 여러 가지 이념적 정체성이 혼재하여 통일된 목소리를 낼 수가 없었다. 좌익이나 우익은 자기의 이념적 비전에 집착한 나머지 극단적 성향으로 흘러 중도파의 목소리는 들리지 않았다. 한국의 분단원인을 두 가지 관점에서 조명할 수 있을 것이다.

하나는 한국인 특유의 분당 성향과 관련지어 생각 해 볼 수 있을 것이고 이것이 아니면 두 거대 국가 간의 경쟁으로 부터 원인을 추론 할 수 있을 것이다. 분단을 논하는 과정에서 미국의 한 진보학자는 모든 문제를 미국의 책임으로 전가하고 있다(브르스 컴밍 1994, 325). 분단 책임을 38선에서 찾는다면 미국의 단독 책임이 분명하다고 그는 역설했다. 분단 책임을 위계상으로 보아 38선을 발표한 미국은 주범이요 소비에트는 조력자[3]로 보았다. 이 거대 국가 간의 패권적 경쟁은 제 2차 대전 당시 히틀러에 대항하여 잠시나마 미소가 합작하던 때를 연상시켰다. 이 거대 국가 간의 대결의 맥락에서 볼 때 38선을 누가 그었나 하는 질문은 빛을 잃어간다.

루즈벨트와 처칠이 스탈린의 야욕을 간파 한 것은 테헤란 정상회담에서였다. 이어지는 포츠담 회의에 앞서 대통령으로 임명 된 트루만은 소비에트의 참전 뒤에 검은 야욕이 있을 것으로 간파하고 대 일본 전을 홀로 감당할 결심을 했다. 포츠담 회의 참가 중 원자 폭탄의 성공적 실험은 이 결정을 뒷받침하고 있다. 그러나 소비에트가 태평양 전쟁에 참여하는 것은 시간문제였다. 1947년 2월부터 시작된 그리스와 터키의 내전은 소비에트의 세계패권 야욕을 여실히 보여주고 있다. 소비에트의 제국주의 야욕은 1904년 러-일전쟁[4]까지 거슬러 올라간다. 동양에 대한 러시아의 위세는 제정 러시아 시기부터 확장되어 갔다. 러시아는 태평양 전쟁 중 미국의 압도적 승리의 추세에 무료 승차 하여 제국주의 야욕을 불 태워 왔다. 소비에트는 1945년 8월 9일 두 번째 원자폭탄이 나가사끼를 치는 날 일본에 선전포고를 했다. 미국이 3년간 치루고 있는 전쟁에 1주일 싸우고 가장 큰 영토를 점유하려는 야욕이외 무엇을 노리겠는가?

세계 제2차 대전의 종려 후 러시아 연해주와 접해 있던 한반도는 소비에트가 대일 선전 포고를 하자 공격을 받은 최초의 국가가 되었다. 독일의 경우와 같이 패전국으로서 분단되었거나 외국군대의 점령을 받아야 할 국가는 일본이다. 북한을 점유한 소비에트 군은 미리 예정된 시나리오에 의하여 공산국가 건설의 초석을 놓았다. 정책적으로 북한은 레닌주의 보다는 전후 복구에 보다 효율적인 스탈린 주의를 택했다. 전지전능하고 절대적인 통치자는 엄격한 지휘감독체계를 통하여 자기의 경쟁자를 결코 허락하지 않았다. 피의 숙청은 정적을 제거하기위한 유일한 수단이요 음모와 비밀이 난무하는 상황에서 인간의 존엄은 크게 훼손 되었다. 농업의 집단화는 개인에게 최소한의 자유를 보장 해 주지도 못했고 이 같이 집단화 된 사회는 레닌과 트로스키도 상상하지 못했을 것이다.

해방 후 남한에서는 살인적 좌우대결이 한국전쟁 발발 시 까지 계속 되었다. 한국 분단의 책임을 물어 브르스 커밍은 남한에서 약세였고 북한에서는 존재감이 없던 우파를 지원한 것이 씻을 수 없는 미국의 실책 이였음을 지적 해 왔다. 바꾸어 말하면 남한에서 집권 가능성이 컸고 북한에서 절대적 우위를 점하고 있던 공산당을 미국이 지원했다면 분단은 막을 수 있었을 것이라는 주장이다. 이 브르수 커밍스의 저서는 1980년대 한국 대학생들 간에 인기를 독점했으나 이는 많은 합리적 의심을 불러 일으켰다. 남한과 민주주의 제도와 가치를 공유한 미국이 통일만을 위하여 남한의 우방을 버리고 과연 좌파지원을 감행 할 수 있었을까? 좌파가 만든 통일국가를 미국이 인정 할 수 있었을까? 미국의 남한 좌파 지원을 당연시한다면 소비에트가 북한의 우파 지원을 기대할 수 있었을까?

남한에서 공산주의는 점점 강해져 갔다. 남한 사람들은 공산주의를 민족주의와 동일시하여 그들의 국가와 민족을 위한 영웅적 투쟁에 갈채를 보냈다. 민족주의는 "한 민족은 하나의 국가로"를 외쳐온 강한 정서적 매력을 갖고 있었다. 좌파만이 민족주의자가 되는 것은 아니다. 우파와 중도파도 많은 민족주의자를 배출했고 이들은 모두 현실주의자들이다. 좌우 중도파들 중 공산주의자들의 목소리가 가장 컸다.

아세아 대륙은 공산주의에 가장 취약 했다. 공산주의는 유라시아를 거쳐 사이베리아로 불길처럼 퍼져 나갔고 거대 국가 중국은 1949년 장개석이 주도하는 국민당과 모택동 주도의 공산당과의 시민전쟁을 통하여 모택동의 승리가 굳어져 갔다. 중앙 아세아와 사이베리아의 모든 독립 국가들은 소비에트 휘하로 들어가 연방을 구성했다. 소비에트를 스크램블에 비유한다. 이는 소비에트 연방 구성 국가들은 각자의 독특한 정체성을 완전히 상실했음을 말한다. 북한은 벌서 공산화 된지 중국보다 2년 앞선다. 남한은 좌우대결 상태로 들어 가 막강한 공산주의 바람 앞에 있는 촛불이었다.

1946년 6월 신탁통치의 후유증이 가시가도 전에 이승만은 남한 단독정부라도 세울 복안을 발표했다. 민족의 통일이 지상 과제였던 한국인들 간에 남한 단독정부 수립은 한국인에게는 생소한 아이디어일 뿐만 아니라 목숨을 건 위험천만 한 모험이 아닐 수 없었다. 그의 발표는 남한 전체를 패닉으로 몰아갔다. 이는 중도 좌파 여운형과 중도 우파 김규식의 합작으로 이어져 이승만과 같은 극우와 김일성과 같은 극좌의 정치 참여를 배제하려는 움직임이 있었다. 이 합작은 미국의 지원을 받고 있었으나 오래가지 못하고 여운형이 사퇴하자 우편으로 클릭한 김규식이 과도 정부를 이끌어 갔다.

이승만은 전설적 민족주의자였으나 그의 남한 단독 정부안은 그를 민족의 배반자로 각인시켰다. 그는 하나의 통일 국가로 가는 것은 공산국가가 되는 길이요 남한 단독정부만이 자유민주주의를 수호하는 길이라고 굳게 믿었다. 민족의 분열을 각오하고라도 자유민주주의를 수호하는 것이 값진 투쟁임을 전 국민에게 호소하였다. 바로 이점에서 이승만은 김구와 노선을 달리했다. 이승만은 국가, 김구는 민족이 더 중요하다고 주장했다. 김구에게 이념은 그다지 중요한 것이 아니었다. UN의 주도하에 남북한 선거가 임박함에 이승만의 만류에도 불구하고 김구는 민족의 분단 만은 막아야 한다고 김일성을 만나려고 38선을 넘었으나 김일성은 벌서 강 건너 저편에 있었다. 그의 꿈은 실현을 보지 못하고 남한으로 귀환 후 2개월 만에 우익 광신자의 총탄에 그의 파란만장한 생을 마감했다.

국민은 시민사회와 억압된 사회 간의 하나를 선택할 것을 요구 받고 있었다. 그 선택의 당위성은 당장에 나타나는 것이 아니고 얼마동안 시간이 경과한 후 역사적 재평가를 통하여 나타난다. 이승만은 반일 민족주의자인 동시에 극단적 반공산주의자였다. 그러나 한국이 처한 상항에서 반일 민족주의와 반공주의는 같이 갈 수 없는 운명에 있었다. 결국 이승만은 반공산주의를 택함으로 공산주의와 싸우기 위해서는 친일세력과의 협력도 불사하였다. 바로 이점에서 이승만은 친일세력의 두목으로 악평되고 있었다. 그러나 이승만을 수반으로 한 대한민국 제일 공화국은 상해 임시정부 요인과 국내 민족주의자로 구성되어 친일세력과는 먼 거리에 있었다[5]. 이승만과 그의 지지자들은 빈곤층의 대다수 국민에게 듣기 좋은 평등주의를 외치고 있는 공산주의와는 불리한 투쟁을 이어갔다. 이승만도 처음에는 공산주의자가 외치는 평등주의에 대한 호감을 갖고 있었으나 이념과 현실 간의 차이가 너무 큰 것에 실망하였다.

1947년 5월 미소 공동위원회 2차 회의가 서울에서 개최되었다. 이 공동위원회는 통일 한국을 실현하기 위하여 쌍방이 합의할 수 있는 방안을 도출하는 것이 목적이었으나 이 목표를 위하여 한 발짝도 나가지 못했다. 이 공동위원회의 무용론을 앞세워 미국은 한국문제를 UN에 상정했는데 UN은 한반도 전역에서 자유선거를 실시할 결의를 채택했다. 자유선거는 인구가 북한의 2배에 달하는 남한에 유리하다는 이유로 소비에트는 반대 입장을 고수했다. UN 선거감시단의 사전 점검을 위한 북한 입국을 북한이 거부 하자 UN은 우선 선거가 가능한 남한에서 만이라도 선거를 실시 할 것을 결의 했고 남한에서 자유선거는 1948년 5월에 실시되었다.

　대한민국은 1948년 8월 15일, 해방 3주년에 탄생했다. 이로부터 2개월 후 북한은 조선인민 공화국을 선포한다. 대한민국 헌법은 그의 영토를 한반도와 인근 부속 도서를 포함한다고 천명했다. 대한민국은 UN가입 30개 국가로부터 승인을 받았기에 한반도의 유일한 합법정부임을 주장해 왔다. 소비에트 군의 남침을 막기 위하여 설정된 38선은 수백만 가족들을 분단시키는 국경선으로 고착 되었다. 대한민국은 건국초기부터 공산주의 추종자들이 경찰서와 공공시설을 공격하여 혼란된 사회에서 어려운 출발을 했다. 그중에서도 전라도와 제주도에서 공산주의 폭동이 가장 빈번했다. 국가를 방위할 의무를 지고 있던 국방경비대 안에서도 공산주의가 잠복하고 있어 대한민국의 앞날은 예측할 수 없었다. 드디어 갓 출범한 대한민국이 감당하기에는 역겨운 제주도 4.3 사건에 이어 여수순천 반란사건이 일어났다. 전자는 대한민국에 반기를 든 남로당의 반란이요 후자는 여수에 주둔하고 있던 국방경비대 14연대가 제주 폭동을 진압하러 가던 중 승선을 거부하고 총부리를 경찰서로 돌려 공격을 감행한데서 출발했다. 이들 반란군은 인근 도시 순천까지 2주간 장악한 뒤 인근 산악지대로 들어가 게릴라전을 전개했다. 공산주의 폭도들이 남한에 잠복하고 있다는 사실은 후일 김일성으로 하여금 그의 남한 파괴능력을 과대평가하는 실마리가 되었다.

한국전쟁

　한국전쟁은 냉전이 전 세계로 퍼지는 과정에서 하나의 피할 수 없는 어두운 사건이다. 냉전의 특징인 이념 대결 프레임을 통하여 볼 때 남과 북은 각기 강대국 간의 파우어 게임을 위한 대리자 역할을 수행했다. 남과 북은 38선에 국경 수비대를 배치하여 수많은 소규모 무력 충돌을 해 왔다. "누가 한국 전쟁의 방아쇠를 먼저 당겼나?" 북은 남에게 책임을 전가하고 남은 북쪽 탓으로 돌리는 언쟁이 계속 되었다. 몇몇 진보학자들은 남한이 북한을 자극하는 행위를 했기 때문에 북한의 대규모 침략을 유발 했다고 주장한다. 그래서 전쟁의 근원은 남쪽에 있다는 주장이다. 이 주장에 의하면 한국전쟁은 1950년 6월 25일이 아니라 이보다 이전에 일어났다고 보아야 할 것이다. 이 설에 의하면 대규모 전쟁이 발발한 1950년 6월 25은 오도된 사건으로 묻혀버릴 뻔했다.

　한국전쟁이 발발했던 1950년 6월 25일 남한은 전쟁준비가 되어 있지 않은 상태에 있었다. 전쟁이 발발한지 3일 만에 서울이 함락되고 2개월 만에 직경 50마일에 불과한 부산-대구지역만 대한민국 영토로 남게 되었다. 남한은 신속한 UN군의 참여에 의하여 구제 되었다. 남한이 전쟁 준비가 되어 있지 않은 상태에서 먼저 공격을 감행한다는 것은 우리의 상식으로는 받아들이기 어렵다. "한국전쟁의 기원" 의 저자 브르스 커밍스는 남한도 전쟁을 유발한 일말의 책임이 있음을 강조해왔다. 전쟁이 일어나기 전 38선을 중심으로 산발적 소규모 충돌이 있어 그 중 상당수가 남한의 선점적 기습에 의하여 일어났기에 남한은 전쟁 유발의 책임으로부터 자유로울 수 없다는 것이다. 허나 일연의 소규모 충돌이 매일 발생하는 과정에서도 북한의 대규모 공격을 암시할 만한 징조는 발견 할 수 없었다.

브르스 커밍스는 한국전쟁의 기원에 관한 설명에서 이승만에 대한 공격으로 일관한다. 그는 이승만의 북침을 예고하는 협박을 문제로 삼았다. 그의 주장에 의하면 이승만은 동족상잔의 시민전쟁을 오랜 동안 추구해 왔고 심지어는 북침을 위하여 숙적 일본의 군국주의와도 공모하려고 했었다. 허나 이 주장은 많은 의문점을 남긴다. 양방이 적개심으로 충만된 상황에서 이승만의 북침 협박은 훈련이 잘 된 막강 북한군에게는 문제 될 것이 없었다. 이 수사적 협박이 북한군의 전면전을 유도 했다는 것은 논리의 비약이 아닐 수 없다. 한국전쟁의 기원에 관한 연구에 평생을 바쳐온 그는 수년이 지난 후 갑자기 이 문제를 사소한 관심으로 흐려 버리는데 그 이유가 무엇이었을 까? 누가 먼저 전쟁을 유발했느냐의 문제는 중요하지 않다고 하여 종래의 자기주장을 흐려버리고 있다.

한국 전쟁이 발발하기 이전 공산 게릴라의 경찰서와 공공시설에 대한 공격으로 남한정부의 방어능력은 거의 소진된 상태였다. 대한민국정부가 탄생 된 시기에 미군은 한국을 떠났고 한국은 외부의 침략에 노출된 상태였다. 1949년 미국은 에치슨 라인을 발표하여 한국과 대만을 미국 방어선으로부터 배제 하였다. 북한은 마오체 퉁 군에 합류했던 주력부대가 귀국함으로 민족해방의 열기는 최고조에 달했다. 박헌영은 남한 정부가 북한의 게릴라전에 의하여 패닉 상태에 있다는 사실을 들어 김일성에게 승리에 대한 자신감을 주입시켜 그의 위험한 도박을 부추겨 왔다. 이 시기에 김일성이 남침을 강행할 가장 유리한 조건이 형성되어 있었다.

후일 한국전쟁의 실패를 물어 김일성은 박헌영을 처형했다. 스탈린 사망 후 그 뒤를 이은 후르시초프는 한국전쟁에 관한 회고록을 공개한바 한국전쟁은 김일성이 스탈린과 공모하여 감행한 것으로 판명되었다. 김일성의 선재타격 기획을 스탈린이 최종적으로 승인한 날은 1950년 4월 10일 이다. 이로 인하여 영원한 숙제로 남으려던 한국전쟁의 기원에 관한 질문은 답을 얻었다.

6월 25일은 일요일 새벽, 38선 전역에 음산한 적막이 흐르고 있었다. 마침내 북한의 탱크들의 굉음이 새벽의 적막을 깨고 38선을 넘어 남하하기 시작했다. 남한에서는 일요일 새벽 2/3의 병력이 부대 밖에서 유숙하고 있던 때다. 북한 군대는 훈련이 잘 되어 있고 무기와 인원수에 있어서도 남한 경비대를 압도했다. 당시 탱크 하나도 보유하지 못한 남한 경비대는 200대가 넘는 북한의 적수가 되지 못했다. UN 안전보장이사회는 즉시 긴급회의를 소집하고 북한군의 38선 이북으로 철수를 요구하는 성명서를 냈다. 이를 무시한 북한군은 남진을 계속하여 2개월 만에 남한 영토의 2/3을 점령했다. 북한군은 승리가 가까이 왔다고 요란한 변죽을 울리는 자축연에 빠져 있었다. 조국통일의 날이 가까워 오고 있었다.

북한 인민군대의 남침이 계속되자 트르만은 미군을 한국전에 파견할 것을 결정한다. 트르만의 신속한 대응은 북한군의 남진을 저지하는데 크게 기여했다. 미국의 요구에 의하여 UN은 회원국의 전쟁 참여를 간청한 결과 16개국으로부터 전투요원의 파견을 이끌어 냈다. 미군이 가장먼저 한국전에 참여 했고 그 뒤를 이어 영국과 영연방 국가들, 유럽의 대다수 국가들 (벨기에 같은 적은 국가도 포함), 비 유럽 국가들 중에는 필립핀, 터키, 타이랜드, 에디오피아, 남아공, 컬럼비아가 포함된다. 파견국을 대표하는 이 들은 UN군의 깃발아래 전투에 참여 했다.

UN군은 최후의 보루인 대구-부산 지역을 방어하는데 전력을 투구하던 중 1950년 9월 15일 미 해병 제 1사단과 육군 기갑사단을 주축으로 한 UN군이 인천에 상륙함으로 전세는 급변하여 아군에 유리한 전항이 전개되었다. 인천 상륙작전은 조수 간만의 차이로 인하여 성공 가능성이 없다고 판단한 미 국방성과 심지어는 맥아더 참모들까지 반대가 있었으나 운명의 시간이 닥아 오면서 맥아더는 결행을 굳혔다.

인천상륙 작전의 성공은 진퇴양난에 있던 낙동강 전선에 단비를 내려 주었다. 이로 인하여 UN군은 모든 전선에서 반격을 시작했다. 이들이 38선을 돌파하여 북진을 계속하여 한만국경에 접근하고 있을 때 중공군은 압록강을 건너오고 있었다. 중공군은 무기에서 열세이나 수에 있어 UN군을 압도했다. 적의 인해전술에 밀린 UN군은 전략적 후퇴를 하지 않을 수 없었다. 서울은 다시 공산군에 함락되었고 미군은 다시 이를 탈환했다. 이로 부터 무자비한 공격과 역공으로 이어지는 시소게임이 38선을 중심으로 전개 되었다.

맥아더는 전쟁을 확대해서 라도 완전한 승리로 끝장을 보려고 노력 했으나 이 확전기획은 미국정부의 반대를 만나 무산되었다. 미국 정부는 전쟁영역을 한만 국경으로부터 되도록 떨어진 곳에 주저항선을 설정하려고 했었다. 중국은 역사적으로 적대국과 국경을 접하는 것을 용인하지 안했다. 전투에 피로를 느낀 전쟁 참여국들은 휴전의 필요성을 감지하고 교섭이 이루어진 결과 1953년 6월 27일 휴전을 선포한다. 휴전이 결정된 때에 양측 군대가 서로 대치하고 있던 경계선이 비무장 지대, 즉 DMZ로 불린다.

3년간의 치열한 전투는 끝났으나 조국은 아직도 분단 상태다. 남한은 경제발전을 이루었으나 성취의 쾌감은 휴전의 불안감과 위험에 대한 감각을 둔화시켰다. 반면 북한은 모두 파괴된 벌판에서 극단적인 삶의 고통을 인내해야했다. 휴전문서에 서명한 국가는 미국, 북한 및 중국 이다. 남한은 국가 방어의 주력 부대이면서도 휴전에 서명하지 않은 것은 이승만의 끈질긴 휴전 반대 때문이었다. 그는 통일 없는 전쟁은 받아들일 수 없다하여 남한 국군 단독으로라도 북진하겠다는 입장을 고수해 왔다. 미국 정부의 끈질긴 설득에도 결심을 굽히지 않더니 결국 휴전을 승인했다. 그러나 거기에는 대가가 따랐다.

이승만은 휴전을 승인하는 대가로 한국의 방어를 보장하는 한미 군사동맹 체결을 요구하게 된다. 북한은 남한이 휴전 서명자가 아니기 때문에 통일 문제를 거론할 북한의 상대가 될 자격이 없다하여 미국과의 직접 대화를 주장 해 왔다. 이승만은 미국과 동반자이면서도 미국을 불쾌하게 만든 적이 한 두 번이 아니었다. 해방 후 미군정과의 불화는 이미 언급한바 있고 그 후 포로석방 문제에 있어 온 세계를 경악시킨 사건이 있었다.

북한 공산군 포로수용소는 한반도의 남단 섬에 있었다. 영내에서 북한 공산군 중에 전쟁이 끝나도 북한으로 귀환하지 않겠다는 포로들이 많이 있었다. 이들은 북한으로 귀환을 바라는 사람들과 충돌하고 있었다. 전자는 후자에 의하여 린치를 당하거나 구타와 상해는 물론 잔인한 살육이 매일 일어나고 있었다. 이러한 상황이 계속될 경우 소위 반공포로는 거의 사라질 것이라는 예측 하에 이승만은 이들을 구제할 방안을 마련하는데 몰두 했다. 그 중 하나가 이들을 조기 석방시켜 남한에서 자유롭게 살 수 있게 하는 것이다. 그러나 이승만은 포로를 석방시킬 권한이 없었다. 그럼에도 불구하고 이승만은 한국군 헌병들로 하여금 미군 경비대를 무장 해제 시키고 문을 개방시킨 것이 소위 반공포로석방이다. 이것은 국제법을 무시한 행위로서 아이젠하우어 미 대통령은 이 소식을 듣는 순간 패닉에 빠졌다. 윈스톤 처칠 수상은 면도하는 중 이 소식을 듣고 놀라 면도날로 얼굴을 상해하는 일까지 있었다.

휴전이 임박해오자 UN산하에 있는 중립국가들이 포로 개개인의 송환에 대한 의견을 묻는 대면 질문에서 반공포로들은 남한 아니면 다른 제3국에 갈 수 있는 선택권이 부여 되었다. 이 같은 이승만의 무모한 행위에는 값진 희생이 따르고 있었다. 종전이 선언된 후 북에

억류되었던 50,000명 이상의 남한포로들이 본인의 의사에 반하여 귀환을 하지 못하는 비극적 결과를 초래했다. 한국전쟁은 외국인 참전 용사들 간에는 "잊혀진 전쟁"으로 기억되고 있다. 여기에는 승자도 패자도 없다. 20만명 이상의 남한 군인과 54,000명의 미군이 전사 하였다. 공산군의 회생은 이보다 3배에 달한다. 전쟁에서 얻은 것에 비하여 회생이 너무 컸다.

남북한, 무엇이 다른가?

    남과 북 사이에는 이념, 제도와 심리적 구조에서 서로 건널 수 없는 것이 가로 놓였다. 동 서독의 예를 보면 통일의 가능성을 점칠 수 있는 요소를 들 수 있으나 한반도의 통일 전망은 아직도 안개 속에 묻혀 있다. 대화 노력의 답보상태는 한국인의 특성 때문이 아닌가 추론도 해본다. 우리가 잘 아는 바와 같이 북한의 주적은 미국 그리고 그 주구 남한이라고 한다. 김일성은 절대 왕조의 군주로 군림한다. 북한과 같은 자원도 없는 나라를 세계 최강 미국과 자웅을 겨루는 막강 국가로 발전시켜온 공로를 모두 김일성의 영롱한 지도력에 돌리고 있다. 김일성은 인민의 절대적 지지를 받고 있는 인민의 길잡이다. 그의 절대적 권위 이면에는 무수한 인민의 회생이 따를 수밖에 없었다.

    공산세계에서는 하나의 지도자만 존재한다. 스탈린과 마우체 통 같이 김일성도 제2의 지도자를 허락한 적이 없다. 북한에서는 김일성을 능가하는 공산주의자로 김원봉이나 박헌영을 들 수 있었으나 이들은 김일성의 간계에 의하여 반역자로 몰려 형장의 이슬로 사라졌다.

마우체 퉁의 문화혁명은 그에 대한 와해된 인민의 충성심을 다시 결집시키고 자기를 명예직으로 올리려는 정적들의 간계를 차단하여 실권을 잡으려는 움직임이었다. 유럽의 절대 왕조에서도 군주는 귀족에 의하여 도전을 받는 경우가 허다했다. 조선왕조에 있어서 군주는 지식인과 평민들로부터 쉴 틈없이 올라오는 상소문에 괴로워했다.

김일성은 10세부터 항일투쟁을 이끌었던 자칭 게릴라 리더라고 한다. 김일성이 북한 지도자에 오른 것은 33세. 반면 이승만은 대한민국 대통령으로 선출되었을 때 75세였다. 김일성은 만주 길림성의 한 중학교에 적을 두었으나 졸업은 하지 않은 것으로 판명되었으나 전반적으로 그의 정체는 명료하게 들어나지 않는다. 종전에 소련 극동군 88부대 대위였다는 사실만 나타나 있다. 반면 이승만은 미국 프린스톤 대학과 조지 와싱톤 대학을 거쳐 정치학 박사를 획득했다. 김일성의 이력을 보면 성인이 되기 이전에 세계 영웅반열에 올라 있었다. 이승만은 망명정부의 초대대통령으로 도 잘 알려진 인물이었다. 좌익 계열도 한때 이승만을 해방 후 연립 정부 대통령으로 지명했다. 이승만은 국제정치에 해박했을 뿐만 아니라 유교와 고전에도 통달했다. 이승만은 1945년 11월에 귀국하였으나 남한 미 점령군 하지 중장과 불화로 인하여 미국이 기피하는 인물이 되였다.

김일성은 소비애트 군 스티코프 장군과 귀국시 같은 배를 타고 원산에 상륙한 인연으로 친분을 형성했다. 이 친분으로 인하여 박헌형을 제치고 통치자로 부상한 것으로 알려져 있다. 스티코프 장군은 1951년부터 북한 주재 소비에트 대사로 근무했다. 김일성 가족이 북한을 3대에 걸쳐 지배해온 왕조를 이루고 있는 반면 남한의 통치 권력은 여러 번 교체되어 왔다. 북한에서 김씨 왕조는 신적 존재로 추앙받는다. 이승만은 카리스마적 지도력으로 젊은 층을 압도했었다. 북한은 개인숭배가 팽배하여 김일성의 정책에 대하여 반대가 있을 수 없으나 남한에서 이승만의 정책에 대한 긍정과 부정은 반반으로 나누어진다. 공산주의는 칼 맑스의 역사발전 예언으로부터 영감을 얻어냈다. 역사의 발전은 생물같이 목표 지향적이고 공산 유토피아를 이룩함으로 역사의 종언을 선포한다고 한다. 자본가와 근로자는 결코 어울릴 수 없는 구조적 모순을 갖고 있고 이것이 계급투쟁을 유발한다.

계급투쟁을 통하여 착취계급을 제거함으로 누구나 절대적 평등을 누릴 수 있는 사회를 건설하기 위함이다. 칼 맑스가 말하는 자본주의의 맹점은 정규적으로 찾아오는 파괴적 불항이다. 공산주의는 이데올로기의 힘이 제도적 사회적 완성을 이룰 수 있다고 광신한다. 공산주의만이 역사의 종언을 예고한다. 어느 제도이건 문제의 씨앗은 다 갖고 있다. 자유민주주의 시각에서 볼 때 칼 맑스의 변증법적 역사관은 역사의 과정을 독단적/물질적 프리즘을 통하여 보는 결점을 갖고 있다[6]. 공산주의는 산업혁명으로 이룩한 자본주의 사회에 대한 반작용이라고 도 할 수 있다. 공산주의 사회에서 어떠한 것도 물질적 목적을 앞설 수는 없다. 정서적 목적, 도덕적 덕목, 인간의 존엄성, 내재적 삶 -신앙은 차치하고라도- 은 공산주의 관심의 대상이 되지 않는다.

빈곤은 지갑에만 있는 것이 아니고 사람의 인성 자체에도 존재한다. 빈곤을 퇴치하기 위해서는 인간의 존엄성을 확보해야 한다. 인간은 경제적 동물만이 아니라 사회적, 문화적, 정치적 동물이다. 공산주의의 유토피아 개념은 자본주의 사회에서 노동자에 대한 절망적 비관론으로부터 시작되었다. 따라서 그들의 자본주의에 대한 공격은 선동적이다. "기존의 모든 것을 엎어버릴 최후의 날을 예고하는 조종이 울리고 있다. 지배계급을 떨게 하라." 계급투쟁은 인민의 적을 노출시킨다. 이들은 부와 높은 교육으로 복 받은 사람들을 공산주의 사회에서 제거되어야 할 인민의 적으로 보고 있다.

공산주의가 옹호하는 절대 평등은 자연 법측에 위배될 뿐만 아니라 한국인의 강한 성취의욕과도 어울리지 못한다. 절대 평등을 외치는 사회에서도 인민위에 군림하는 지배계급이 탄생하고 있음은 어제와 오늘의 일이 아니다. 절대 권력과 같이 절대 평등은 안으로부터 썩어간다. 소유의 평등을 성취하기 위하여는 개인의 자유를 제한해야 한다. 절대평등에 기초한 유토피아는 모든 개인의 차이를 무시할 때만이 실현될 수 있다. 억압적 평등은 관습을 낳는다. 독일 통일을 이룬 후 상당 기일이 지나서도 동독주민들은 정부의 지원을 기대하는 관습을 버리지 못했다. 태만, 권태 및 침체에 젖어 관습이 일정한 무기력의 주기를 이루어 반복한다(브레진스키 1989, 258). 반면 산업화란 이름으로 자유분방과 자본주의 착취에 시달려 온 국민들에게 공산주의는 새로운 인생의 길잡이로 등장했다.

공산주의는 이제 발아하기 시작한 새 싹에 불과한데 수세기의 지식과 경험의 축적에 의한 진화적 발전에 의하여 이룩한 자유 민주주의에 도전함으로 역사적 발전에 역행하고 있다. 일본 식민치하에 있던 한국의 지식인들은 절대평등이라는 과학적 이론에 도취되어 있었다. 사회 저변층은 그들이 언제라도 자기 주인을 압도하고 자기들의 세상을 만들 수 있다는 기대를 저버리지 않고 있었다. 공산주의를 정열적으로 추종했던 자들에게는 죽음이 아니고는 이념적 광신으로 부터 탈피 할 수 없었다. 공산주의 이론은 전염병과 같아서 다른 사람에게도 급속히 전파 되였다. 이것은 마치 천연두를 앓은 자와 같이 한 번 공산주의를 정열적으로 신봉했던 사람은 그 흔적을 지울 수가 없다(겔브레이스 1971, 57).

공산주의는 한국의 전통 가치관과도 화합할 수 있다는 주장도 있다. 농촌마을로 내려가면 위기가 왔을 때 최후의 남은 밥 한 공기도 마을 사람과 나누어 먹는 공동체 정신이 공산주의와도 맥을 같이 하고 있다. 한국인들의 부족중심 성향은 소수가 부를 축적하거나 탁월한 사람이 되는데 대하여 보이지 않는 압력을 가하고 있다. 이것이 집단 압력이다. 지적 수월성을 갖고 태어난 사람은 일반인과 거리를 두고 있어 존경의 대상이 아니라 조롱의 대상이 되거나 빈자에 대한 관심이 결여되어 있다고 비난받고 있다. 모든 것을 공유하고자 하는 의욕이나 집단 목표의 광적추종에 비추어 볼 때 한국인의 전통적 가치관이 공산주의와 공유하는 점이 많다고 본다. 허나 이러한 관점은 많은 문제를 안고 있다.

한국인은 위계질서의 사회에 익숙해 있기에 부의 축적이나 사회적 위치에 있어서 집단내의 다른 사람들을 능가하려는 노력이 강하게 나타난다. 인간은 자기의 가치를 있는 그대로 또는 이보다 높이 인정

받기위한 욕망으로 채워졌다. 한국인은 어떠한 특정인으로 인정받기를 원하는 한 개인주의 정신이 강하다. 위계질서에서 남보다 잘 보이려는 동기는 탁월한 소수에 대한 집단적 압력에 반항한다. 창의와 경쟁을 기축으로 하는 시장경제는 모두에게 평등을 주장하는 자들을 배척한다. 유교의 불평등 수호는 누구나 같은 지적 능력을 갖고 태어난 것이 아니라는 주장에 근거를 두고 있다. 우리가 추구하는 이상적 사회란 모든 사람의 다양한 역할을 조화롭게 엮어가는 사회를 말한다. 과도한 평등은 문화의 다양성을 해치고 단순하고 무미건조한 삶을 창출한다. 자본주의 사회가 위계질서를 옹호하는 것은 창의적 노력을 권장하는 보상 제도에 대한 관심의 반영이라고 볼 수 있다. 사회의 경제적 건전성은 자본가들이 기업을 세우고 일자리를 만들고 부를 창출할 때 나타난다.

남한에서는 국민을 국가의 위에 둔다. 따라서 국가는 국민을 위하여 봉사하는 기구에 불과하다. 권위주의 시절에도 남한 국민은 제한적이나마 자유를 즐겼다. 반면 북한은 사회적 통제기구를 만들어 정치적 목적에 따라 자유롭게 조정 할 수 있는 기구로 단순화 시킨다 (브레즌스키 1989,7). 국가는 하나의 기계에 비유되고 인간은 그 기계의 부품에 지나지 않는다. 이러한 사회에서 재난이나 기근이 발생했을 때 그 고통은 먼저 국민에게 닦아 온다. 남한의 대의정치는 개인숭배나 국가우선주의 같은 괴질의 파급을 차단하는 방패가 된다. 북한같이 무비판적 아첨꾼에 둘러쌓인 소수의 권력구조는 통치자를 현실로부터 분리시킨다.

북한은 다른 공산주의와도 많은 차이점을 갖고 있다. 통치자를 신적 존재로 보는 통치구조는 스탈린이나 마우체 퉁 통치하에서도 볼 수 없었던 일이다. 이러한 제도는 첫째로 고립주의를 택하여 국민을 하나의 공동체로 결속시킨다. 이 고립정책이 북한이 다른 공산주의 국가들 보다 오래 존재하는 원인이 된다. 이러한 고립된 국가는 에집트의 마미같이 신선한 공기가 들어가는 순간 재로 변한다. 고립된 사회에서 나타나는 특징은 철저한 민족주의로 이것이 사회의 결속을 다지는 수단이 되고 있다. 민족주의 광적 추구는 다른 나라에 대한 극단적 적개심을 불러일으킨다.

정치적 세뇌는 계급투쟁에 있어 반드시 필요한 수단이 된다. 북한에서 학교는 물론 가정까지 세뇌의 대상이 되고 유치원으로부터 모든 교육기관에 이르는 전 방위적 세뇌 공작이 발동하고 있다. 뉴스는 국가적 통제를 받고 있어 라디오는 프로파간다 일색이다. 오보를 인위적으로 흘려 수사적 리토릭이 이성을 압도하게 만든다. 사실적 표현은 현실이나 인민의 생각과는 먼 거리에 있어 언어는 의미를 상실해간다. 인민들 간에 불평이 만재하나 이를 해소할 수 있는 방법을 찾지 못하여 내부에서 썩어 원혼으로 남아있다. 개인적이거나 자발적인 것은 하나도 없고 모든 것이 정치적 개입에 의하여 강제성이 부여된다. 국가가 사적영역에 관여하는 것은 개개인의 영혼의 정화를 확인하기 위함이다. 이념쇠뇌와 과도한 개인숭배에 인민은 지쳐 있다. 오늘 이 시각에도 인민은 강요된 산업화의 속도전에 괴로워하고 있다.

이념적 투쟁의 열풍은 종족 중심 민족주의를 발현시켜 이것이 국가의 합법성을 결정하는 요인이 되고 있다. 북한은 국가 형성 초기에 친일세력에 의존했고 제국주의에 굴복한 남한을 맹공하고 있다. 반면 북한은 민족의 순수성을 지켜왔다는 사실에 근거하여 국가의 합법성을 주장하고 있다. 허나 자주성의 관점에서 불 때 북한도 흠이 없는 것은 아니다. 북한도 건국초기에 소비에트 조선인에 의하여 공산주의 초석이 놓아졌고 자주적 위상은 스탈린주의 표방과 소련의 경제적 지원에 의존 했다는 사실에 의하여 심히 훼손되고 있다.

북한을 지배하고 있는 공산주의도 자생적이 아니고 러시아 혁명의 산물이었다. 공산주의 지도자의 위계질서는 김일성을 스탈린 부하로 각인 시킨다. 한국전쟁도 김일성의 기획에 스탈린이 재가함으로 실천의 빛을 본 것이다. 반면 남한의 이승만은 대통령이 되기 이전부터 이념투쟁이라는 사회적 갈등을 체험했으며 미군정의 무능함을 고발하여 미국을 분노케 했다. 이승만은 미국과 같이 가야 할 지도체제에 파열음을 낸 반면 북한과 소련은 완전한 정책적 합의를 보여 주었다. 이성을 갖고 있는 사람이라면 독단적 이데올로기가 성인을 합리적 결정을 내릴 수 없는 어른 바보로 만드는 사회를 선호 할 리가 없다. 통치자를 신적 존재로 보는 것은 신 맑시즘의 특수성, 즉 밀폐된 사회를 유지하기 위하여 고안 된 우상화 열정의 발로이다. 사회를 정치적 목적에 의하여 마음대로 재단하는 것은 시민의 복종과 의견일치를 강요할 뿐이다.

독자적으로 고안된 사회주의 하에서 다민족을 포섭하려고 했던 유고의 티토 통치술과는 판이한 대조를 이룬다. 조직화된 사회의 정치는 북한이 대중적 규모로 수행하는 마스게임이 잘 설명해주고 있다. 대중의 참여라고 해도 그 목적은 혼연 일체감을 통치자 한 사람에게 보여 주기위한 충성의 맹세이다.

통일의 전망

나라가 분단 된지 75년이 흘러갔으나 아직도 통일의 길은 아직 멀다. 이 긴 세월이 흘러가는 동안 "남과 북은 무엇을 했나?"는 질문을 던지지 않을 수 없다. 아직도 통일을 위한 공동의 노력조차 보이질 않고 있다. 서로 다른 국가 목표와 제도는 통일을 저해하는 장애물이 된다. 통일 방안으로 북한이 제시한 연방제는 두 개의 체제를 두되 중앙에 연방정부를 만들어 이것이 양국을 통제하는 콘트롤 타워가 된다. 이 두 분단국가는 사실상 통합된 국가가 된다.

허나 남쪽의 입장에서 볼 때 이것은 공산주의에 의한 통일을 이루기 위한 간계가 잠복 해 있다고 하여 남한이 반대하고 있다. 이념이나 국가체제가 다른 국가들이 하나로 합병하는 예는 세계 어느 곳에서도 찾아 볼 수 없다. 미국의 연방제도는 지역적 특수성에 따라 독립적 위치를 확보하고 이념과 제도적 공통성에 기초한다.

남한이 주장하는 "한민족 하나의 경제적 공동체"는 영연방 제도와 유사하여 두 국가를 하나의 경제공동체로 묶어 경제교류와 협력을 통하여 양국이 번영의 길을 간 후 최종적으로 정치적 통합을 이루기 위함이다. 이 방안은 민족의 분단을 영구화 한다고 하여 북한이 거부하고 있다. 북한은 통일을 서두르고 남한은 시간을 갖고 남북한의 이념적-제도적 차이를 극복하는 것이 선결되어야 한다고 주장한다.

연방제는 현재의 양자 간의 극단적 차이점을 극복하려는 노력이 보이지 않는 한 실현성이 없다. 보다 부유한 남쪽의 입장에서는 시간을 갖고 북이 변화하는 것을 기대하나 시간의 흐름은 북의 변화를 보증할 충분한 조건이 될 수 없다. 쌍방이 현재로서는 받아들일 수 없는 큰 양보를 하지 않는 한 이 두 안은 서로 만날 수 없는 평행선을 걷고 있다. 우리와 유사한 분단을 체험하고 통일을 이룬 독일의 예를 보자. 통일 전 동독 시민의 개인소득(1989년 기준)은 서독의 1/3에 해당한다. 북한은 남한의 1/50. 서독의 인구는 동독의 4배. 남한의 인구는 북한의 2배. 위의 통계치를 볼 때 한국의 통일 전망은 보다 어둡다. 통일이 되어도 남한이 감당해야 할 경제적 부담은 서독보다 무거워 통일 후의 문제는 보다 심각해 질 것으로 전망 된다.

한국의 통일문제는 국경을 넘어 관련 국가들 간의 힘의 균형으로 발전했다. 우선 이웃 국가로서 중국과 일본이 한반도 통일과 관련하여 힘의 각축을 벌이고 있고 원거리 국가로서 미국과 러시아가 대치하고 있다. 북한, 중국과 러시아 대 남한, 일본과 미국이 대치하면서 힘의 균형을 유지하고 있다. 현재의 휴전협정이 관련국들의 일정한 영향력 행사를 가능하게 하기 때문에 현 상황의 변화에 대하여 그들은 긴장의 끈을 풀지 않고 있다.

이 힘의 균형이 동북아 평화를 수호하는 길이라고 하는 주장은 한국의 분단을 영속해야 한다는 뜻과 통한다. 즉 동북아의 평화를 충족하기 위하여 한국은 분단의 고통을 감내해야 한다. 남한 정부는 현재의 고착상태를 풀기 위하여 노력해 왔다. 그중 하나가 김대중이 제안한 햇빛정책이다. 이 정책의 기본 전제는 북한도 때가 되면 개방하지 않을 수 없다는 것이다. 이를 전제로 경제원조의 당위성을 주장한다. 이 정책은 어느 정도 효과를 보고 있다는 주장도 있으나 너무 근시안적 정책이라는 혹평도 따르고 있다. 남한의 경제적 원조는 북한의 정책적 변화를 보장할 수 없다는 주장도 만만치 않다.

2000년 6월 15일 김대중의 역사적 평양 방문은 이산가족 상봉에 대한 새로운 희망으로 남한에 있는 4백만의 북한 난민들을 고무시켰다. 이 사건은 가족상봉의 물고를 틀 것으로 예상했으나 북한 당국이 예상과 달리 문을 반쯤만 개방함으로 북한 난민들의 꿈은 다시 어둠 속으로 묻혀 버렸다. 허나 남쪽의 기대감은 자못 컸었다. 그들은 상상의 날개를 펴고 다음과 같은 공상적 비전을 그리고 있었다. "문을 여니 아침 햇살이 북한을 감싸고 있던 안개를 거두자 북한 주민은 눈을 비비며 일어나 보니 새로운 세상을 만나 경악할 것이다."

북한 통치자는 고립 사회의 괴멸 가능성에 두려워 떨고 있다. 이 개방정책이 북한의 신비스런 가면을 벗기어 북한의 참상을 세계는 물론 북한 주민에게도 보여 줄 것이다. 외부세계와 접하지 않고는 무지와 침체만 있을 뿐이다. 한반도 통일의 주요 장애물은 북한 제도의 경직성에 있다. 국가를 대변하는 선전기구는 국가의 참다운 정체성을 흐려버리려고 한다. 김일성이 표방한 주체성[6]은 그의 가족을 신위에 올려놓고 무아독존의 망상을 구가한다. 이것은 스탈린과 마오

체통의 개인숭배를 훨씬 능가하고 있다. 주체사상은 말 그대로 남에게 의존하지 않는 자기정체, 경제적 자립과 정치적 자치를 말한다.

김일성의 언행록을 보면 "혁명과 건설의 주인은 대중이요 이들은 혁명과 건설의 동인이 된다." 환언하면 인간은 자기 운명의 주체요 자신을 개척해 나갈 능력의 소유자다(고병철 1974.8.4). 여기에서 질문이 발생한다. "자기 운명의 주체와 복종과 침묵의 압력이 같이 갈 수 있을까? 고립은 경제 발전과 정치적 안정의 역설적 공조를 수반한다. 경제발전을 이루려면 문호를 개방하는 것이 필수적이다.

자본, 기술, 인프라가 전무한 상황에서 북한이 혼자 갈 수는 없다. 문호의 개방은 자유에 대한 인간의 갈구를 창출한다. 이것은 국가의 불신을 초래하고 고립된 사회에 조종을 울린다. 경제 발전과 정치 발전은 공존할 수 없다. 북한 당국은 정치적 안정을 택함으로 수백만의 인민이 허기에 떨고 있다. 북한의 실상은 19세기 은둔의 나라, 조선왕조에 비견할만하다. 전파를 타고 뉴스는 거침없이 흐르나 이는 북한이라는 장벽에 의해 완전히 차단된다. 통일 전 동독의 젊은이들은 서독 방송매체와 접함으로 서구에 대한 동경(Western fantasy)을 키워 왔다. 그러나 한국의 분단선은 개미 한 마리의 통과도 불허한다. 인위적으로 만들어진 어둠 속에서 국가의 선전매체는 돌아간다. 전 인민의 열정적 환호와 혁명의 열기에 이성적 판단은 무뎌진다.

남한 정부의 빈번한 교체는 인간의 생활조건을 향상해 나가는 방안을 모색하는 징표이다. 사회를 정치적 목적으로 재단하는 것은 시민에게 노예적 굴종을 강요하기 위함이다. 통일을 저해하는 요인은 비단 이념적/제도적 차이에만 있는 것이 아니라 공산주의의 잘못된 모방에서 오는 개인 간 심리구조의 이탈에 있다. 집단화된 사회의 정치적 속성이 개인의 진취성과 창의력을 억압하여 왔고 이데올로기의 구속력이 짙어 가는 동안 수동적 심리가 습관화되어 한국인의 결속력을 저해해 왔다. 북한은 제도적 특수성으로 보아 동 구라파의 공산주의 국가와는 다른 면모를 보여 준다. 독일의 통일은 분단된 국가 양자 간 오랫동안 서로 이해하려는 노력의 결과이다. 이러한 움직임이 동력을 받기 위해서는 우선 북한이 참된 정체성으로 복귀하여 남과 북이 공통분모를 내놓아야 한다. 북한은 자신의 정체성을 밝히기를 거절하고 있다. 이러한 상황에서 통일을 위한 협력적 무드의 조성은 불가능하다.

통일에 대한 논쟁을 더욱 복잡하게 만드는 것이 북한의 핵무기 보유이다. 북한은 상존하는 미국의 위협에 대한 자기 방어라는 논리로 핵 보유를 정당화하고 있다. 북한은 미국과의 직접 협상에서 핵무기를 수단으로 서로 동일한 위치를 점유하고 있다고 호언한다. 그러나 핵 문제는 여기에서 그치는 것이 아니고 핵확산이라는 불안한 우려를 남긴다. 이 확산 문제에 대한 세계적 공포는 자기 방어 논리를 무색하게 만든다. 이 가공할 무기가 충동적 행위에 경도된 폭군의 손안에 있다는 사실을 상기할 필요가 있다.

북한의 핵위협에 대하여 한국인의 무관심과 미국인이 보여주는 공포감은 큰 대조를 보인다. 한국은 북한을 "미친 아저씨" 정도로 보아 군사적 위협을 격하시킨다. 한반도에서 북한의 도발적 충동이 현실화될 때 북한도 자멸적 결과로부터 자유로울 수 없기 때문이다. 한국인 간에는 북한의 핵 위협이 한국이 아닌 다른 곳을 노리고 있다는 믿음이 팽배하다. 한국은 미국이 북한과의 교섭과정에서 이를 적절히 처리해 줄 것으로 믿고 있다. 현재의 고착상태가 유지되는 한 통일에 대한 대안으로 독일 모델, 즉 남한이 북한을 합병하는 방안을 택할 수도 있다. 그러나 여기에도 문제가 없는 것은 아니다. 남한 주도의 통일은 중국의 강력한 거부를 초래할 것이다. 중국은 미국의 동맹국과 국경을 공유하는 것을 거부해 왔다. 중국은 적국과의 영토 경계를 피하기 위하여 중간에 완충지대의 개입을 원한다. 중국은 동북아에서 미국의 패권 장악을 극렬하게 반대해 왔다. 세계에서 공산주의는 퇴조하고 있지만 북한에서는 아직도 공산혁명의 불길이 밝게 타오르고 있다. 북한은 고립 속에서 자신을 얼마나 지탱할지 온 세계의 관심이 집중되고 있다. 북한은 곧 멸망한다는 세계 현자들의 논리적 예측에도 불구하고 북한은 아직도 건재하다. 북한은 어느 면에서 보더라도 변태적 국가임에는 틀림없다. 북한은 일반적 법칙과 상식의 적용을 불허한다.

시간은 고통을 치유할 수 있을까?

해방 이후부터 한국전쟁까지 5년간 북한으로부터 2 백만의 난민이 남으로 내려오고 한국전쟁 당시 중공군과의 대결 중 2 백만의 북한 주민이 후퇴하는 UN군을 따라 남으로 내려왔다. 현재 남한 거주 북한 난민과 가족을 합하면 전체 남한 인구의 1/4을 점유한다. 소수의 남한 인구가 북한으로 이입했다고 하더라도 이것은 인구의 일방적 흐름으로 볼 수밖에 없다. 그러나 제1세대 난민 대다수는 세월의 무게를 이겨내지 못하고 유명을 달리하고 있다. 얼마 있으면 남은 사람들 마저 가족과 재회의 꿈을 안고 불귀의 객이 된다.

　1983년 6월 KBS는 이제까지 없었던 대규모 이산가족 찾기 캠페인을 벌였다. KBS빌딩 벽 전체가 가족이 헤어질 때의 일을 상기시키는 전단으로 가득 차 있었다. 광장에는 피킷을 든 수만 명의 군중이 몰려들었다. 어떤 사람들은 이산 되었던 가족을 찾은 기쁨에 갇혀있던 눈물을 남김없이 쏟아냈다. 이보다 더 많은 군중은 좌절하고 돌아갔다. 재회의 장면은 희열보다 더한 감동의 순간이었다. 가족 간 공유하던 상기된 감정은 곧 눈물바다로 변하였다. TV 프로듀서, 아나운서, 카메라맨, 리포터 모두가 이 장면을 보고 함께 울었다. 인간의 마음은 악기와 같아서 하나가 울면 다른 것도 따라 운다. 나도 울고, 그도 울고, 모두 울었다.

　그들은 진군하는 공산군보다 몇 보 앞에서 생이별하고 오늘까지 살아왔다. 엄마는 폭격으로 사망하고 두 어린 딸이 엄마 시체 위에서 울부짖다가 눈물까지 말라 버렸다. 그중 큰 아이가 물을 얻으러 잠시 자리를 비운 사이 다섯 살의 동생이 없어진 것이다. 남하하던 피난민과 같이 떠난 것이 분명하다. 그들은 희미했던 기억을 되살려 성인이 되어 재회의 기적을 이루었다. 재회의 순간 하나하나가 심오한 인간 드라마의 주제이다. 희미해진 신체적 흔적이 핏줄을 확인하는 데 큰 역할을 한 것이다. 피난민 각자는 책 한 권을 쓸 수 있는 이야기를 지니고 있다.

아직도 수십만 명이 잊혀진 가족을 찾고 있다. 명절날이 되면 고향에 가장 가까운 산에 올라가 부모 제사를 지낸다. 그들이 고향을 떠날 때 17 또는 18세의 꽃다운 나이, 3일만 잠시 떠나 있다가 오겠다던 약속이 70년이 흘렀다. 삼 일간의 약속은 70년이 아니라 영원한 이별이 되고 있다. 오늘도 상상의 적을 향하여 고난의 행군을 하고 있는 북한 동포를 생각해 보라. 이산가족의 비애가 그들의 의식 속에 깊이 각인되어 시간이 흐른다고 우리의 집단적 한을 풀어 주지 못한다. 이산가족의 상봉은 북한의 제도적 특수성으로 보아 실현 가능성이 희박해진다. 북한 사회는 절대 평등을 주장하고 있지만 지배계급과 피지배계급 간의 간극이 너무 커서 지도자급 인사들이 지식이나 철학적 소양을 갖춘 경우는 거의 없다.

지배계급은 과거 김일성을 추종하던 게릴라 출신의 후손이 이를 계승하여 지배계급은 대대로 전수된다. 반면 피지배 계급의 시민은 지배계급으로 승진할 기회가 전무한 상황에서 모두가 맹목적 굴종에 익숙한 사람들이다(브르스 컴잉, 1977, 433). 북한에는 이천 이백만 시민이 자신이 운명개척의 주체임을 인지하지 못하고 매일 굴종의 생활에 쫓기고 있다. 김일성이 사망했을 때 북한 사회의 소생 가능성에 의문을 제기하는 사람이 많았다. 일당독재의 정치에서 당을 중심으로 결집된 핵심 요원들은 흔들리지 않고 위기를 돌파하여 아직도 혁명전선을 붉게 물들이고 있다. 북한사회에서는 반식민적 민족주의 정서가 특징적으로 나타나서 북한의 정신적 지주를 이루고 있다. 그러나 과도한 민족주의는 외국에 대한 혐오감을 불러일으킨다.

현대화

전쟁에 의해 파괴된 남한은 극적으로 새로운 경제 대국으로 성장했다. 파괴된 잔재가 침체로부터 탈피하려는 집단적 노력에 길을 터준 것이다. 이 거대한 성장 동력에 편승한 남한은 경제성장과 산업화라는 두 개의 축을 굴리어 20년 만에 다른 나라들이 부러워하는 현대화를 이루었다. 현대화란 단적으로 정의하면 서양의 문물을 받아들이는 것을 말한다. 서양의 발전된 사회는 개발도상국의 모델이 되었다. 남한의 전통적 가치관은 서양에서 유입된 기술과 융합하여 에너지 발흥의 새로운 자극제가 되었다. 남한의 경제발전은 내적 외적요소의 보기드문 결합으로 이루어져 다른 나라에도 소개할 가치가 있는 이야깃거리가 되었다. 경제적 성공은 개인당 소득의 성장과정을 추종하여 그것을 다른 나라와 비교함으로써 설명할 수 있다.

1962년 한국인의 개인 소득은 $82, 1990년에 $5,000, 1995년에 $10,000으로 증가한다. 경제발전 이론가에 의하면 남한은 전쟁 후 피식민지에게 주어진 경제적 혜택을 누려온 행운아로 각인된다. 경제적 혜택을 박탈당한 식민세력의 철수는 개발국가에서 팽창일로에 있던 사회주의가 침투할 수 있는 공간을 제공해 주었다.

사회주의는 기존의 가치와 질서를 무시하는 새로운 정책의 대안으로 인정받으려고 한다. 이것이 혁명적 개혁을 추구한다는 점에서 공산주의와 맥을 같이 한다. 모든 개발도상 국가들이 사회주의를 채택하는 과정에서 남한만이 유일하게 당면한 문제들을 해결하는데 자본주의를 적용했다는 사실을 눈여겨볼 필요가 있다. 대한민국은 해방 후의 혼란 속에서 상흔을 입은 어린이에 비견할 만하다. 미숙한 국가가 경제적으로 성숙한 국가들을 추월하였다. 1960년대 후빈 남한의 개인소득이 $968일 때 말레이시아, 아르헨티나, 태국, 브라질은 각각 $2950, $3459, $1037, $2045을 기록했다. 1990년도를 보면 태국이 $2879, 아르헨티나가 $4030, 말레이시아 $4727을 보일 때 남한은 $5,000을 달성했다.

식민지 시대의 서울은 초가집 마을의 군락촌이었다. 시골의 전원 풍경은 멀리서 다 자란 버섯같이 보이는 초가집으로 점을 찍어 놓은 듯 한산한 느낌을 준다. 식민적 수탈을 겪은 남한 정부의 재건 노력은 한국전쟁에 의하여 단절되었고 그 후에 이어지는 연속적 재건사업의 결과 하늘 높은 줄 모르고 솟아오른 마천루의 불빛으로 서울은 불야성을 이룬다. 남한의 경제성장을 일컬어 한강의 기적이라고 한다. 서독이 전쟁 파괴를 극복하고 경제성장을 이룬 라인강의 기적에 비견할 만한 경제성장을 뜻한다. 그런데 이 기적이라는 말은 일정한 조건이 부합될 때 나타나는 현상인데 부의 창조를 행운으로 받아들이는 사람들도 있다. 행운이란 전통 가치관을 기저로 부단히 이어진 노력이 시대적 소명과 조우했을 때 얻어지는 결과와는 거리가 있다. 행운은 전통적 가치관이 국가적 위기를 만났을 때 새로운 성장 동력으로 변한다는 사실을 잊은 듯하다.

서양의 근대사는 개인이 국가, 권위, 전통, 심지어는 가족으로부터 이탈하는 과정을 보아왔다. 개인주의는 개인 이익의 자유로운 추구를 지향하여 왔고 이것이 시장경제의 합리적 기초를 제공하였다. 발전 경제학자의 논리에 의하면 권위주의가 약해저 가는 추세에서 개인 주도와 경쟁심리가 적당히 혼용될 때 성장의 효과가 발생한다. 이와는 달리 남한에서는 국가주도의 경제 발전에 의존한 바가 크다. 완화된 권위주의, 국가 목표 실현을 위한 개인 이득추구의 철회, 관료주도형 성장의 실현, 이 모든 것이 한국전통의 가치를 대변한다고 볼 수 있다. 시장의 합리적 명령은 일정기간 내에서 성취해야 하는 국가적 목적의 중압감에 퇴보되는 현상을 보인다.

수입정책은 일정한 산업직종에 있어서 수입자에게 수입면장, 세금감면, 재정 지원등의 인센티브를 제공해 왔다. 미국의 원조는 무상원조, 유상원조, 차관원조, 기술원조 및 군사원조로 다양화 하여 경제발전을 활성화 하는 자극제가 되었다. 남한의 수출품은 미국시장 유입에 유리한 조건을 누리게 되었고 수출주도 정책과 관련하여 수출대체 품목의 제조를 권장하여 기존 식민지 산업을 복구하였다. 국가목표의 목표를 주도적으로 추구하는 방법이 자유시장 경제 원칙에 반하는 경향이 있다.

발전이란 사회적, 정치적, 문화적 요소들의 일치된 작용에 의하여 얻어지는 결과이다. 공산세력의 확장을 봉쇄하는 전진 기지로서의 한국에 대한 중요성이 미국으로 하여금 물질적/기술적 원조를 지원하게 하였다. 미국자본의 남한 유입과 함께 첨단기술도 함께 흘러들어왔다. 이 요인들이 동시 다발적으로 유입됨으로서 경제발전은 우연적 행운이라고 도 할 수 있다.

경제발전이 비화할 때 남한은 미국과 일본과의 친화적 관계에 있었기 때문에 유리한 발전 조건의 조성에 혜택을 입은 바가 크다. 행운의 여신은 바로 베트남으로 진출할 기회와 동시에 찾아왔다. 이 기회는 남한이 경제발전에 외환이 절대적으로 필요할 때와 맞물린다. 또 하나의 행운은 중동 건설 사업이 붐을 이루고 있을 때였다. 남한의 건설회사들은 베트남에서 축적된 기술과 지식을 중동에서 활용할 수 있기 때문이다. 남한의 산업화는 기술 발전만으로 이루어 진 것이 아니다. 인적 자원도 그에 못지않은 역할을 해 냈다. 높은 교육열은 작업의 질적 수준을 높이고 제품의 질을 제고하는 동인이 된다. 표준 언어와 가치관은 사회가 추구하는 덕목에 대한 의사소통을 원활하게 하고 새로운 기술과 지식에 순조롭게 적응할 수 있게 했다.

또 하나의 경제성장 요소로 문화적 동질성을 들 수 있다. 국가는 온 국민이 하나의 문화권에서 국민 모두가 주어진 소임에 대한 강한 책임감이 있을 때 최상의 건전함을 보인다. 인종이나 종교적 분열 요인이 전무한 상태는 국민이 그들의 충성을 회사, 지역사회와 국가에 돌릴 수 있게 한다. 잘 훈련된 리더십은 한국인의 잠재적 의식을 맑스 베버가 주장한 기독교 직업윤리로 전환 할 수 있다고 한다. 이것은 근로자 간 의사소통으로 축적된 지식과 경험이 신선한 통찰력으로 변 할 가능성이 있음을 보여 준다.

수직적 위계사회에서 한국인은 사회적 지위나 계급의식이 강하게 발달하여 상위 지향성 움직임에 익숙해 있다. 이 움직임은 바다와 같은 범인의 세계에서 우수한 자를 위한 특권층의 작은 섬을 형성하려고 한다. 한국인을 고분고분하고 복종적이며 예의 바른 민족으로 보는 획일적 이미지는 사라진지 오래다. 현대사회의 역동적 움직임은 한국인의 잠재적 특성을 깨워 부지런하나 음주벽이 심하고, 모험적이나 제멋대로 살고 공격적이나 야심에 차 있는 새로운 이미지를 형성하고 있다. 유교의 실증적 시각으로 볼 때 한국인은 주어진 지위에 영원한 불만을 지니고 있다. 집단적 의식은 개인 이익추구를 허락하지 않는다. 자신을 돌보지 않는 굴종적 희생은 보다 큰 이익을 위한 자기회생 정신으로 탈바꿈했다. 가족을 초월한 충성심은 개인을 충동하여 개인의 이익을 버리고 집단이나 국가를 봉사하는 정신을 부각시킨다. 한국인의 거친 성격은 다듬어 저 왕성한 일 벌레가 되었다.

전 세계의 언론 과 미디어는 남한이 경제적 문제를 어떻게 극복하고 경제성장을 이루었는가에 대하여 주의 깊게 살펴보기 시작했다. 남한의 경제적 성공은 IMD(International Management Development)가 수행한 양적 분석에 의하여 입증된 바 있다. 국가의 경쟁지표는 남한을 세계 10대 경제대국 안에 포함시키고 있다. 당시 한국의 개인 소득은 $31,600에 육박하고 있어 이태리를 넘어 세계 3대 경제 대국인 일본($34,400)의 뒤를 바짝 쫓고 있었다. 이 경제성공의 뒤에는 삼성전자, LG 전자. 포항제철, 현대기아 같은 대기업이 있어 이들의 제품은 세계 시장의 총아가 되었다. 남한은 반도체 칩, TV, 휴대 폰,조선업에서 단연 최정상을 유지해 왔다. 현재 남한은 제조업에서 중국의 추종을 불허하나 그동안 중국이 성장한 속도를 볼 때 남한을 따라잡는 것은 시간문제인 것 같다. 북한의 개인 소득은 남한의 5%에 불과하다. 북한과 남한은 1,000년 이상의 동질문화와 언어를 공유하여 왔기에

이 엄청난 개인 소득의 차이는 이념, 제도나 인프라가 아닌 다른 변인으로는 설명 할 수가 없다.

　우리가 다른 나라에서 보듯이 이렇게 빠른 경제성장의 이면에는 어두운 면이 있기 마련이다. 앞을 바라 볼 때 수평선 저 너머 에 어두운 먹구름들이 넘어오고 있는데 이것들은 빠른 경제성장과 국가주도 발전에 기인하고 있다. 국가주도 경제발전은 부정적인 면도 부각시켰다. 기업이 시장경제의 동태성에 기초하여 독자적으로 성장 할 수 있는 기회를 상실했다. 기업들, 특히 수출주도 기업으로 선정된 기업들은 정부지원이 없다면 물 떠난 고기였다. 시장경제의 동태성 경험이 부족한 기업들은 줄어드는 국가지원이나 오일쇼크같은 재난을 극복할 기회가 희박했다. 1977년부터 경제적 성공이 암운으로 변하기 시작 할 때 이를 뒷받침하고 있던 아세안 가치관이 전 세계 비난의 표적이 되었다. 우수하다고 자평하던 아세안 가치관은 정부와 기업 간의 인척관계를 창출하고 이것은 결국 수치스러운 IMF 구조요청으로 이어졌다. 전통적 가치관에 의존하던 경제를 개방, 투명성, 평등, 합리성 및 비감정에 호소하는 시장경제로 회귀해야 한다는 주장이 지배적이었다. 이것은 정부의 간섭을 최소화 하고 시장의 역할에 의존해야 한다는 주장이다. 잔인한 경쟁체재에서 보호주의나 중상주의는 설자리가 없어진다. 사업부진으로 인한 대량해고를 예방하기 위한 법률을 제정했으나 이것은 한국인의 동정적 보호정서와 충돌하여 더 어려운 문제와 직면하게 되었다.

　외국자본에 의존하는 것은 회사의 부채비율을 높이고 결국은 국가의 부채비율을 높이는 결과를 초래한다. 이러한 높은 회사부채는 회사경영에서 두려움을 모르는 대담성 즉 한국인의 모험주의를 여실히 보여준다. 남한의 주요 사회문제는 부의 분배에 있어서 경제정의의 실현과 관련되어있다. 경제적 붐에 의하여 많은 국민이 혜택을 받음으로 절대적 빈곤은 감해지고 기업가들은 국가 부의 높은 비율을 점유할 수 있게 되었다.

남한은 고령인구가 증가함으로 노령사회로 빨리 접어들고 있다. 평균수명은 80세로 한국전쟁이 발발당시 47세와 대조를 이룬다. 삶의 조건이 개선되었음에도 불구하고 남한은 고령인구 중에서 기록적인 자살율을 보인다. 고령 빈곤자는 65세 중에서 45.5%, OECD평균 빈곤비율 13.0%을 크게 추월한다 (조선 TV, Aug.26, 2014). 사회복지와 환경문제는 경제우선 정책에 의하여 뒷 걸음질 하고 있다.

남한은 미국의 일곱 번째 통상 파트너요 중동, 아프리카와 라틴 아메리카에서도 주요 수출국으로서 위용을 들어내고 있다. 기적이란 신화를 말하는 것이 아니고 시장경제, 국내 저축과 투자를 유발하는 거시적 경제정책, 성장지표를 수시로 모니터 할 수 있는 정부기능에 의존하는 꾸준한 노력의 결과이다. 경제성장의 화사한 얼굴은 발전을 따라다니는 어두운 그림자에 의해 많이 손상되었다. 산업화에 따른 정서적 퇴보, 정신적 불안, 환경파괴의 문제들이 수평선 넘어로 떠오르고 있다. 늘러나는 빈부의 격차는 이념전쟁의 불길을 다시 살려 사회주의에 대한 환상을 부추기고 있다.

역사전쟁

　남한과 이웃나라 간의 역사 전쟁은 기이한 현상을 보인다. 역사 전쟁은 두 차원에서 진행되고 있다. 하나는 역사전쟁의 원인을 식민주의와 제국주의에 대항하여온 한국 현대역사의 해석에서 찾으려는 것이다. 여기에서 이념적 위치는 역사관을 형성하는 데 큰 역할을 한다. 다른 하나는 한국과 이웃, 특히 중국과 일본과의 역사적 경험으로부터 역사전쟁이 유래된다고 본다. 전자가 한국의 특수성으로 이념전쟁을 역사관 형성의 주된 요소로 보아 이념전쟁은 진보와 보수의 대립을 격화시켜 왔다고 본다. 후자는 한국과 이웃나라간의 역사적 경험 자체를 역사전쟁의 원인으로 본다. 각국은 특유한 역사관을 갖고 있어 이 프리즘을 통해서 모든 원인을 꿰 뚫어 본다. 따라서 관여국 간에 역사를 보는 관점에 차이가 있다고 본다. 이의 대표적인 예가 한국과 일본의 역사관점의 차이라고 불 수 있다. 이 두 나라 간의 관계는 이성적 판단을 불허하는 정서적 편향을 특징으로 한다.

　역사에 관한 차이는 세대 차이와도 맞물린다. 서양에서 역사관의 차이에 중점 원인이 되고 있는 계급의식은 동양에서는 그 역할을 제대로 하고 있지 않다. 현재 20세부터 40세 연령층은 진보적 색채를 띠고 반항적 기질을 갖고 있다. 젊음을 대변하는 튀고 날뛰는 성격은 나이가 들면서 무뎌진다. 허나 나이에 관계없이 진보를 자부하는 사람들이 아직 있다. 보수층은 60대 이후 노년층에 무겁게 남아 있다. 허나 이 연령층은 오래 머물러 있지 않는다. 중간 연령층은 이념적 색깔이 강하지는 못하다. 전반적으로 볼 때 연령과 이념의 해석이 역사에 관한 시각 차이를 결정하는 요인이 된다.

서양과 달리 동양에서 국가 간 역사적 유산을 공유하는 사례는 희귀하다. 독일인이나 불란서인 누구한테 물어도 자기나라의 역사나 문화의 기원을 물으면 고대 그리스라고 답 할 것 이다. 정치적 기원을 물으면 로마 제국이라고 할 것이다. 이러한 일은 동양에서 통하지는 않는다. 중국, 일본, 한국은 제 각기 다른 역사를 갖고 있어 과거에 대한 기억이나 인식을 공유하지는 않는다. 이 세 나라 중 한국인들은 역사의식을 피해자의 프리즘을 통하여 보는 경향이 있다. 한국인들은 자신을 격하하여 만년 외국인 침입의 피해자로 본다. 중국과 일본은 한때는 제국주의적 망상에 젖어 있었다는 사실에 큰 부담을 느낀다. 이들은 한때 찬란한 과거에 대한 향수적 정서에 젖어 역사의 현실을 그대로 보지 못하는 경향이 있다.

국가의 합법성: 한국에서 두 개의 분단국가가 존재한다는 사실은 "어느 편이 합법적 정부인가"에 대한 논의에 불을 지펴왔다. 북한 당국은 북한을 조선왕조의 계승이라고 하면서도 왕조가 멸망하기 바로 전에 13년 간 존재했던 대한제국[7]을 완전히 배제하고 있다. 남과 북은 36년간 식민지배에 의하여 대한제국으로 부터 단절되였다. 식민지배 이전의 왕조와 현재를 이어주는 다리는 대한민국임시정부[9]이다. 이 임시정부는 사실상 망명정부로 정의할 수 밖에 없다. 그렇다면 북한이 망명정부를 계승했을까? 김일성은 망명정부가 수립될 당시 (1919년) 일곱 살 아이에 불과했다. 왜 북한은 "대한제국"을 배제하려고 했을까? 그것은 대한제국이 남한의 정식 명칭인 "대한민국"

과 명칭을 공유하는 부분이 있기 때문이다. "대한"은 고대 국가로부터 단절되지 않고 이어지는 한 단계 올라 간 통합국가를 칭하므로 국가 존망의 역사에서 자주 나타나는 한국역사의 특수적 현상이다. 대한제국은 조선왕조의 연장선상에서 왕조체제를 유지하면서 왕의 명칭을 황제라 칭하여 통합된 큰 국가로 업그레이드하여 중국 및 일본과 동격이라는 뜻이 담겨 있다. 그 당시 중국과 일본 사이에서 경멸과 처절하게 싸웠던 조선인으로서는 집단적 한을 풀 수 있는 절호의 기회였다.

1948년에 설립된 대한민국은 1919년 삼일 만세사건이후 설립된 임시정부의 법통을 이어 새로 건립된 국가라는 명백한 사실에 근거를 두고 있다. 진보사관은 이 사실을 왜곡하여 그것이 국가수립이 아니고 정부수립이라고 폄하한다. 그들은 1920년 임시정부 수립을 민족국가 수립으로 보기 때문에 해방 후 설립된 대한민국을 식민잔재가 수립했다는 근거를 들어 새로운 국가로 인정하지 않고 있다. 국가수립과 정부 수립을 혼용하여 써왔던 일반인에게는 혼란만 가중시키고 있다. 정확히 말하면 임시정부는 해외 주재 우리 동포에 의하여 조직되고 통합된 민족전선(Nationalist front)이다. 임시정부는 어느 국가로부터 승인을 받은 바가 없다. 임시정부를 물심양면으로 돌보아 주었던 중국정부 (장개석 정부)도 이를 인정 한바가 없다. 극좌파의 수장 김원봉은 1925년 공산주의자 측근들을 이끌고 임시정부로부터 탈퇴하여 한때 임시정부는 해체될 위기에 봉착하기도 했다. 임시정부의 주류 요원들은 온건 좌파, 중도파, 우파를 설득하여 임시정부의 체제를 유지해 왔고 이들은 대한민국 수립에도 참여하였다. 임시정부 자체가 민주주의 체제를 갖추어 왔기에 이 민주주의 싹이 대한민국이라는 묘판으로 이전되어 왔을 뿐이다. 대한민국의 헌법은 임시정부의 법통을 이어 받았음을 선언했다. 임시정부를 국가 수립으로 보는 좌파 시각은 대한민국의 합법성을 부정하기 위한 꼼수이외 다른 것은 찾아 볼 수 없다.

해방 이전의 민족주의는 식민주의와의 투쟁의 역사이다. 식민주의 악령을 경험한 나라에서 식민주의의 잔당으로 기억되는 것처럼 수치심을 느끼는 일은 없다. 북한은 남한을 같은 동포를 무참히 짓 밟은 친일 잔재세력이라고 비방의 끈을 늦추지 않고 있다. 남한은 민족주의 성향 북한과는 절대로 공영의 길을 같이 걸어 갈 수 없는 악의 뿌리로 인식하고 있다. 반 식민주의와 맥을 공유하는 민족주의는 해방 정국에서 국가의 합법성을 결정하는 성배로 승화되었다. 남한은 식민지 잔재 청산에 실패한 부패세력의 온상에 불과하다는 것이다.

동독이 서독을 나치의 잔재세력이라고 비방하는 것도 같은 맥락에서 보아야 할 것 이다 (마크 굴란스키, 1988:14-15). 세계2차 대전 후 베트남은 식민세력 (불란서)의 복귀가 임박함에 따라 이에 저항하는 민족주의가 강한 힘을 발휘하게 된다. 북 베트남은 하나의 통합된 민족 전선의 등장을 말하며 남 베트남은 제국주의에 굴종의 대명사로 통한다. 이제 눈을 우리나라에 돌려 보면 반외세의 측면에서 볼 때 남북한 모두 합법성을 주장하기에는 미흡한 점이 있다. 진보시인 고은에 의하면 "한국인의 진정한 정체성은 국민의 복지와 향상된 삶의 질을 충족시키는 정치적 정체성을 말한다"(창작과 비평, 1993, 1-45). 고 했다.

교과서 논쟁: 새로운 이념논쟁은 고등학교 현대역사 교과서의 논쟁에 새로운 불씨를 불러 일으켰다. 외국인이 볼 때 한국인들은 천년이상 역사를 공유하여 왔음으로 역사해석에 있어서 거의 이견이 없을 것으로 추정한다. 허나 현대역사는 식민주의와 제국주의로 점철되여 민감한 해석의 차이를 보인다. 현실적으로 볼 때 역사를 보는 관점이 그렇게 단순하지만은 않다. 1980년대 군사정권에 대항하여 좌편향된 역사해석을 내리던 진보세대들이 보수세력의 비방 대상이 되고 있다. 보수세력과 진보세력간의 상호 비방은 수그러들기보다는 오히려 가열되고 있는 느낌이다.

보수세력의 비판에 대하여 진보세력은 보수세력이 과거의 식민지적 통치와 독재정치의 유령을 되 살리려는 음모를 꾸미고 있다고 역공을 펴고 있다. 건국 초기에 식민잔재를 저주하는 것은 과거 고통에 대한 기억을 되 살려 정당화 될 수 있으나 식민세력이 퇴각한지 70여 년이 경과한 이즈음 이러한 감정이 아직도 사라지지 않고 있다는데 문제점을 안고 있다. 이제 한국인은 반 식민/ 반일 감정을 얼마나 오래 지니고 살아야 하는 지 스스로 물어봐야 할 것이다.

양 진영이 예리한 대립각을 세우는 상황에서 이념적 논쟁을 중립으로 이끌어 간다는 것은 어려운 일이다. 진보세력은 다양한 색깔을 갖고 있다. 북한과의 밀월을 노골적으로 즐기는 과격 진보세력이 있는 가하면 온건 진보는 북한의 주장을 그대로 옹호하지는 않는다. 진보에 대한 보수 세력의 무차별적 공격은 신중함을 잃은 행위이다. 그렇다고 좌파의 공격적 행위를 그대로 넘겨버릴 수는 없다. 사실과 괴리된 것은 수정을 요한다. 교과서 판매시장을 보면 좌편향 교과서가 지배적 위치를 점한다. 양 진영 간의 비난이 정치적 동기와 결부될 때 이 논쟁은 이데올로기 블랙 홀로 빨려 들어간다. 모든 정치 활동은 이 블랙 홀로 말려 들어가 다른 문제를 논의할 여력이 없어진다.

한국역사 학자 상당수가 식민주의와 제국주의에 대한 투쟁사를 전공한 분들이기에 종족 민족주의 색채가 강하다. 이 프리즘을 통하여 보았을 때 남한정부는 정부 수립 초기에 외세에 의존하거나 종속됨으로서 암울한 역사에 대한 일말의 책임을 희피하지 않을 수 없다. 최근 남한의 괄목할 만한 성장은 소수의 재벌과 정부의 인척관계의 결과임을 보여준다. 성장의 어두운 면은 그것이 다수를 빈곤으로 하락시키고 소수의 부를 창출하고 있다는 것이다. 역사의 흐름은 고통 받는 다수를 생각하는 해방신학의 관점을 중요시 하고 있다.

외세에 의존하는 것은 오히려 홀로 설수 있는 역량을 훼손하는 것과 다름이 없다. 이러한 관점에서 볼 때 1997년 남한의 경제실패는 헛된 꿈에 젖어 있던 자들에게는 반갑게 맞이해야 할 참신한 교훈이 되었다. 북한은 외세 의존을 배제하려는 노력에 긍정적 평가를 받을 만한 점도 있다. 그러나 외세와 무관한 독립적 노력만이 경제성장을 보장하는 하는 것은 아니다. 이념적 정체성이 민족주의를 대변하고 있어 좌파만이 반 식민주의 투쟁을 주도하는 애국자로 둔갑시키는 것은 바람직하지 못하다. 과거의 행위를 현재의 잣대로 재단하는 것은 무리가 따를 수 있다. 현재의 잣대란 기존 가치관을 말하는데 이 가치관을 과거의 행위에 적용하는 것 자체가 논리적 모순이다. 여기에서 곡해가 발생하고 이는 다른 곡해를 낳는다. 우리는 곡해의 순환적 고리로부터 이탈 할 수 없을 것이다.

남한은 북한보다 극단의 이념적 편파에 비교적 관대하다. 진보세력은 보수세력의 비판을 과거 식민주의나 독재국가를 정당화 하려는 음모에 착시하고 있다. 우리가 사는 이 세상에서는 말이 무한대로 팽창하기 때문에 오고 가는 말은 현실적 감각을 잃어가고 있다. 식민주의나 독재정치는 먼 옛날 일로 잊은 지 오래 되었다. 오늘날 양식있는 통치자라면 가장 미개한 통치개념으로 회귀하려는 자는 없을 것이다. 한국인으로서 적을 간파하는 가장 좋은 전략은 그들의 조상의 반 민족적 행위를 폭로하는 것이다. 한국인으로서 조상의 행위를 폭로하는 자를 그대로 넘겨 버린다는 것은 상상 할 수 없기 때문이다.

"그 아버지에 그 아들"이란 속담만치 후손의 간장을 뒤집어 놓는 일은 없을 것이다. 새대 간의 유대를 굳게 지켜온 한국인에게 과거, 현재, 미래의 엄격한 구분이 존재한다. 가족의 명예를 과거와 연계시켜 실추시키는 행위에 대하여 관용은 있을 수 없다.

민감한 이슈에 관한 논쟁이 격화 될수록 열정과 정서가 이성을 압도해 가는 경향이 있다. 이들은 현실로부터 점점 멀어져 가는 말잔치, 그 자체에 심취되어 있기에 심도있는 논의를 실현하기 위해서는 부풀어 오른 말, 즉 말의 인플레를 제거하는 노력이 있어야 한다. 정치비평가 윤평중은 이념적 논쟁의 근원을 민족과 국가 간의 괴리에서 찾고 있다. 보수층은 국가가 민족보다 우선한다고 본다. 그러나 국가라는 주제는 민족의 현재와 미래와도 함께 논의 할 수 있다. 진보층은 민족의 순수성과 불변성에 의존하여 외국인에 대한 혐오감을 불러온다. 따라서 외세의존이 우리를 괴롭히는 모든 문제의 발원이 되고 있다고 주장한다. 이념 문제의 발단은 진보와 보수 중 어느 한 편이 논의를 필요이상으로 확대하여 현실과 괴리된 말잔치로 상대의 의견을 흐려 버리려고 할 때 해결의 실타래는 풀기 어렵게 된다.

모든 문제는 서로가 반목하는 두 가지 측면이 있다고 본다. 이승만은 그의 전설적 반식민적 투쟁, 대한민국 건립의 주도적 역할, 뜨거운 애국열 측면에서 볼 때 타의 추종을 불허한다. 허나 건국과 관련된 그의 긍정적 이미지는 후일 법을 농락한 독재자의 이미지에 의하여 많이 손상되였다. 그는 공산주의와 대결에서 일제 식민잔당과 협력했다는 이유로 지탄 받아 왔다. 또한 국가 분단의 책임을 그에게 돌리는 공산주의 비난의 표적이 되어 왔다. 식민통치가 한창이던 시기에 유능한 한국인 청년들이 일본군 장교로 지원 입대한 동기는 한국인들에 깊이 내재하는 출세의욕이었다. 이 당시 일본정부의 고등문관시험과 일본군 장교가 신분 상승의 유일한 통로가 되었다. 이 엘리트 관료와 장교들은 조국을 빼앗긴 한국 젊은이들에게는 선망의 대상이 되었다. 이들이 엘리트 계급에 진입 할 때 충성을 바칠 수 있는 조국은 없었다. 해방후 이제 막 발족한 조국에 충성하고저 군에 입대했으나 문제는 일본에 충성을 바쳤다는 기록이 어디를 가나 따라 다니고 있어 새로 얻은 조국을 위한 봉사기회가 크게 위축되었다.

현행 교과서 제도는 표준화된 교과서와 검인정 교과서로 나누어진다. 전자는 국가의 개입을 전제로 하고 후자는 출판사의 자유의사에 의하여 출판하고 후에 국가기관으로부터 인정을 받는 제도이다. 최근 표준화 된 교과서로 전환하려는 움직임은 현 체제가 내용을 다루는데 한 편으로 기울어져 공정성이 결여되어 있기 때문이다. 현재의 검인정 제도는 결과론적으로 볼 때 시장경제 중시로 부터 많이 벗어났다고 본다. 심지어는 북한체제를 호의적으로 묘사하는 교과서도 시중에서 공공연히 판매되고 있다. 이념편중에 대한 정부당국의 기우는 과거의 쓰라린 경험에 비추어 당연시 될 수 있으나 정부가 추진하는 교과서 표준화 방안이 시장경제의 기본 원리에 위배된다는 주장도 만만치 않다. 현행제도가 계속될 경우 우리 젊은이들이 검증되지 않은 사실에 노출될 가능성이 커질 것이라는 것이 정부가 우려하는 바다.

좋은 이웃의 역설: 국가 간의 지리적 거리는 친화적 분위를 조성하는 것과는 별개의 문제다. 이웃국가에 대한 이미지는 부정과 긍정의 시각으로 얽혀 있으나 먼 거리 국가에 대하여는 부정적 시각이 조성될 기회가 전무하여 긍정적 이미지만 부각되었을 지도 모른다. 한국인이 보는 일본인의 이미지는 언제나 부정적이다. 역사적으로 보아도 삼국시대 일본의 해적행위, 16세기부터 일본 통치자의 과대 망상적 야망에 의한 전쟁에 얼마나 많은 한국인이 희생되었는가? 20세기부터 불어오는 일본 군국주의 바람 앞에 한국인은 맥없이 무너졌다. 중국과의 관계에서 엄청난 크기와 힘에 눌려 수세기 동안 소중화국으로서의 굴욕을 인내 해 왔다. 국가 간의 수직적 위계질서는 형제간 느끼는 친화적 관계를 연상케 하나 실제로는 원한, 부러움, 선망, 질시의 혼밥 자체였다. 현재 진행되고 있는 역사전쟁은 서양과는 달리

관련국가들 간의 역사적/문화적 유산을 공유하지 않는다는 사실에서 그 원인을 찾을 수 있다.

"유럽" 하면 확고한 하나의 문화적 정체성이 떠오르는데 이는 아세아의 다양성과 대조된다. 유럽은 문화적 개념이며 아세아는 지역적 개념이다. 문화적 공감대 없이 동양의 여러나라는 각기 민족적, 역사적, 문화적 고유성을 주장하고 있다. 비록 유럽은 여러 언어, 문화와 제도로 분리되어 있지만 여기에는 여러나라를 꿰뚫고 도도히 흐르는 하나의 동맥이 있다. 이와 같이 국가 간 역사적/문화적 유산을 공유하는 것은 서로 다른 역사적 해석을 낳을 여지를 남겨두지 않고 있다.

일본인이 저들의 잣대로 역사를 해석하여 후손에게 전달 할 때 선대의 잘못을 깨닫지 못하는 역사적 무지를 창출할 수 있다는 사실을 한국인은 두려워한다. 일본 우익단체인 역사교과서 개정판 (1997)를 보면 일본정부가 교체될 때 마다 이웃 국가들에 선대가 저지른 잘못에 대하여 사죄해 온바 개정판 교과서에는 이 저자세를 비판하는 글들이 올라오고 있다. 20세기에 들어와 일본의 공격적인 행위는 아세아를 서양 제국주의로부터 보호하려는 자위적 행위에서 비롯되었다는 일본제국주의에 회생된 국가들은 일본의 행위를 그들 주권을 침해한 사실로 본다.

일본 역사의 어두운 면을 완곡한 말로 표현하여 일본 청소년들은 옳고 그름의 판단을 흐려 버리고 있다고 할 수 있다. 그 이면에는 다른 민족에 대한 일본민족의 우수성을 강조한다. 강압적 한일 합방은 미개국가로 향한 "전진"이라는 말로 대치 해 버렸다. 대부분의 역사 왜곡은 민족주의와 제국주의를 다루는 현대사에 국한 되어 있으나 역사 왜곡은 가끔 고대사에서도 볼 수 있다. 일본의 고대사에 "임나"라는 말이 나온다. 이것은 한반도 남부가 한때 일본의 영토였다고 하여 이곳을 임나라고 한다. 이 역사적 이벤트는 20세기에 들어와 일본이 한반도를 점령한 것이 이 잃어 버렸던 땅을 찾기 위한 시도라고 포장한다. 이 역사적 왜곡은 삼국시대 백제와 신라 간의 싸움이 치열했던 시기와 맞물린다. 백재와 일본 연합군은 신라와의 전쟁 중 임나 지역에 연합군 본부를 설치했던 것으로 추정한다. 전쟁 중 군 주둔지와 영토는 엄연히 구분 되어야 한다. 역사의 날조는 고구려의 광개토왕 비문과 관련하여 나타난다. 1931년 만주사변과 관련하여 일단의 일본군이 만주 길림성을 정찰하던 중 거대한 돌 비문과 무덤을 발견하는 데 이것이 391년부터 412년 까지 즉위했던 고구려 광개토왕의 무덤으로 판명 되었다.

한자 비문은 오랜 풍상에 닳아 없어 진 곳도 있지만 대체적으로 문맥상 해석이 가능하다고 판단 된다. 비문의 내용은 고구려의 창건 신화와 광개토왕 재위 시 어떻게 영토를 확장하여 삼국 중 최강국이 되었는지 전 과정을 소개하고 있다. 일본군과 광개토왕 비문의 우연한 만남은 후일에 어떻게 일본이 한국으로부터 역사를 찬탈하게 되었는지 여과 없이 보여주는 실례가 되고 있다. 비문의 일부는 "임나가 정복되었다" 라는 문구를 보여준다. 잘 보이지 않는 부분은 한반도 남부가 한때 일본의 영토였다고 해석할 여지를 남겨두었다. 비문전체

해석에 의하면 백제와 일본 연합군은 신라를 침범하자 내물왕은 고구려에게 원정을 요청한다. 광개토왕은 병사 5,000명을 이끌고 원정에 나서 연합군 주둔지를 완전 소탕한다.

임나의 문제가 새로운 각광을 받게 되자 일본의 역사 해석은 일본에 의한 한반도 남부 통치가 기원전 1세기 까지 거슬러 올라간다고 한다. 당시 한반도는 다섯 개의 부족연합으로 구성되어 각 부족 연합 국가는 일본의 봉건영토 국가와는 대적을 허용하지 않는 강한 국가를 유지하고 있었다 (김용운 2002, 83). 가야(부족연합)는 여섯 개의 읍성으로 구성되어 그 중 하나가 임나로 판명 되었다. 일본은 그 당시 300개가 넘는 봉건국가로 구성되어 규모로 보아도 한반도의 부족연합 국가와는 군사적 힘의 적수가 될 수 없었다.

여기에서 백제와 일본의 야마토 왕조와의 관계를 밝힐 필요가 있다. 일본인은 자기들의 천황의 피가 외래종이라는 학설을 이단으로 간주하여 철저히 부정 해 왔다. 허나 야마토 왕조와 백제 왕조가 같은 혈통으로부터 유래했다는 학설이 2002년 1월 천황의 고백으로 의심의 여지가 없는 사실로 판명 되였다 (김영운, 2002,8). 중국 동위전에 나타난 서한은 보낸이가 왜나라 왕 무 라고 하여 백제 개로왕의 친자라고 밝히고 있다. 이를 뒷받침하는 증거는 백제 무열왕능에서 찾을 수 있다. 앞에서 왜왕 무로 밝힌 사람이 바로 이 무열왕이다 (김영덕,2003, 2). 백제의 왕들은 유년기를 일본 야마토 조정에서 보내고 부왕이 사망하면 백제로 돌아와 군주가 되었다. 이를 뒷받침하는 또 하나의 근거로 백제 멸망 후 야마토 왕조가 보여준 백제구원 운동이다 (홍원탁,2003,35). 백제 멸망의 비보가 야마토 왕조에 도착한 것은 601년 1월이였다. 야마토 왕조는 구원대 26,000명을 한반도에 급파했으나 이들이 도착한 것은 백제가 멸망한 후였다.

이들은 금강 하구에서 라당 연합군에 1/3의 병력을 잃는 무참한 패배를 당했다. 한국인과 일본인 간의 역사적 시각의 차이는 일본에 파견되였던 조선 통신사들의 견해에도 잘 나타나 있다. 조선통신사들이 일본을 방문하는 목적은 아직도 미개한 일본인을 깨우쳐 문명사회의 빛을 볼 수 있도록 하기 위함이라고 했다. 반대로 일본인은 조선이 일본의 위계질서의 하위에 있는 부하의 나라로서 상위 일본에 조공을 바치는 것이 한국인들이 일본에 오는 이유라고 말한다. 양국 간의 우호적 관계를 유지하기 위한 외교가 서로 다른 의견의 프레임에 묻혀 제대로 성과를 발휘 할 수 없었음을 말한다.

영토 분쟁: 같은 원칙이 독도 영유권 문제에도 적용된다. 이 바위 덩어리 무인도가 왜 두 국가 간의 양보할 수 없는 이슈로 등장하게 되었을까? 이 고립된 섬의 위치가 정확히 두 나라 간의 정중앙에 위치해 있기 때문이다. 정확히 말하면 이 섬의 위치는 한국에 약간 기울어 있다고 한다. 허나 그 차이가 미미한데도 서로가 양보할 수 없는 전략적 가치를 부여하고 있다. 한국이 소유권을 주장하는 근거로 1910년 한일 합병을 들 수 있다. 이 합병조약을 통하여 독도도 일본 영토로 편입되였다. 우리가 일본 식민주의로부터 해방되었다는 것은 잃었던 영토를 다시 찾을 기회가 왔다는 뜻이다. 1943년 태평양 전쟁에서 일본의 폐색이 짙어지자 루즈밸트, 스탈린, 처칠, 장개석

이 참가하는 4자 회담에서 카이로 선언을 천명했다. 이 선언에 의하면 일본은 합법적 또는 비합법적으로 얻은 모든 영토를 잃게 될것으로 규정하고 있다. 일본의 주장에 의하면 독도는 일본이 한일합방이 전 합법적으로 얻어진 것이기에 이 일반적 선언으로부터 제외 되어야 한다고 주장한다.

15세기에 이르러 조선왕조는 울릉도와 독도를 하나의 군으로 묶어 그 존재를 인정하였다. 독도는 울릉도로부터 120마일, 일본의 가장 근접한 오키노 시마로부터 210마일 떨어져 있다 18세기에 들어와 외국선박들이 인근에 나타나기 시작했고 프랑스 선박은 1849년 독도를 발견하고 이를 리앙쿠르라고 불렀다. 조선왕조는 1883년부터 울릉도에 한국인을 정착시킨다. 이때부터 울릉도는 조선왕조의 정식 영토로 인정받게 되였다. 독도는 울릉도와 합쳐 우산국이라 칭하여 왔기에 울릉도와 분리하여 취급될 수 없는 것은 당연한 사실이다.

일본 측이 한결같이 주장하는 증거로서 1618년 도구가와 정부가 요나고 현 주민에게 발행한 어업 면허증을 제시하고 있다. 1897년 조선왕조는 대한제국을 선포하여 독도와 울릉도가 대한제국의 영토임을 천명하는 훈령 41호를 발행한다. 1834년 김정호가 그린 청구도도 독도를 조선의 영토로 포함시켰다 (김원식 1965,48-9). 1923년 일본 해군성이 발행한 지도 (한기리,1965,47)도 독도를 조선영토에 예속하고 있다 (신석호,1977,47). 이와 관련하여 영해의 명칭을 어떻게 정할 것인 가에 대한 논의가 민감한 문제로 떠오르고 있다. 이 명칭이 독도의 소유권과도 깊이 관련되어 있기 때문이다. 우리나라는 이를 동해로 일본은 일본해로 불러왔다. 일본은 해외 홍보 활동에 깊이 관여하여 세계주요 국가를 일본 주장에 호응하도록 만들었다. 미국은 결정을 유보한 상태이다 (16).

위안부 문제: 또 하나의 국제적으로 민감한 문제는 소위 위안부라는 것이다. 일본의 우파 정권 (아베정권)은 태평양 전쟁중 한국여성을 강제적으로 모집하여 인간이하로 취급 한 사실을 부정하고 있다. 야스시오 나카소네를 비롯한 일본정부의 수반들은 일본 정부가 저지른 일에 대하여 취임 때 마다 사죄의 말을 잊지 않았다. 그중에서도 가장 기억 할만한 것은 1993년 모시로 호서가와와 1995년 도미니치 무라야마의 사과 말이었다. 도미니치 무라야마는 아베 정권의 이 문제를 흐려버리려고 하는 의도를 혹평하고 있었다.

국내외의 비판적 여론에 접하게 되자 키치 미야자와는 내각 수반인 간노 이름으로 위안부에 대한 일본정부의 책임을 수임하는 성명서를 발표하게 했다. 이 성명서에서 일본군대가 직간접적으로 위안부시설 설치에 관여했음을 정식으로 인정하였다. 아베는 1997년 5월 간노의 성명서를 무력화하기 위한 움직임과 관련하여 "위안부 강제 모집을 뒷받침할 증거가 없다" 고 완강하게 부인했다. 아베는 강제모집에서 "강제"란 말을 삭제하려는 시도와 관련하여 "강제란 용어에 대한 확고한 정의는 없다" 라고 그의 단호한 입장을 밝혔다. 그는 "강제" 대신 "생을 위하여 영혼을 파는 한국여성의 의도"로 대체하려고 했다. 대부분의 위안부는 어려운 가정에서 왔다고 그는 첨언했다.

아베의 이 성명서는 한국여성을 특별히 지칭하지 않더라도 모든 여성의 권위와 품위를 의도적으로 훼손하려는 시도로 밖에 보지 않을 수 없다. 이 세상에 자의적으로 자신이 지켜야 할 여성의 신성함을 버리고 자신을 성적 노예로 타락시키는 여성이 과연 있을까? 식민 통치시대 판단력이 있는 한국인이라면 여성 사냥(women hunt)을 경험해 보지 않은 사람은 없을 것이다. 이를 피하기 위하여 우리 부모들은 나이가 차지않은 딸들을 서둘러 결혼시키는 소위 조혼 현상이 널리 퍼지고 있었다. 일본정부는 이 한국여성의 강제모집을 부정한다 해도 일본인의 정직성과 양심에 의하여 자기정부의 비행을 비난하는 수백만명의 일본인이 있다는 것을 명심할 필요가 있다. 그들은 일본정부 우파의 진실왜곡으로 도래할 국제적 고립을 경계하고 나섰다. 우파의 행동은 외세로부터 일본을 보호하려는 군중들의 민족주의적 감정의 발로라고 할 수 있다. 이것은 단순히 그들의 국가 사랑을 초월하는 집단 감정의 발로이다. 다시 말하면 이것은 일본 정치인들이 진실을 직시하지 않으려는 집단적 행동이라고 할 수 있다.

2007년 위안부 문제는 일본자민당 우파가 간노 성명을 무력화 하려고 하자 미-일 간의 관계에서 새로운 이슈로 부상하게 되었다. 몇몇의 미 하원 의원은 이 불행한 여인들의 전시 인간 권리의 남용 사례를 인정하고 새로운 결의를 채택하려는 움직임을 보였다. 아베정부가 간노 성명을 수정하려는 계속적인 노력은 미 정부의 불만을 고조시켰다. 이제까지 역사적 이해 차원에 국한 되었던 위안부의 문제는 인권과 전시 범죄 차원으로 확대되었다. 이 문제는 미국 사회나 국제사회에서는 용납될 수 없는 것이다. 미 하원 외교 분과 위원회가 발의한 령 212는 2007년 7월 중순에 상원을 통과함으로 일본정부가 모든 책임을 인지하고 공식적인 사과를 해야하는 압력을 받았다.

한국인들 중에는 현대 일본인들의 시민의식, 목표 지향적 단결의식과 위기를 극복할 역량을 높이 평가하는 사람들이 있다. 일본인들은 자제력과 높은 질서의식으로 엄청난 지진과 쓰나미 피해를 극복할 수 있었다. 허나 한국인들의 대다수는 일본이 개화하기를 거부한다고 믿는다. 이러한 부정적인 시각은 과거에 집착함으로 한반도 해안일대가 일본 해적에 유린 당하던 일, 근대에 들어와 식민정책의 잔인성을 체험한 일 이 모두가 부정적 시각을 형성하는데 일조를 하고 있다. 독일인들처럼 그들의 역사적 과오를 솔직히 인정하는 용기가 일본인에게는 결여되어 있다. 이와 같이 일본인에 대한 획일적 이해는 일본과 일본인들의 진실된 정체성의 이해를 방해하고 있다.

중국인의 역사인식: 목하 진행되고 있는 중국과의 역사전쟁은 최근에 일어났던 일들이다. 중국은 고대 한반도 3개의 왕권국가의 하나인 고구려가 자국의 역사에 속한다는 주장함으로 천년 간의 침묵을 깼다. 고구려는 한반도의 북한 지역과 만주중원을 점유하여 한반도 안에 있던 왕권국가와 합쳐 3국 시대를 이루었다. 한국인의 조상은 예맥 족으로 그들은 만주의 중원과 현재의 북한 땅에서 살아왔다. 고구려는 예맥, 말갈 및 몽골 족으로 구성된 다민족 국가였다. 그 중 예맥 족은 고구려의 지베계급이였다. 만일 고구려가 우리의 역사가 아니라면 벡제도 우리의 역사로부터 제외될 수 있다. 고구려와 백제의 왕실은 부여로부터 내려온 핏줄을 공유한다. 고구려가 탄생시 우리나라는 5개의 부족연합국가로 나누어져 있었다.

중국은 55개의 민족으로 구성된 다민족국가이다. 따라서 이웃 국가와 영토 분쟁이 있을 때 유리한 고지를 점하고 있다. 이것을 중국의 확대적 역사인식이라고 한다. 예로부터 중국은 자국을 중원국가(middle kingdom)라 칭하여 다른 나라들은 이 중원을 둘러 싸고 있는 위성국가로 낮추어 보았고 우리나라도 중국 중심 세계의 그늘에 안주하고 있었다. 고구려가 중국역사에 소속되어 있다는 주장은 모든 나라들이 중국에 조공을 바치는 속국이라는 개념에서 출발한다.

실재로 이 조공관계에 있어서 중국이 누리고 있는 "주인"이라는 개념은 추상적이고 명예적 이외 아무것도 아니었다. 따라서 중국과 한국의 관계는 매우 의식적이고 의례적이었다. 가령 중국 황제 가문의 출생, 등극등 경하 할 일이 발생했을 때 각국의 특산물이 중국 물자와 거래 되였고 조선의 왕이 등극했을 때 중국의 추인을 받는 일은 양국 간의 주종관계를 다짐하는 의식 활동이었다. 따라서 이 조공관계는 그 이름과 달리 양국 간의 관계를 돈독하게 하기 위한 도덕적 의식을 수행하는 계기를 제공했다.

중국이 위성국가에 둘러싸여 있다면 어디에 국경이 있을까? 중국인들은 국경에 대한 의식이 희박하여 막연히 국경이 행정력이 소멸되는 곳이라고 한다. 이와 같이 국경 개념에 대한 의식이 흐린 것은 관리하기 힘든 방대한 영토를 점유하기 때문이며 여기에는 확대적 역사 해석이 수반한다. 행정력이 미치는 지역과 국경개념이 반듯이 일치하지는 않는다. 중국인들의 확대적 역사해석은 경계를 초월하여 남의나라 역사를 증국 역사에 편입시킨다는 뜻이다. 중국인의 이러한 국경개념이 고구려에 그대로 적용되고 있다. 고구려의 영토가 현재 중국 국경 안에 소재한다는 사실로 미루어 보아 중국인은 현재 영토 소유와 과거의 역사적 존재를 일치시킨다. 환언하면 중국인의 현재의 시각이 과거의 존재로 투사되고 있다는 뜻이다.

역사를 영토중심으로 보는 시각은 발칸의 역사적 사실을 중시하는 풍조와는 대립각을 이룬다. 발칸 반도는 우리가 아는 바와 같이 다민족, 다문화, 다종교 국가들로 구성 되여있다. 현재 존재하는 국가는 과거의 영토, 즉 중세기까지 올라가 일정 거주 지역을 소유했다는 사실을 뒷받침 해준다. 환언하면 과거에 거주했다는 사실이 현재 거주의 합법성을 부여하고 있다. 발칸은 과거부터 로마제국, 합스브르크 왕조, 터키, 러시아의 지배하에 있었기에 문화적으로나 종교적으로 복합성을 띄고 있다. 발칸의 국가들은 과거의 영토소유를 현재에, 중국은 현재의 영토 소유를 과거로 투사하고 있다.

한 국가의 역사적 정체성은 과거의 일정시기에 한 지역을 거주했던 사람들에 의하여 결정된다. 다른 것보다도 사람이 역사의 중심체가 된다는 뜻이다. 이 사실로 보아 영토의 점유를 내세워 과거 존재에 대한 합법성을 주장하는 중국의 논쟁은 역설적이다. 과거에 고구려는 중국이 점유하는 영토 밖에 존재하던 하나의 역사적 존재에 불과하다. 역사적 존재는 과거의 어느 시점에 고착되여 있어 과거로부터 현재에 이르는 긴 시간대를 자유롭게 이동 할 수 있는 것이 아니다. 중국은 하나의 역사적 사실을 시간대를 따라 자유롭게 이동하다가 해석에 유리한 시점에 이르러 이를 고착시키는 데 문제가 있다.

역사적 영토와 현재의 영토는 반듯이 구분되어야 한다.

중국인들의 역사적 해석에 따르면 역사를 창출하는 것은 사람이 아니고 영토라고 한다. 그들이 말하는 영토는 여진족이 명나라를 멸망시키고 청나라를 세운 1664 이후부터 점유해온 영토를 말한다. 영토를 역사적 주체로 받아들인다면 고구려가 수도를 압록강 유역으로부터 평양으로 이전한 426년 그 이후는 어떻게 설명할 것인가? 이에 대한 답으로 중국인들은 고구려 역사를 둘로 나누어 생각 할 수 있다고 한다. 이것은 하나의 왕조를 수도가 어디에 있느냐에 따라 두 개로 분리 될 수 있다는 뜻으로 해석 될 수 있다.

중국의 주장은 시간의 흐름이 초래하는 변화를 완전히 무시하고 있다. 한 국가의 힘, 크기, 영토는 시간의 흐름에 따라 변화하기 마련이다. 고구려가 멸망 후 이 지역은 청나라를 세운 만주족의 영토가 되었다. 따라서 이 지역은 청나라의 시조가 살던 지역으로 신성시 되어 왔다. 1949 년 중국 인민 공화국(공산 중국)이 탄생하기 까지 한족(중국인)은 동북부 지역을 직접 지배한 적이 없다. 중국 고사에 의하면 이 지역은 동이족이 거주하는 지역으로 지정되어 중국의 한족이 금기시 하던 지역이었다. 한 국가의 역사적 정체성이 어느 시점에 고착되지 않는다면 그리스 사람들은 아직도 로마제국이 그들을 지배하고 있다고 유추했을 것이다.

고구려가 대적한 중국의 수나라와 당나라는 전국시대를 거쳐온 가장 강대했던 통일 왕국으로 위용을 떨치고 있었다. 특히 당나라는 세계적으로도 가장 강했던 왕권 국가였다. 중국의 확대적 역사해석에 따라 중국과 고구려가 주종관계에 있었다면 수-당과 고구려의 대규모 군사대결을 어떻게 설명 할 수 있을까? 중국은 영토를 확장해 나가는 과정에서 소규모 충돌이 있기 마련이라는 입장을 되풀이하고 있다. 허나 고구려와 수나라의 2차 전쟁에서 수나라는 300,000의 대군을 투입했는바 이러한 전쟁을 소규모 충돌이라고 할 수 있을까?

강대국가의 그늘아래에 있던 소국으로서 수나라와의 결전은 겁 없는 도전이 아닐 수 없다. 고구려는 물밀 듯 밀려오는 중국의 공세에 대항하여 형제 국가, 백제와 신라의 방파제가 되었다. 북한이 중국에 의존하고 있음은 국가 간의 전통적 위계질서가 다시 살아나고 있음을 말해준다. 중국은 북한을 그의 적수 미국세력을 차단하는 완충지대로 이해하고 있다. 중국의 확대적 역사 해석을 먼 미래로 투사해 볼 때 중국이 결국 북한을 자기 안 마당으로 끌어올 가능성을 누가 부정하겠는가? 북한은 중국의 안 마당으로 남아있는 것이 남한에 통합되는 위험을 감수하는 것 보다 좋다는 결론에 도달 할 수 있을 것이다.

(1). 우리 몸에 있는 뼈는 한 가문의 사회적 지위를 의미하고 있다. 신라의 사회제도 와 관련하여 골품제도라는 것이 있다. 통치자와 그 가족은 일반 시민과 구별하여 성골과 진골로 구성되어 있다. 성골은 하나의 고착된 가문에서 배우자를 선택함으로서 신성한 골품을 유지하

고 진골은 하나의 가문에 구애받지 않고 자유롭게 배우자를 선택하게 되어 있었다. 전자는 왕위를 계승할 수 있지만 후자는 계승할 수 없게 되어 있다. 허나 후자도 통일 신라이후에는 왕위를 계승할 수 있었다. 이와 같이 골품에 의한 엄격한 신분제도는 변화 없는 경직된 사회를 뜻한다.

(2). 신탁통치는 미국과 소배에트가 공모하여 한국을 외국 감시하에 두겠다는 기획에 대하여 한국인 모두가 이념 편중에 관계없이 극렬히 반대했다. 한국인은 차치 할 능력이 없다고 판단하여 외세가 이러한 결정을 내렸으나 한국의 지식인들은 수천년 내려오면서 5개 왕조를 거쳐 왔다는 자신감에 의하여 자치의 능력에 문제가 없음을 천명했다.

(3). 미국이 한국분단의 주범이여 소비에트는 보조했다는 주범과 공범의 논리는 먼 과거부터 양측이 주고받은 정책을 조망 할 때 설 자리를 잃게 된다. 미국에 의하여 38선이 그어질 시점에 고착해서 본다면 미국의 분단책임이 분명해지나 시계를 멀리하여 보면 한쪽의 책임으로 만 돌릴 수 없다. 우선 미국이 38선을 긋게된 동인은 무엇인가? 태평양 전쟁에서 미군이 승리를 이끌어 오자 이에 편승하여 일주일간 전쟁에 참여한 대가로 한국 전체를 소비에트화 하려는 음모에 대항하기 위한 극단적 조치이다.

(4). 러일전쟁은 제국주의로 무장한 일본과 러시아 국가 간의 충돌이었다. 일본은 중국을 패배시킨 후 조선의 목을 점점 틀어쥐기 시작했다. 조선은 1883년에 미국과 맺은 통상조약과 형제간의 결속에 의

하여 미국이 조선을 구원해 주리라는 환상은 미국의 냉담에 좌절된다. 차선책으로 러시아의 구원을 기대하고 친 러시아에 경도되나 이는 일본을 자극하게 된다. 두 나라는 각기 세력의 범위를 지정하기 위하여 교섭에 들어가나 만주를 러시아의 영향권으로, 조선을 일본 통제하에 둔다는 일본의 제안을 러시아가 거절하고 오히려 39도선 이북의 한반도를 추가하고저 하는 러시아 욕망을 일본이 좌절시키자 두 나라는 전쟁으로 돌입한다.

(5). 친일 세력이란 한국인으로 일본정부에 근무했거나 협력을 했던 자, 일본 군인 장교로 복무 했던자 및 일본 경할 간부 출신을 말한다. 이승만 정권이 공산주의 자들과 투쟁하기 위하여는 이들 친일 세력에 의존하지 않을 수 없었다. 일본 군 장교나 사병 출신은 국군의 기간요원으로 38선 경비와 한국전쟁 중 수많은 전투에서 승리의 주역이 되었다. 이들이 일본군에 입대 할 당시 출세의욕을 만족시키기 위하여 일본군에 입대하는 것 이었다. 우리나라를 되찾음으로 조국에 충성을 바치려는 이들의 충정을 버리고 친일파로 몰고 있다.

(6). 주체사상은 문자적으로 해석하면 자신에 의존하다는 뜻이다. 이 사상은 김일성이 공산주의 국가들이 몰락하는 현장을 목도하고 살아남기위하여 고안한 사상이다. 북한은 정통주의 공산사상과는 많이 다르다. 주체사상은 외부로부터 간섭을 받지 않고 국가를 자기 의도대로 통제하기 위한 수단에 불과하다. 허나 북한과 같은 세습제도는 어느 공산주의 국가에서도 볼 수 없다. 주체사상은 왕조적 정치를 구현하기 위한 즉흥적으로 고안된 이념이다. 이 사상은 절대 복종과 절

대 자유를 동일시하는 모순을 갖고 있다.

(7). 대한제국은 고종이 러시아의 지원을 믿고 대차게 천명한 "보다 큰 나라" 라는 뜻이다. 중국과 일본의 그늘에서 벗어나 이들과 어깨를 맞대고 있는 독립국가로 진입했다는 뜻이다. 조선은 영토나 국민의 수로 보아 제국이 될 수 있는 운명이 못된다. 그렇다고 이웃 강대국에 압도되어 있을 수만은 없는 것이다. 대한제국은 조선인들이 독립하려는 노력을 대변하고 있다.

[제 **3** 장]

한국인의
지적 기반

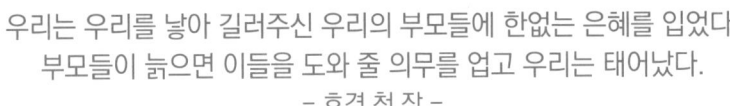

우리는 우리를 낳아 길러주신 우리의 부모들에 한없는 은혜를 입었다.
부모들이 늙으면 이들을 도와 줄 의무를 업고 우리는 태어났다.
- 효경 첫 장 -

고유사상과 유교

최초의 국가형성과 관련된 신화에 나타난 토착신앙은 하늘을 신성시 하는데 이는 한국인들이 하늘로부터 왔다는 믿음 때문이다. 하늘의 계시는 우주의 질서, 즉 우주가 움직이는 원리를 말한다. 한국의 신화는 하늘의 아들 환웅이 얼마나 인간의 사회에 와서 살기를 원했는지 설명해주고 있다. 따라서 환웅은 동북부 어느 산상에 내려와 신시(신이 사는 도시)를 세웠다. 이 신시는 누구에게나 복을 내려주는 유토피아로 다른 인간들이 본받도록 하여 온 누리를 평화로운 세상으로 만들기 위한 것이었다. 인간이 사는 세상에서는 하늘을 본받아 우주의 지속적이고 변함없는 질서가 유지된다. 여기에서 인간은 우주로부터 분리하여 살수 없다는 것을 깨우쳐 준다. 하늘과 땅이 하나됨은 인간이 이 두 개체 간의 매개역할을 하는 존재로서 자리 매김을 한다는 뜻이다. 한국인은 곰을 자연의 대표적 동물로 신성시 해 왔으며 인간과 동물은 하나의 연속선상에 놓음으로 양자 간의 구별을 지워 버리려고 한다.

인간이 곰을 신성시하는 것은 곰과 같이 굴절하지 않는 신비한 힘이 자연에 내재하고 있음을 지적하고 있다. 신화는 이 자연의 힘에 대한 절대적 믿음에서 출발하여 한 대에 그치는 것이 아니고 대대손손 이어진다. 서양에서는 하늘의 존재가 땅에 비친다는 믿음하에 신을 의인화하여 그가 창조의 힘을 갖게 된다는 뜻으로 이 신이 모든 생명의 근원이 된다고 본다. 반면 한국인은 하늘의 존재를 땅을 다스리는 절대적 통치자로 개념화 한다. 인간은 이 절대적 통치자에 순응해야 한다는 의무감에는 숙명론이 존재한다. 절대 통치자는 비인간적이고 잔인한 성향을 들어내어 뉴톤의 인간으로부터 가장 멀리 있는 우주의 통치자의 개념을 떠올리게 한다. 이 하나의 통합된 존재에는 내면과 외면 또는 창조와 우연 간의 구분이 있을 수 없다. 우주는 음과 양이라는 정반대의 힘이 상호 작용하여 형성된 것으로 이는 우주에게 창조의 힘을 부여한다. 허나 우주의 힘은 목적의식을 갖고 있지 않다. 우주의 생성을 우연의 힘에 의한 것이라고 한다

연속선상 (Contiuum)의 개념에 의하면 암컷 곰이 호랑이와 인내 경쟁을 하여 이김으로 인간이 되었다는 신화를 낳는다. 이 암컷 곰이 하늘에서 내려온 신적 존재와 결혼하여 우리의 시조 단군을 탄생시킨다. 인간의 시조를 신성화된 동물과 연결하는 것은 지적 활동이 발달되지 않은 시기에 널리 유행되고 있었다. 동물과 인간의 연계는 변형 또는 재생이라는 이름으로 성립된다. 동물로 부터 인간의 기원을 찾으려는 노력은 한국인에 만 국한 된 것이 아니다. 지식있는 사람이면 티벨르 강가에서 이리 젖을 먹고 있던 인간 쌍둥이를 연상 할 수 있을 것이다. 이 중 하나가 로마라는 도시 국가의 창시자가 된다. 동물과의 연계는 한 인간을 범인으로부터 구별되는 특별 자질을 갖춘 위인으로 승화시킨다. 단군은 신적 인물로 승화되어 범인의 도전을 허락하지 않았다.

이 신화적 사상에 유교를 통하여 인간 중심사상이 가미된다. 유교는 인간을 위한 개화 기능에 착시 한다. 한 인간을 낳는다는 것은 축복이요 명예다. 허나 인간의 성장을 자연에 맡긴다는 것은 진정한 인

간이 되는 길이 아니다. 도덕경은 인간이 동물과 다르다는 논리로 부터 출발한다. 대학이 가르치는 바에 의하면 자신의 개화가 참다운 인간이 되는 첫 걸음이라고 한다 (금장대 2006,29). 인간중심은 자신을 개화하고 타고난 능력을 극대화하여 가장 숭고한 사람이 되어야 한다는 계시를 포함한다.

상고시대 한국인은 "나"와 "너"의 구분이 명확하지 않았을 것이다. 오늘 날에도 집단의식이 강한 한국인들 간에도 나와 너의 구분이 좀 어설프고 자칫 몰인정하게 들릴지도 모른다. "나" 가 분명해 질 때 에고이즘의 부정적인 면이 강하게 나타 날 수 있다. 우리 일상생활에서 볼 수 있는 "더치 페이"는 "나의 것"과 "너의 것"을 구분하려는 의도가 뚜렷하여 집단의식이 강한 한국인들에게는 받아들이기 어려운 면도 있다. 더치 페이에 익숙하다 보면 친구들로 부터 외면되고 고립될 수 있다. 유교에서 강한 자아는 악으로 취급하고 있다. 누구에게 좋은 것이 한국인에게는 최고의 선이 된다."

현세를 초월하는 불교와 달리 유교는 인간의 윤리에 관심을 갖게 되고 인간을 사회의 하부조직으로 중요성이 부여된다. 그러나 양자 모두 금욕주의를 내포하고 있다. 불교는 세속적 욕망을 버리기를 권하는 반면 유교는 감정적 또는 본능적 충동에 의한 행동을 억제한다. 개인의 활동은 종교적 또는 도덕적 의식을 통하여 인간으로 하여금 품위에 대한 각성을 촉구한다. 사회는 하나의 거미줄에 비유하여 개인들 간의 관계가 서로 얽혀 존재한다고 본다. 사회와 제도의 구조는 수직적으로 조직되어 질서를 유지하고 있다. 수직적 구조와 질서는 언제나 같이 간다. 통치자는 수직적 사회구조의 최상위를 점유하는데 그의 임명은 하늘이 정한 절대성을 갖고 있어 세인의 도전을 불허한다. 통치자와 백성의 관계는 아버지와 자식들에 비유한다. 하늘의 계시는 사회정의를 실현하기 위한 통치술의 지표가 된다. 도덕 지상주의는 통치자의 자기완성을 위한 수양을 강요한다. 사물을 정의롭게 처리하는 습관은 덕치를 가져온다.

유교는 과거 중국의 성현들의 가르침을 집대성한 것이다. 가르침의 내용을 보면 금욕적 도덕의 색채가 짙으며 대 화합을 창출하기 위한 행동강령을 기술하고 있다. 송나라의 주자는 유교를 재해석하여 도덕적 표준을 우주적 원리와 연결시켜 철학적 배경을 부여한다(한우근 1970, 194). 인간의 존재는 개인으로서가 아니라 사람들 틈에서 살아왔다는데 의의를 부여한다. 인간은 사람들과 더불어 살아 왔고 이러한 집합적 존재는 인간중심주의를 낳게 된다. 이 철학적 시각은 고대 그리스의 철학과도 일맥상통한다. 아리스토텔레스는 인간을 정치적 동물이라고 보았고 이것은 인간이 사람들 속에서 존재한다는 것이며 죽음은 이러한 존재가 끝남을 말해준다. 인간은 살면서 다른 사람에게 영향을 주고 또한 그들로부터 영향을 받는데서 존재의 의미를 찾는다. 인간은 또한 사회적 동물이다. 그의 존재는 당연히 상호 의존에 달려 있다.

유교의 상호의존 개념은 다음의 오륜, 즉 이원적 인간관계를 낳는다. 임금과 백성, 부인과 남편, 부모와 자식, 형제간, 친구와 친구. 이 다섯의 인간관계는 사회생활의 가장 기본이 된다. 한국인의 세계관은 매우 추상적이고 포괄적인 음과 양의 개념으로 설명하는데 이것을 이분법적 인지 구조라고 한다. 한국인의 자연관은 하늘의 존재와 우주 창조자를 동일시 한다. 우주의 질서를 지배한다고 한국인이 믿는 하늘의 존재는 의인화 된 신과는 아주 다른 태극이라는 창조의 힘으로 대체된다.

태극은 이원적 힘을 나타내며 이원적 힘들 간의 상호작용은 자연현상을 낳는다. 한국인의 사고방식은 이원적 프리즘에 고착되어 있고 세계는 변증법적 상호작용에 의하여 부단히 변화하고 있다. (강신표, 1983, 123-129). 우주의 힘은 사회 조직을 역어내는 씨줄과 날줄을 형성 한다 (송영배, 1994, 18). 자연의 법측은 불평등에 기초하는 사회질서와 일치한다. 자연은 평등을 싫어함으로 불평등은 인간생활의 지표가 된다.

가족을 신성시 하는 것은 가족성원 간의 화목과 단결을 중시하는 것과 같다. 가족이 정치적 목적을 갖고 있을 때 그 가족은 막강한 힘을 갖춘 정치 집단으로 확대 된다. 하나의 가족은 막강한 힘을 매개로 하여 가문, 혈연, 공동체, 국가로 발전한다. 사회는 밀접하게 역어진 그물 망에 지나지 않음으로 모든 구성원이 네트워크로 귀속되어 세계질서를 유지하고 있다. 우리들이 구성원 간 서로 접촉 없이 사는 사회를 상상 해보라. 가족, 친구, 및 이웃과 연계를 통하여 지역사회 의식을 고취하는 것이 올바른 길이라고 보고 있다.

가족은 상당한 결집력을 갖춘 것으로 알려져 있어 이 결집력을 대대손손 이어져 가기를 희망한다. 이 결집력이 붕괴되면 도덕적 타락을 가져 오고 결국에는 그 사회전체가 소멸된다. 한 사회는 가족의 확대 된 집단으로 보는 유교적 개념은 가족이 보다 복잡한 큰 존재로 발전하는 과정을 보고 있다. 이 과정에서 나 자신의 사적 의식과 사회적 의식이 다름을 혼돈해서는 않된다. 전자가 후자를 우선한다고 볼 때 이는 사회적 부패를 초래한다.

이 혈연관계의 영속성을 주장하는 유교는 대대로 이어지는 가문의 명예를 창출한다. 이 불멸의 가치는 영원한 존재의 신을 믿음으로서 생성한다는 그리스도의 개념과도 상통한다 (한나 아랜트, 1998, 18). 동양에서 인간의 생애는 직선적 전진과 반복적 주기로 표현된다. 한국인의 전통적 사고에 의하면 성취를 통하여 사회적 명성을 얻으려면 후세인들에 의하여 반복적으로 기억되는 사라지지 않는 기념비를 남겨놓는 것이다. 한국인의 격언에 "사람은 살아서 이름을 남기고 호랑이는 가죽을 남긴다" 라는 말이 있다. 조선왕조의 초기에 성리학은 지배계급의 개혁의 불씨를 지폈다. 허나 새로운 도전 앞에서 이 개혁의 열기가 식어감에 따라 유교이념은 제도적 경직성을 나타내어 발전적 전진의 장애물이 되었다. 유교의 퇴보는 효율성과 평등을 외치는 새로운 접근 방법이 나아 갈 길을 터 주었다. 이 새로운 접근은 형식적이고 사유적 성리학에 종지부를 찍고 일상생활에 일어나는 가까운 문제에 관심을 집중할 필요가 있음을 강조했다. 우리 주의의 문제부터 접근하는 실학은 추상적 이론, 즉 상아탑에 안주하는 성리학자들에 대한 비판의 목소리를 높혔다. 이때부터 성리학을 개조하여 한국의 토착 환경에 맞는 이념으로 바꾸는 노력이 시작되었다. 이념적 논의는 과학에 한 발짝 가까이 왔음을 알 수 있다.

거미줄 사회와 오륜

음과 양의 상호작용에 의하여 형성된 다섯 가지의 이원적 인간 관계는 우주구성의 본류이다. 두 개의 요소를 연결하는 고리 역할을 하는 것이 덕목이다. 이와 같이 부모와 자식은 덕목을 매개로 상호 작용하여 영원한 존재로 이어진다. 가족은 모든 사회적 관계의 기본이 된다. 두 개 요소의 상호관계는 농경사회에 있어서 조화로운 질서를 명시한다. 허나 이들의 상호 관계는 현대 사회에도 큰 영향을 미친다.

임금과 백성: 유교의 교리에 의하면 임금은 하늘이 임명하며 그 대신 그가 하늘의 계시를 실천해 해달라는 요망이 담겨 있다. 임금과 백성과의 관계는 부모와 자식 간의 관계에 비유된다. 하늘의 권위를 수임하는 통치자는 도덕적으로 타의 모범이 될 수 있는 완전한 사람이 되어 줄 것을 바라고 있다. 왕의 권위는 백성들이 충성함으로서 그 효력이 발휘된다. 충성은 자의적인 것이어서 맹목적인 복종과 아첨과는 엄연히 구분된다. 통치자와 백성은 한패가 되어 돌과 같이 단단한 결집체가 되어 시간의 모진 매를 견디어 낸다. 백성은 임금에 복종할 뿐만 아니라 그를 존경하고 명예롭게 하고 봉사해야한다. 임금이 백성을 이롭게 하기 위하여 실행해야 할 행위들이 구체적으로 열거되어있다. 이 행위들을 이행함은 인간을 완전 인격으로 승화하기 위함이다.

임금과 백성 간의 관계는 오늘날의 고용자와 노동자 관계와 같다. 노동자는 그들이 일할 수 있는 기회를 갖게 되어 고용주에 항상 감사한다. 주인의 배려에 대하여 일생동안 봉사로 갚겠다는 충정에 그들의 사례 깊은 태도가 잘 반영되어 있다. 이 경우에 고용주에 대한 노동자의 충정은 단순히 근로 계약의 범위를 넘어 정서적인 관계로 발전한다. 소위 평생고용은 이 정서적 관계의 산물이며 정서적 관심은 법률적 관심을 초월한다. 여기에서 고용주는 노동자에 대하여 아버지와 같은 존재이다. 부모와 자식관계에서 법률운운 하는 것은 상식에 어긋난다. 노동자는 성문화 된 계약보다도 상급자와 개인적 친분에서 안정감을 찾으려고 한다. 주인에 대한 영구적 충성은 보다 좋은 직장에 대한 유혹을 저지할 능력을 말한다. 함께 일하면서 얻어진 인간관계의 영구성은 법보다도 정서적이며, 개인적으로 맺어진 관계에 의하여 보장된다. 공적 관계와 정서적 관계가 서로 보완 역할을 다함으로 한번 맺은 관계는 영원한 것으로 발전한다. 한국인들 중에는 공과 사를 구분하지 못하는 사람들이 많은 것은 바로 이러한 이유 때문이다.

한 조직 내에서 구성원이 공적업무, 즉 법만 강조하다 보면 비 인간적 이라든지 잔인한 사람으로 놀림의 대상이 될 수 있다. 이것은 한 조직 내에서 합리성이나 객관성보다 정서적 이해가 보다 널리 퍼져 있음을 반증한다. 구성원이 사소한 일에 법규정을 인용하면서 공적입장만 강조 할 때에 그는 별나라에서 온 이방인처럼 취급받을 것이다. 수직적 구조에서 상사는 하급자를 관대하게 대하고 하급자는 상급자에 대한 충성심으로 보답한다는 도덕적 인과 관계는 그들의 행위가 벌써 정의적 영역에 진입했음을 뜻한다. 상급자와 하급자간의 정감을 나누는 행위는 법의 중요성을 흐려 버린다. 수시로 정서가 법을 지배하는 경우가 있다. 이 경우에 법보다는 도덕적 의무를 따르는 것이 보다 편리할 수가 있다.

공 과 사 간의 한국인의 애매한 태도는 한 조직내의 지도력을 사유화하려는 경향에서 잘 나타나 있다. 오래 지속되는 인간관계는 상급자에 향한 충성심의 발로에 달려 있다. 정치인들은 하나의 정당 리더를 중심으로 단체를 형성한다. 이 안에서 회원들의 보스에 대한 충성심은 그의 이념이나 믿음에 의한 것이 아니고 인간 성격에 달려있다. 정당의 보스는 특히 그 당을 세운 경우에 마치 그가 그 당의 소유자처럼 그의 권위를 남용하는 경향이 있다. 이같이 지도력의 사유화는 충성의 대상이 사람인 경우 수직적 조직의 특징으로 나타난다. 한국 정치에서 정당은 이념이나 믿음을 나타 낸 경우는 많지 않다. 사람에 대한 충성은 정치 운명을 결정하는 중요한 요소이다. 어느 경력에서나 성공의 여부는 상사에게 얼마나 사심없는 충성을 보여 줄 수 있느냐에 달려 있다.

평생고용은 고용주의 공적업무에 대한 인식을 흐려버릴 공산이 크다. 이 말은 고용주가 공인으로서의 위치를 망각하고 자의적 판단을 남발 할 수도 있다는 뜻이다. 그는 소수의 집단으로 구성된 인간 방패막에 가리어 어찌 보면 안전하게 보호되고 있다고 볼 수 있으나 대중과의 소통이 어려워진다. 대한민국의 모든 대통령은 임기가 가까워 질 때 측근들의 비리에 의하여 통솔력에 갭이 생기는 트라우마를 경험해 왔다. 권위주의와 카리즈마는 통솔력을 사유화한 결과이다. 사유화된 수직적 권력구조에서 충성심은 상급자를 도덕적 흠결이 없는 사람으로 보고 있다. 상급자가 말하는 것은 하급자에게는 거역할 수 없는 진리로 받아들인다. 소위 평생고용은 이 같은 상급자와 하급자의 관계에서 이루어진다. 상급자는 법률적으로 하급자를 면직시킬 권한이 있다 해도 여기에는 정서가 개입하여 이를 회피하려는 경향이 나타난다. 회사가 노동자를 해고할 권리가 있다 해도 이 이행은 외부에 노출이 되지 않게 조용히 하급자의 분노를 최소화 하면서 기술적으로 처리된다.

인간관계를 중시하는 사회에서는 하급자가 상급자의 범법 행위를 자의적으로 폭로하는 예는 아주 희귀하다. 상급자가 관련된 소송 사건에서 하급자가 증인으로 출석할 경우 상급자의 이미지를 더럽힐 만한 고백은 기대하기 어렵다. 상급자에 대한 충성심이 진실을 말하려는 증인의 충동을 제어하기 때문이다. 이 원리는 일본인에게도 그대로 적용된다. 수직적 사회에서 상급자에 대한 충성심이 역사적 사실에 충실하려는 하급자의 충동을 억제한다. 상급자를 위한 배려가 진실과 정직을 압도한다.

일본은 수많은 소국 (봉건영토)로 분할되어 있을 때 봉건영주에 대한 사무라이의 충성은 살신적이고 절대적이었다. 그런데 상급자를 위하여 생명을 내놓는 사무라이는 절대적 충성의 대상이 되는 상급자를 모반하는 경우가 종종 발생했다. 일본의 시스템은 소위 충성의 계단이라는 말로 특정지어 진다. 즉 사무라이 충성은 봉건 영주에,

봉건 영주의 충성은 쇼군에, 쇼군의 충성은 천황[1]으로 향하여 사무라이입장으로서는 쇼군이나 천황에 대한 배려는 미약하다. 일본 가부기를 보면 영주와 쇼군간의 갈등이 발생 할 때 사무라이 충성이 갈 곳을 못찾아 자살로 끝내는 사례가 많다.

부부 관계: 전통적인 부부관계의 특징으로 공간, 신분, 교육 등에서 엄격한 구분이 실행되고 있다. 집의 구조에 있어서도 남녀 간 구분을 나타낸다. 집에는 안채와 사랑채가 있어 전자에는 여성, 후자에는 남성들이 기거하는 공간이다. 한국의 격언에도 남녀 칠세 부동석이란 말이 있다. 일곱 살이 되면 남녀 모두 공간을 같이 하지 않는다. 우주학적 자연관에 의하면 원래 인간 사회는 성의 구별이 없었다. 결혼이란 두 개의 다른 인격체가 한 마음과 한 몸이 되는 것을 말한다. 허나 반목과 갈등으로부터 자유로운 결혼은 없다. 따라서 인격체가 자신의 충동적 동기를 제어하고 근신하는 방법을 배워야 한다. 성리학은 남녀의 구분을 수직적 신분으로 보아 가내의 질서를 유지하려는 노력이 엿 보인다. 이로 인하여 남녀 간 엄격한 공간구분이 수반된다(마티나 도힐러 1983-5).

남녀 간 역할 구분은 남녀가 일정한 거리를 유지 할 때 서로 지켜야 할 예의가 떠오른다는 믿음에 근거한다. 남녀 간 일정한 거리를 두어야 한다는 성리학 개념은 남녀 구분을 무시한, 하나의 연속성을 주장하는 우주론과 대치된다. 공간적 구분을 강화하는 것은 일정한 거리를 유지하려하는 제도적 장치를 수반한다.

공과 사적영역의 구분으로 인하여 여성이 남성에 예속 된다는 수직적 관계가 성립된다(로잘도 짐비알리스트, 1974, 41). 이 개념은 아직도 많은 회사나 공기관으로부터 호응을 얻고 있다. 남편과 부인 간의 차이를 제거하려는 "가까움"(intimacy)을 보상하기위한 제도적 구상이 남녀 역할 분담의 시초가 된다. 유교적 관점에서 남녀 간의 거리를 유지함은 서로 지켜야 할 예의가 전제되어야 한다. 이와 같이 예의가 전제로 될 때 인간 간의 관계는 공식화 또는 의식화 된다. 공식화 된 남녀관계는 정서적 영역이 퇴화 되어 냉정함이 표면으로 떠 오른다. 서로 예의를 존종해야 함은 일반 개념과는 달리 두 가슴을 가깝게 접근시키는 것보다 관계를 오랫동안 지속시키는데 목적이 있다.

한국인은 과거를 청산하지 않고 있어 세월의 흐름과 함께 순조롭게 변화하기를 거절한다. 한국여성은 전통 가정에서 자기의 역할을 서양 여성들 보다도 잘 인지하고 있다. 여기에서 전통가정이란 오래 된 가치관의 중심체로서 개혁의 대상이 된다. 이 역할 분담의 인지는 상류사회에서 강하게 나타나고 있는데 가끔 과거로의 회귀 현상과 관련이 있다. 과거 집착 현상은 현대사회의 자동화 추세에 따라 점점 약해지고 있다. 중국의 지성 린유탕 (1895-1976)은 서양문화에 깊이 젖어 있음에도 불구하고 고국에 돌아와서 중국여성의 고전미를 극찬하고 있다. 오늘날 한국여성의 전문직 취업이 점차 늘어나고 있다. 전문직에서는 남자와 동일한 대우를 받고 있는 여성들이 많아 졌으나 그들은 남편이 가정에서 여성들로부터 기대하는 역할을 잘 인지하고 있다. 예를 들면 가정과 관련된 중요한 결정을 내릴 때 전문직 여성은 자기의 역할을 최소화하고 먼저 남편에게 主役이 될 기회를 준다. 역할 구분은 본래 가정의 화목을 위하여 고안 되었으나 결과적으로 남녀역할의 영구적 단절을 초래하였다. 여자의 영역은 남자가 건널 수 없는 성역으로 자리매김을 하였다. 여성은 남자의 역할 영역을 절대로 침범해서는 안될 문화적 금기를 지키고 있다. 이 절대적 금기는 한국 남자의 호기를 불러일으키고 여기에서 가부장적 문화가 발달하였다.

역할 구분은 유교의 불평등 개념을 반영하고 있다. 남녀 간의 계층화는 인간질서의 적절한 운영을 위하여 필요한 제도적 개념이다 (마티나 더힐러 1983,54). 역할 구분에 의하여 여성이 자기영역을 주장한다 해도 가족내 위계질서에 의하여 여성은 남자의 권위에 굴종되여 있다. 불평등은 가족 내에서 평온한 질서를 유지할 때 그 기능을 인정받게 된다. 한 가족 내의 두 리더가 존재하면 끝없는 가정불화의 원인이 된다. 한국에는 목청이 크거나 지배적인 여성을 조롱하는 말들이 많다. 이들은 난폭한 여성이 가정의 불운을 예고한다고 믿는다. "여자가 목청을 높이면 집안이 망한다." 역할구분은 오래 지속 되어 온 자기실현 기대 (self-fulfillment expectation)와 관련이 있다. 이러한 역할 구분은 여성이나 남성이 할 수 있는 것 과 할 수 없는 것, 양분론으로 고착되기 마련이다. 이 절대적 믿음은 남녀 각자가 할 수 있는 능력에 대한 기대를 오도한다. 여성은 수세기동안 편향된 실현기대에 의하여 능력의 제한을 받아왔다. 한국 전쟁 시기에도 여성 군인이 남성과 같이 전쟁에 참여 한다는 것을 상상할 수 있었을까? 여성이라고 전쟁에 참여하지 못할 이유가 무엇인가?

우리 문화에서는 남자다움에 대한 예찬이 강하게 나타난다. 여러 형의 남성중 특히 여성이 기대하고 있는 남성 형이 이상형으로 고착된다. 우리나라에서 이상형 남성이라고 하면 말수가 적음, 넓은 도량, 무게감으로 요약될 수 있다. 남자다움은 자신을 사소한 집안일로부터 멀리함을 말한다. 꼼꼼한 남자는 "좀비" 라는 별명으로 여성 간에는 회피의 대상이 된다. 마음이 자주 변하던지 부인을 두려워하는 자는 이상형과는 먼 거리에 있다. 점잖은 한국 남성이라면 부인의 필요나 요구에 세심한 배려를 하지 않는다. 자기 부인을 대중 앞에서 자랑함으로 "얼간이" 라는 별명을 얻는다. 반대로 역할기대는 남자가 꿈꾸는 여성 이상형을 형성한다. 유교는 여성다움을 끊임없이 강조한다. 따라서 여성들은 덕있는 여자가 되기 위하여 정해진 좁은 길을 조심스럽게 걸어가야 한다. 이상형 여성은 "단정함," "분별력", "정숙함," "말수가 적음," 과 "순결" 등으로 정의된다. 전통사회는 여성들이 밟는 이 길을 이탈하면 가차 없는 비난이 따른다. 우리는 왜 한국 여성만이 이러한 혹독한 시련을 받아야 하는 지 의문을 제기하는 사람들이 많다. 여성의 이상형은 세속사에 물들지 않은 순결한 인격체를 말한다. 전통적인 가정에서의 한국의 여성은 영국 빅토리아 여왕 시기의 소설이 묘사하던 천사와도 같다. 남성적 모범은 더러운 외부 세상과 격리되어 있던 "선비"에 잘 나타나 있다. 과거시험에 합격할 만한 능력이 있음에도 초야에 묻혀 시문을 즐기던 유교적 신사다. 학문에 대한 그의 열정과 박식은 그를 행동적 모범으로 묘사한다. 선비는 돈을 벌지는 못하나 마음만은 고결하다. 가정의 가계부는 읽지 못하나 현실과 관계없는 우주론에 일가견이 있는 존재다. 이러한 남편을 둔 여성은 평생 말과 같이 일해야 하는 운명을 타고났다.

여성이 자기 고유의 역할영역을 갖는다는 것이 권위적 남편으로부터 자기를 보호한다는 측면에서 중요성이 부각된다. 또한 이것은 힘없던 젊은 며느리가 무서운 시 어머니가 되어가고 있는 과정을 잘 설명해주고 있다. 그 뿐이랴. 젊어서 난봉으로 중국과 일본을 방황하다 힘없이 돌아온 남편을 대신하여 가문의 수장으로 버티어 온 여성의 담력을 온 마을이 예찬하고 있다. 가문과 관련된 여성의 역할은 여성을 근엄한 할머니로 묘사하는 소설에 잘 반영되어있다. 하늘같이 치솟은 여성의 명성뒤에는 빛바랜 남편의 초상화가 있다. 사회가 붕괴되어 가는데 가문의 명예와 위상을 지켜온 여성의 역할을 재 음미해 볼 가치가 있다.

급격한 사회변화는 남녀 간의 역할구분에 많은 변화를 가져왔다. 오늘 날 가족은 가장 적은 규모로 축소되었고 이것이 역할구분을 불필요하게 만들었다. 역할구분대신 역할분담과 역할교환과 같은 신단어가 등장하게 되었다. 역할인식의 변화 속도는 우리의 마음을 흔들어 놓고 세대 간의 격차를 크게 만든다. 근래 결혼하는 커플들은 역할분담이나 교환이 현대생활에서 피할 수 없는 현실이라는 것을 인식하고 있다. 남편은 가정사에서 부인을 도와주는 것이 일과라고 생각하나 부모가 같은 집에서나 근거리에서 살 때 남편으로서는 조심을 기울려야 한다. 한국인 시어머니는 샘이 많은 분들이라 아들이 사는 곳에 불필요한 간섭을 하는 경향이 있다. 시어머니가 아들집에 들렸다가 며느리가 있는데도 아들이 부엌일을 하는 것을 목격했다고 가정해 보자. 서양과는 다른 현상이 벌어진다.

효행이 지극한 아들과 부인에 대한 아들의 태도는 엄마의 성격을 괴팍하게 만들 수 있다. 부모를 모시는 남편의 입장에서 부인은 관심 밖에 있다. 오직 자기 부모만을 생각할 뿐이다. 부부 간의 사이도 원만하여 시어머니의 시샘이 없다면 행복한 삶을 누릴 것이다. 며느리에 대한 시어머니의 증오가 발동하면 효자는 자기 어머니의 이혼 결정을 따르지 않을 수 없게 된다. 그 이유는 여러 가지가 있겠으나 불임이 가장 많았다. 사랑으로 역어진 부부관계에도 불구하고 비타협적인 어머니 앞에서 눈물을 흘리며 헤어져야 한다. 비록 헤여졌다 해도 이 부부는 어머니 집으로부터 멀리 떨어져 비밀리에 만날지도 모른다. 부부의 사랑이 아무리 뜨겁다 해도 그 사랑은 시간이 흐름에 따라 어머니의 간섭과 더불어 빛이 바랠 것이다.

전쟁 포로가 되어 괴로운 몇 년을 적국에서 보낸 어느 미국인 병사가 귀국하자 언급한 일성이 "사랑하는 내 아내와 아이들을 보니 얼마나 기쁜지 모르겠다." 그러나 한국인이 같은 상항이었다면 부모에 대한 그의 느낌을 먼저 표현했을 것이다. 그 현장에는 시샘이 강한 어머니가 있음을 인지했기 때문이다. 그의 부모에 대한 효성은 자기 부인을 이방인으로 만들수록 강해진다. 다른 한국인은 자기 부인에 대한 사랑을 부모에 대한 효도와 같은 수준으로 끌어 올릴 수 도 있을 것이나 그것이 공공연히 어머니의 면전에서 행할 수는 없을 것이다. 유교가 강조하는 감정의 억제는 서양의 사회적 환경이 외적 표현을 강조하는 것과는 대조를 이룬다.

민주화와 산업화라는 두 축이 돌아감에 따라 부부관계에 대한 한국인의 의식이 크게 변했다. 가장 크게 두드러진 변화가 핵가족 현상이다. 이는 종래의 수직적 부부 관계로부터 이탈이 시작 되었음을 말한다. 1980년대 대학에 다녔던 한국여성이라면 평등과 자유에 대한 갈망을 크게 느꼈을 것이다. 당시 많은 한국여성들은 기존의 질서에 도전함으로 새로운 정체성을 유지하려고 하였다. 그들은 자기 엄마들처럼 기존 질서로 인한 회생을 수긍하려 하지 않았다. 사회 경제생활에 적극적으로 참여하여 신분을 높이고 여러 분야에서 성공적 입지를 견지함으로 그들의 남편도 단순한 빵을 얻기 위한 돈벌이로부터 이탈하기 시작 했다. 한국여성들은 단순한 남자의 소유와 지배대상이 아님을 천명했다. 여성운동도 여성 정체성, 여성의 위치, 성이 주는 쾌락 등에대한 공개토론에 참여하기 시작 했다.

부모와 자식: 효도는 부모와 자식을 연결하는 가장 기본이 되는 덕목이다. 이 덕목은 모든 인간관계에 퍼져있어 다른 덕목들을 중요성에 있어 압도한다. 효도가 친구 간의 관계를 설명할 때 신뢰 또는 정의로움으로 변한다. 이 덕목이 갖는 의미는 인간관계의 성격에 따라 변한다. 가장 기본이 되는 효도는 부모와 자식 간에서 찾을 수 있다. 효경 일장에 서문은 다음과 같이 말하고 있다. "우리는 우리를 낳아 길러주신 부모에게 끝없는 감사를 표한다. 따라서 우리는 부모가 노쇠했을 때 극진히 정성을 다하여 돌보아 줄 의무를 타고 나왔다."

효도는 자기희생을 요한다. 우리가 잘 아는 심청전을 보자. 심청은 어촌 마을에서 자라고 있는 여아였다. 엄마는 심청을 낳을 때 산고로 죽고 아버지가 장님으로 심청을 등에 업고 마을 아줌마들에게 젖을 구걸하며 키워왔다. 심청은 자라면서 앞을 보지 못하는 아버지를 극진히 돌보와 왔다. 심청이 사는 곳이 어촌이었기에 해마다 마을 행사로 어린 처녀를 물귀신에 바치는 행사가 있었다. 이 어린처녀들은 집안이 가난하여 일정한 금전보상을 기대하여 자신을 물귀신에 희생하는 풍습이 있었다. 심청은 아버지를 위하는 길이 이 길임을 깨닫고 아버지 곁을 떠난다. 이 심청의 갸륵한 희생은 아버지와의 극적 만남과 이 충격으로 인한 아버지의 개안으로 보상된다. 이 만남이 죽은 줄로만 알았던 딸을 자기 눈으로 보려고 하는 욕구가 개안이라는 행운으로 끝을 맺는다.

부모자식 간의 관계는 신이 정한 끝없는 생의 반복이며 가부장적 체제는 부모-자식의 관계가 영원히 지속된다는 뜻이다. 유교 고전에는 부모 자식 간의 관계를 다음과 같이 쓰고 있다. "우리는 아버지로부터 뼈를 받고 어머니로부터 살을 받았다. 살은 탄생, 성장, 임시적 필요를 말하여 오래 견지하지 못하고 썩어 없어진다. 허나 뼈는 기본 구조물을 말하며 부패하지 않고 오래 버틴다. 부모 자식 간 관계는 먼 옛날 태고 적부터 먼 미래에 까지 끝없이 펼쳐지는 연속이다" 부모로부터 아들로 이어지는 이 끝없는 존재에 신비로운 힘이 가미하여 이것이 우리를 행복하게 하고 즐겁게 한다.

남성의 일생에서 가장 중요한 의무는 자식을 기르는 것이며 어머니는 출산을 책임진다. 부모는 자식을 위하여 노예같이 일하고 자식들의 출세를 위하여 모든 가능한 일을 한다. 최근까지 빈곤가정의 아이들이 학교 성취도에서 부유층 아이들을 능가하는 경향은 이 아이들이 부모가 겪는 고통에 감동되어 강한 성취동기를 유발하고 있다는 사실로 설명할 수 있다. 인생의 성공이 과거의 고통을 보상 한다는 강한 신념을 갖고 있다. 효도는 부모의 일생을 능가한다. 부모가 세상을 뜨면 효도는 조상숭배로 변신하여 후손이 제사를 받드는 일을 한다. 효도에 관한 한 생자와 사자의 구분이 없다. 효도가 계속됨으로 세대 간 책임이 강화된다.

선후배 간의 관계: 형과 아우 또는 선후배간의 관계는 존경이라는 덕목으로 연결되어 질서를 유지하기 위함이다. 예의는 이 두 요소 간의 관계를 수직적으로 결합시킨다. 따라서 이 관계는 예의를 매개로 성립된다. 집안의 제일 큰 형은 가족을 거느려야 한다는 당연성에서 권위의 상징으로 나타난다. 그는 매너에서 엄중하고 태도에서 근엄해야 하고, 동생들의 존경을 받으며, 동생들로부터 말을 높혀 존경받는 인물이 되어야 한다. 형제 간의 대화에서도 상하관계임을 나타내는 말들을 잃지 말아야 한다. 특히 형과 아우 사이에 나이 차이가 많을 경우 상하의 예절에 신경을 써야 한다. 외국인이 보면 형제간의 관계가 너무 경직되어 있고 형의 권위적 태도가 동생들의 의사표시를 억제할 수 있다는 우려를 나타낸다. 표면적으로 비인간적인 성향이 나타남에도 불구하고 내면적으로 보면 형은 동생들에게 흡족한 사랑을 베풀고 있다.

과거의 가치관은 윗사람의 근엄과 절재를 강조 해 옴으로서 감정적 표현을 저지하려고 했다. 수직적 관계는 형에게 동생들을 살펴야 한다는 책임을 부여한다. 부친이 부재시 형은 가장으로서 큰 책임을 맡게 된다. 한국에서만 볼 수 있는 유일한 현상은 부모 없는 형제들 간 가족을 구성하고 있어 타 가정에 입양을 거부하고 있다는 것이다. 같은 배의 형제들은 같이 있어야 한다는 행동성향이 강하게 나타나 있다. 11세의 어린 소녀가 동생들을 거느리는 소녀 가장이 된다. 이 부모 없는 아이들이 입양을 거부하는 것은 입양 시 형제 간 이별해야 한다는 두려움 때문이다. 가족의 온전함에 대한 열정이 강하게 나타나 있다.

존경의 개념은 가족 성원을 넘어 다른 사람에게도 적용된다. 선배들에 대한 태도에서 한국인들은 존경심을 잃지 않는다. 일반 사회적 관계에서 한국인은 상대방의 직업, 신분, 연령등에 관하여 가장 큰 관심을 나타낸다. 다른 사람의 사적 영역까지 관심의 대상이 된다는 것은 외국인을 당황시킨다. 한국인은 남의 사생활 영역을 침범하려 한다는 오해를 불러 일으킨다. 같은 학교 안에서 1년 차이 선후배 간에도 엄격한 예의가 적용된다. 이 요구에 불응할 경우 후배는 심각한 신체적 고통을 견디어 내야한다. 한국의 아동들에게는 비교적 기강이 잘 확립되어 있다. 매너는 상대방의 신분과 직책에 따라 그 품격이 정해진다. 선배에 대한 한국인의 의식은 가족이나 자주 만나는 집단 안에서 잘 지켜지나 그 밖의 사람들과 대할 때 매너가 거칠어진다는 평이 있다. 인간관계의 위계적 구조는 화목하고 우애적인 분위기를 조성할 수 있으나 집단적 규범에 반한 행동에 대하여는 관용과 포용성이 없어진다.

친구와 친구: 친구 간의 관계는 믿음으로 맺어야 한다. 한번 믿음을 기초로 세워진 관계는 영원토록 지속될 것으로 믿는다. 우정에 대한

한국인의 개념은 가까움과 영원함에 무게를 둔다. 우정을 맺는다는 것은 신중히 선택된 과정을 말하며 여기에는 깊이와 뿌리가 있어야 한다.

이와 반대로 우정에 대한 미국적 개념은 바람에 날리는 씨앗으로 비교 된다. 이 씨앗은 여러 지역을 이동하여 한자리에 뿌리를 내릴 여유가 없다. 이러한 우정은 "표면적" 또는 "잠시적" 이라는 색깔을 풍긴다. 한국인이 생각하는 우정은 깊이를 말하나 소규모 집단에 국한되어 있다는데 문제가 있다. 한국인은 국제사회에서 정이 없고 냉정하다는 평을 받고 있다. 우정의 미국적 개념은 표면적이고 스쳐가는 관계라고 하나 세계 어느 곳으로 이동할 수 있는 민첩성과 기동성을 갖고 있다. 서양인들은 모르는 사람일지라도 친밀하게 대한다. 이것이 보편적 친밀함이다. 한국인들 간에는 그 친밀함이 소집단에 국한되어 있다. 깊이를 주장하는 것은 친구와 결별을 참을 수 없는 고통으로 여기고 있다는 증표이다. 그중 상당수가 이에 비관하여 극단적 선택을 하는 경우가 있다. 한국인의 우정의 영원함과 편협적 해석은 서양인의 보편적이고 널리 확대되는 개념과는 대조를 이룬다. 개인 간의 관계는 국경을 넘어 온 세계로 퍼져야 한다는 개념은 미국인들의 마음에 색인되어 있다. 우정은 행운과 불행을 공유할 때 깊어진다고 한다. 이러한 경험은 좁은 공간에서는 일어날 수 있다. 매일 얼굴을 맞대는 좁은 공간이 우정의 더 넓은 공간으로 확대를 꺼리고 있다.

축조된 인간관계는 타인이 침입 할 수 없는 외피로 둘러 쌓이게 된다. 그 구성원은 고향 사람들 또는 옛날 학교 친구들, 종교적으로 한 통속 사람들이다. 외부로부터의 고립은 내부에서 비합법적 그룹을 탄생시킨다. 비합법적 그룹의 생성은 조직내 구성원들의 판단능력을 흐리게 한다. 오늘날 정치 집단내에서 일어나는 현상들을 주목해 보자. 소규모의 집단은 인간관계의 깊이를 창출하나 외부와의 소통부재로 궁극적으로는 파멸의 길을 걷게 된다.

현자의 도덕성

사회질서를 우주질서와 동일체를 이룬다는 유교의 견해는 또 다른 4개의 덕목을 낳는다. 도덕성을 갖추기 위해서는 수양이라는 행위를 동반한다. 이 수양의 대상이 되는 도덕적 특성을 仁, 義, 禮, 智와 信으로 정의 한다. 인간은 도덕적 동물이어서 敎化로 부터 얻어지는 4개의 특성을 인간이면 누구나 얻고 싶어하는 이상적 염원이다. "불쌍한 사람을 보았을 때 느끼는 감정은 사람의 마음을 뜨겁게 하여 동정이라는 행위에 이른다. 자기의 실수를 부끄럽게 여기는 사람은 잘못을 고치려고 한다. 타인에 대한 존경은 자기를 예의 바른 사람으로 만든다. 지력은 올바름과 그릇됨을 분별할 능력을 기른다. 사람은 항상 행동의 올바름에 신경을 써야한다." 이 4개의 특성이 도덕적 수양이 이루고저 하는 대상이 된다. 가끔 "신뢰"가 이 덕목에 포함되어 이를 일컬어 五常 (변하지 않음)이라 한다. 오상은 도덕적으로 수양된 마음의 이상형을 말한다. 이 특성들은 감성적 충동에 의하여 행위가 이루어진다 해도 이를 저지하는 힘을 발휘한다. 이를 감정 중립화 현상이라고 부른다.

위 五常을 "理" 라고 하여 불변의 또는 태생적 마음의 성격을 말한다. 맹자는 인간의 마음은 태생적으로 善하다는 성선설을 주장했다. 사람의 평온한 마음은 情 (七情 이라 일컬음), 즉 욕구, 싫어함, 사랑, 공포, 슬픔, 노여움 및 즐거움 에 의하여 동요되고 혼탁해 진다. 情이란 주어진 상황이나 외부자극 (또는 신호)에 대한 원초적 반응을 말한다. 위 4개의 이상형 성격과 7개의 감정을 합하여 "四端七情" (four beginning and seven feelings) 이라고 말한다. "理" 는 가는 길을 말하며 "情"은 가는 운동에 힘을 준다. "理" 와 "氣" 는 같은 길을 가며 서로 보완관계에 있다. 이 두 개의 정체는 둘로 분리되어 존재 할 수 없는, 하나의 동일체를 이룬다. 이 두 개의 정체 간의 균형을 유지함은 조화로 가는 길이다. 칠정이 개입하기 이전의 상태를 균형이라고 한다. 이것이 우주의 기초이며 일류가 가야하는 보편적 길이다 (Michael Kalton, 1994,xxvii).

우선 첫째 수양의 대상이 되는 "仁" (중국어로 첸, 일본어로 친)은 인간성 또는 마음의 따뜻함으로 정의 된다. "누가 버려진 사람을 보고 그대로 방치한단 말이냐?" 동정은 남을 도우려 하는 마음이 뜨거울 때 일어나는 것으로 인간은 동물과 다르다는 첫 신호이다. 허나 이 용어가 의미하는 뜻은 인간성의 차원을 넘어간다. "공자는 仁을 자기의 욕망을 억제하고 다른 사람을 위하여 행하는 마음의 방향으로 정의한다 (송영배 1994,47)." 다른 사람을 위하여는 타인애 대한 존경을 말하며 이 뜻은 예의와도 일치한다. "어느 사람이건 너의 집에 온 손님처럼 대하라. 나라를 다스릴 때는 너희들이 네 조상을 배려하듯 예의를 갖고 사람들을 대하라. 네가 원하지 않는 것을 다른 사람에게 강

요하지 말라." (송영배, 57)

　공자도 인간의 마음을 태생적으로 선하다고 하였고 맹자는 한발 더 나아가 이것이야 말로 하늘이 내린 선이라고 했다 (이원설, 1990, 97). 이 설은 기독교의 원죄론이나 "미완성" 설에 반한다. 유교는 理를 강조한다는 점에서 서양 중세기의 계몽사상과 궤를 같이 한다. 인간은 노력으로 완성된 경지에 도달 할 수 있는 능력에 자신감을 갖는다. 기독교의 인간관은 사람을 미완성, 신에 의존 할 수 밖에 없는 의존적 존재로 보고 있다. 신에 의존하는 것이 완성에 도달하는 길이다.

　仁 은 랠프 이머슨의 청교도적 신성에 비견 할 만하다. 불교는 유교의 인을 "자비" 로 해석한다. 더 나아가 자비는 인을 인간이외의 모든 조물주에 적용시킨다. 불교는 인간에게 고통을 주는 生의 週期를 넘어 자비를 행하는 것이 구원으로 이어진다고 보았다. 유교의 仁은 사람의 마음으로부터 지역 공동체와 사회로 퍼져 나간다. 仁 이 사람 개개인의 마음에 색인되어 있음에도 불구하고 사회악은 어디로부터 올 까? 여기에서 교육의 역할이 새로이 부상한다. 사회악은 무지로부터 오기 때문이다.

　仁 을 내면화 하려면 義 (중국어로 리, 일본어로 기) 즉 의로움이 따라 와야 한다. 맹자는 말하기를 악을 행하고도 부끄러움을 모른다면 인간이 아니다. 넓은 의미로 보아 義는 사회 정의와도 맥을 같이 한다. 허나 이 개념도 인간관계로 들어가면 편협성을 면하지 못하고 있다. 개인이 속한 어느 특정 그룹이나 소단위 단체의 이익을 위하여 행해

진 행위는 그것이 사회정의에 반 할 지라도 정당화된다. 즉 우리나라와 같이 편협된 사회에서는 소규모 집단을 위한 행위가 사회 정의를 압도한다. 義가 행위로 나타날 때 정직성, 책임성, 자제력, 투명성이 된다. 국가를 다스리는 통치행위는 사회적 정의에 기초한 하늘의 계시를 따른다. 하늘의 계시는 통치자로 하여금 인간과 우주 간의 조화를 달성 할 것을 명한다. 통치자가 우주의 원리를 멀리하면 그는 통치자로서 영원히 신뢰를 잃어버린다.

德 은 義와 조화롭게 잘 어울린다. 德治라 함은 義를 나타내는 가장 이상적인 통치행위를 말한다. 이상적 통치행위는 윗사람과 아래사람들 간에 조화로운 만족을 얻으려는 하늘의 계시와도 뜻이 통한다 (송영배 1994.38). 넓은 의미로서의 義 는 올바름 또는 정의를 뜻하나 한국인과 같이 인맥을 중시하는 풍토에서 의는 조직 또는 단체에 속한 충성심으로 나타난다. 사람들 간 또는 사람과 조직 간의 매듭을 유지하는 것이 협의의 義 가 된다. 의를 광의적으로 해석 할 때 정직성, 책임감과 투명성으로 나타나며 이것이 협의의 義에 의하여 흐려지고 압도되는 경우가 많다. 義人은 자기가 속한 집단을 배반하지 않는다. 직장 선배와 후배 또는 친구들 간의 관계를 단절하는 것이야말로 義를 배반하는 것이다. 한 번의 반역은 영원한 반역으로 낙인된다. 이 사실이 공직에 임명될 때 심각한 장애물이 된다. 좁은 의미로서의 義는 살신성인의 정의감과 동일시한다. 이러한 의식은 다른 집단과의 경쟁에서 응집된 형태에서 두드러지게 나타난다. 깡패는 義라는 명분으로 한 집단을 위하여 자기를 희생 할 수 있다. 그들이 내세우는 義가 공공의 선과는 궤를 달리한다.

禮는 타인을 공경함으로 얻어지는 인격을 말한다. 이 개념은 오늘날 우리가 말하는 시민의식에 나타난 행동, 즉 자제력과 기강으로 요약된다,. 인간의 사회화는 사회적 통제로서의 기능을 해낸다. 즉 다른 사람과 어울려 평화롭게 살아가려는 인간의 욕구에서 사회적 통제의 필요성을 읽을 수 있다. 인간이 살아가려면 문화를 필요로 한다. 문화는 인간으로 하여금 본능적 충동을 억제하게 한다. 타인에 대한 존경은 인간의 특성중 하늘이 부여한 지고의 선을 전제로 하고 있다. 자기수양은 인간의 의식 깊이 잠재해 있는 예를 표면으로 이끌어 내어 그 기능을 다하게 한다. 인성에 대한 유교적 견해는 프러이드(Freud)가 말하는 본능이라는 인위적 사회통제와는 크게 다르다. 동시대에 유행하던 다윈이즘에 영향을 받아 프로이드는 인간을 완전히 개화되지 않은, 즉 동물적 본능과 시민행동의 중간 어느 시점을 맴돌고 있다고 본다.

유교는 禮를 이상적인 사회질서로 본다 (이원설, 1992.97). 인간이 사회적 질서를 준수하려는 노력에서 동물과 다른 점을 발견할 수 있다. 유교 지식인들은 禮를 인류가 추구하는 지고의 가치로 예찬한다. 禮를 차리는 의식적 행동이 복잡 할수록 그 사회에서 시민의식은 보다 발전한다. 한 사회가 보다 정교한 시민문화를 지향하면 禮에 대한 지식은 문화자본이 된다. 허나 예를 너무 강조하다 보면 인간 생활은 실리로부터 멀어진다. 예가 오히려 번거로운 의식으로 변하여 사회 활동을 제한한다.

智 (중국어로 키) 는 인간행동을 위한 또 하나의 안내자가 된다. 어떠

한 사실을 동의하거나 동의하지 않으려는 속성은 지혜를 획득하기 위한 시작이다. 배움이란 마음을 작동하는 것이나 남의 것을 모방하는 것은 배움이라고 볼 수 없다. 유교에서 강조하는 大覺 은 인지능력의 획기적 변화를 말하나 레니 데카르트가 말하는 경험론과 같은 실증적 사고는 포함하지 않고있다. 智 는 옳고 그름을 분별하는 주관적 사유를 포함한다. 교육은 사람이 되기위한 과정을 말하며 인격의 도야는 거친 보석을 다듬어 빛을 발하는 과정이다. 인격완성이라는 전통적 교육관은 지식을 주입하는 현대식 교육과도 대조를 이룬다.

유교에서 말하는 智 는 일반적 상식의 해박함을 지칭한다. 어느 구체적 지식 획득이나 분석적 또는 연역적 사고와는 거리가 있다. 서양의 계몽사상은 인간의 저력을 무한한 성취 능력으로 확대 할 수 있다는 절대적 믿음에 근거하고 있다. 유교는 도덕적 행위의 모범을 학습의 대상으로 삼는다. 수직적인 사회에서는 삶의 경험이 많은 연장자가 지식과 행위의 우상으로 떠오른다. 인격형성에 관한 토론이나 사유적 형태의 학습은 르네쌍스 이후 서양 지식인 간에 회자되던 프란시스 베이컨의 귀납설과 레네 데카르트의 연역설과도 거리가 있다. 지식인은 타인에게 좋은 일을 행해야 한다는 극히 추론적 사유만이 존재 할 뿐이다.

다섯 덕목중 마지막으로 등장하는 것이 信 이다. 친우 간의 관계는 믿음을 기초로 하여 성립되어야한다. 믿음을 주고 받는 관계는 작은 집단에서 흔히 볼 수 있는 일이나 집단이 커지면서 믿음을 기초로 한 유대는 약해진다. 허나 믿음이 강조된 친우 간의 관계가 정서적으로 흘러 결과적으로 우정의 깊이가 집단을 소규모로 제한한다. 친밀함이 과해지면 피아의 경계를 넘어 서로가 한 몸이 됨으로 상호 간의 격차가 없어지는 새로운 차원으로 발전한다. 두 사람이 한 몸이 된다는 것은 모든 행운과 불행을 공유한다는 뜻이다. 정서적 결합이 믿음을 바탕으로 한 관계가 추구하는 목적이다. 일단 믿음이 인격 속에 자리를 잡으면 인간관계는 돈독해지고 오래 견디어 낸다. 정서적 결합의 단점은 인간 간의 관계를 "모두 좋음" 아니면 "모두 나쁨"으로 판단하여 양극화 된다는 점이다. 하나의 인간을 평가 할 때 냉철한 마음으로 선택적 믿음을 중심으로 판단하는 경우가 많지 않다. 이 같은 선택적 판단은 한 인간의 성숙도의 지표가 된다. 한 사람이 모든 일에서 우수하다고 평가 될 수는 없다. 장점이 있으면 단점도 있기 마련이다. 친우에 대한 절대적 믿음은 그 관계가 단절 될 때 견딜 수 없는 고통을 경험하게 되고 극단적 선택으로 이어 질 수 있다.

후구야마 프란시스는 믿음을 바탕으로 한 사회적 규범을 그 사회의 성숙도의 지표가 된다고 주장한다. 그는 이를 기준으로 하여 세계를 신용사회와 비 신용사회로 구분한다. 한국은 비 신용사회요 일본은 신용사회로 평가하고 있다. 한국에 대하여 그는 한국인이 신용을 바탕으로 한 소집단을 형성하는 추세가 넓은 사회로의 확대를 억제한다고 주장한다. 한국인이 선망하는 신뢰범위 (Trust network)는 법이나 합리성에 문을 열지 않고 있다. 한국인은 자기 회사를 전문경영인에 넘기는 것을 주저하고 있다. 믿음이 결여된 전문인은 고려 대상이 되지 않기 때문이다. 일본의 신뢰 범위는 한국과는 다른 역사적 배경에서 형성 되었다. 통일국가 이전의 일본은 수 많은 행정적 자치 단체로 분할되어 있었다. 이 자치단위는 막강한 힘을 키워 중앙집권에 도전하는 경우도 있었다. 크기에 있어서도 한국에서 볼수 있었던 혈연 집단과는 비교할 수 없는 보다 광범위한 집단으로 발전하였다. 따라서 일본의 신뢰범위는 한국보다 큰 네트워크를 중심으로 형성 되었다. 확대된 신뢰의 범위는 그 사회의 건강과 견고함을 상징한다.

세계를 五行列 구조로 보는 유교적 시각은 인간관계가 사회관계를 지배한다고 보고 있다. 인간은 자연의 일부이다. 인간을 자연으로부터 온다는 유교적 시각은 인간과 자연을 분리해서 보는 계몽주의와 배치된다. 유교적 시각은 자연의 신비적 존재를 두려워 하는 반면 계몽주의는 인간이 자연을 극복하여 우리의 필요로 만들어야 한다고 주장한다. 계몽주의는 신비적 자연에 도전하는 인간의 용맹성과 뱃장을 꾸준히 고취해 왔다. 막강한 자연 앞에서 인간은 근신과 자기비하를 취해 온 동양인의 시각을 예술 작품에 잘 반영하고 있다. 한국의 전통사회의 농촌 풍경을 보라. 지붕이 낮은 초가집들이 캔버스를 점찍어 놓듯이 널려 있다. 그들은 언덕이나 숲풀 뒤에 숨어 외부로 노출되는 것을 꺼리듯 수줍어 하는 신혼 신부와 같다. 동양풍경화는 화면 일부를 공백으로 처리하여 보는 사람으로 하여금 그것이 무엇을 의미하는지 추측을 유도한다. 자연숭배는 통치자를 하늘에 비유한다. 그의 역할은 암흑에서 등불을 비쳐주는 새벽 별에 비유한다. 이 같은 세계관은 소수의 우수자들이 전 세계인을 지배할 수 있다는 전체주의의 발상이 된다.

법에 대한 개념도 동양과 서양 간에 차이가 발생한다. 중국 중심

문화권에서는 오행의 인간관계와 오상이 일반적 윤리체제를 형성한다. 따라서 도덕과 법의 구분이 명확히 선을 긋지 못하고 있는 반면 서양에서는 법이 도덕률을 완전히 압도한다. 도덕률의 준수는 사람들의 자발적 의지에 맡기는 반면 법의 준수는 강압적 성격을 띄고 있다 (송영배, 1994,38). 도덕률의 지배 하에서 죄에 대한 처벌을 받는 자는 수취감을 비교적 강하게 느낀다. 법의 지배 하에서 범법자에 대한 처벌은 일상적으로 일어나는 일로 간주되어 처벌이 씻을 수 없는 모욕이 될 수는 없다. 우리의 왕권국가에서 반역을 저지른 사람의 가문은 이 모욕을 집안대대로 계승되어 오늘날에도 회자된다.

한국인들 간에는 법에 의존하여 문제를 푸는 것은 모든 수단을 다 쓴 후에 오는 최종적인 수단이다. 법정에 서는 사람들은 자기 권리의 보호자가 아니라 싸움꾼이나 폭력자로 치부되고 있다. 조선 초기의 성리학자 정도전의 말을 인용해 본다. "현자는 힘으로 통치하지 않기 위하여, 법 없이도 살수있게 하기 위하여 제도를 만든다." 한국인들은 자기들의 행위를 법보다 도덕 심판자에 의하여 처벌되는 것을 원한다. 바로 이러한 이유에서 한국의 법체계가 미분화된 상태를 면치 못하고 있다. 법의 개념이 무취인 것은 루소의 자연주의 사상과 맥을 같이 한다.

외국 사상과의 만남

17세기하면 조선의 사상이 외국의 사상과 만나 혼재를 이루는 시기를 말한다. 이 시기에 외국사상하면 중국으로부터 오는 것이 아니면 다른 것을 상상 할 수 없었다. 조선 사신들의 정규적 북경 방문은 새로운 지식을 얻어 개화하는 교육 문화적 제도로서 발전하였다. 조선 지식인들 간에는 아무리 새로운 사상이라도 중국으로부터 오는 것이 아니면 아무런 가치가 없다고 평가 절하했다.

정두원은 1630년 청나라 조정의 밀사로서 북경에 파견되었을 때 서양인과 접촉했던 최초의 조선인으로 귀로에 당시 북경에 주재하던 마테오리치의 서적, 천주실의를 갖고 귀국했다. 허균은 천문학 서적을 국내에 소개 했다. 외교사절의 일원이였던 부친을 따라 북경에 갔던 이승훈은 조선인으로 최초로 영세를 받고 카톨릭 신부가 되었다. 중국인 신부 주엔모는 조선의 심장부에 파고 들어와 포교활동을 하였다. 17세기야 말로 조선의 르네상스라 불릴만큼 사상의 다변화가 이루어 지고 있었다.

천주실의는 우주 탄생의 비밀과 천주가 우주를 지배하고 있다는 사실을 알려준다. 인간이 생을 다하면 영원한 쉼터 천국이 기다리고 있음을 말해준다. 구원적 복음은 인간의 영원한 삶의 욕망을 충족해 준다. 마테오 리치는 신이 인간에게 생명의 원천이요 모든 물체의 창조자로 존재한다고 교화했다. 이세상의 모든 생명과 물체는 신이 창조한 것이며 우연히 이루어 진 것은 하나도 없다. 창조와 우연을 엄격히 구분하는데 그리스도 신학의 존재 이유가 된다. 신은 인간 영역의 밖에 거주함으로 생명의 근원이요 인간 행동의 심판자가 된다.

기독교에서 의인화된 신은 이 우주를 다스리는 하늘이란 중국개념과 일치한다. 마테오 리치도 그의 신학이론이 유교와 다를바 없다고 간파했다. 하늘이란 유교적 개념이 서양의 신과 일치한다고 하는 것은 성리학에서 말하는 우주를 다스리는 태극과 배치된다 (송영배 2004, 48). 마테오 리치가 볼 때 성리학은 무신론에 가깝다고 보았다. 태극은 창조적 힘을 갖춘 의인화 된 신이 아니고 우연적 진화를 가능케 하는 물체에 지나지 않는다는 것이다. 그리스도 신학에 의하면 원래 모든 물체는 생명을 잃은 존재였으나 신에 의하여 생명을 부여 받았다는 것이다. 이들은 자체적으로 움직일 수 없는 존재였으므로 이들을 움직에게 하는 동인이 있기 마련이다 (마테오리치 1-3:40). 인간은 선한 마음을 갖고 태어났으나 이것으로 그들의 판단에 흠이 없다고 말 할 수는 없다. 오직 신만이 최종 심판자요 그 결과는 하늘나라에서 죄 값을 치르던지 아니면 보상을 받게 될것이다. 덕행에 대한 보상의 믿음 자체가 신의 존재를 입증한다.

인간은 결점을 갖고 있어 완전함을 위하여 신에 의존할 수 밖에 없다는 기독교 사상과는 달리 계몽사상은 인간의 의식 깊이 잠재해 있는 이성을 통하여 인간으로서의 완전함을 구할 수 있다고 한다. 이성은 돌과 같이 닦을수록 빛을 발한다. 계몽주의자들은 중세기의 신 중심세계보다 인간 중심세계를 추앙한다. 인간은 이해, 기억, 통찰, 판단등을 활용한 비판적 시각을 갖고 있어 이들이 오늘 보다 낳은 미래를 꿈꾸게 한다. 다윈은 인간만이 도덕적 판단능력을 갖고 완전함을 위하여 부단히 노력해 나가는 동물이라고 정의했다. 적자생존이야 말로 신이 내린 현명한 선택이 아닐 수 없다.

모든 창조물은 살아가는 목적을 갖고 있다고 마테오 리치는 말한다. 즉 존재는 목적자체요 우주는 이 목적을 향하여 부단히 움직인다. 물체가 탄생하기 이전에 그것을 움직이는 동인이 존재하기 마련이다. 신이 내린 선은 인간이 악에 빠지지 않는다는 보장이 될 수 없다. 마치 거친 돌을 닦아 매끄러운 표면을 얻는 것과 같이 인간도 부단한 노력수양을 통하여 신이 내린 높은 도덕성의 경지에 오를 수 있다는 뜻이다. 일찍이 토마스 아퀴나스도 인간은 선과 악을 구분할 줄 아는 이지적인 동물로서 인류전체를 위하여 정의를 실현하려는 목적을 추구하고 있다고 간파한 바가 있다.

마테오 리치가 북경에 주재하는 시기는 서양에서 종교개혁이 한창이던 시기와 맞물려 교황, 국가, 권위로부터 이탈하려던 개인주의사상의 영향을 빗겨 갔을 것이다. 계몽사상은 개인주의의 토양에서 배양된다. 이성의 예찬은 자연과 인간의 관계를 분리시켜 단절을 초래했다. 자연은 인간필요에 맞게 재구성 되는 목적물이 된다. 서양에서 1443년 인쇄술의 발견은 일연의 과학 발명을 초래하는 촉매역할을 하여 세상을 완전히 바꾸어 놓았다. 그동안 축적되였던 지식은 새로운 발견의 모태가 되었다. 코페르니쿠스의 천체혁명은 종교적 또는 문화적 공동 유산이 만들어 준 동맥을 타고 갈릴레오의 새로운 발명으로, 뉴톤의 절대설과 아인슈타인의 상대성이론과 연결된다. 이와 같이 각 문화권을 꿰뚫는 동맥이 서양이외의 여타 지역에서는 찾아볼 수 없다. 과학의 발견은 물질적 풍요와 생활의 편리를 초래했으나 개체와 전체 간의 분리 또는 부조화를 초래하여 사회적 혼란을 야기하고 있음은 부정 할 수 없는 사실이다.

유교의 통치술도 높은 도덕성에 기초하고 있다. 모든 인간이 평화와 조화를 구가하며 살아가는 사회야 말로 가장 이상적인 사회이다. 유교는 인간의 행동과 그들이 살아가는 사회의 이상형을 추구한다. 통치자는 민생의 소리에 귀를 기울려야 한다. 도덕지상주의는 통치자와 지배계급 간의 관계를 정의하는 "힘의 균형과 절제된 제도"에 잘 반영 되어있다. 이 제도는 힘의 오용을 막기 위한 대비책이다. 지나간 과거는 우리가 일상적으로 자신을 보는 거울과 같아 이를 통하여 바람직한 행동을 유도한다.

성리학은 인간 마음의 독특한 구조를 우주의 理와 氣[2]로 설명한다. 자연은 사람의 마음에 그림자를 띄운다. 이것은 5세기에 세인트 오거스틴이 사람의 마음에서 신의 그림자를 본다는 말을 연상케 한다. 신성은 우리의 혼에 잠재 해 있다가 현자나 예언자가 출현할 때 기다렸다는 듯이 나타난다고 한다. 이는 신성을 나타내는 내면적 선을 말하며 행동의 정도를 상징하며 기는 변태적 기후의 변화처럼 바로 가는 정도를 흐려 놓는다. 氣는 인간의 정서적 또는 비합리적 행동 성향을 뜻 한다. 이같이 성리학은 현대 심리학의 모태가 되기도 한다.

理氣 간의 상호작용을 볼테르는 "智와 본능 간의 냉엄한 충돌"로서 설명하고 있다 (윌 듀란트, 2004, 187). 프랑스의 고도로 발전된 지적 혼이 두 지성 볼테르와 루소로 분리 하고 있듯이 理 와 氣 라는 배타적 힘이 한국인의 지식세계를 분리하고 있다. 이성을 추구함은 자신의 완결함을 추구하는 것이라고 유교는 일갈하고 있다. "자신의 완결

함을 위하여 理를 추구함은 각자의 자의적 의지에 달려 있다. 기독교 개념의 보상이나 처벌과는 무관하다" (윌 듀란트 60). 인간 행위의 심판자로서의 신에 대한 마테오 리치의 믿음에 비추어 조선인은 물론 중국인에게 창조적 신을 설명하는데 어려움이 있었을 것으로 추측된다. 실리적 도덕은 자의적 의지에 의존하는 유교적 도덕성에 배치된다. 유교적 도덕은 의식의 샘으로부터 흘러나오는 인간성의 표현이며 인간 행위를 안내하는 심판자의 존재를 부인한다.

성리학은 경험적 증거가 부족한 형이상학적 추론에 지나지 않는다. 유교에서 말하는 하나님은 세파를 뛰어넘는 초월적 존재가 아니며 우리 개인 안에 내재하는 正道를 지칭한다. 기독교적 해석에 의하면 신은 초월적 존재요 절대적 법이요 우주질서를 주재하는 통치자다. 모든 물체의 존재에는 지향하는 방향과 목표가 있을 뿐이다. 마테오 리치는 성리학의 오류, 태극과 음양 간의 상호작용을 모두 부정한다. 이 세상에 우연히 생성된 것은 하나도 없다. 창조의 힘을 갖고 있다는 태극도 목표 지향적 성격이 되지 못하고 있다. 물체의 존재는 그것이 탄생하기 전의 동인이 있었다는 전제가 따른다. 이 동인은 여러 단계를 거쳐 아리스토 텔레스가 말하는 가장 원초적 동인에 이르게 된다. 이것이 신의 존재를 알린다.

성리학, 도전을 만나다

성리학은 도덕적인 행동강령과 도덕정치를 강조한 점에서 유교와 다를 바가 없다. 성리학은 인간 사회가 우주의 질서와 유사하다고 하여 인간사가 우주와 분리될 수 없음을 강조하여 왔다. 또한 인간의 마음도 우주 원리에 따라 작용하고 있다고 하여 극히 추상적 사유를 특징으로 나타낸다. 이 사상이 하나의 배달민족이라고 하는 사회에서 뿌리를 내리니 고립주의와 더불어 외국 사상이 침입할 수 없는 이념적 표피를 형성하고 있었다.

모든 문제는 사유적 토론에 그치고 있어 성리학은 우리생활과 관련된 문제를 다루는데 한계를 갖고 있었다. 성리학이 매력을 잃어가면서 새로운 사상의 도입을 위한 토대가 굳어지고 있었다. 조선왕조의 후기에는 성리학이 당쟁의 원인을 제공하기도 했다. 잦은 분당이 성리학의 지적매력을 상실케 함으로 실리적 사상의 추구에 대한 열정이 일어나고 있었다. 유형원은 이상과 현실, 몸체와 꼬리를 구분하지 못하는 성리학을 호되게 비판했다.

천주교는 계급사회와 어울릴 수는 없어도 새로운 비교기준을 형성함으로 성리학의 결점을 들어내어 실학이라는 새로운 학문이 등장하는 토대를 만들어 주었다. 조선의 지식인들은 비록 제한적이나마 외부세계와의 접촉을 통하여 세계 속에서의 조국을 새로운 시각에서 이해하기 시작했다. 지식인들은 그들이 처해 있던 세계와는 완전히 다른 환경에 노출되었고 이 새로운 세계는 형식주의를 배격하고 새로운 학문적 접근을 고취 했다. 실학은 사회의 수직적 계층화의 중단, 토지 재분배, 세금의 균등한 부과, 노예제도의 폐지, 국민의 복지 및 학문의 귀납적 접근을 부르짖었다. 실학은 중국에 의존하던 학문적 예속으로부터 독립하려는 조선인의 노력을 대변한다.

실학자들 중 가장 두드러진 인물이 홍대용 (1731-1783)과 정약용 (1762-1836)이다. 홍대용은 중국 중심학문은 실체가 없는 공허한 것이라고 혹평하고 유교의 이해를 벗어난 우주의 많은 변화가 있었음을 지적했다. 그는 지식의 절대성을 부정하고 지식은 환경과 시대에 따라 재해석 되고 다시 만들어 진다고 주장했다. 실학은 우주의 인간 중심 해석을 조롱했고 학문의 귀납적 접근을 옹호했다. 중국인은 인간이 자연으로부터 이탈은 불가능하며 자연과 인간은 함께 가는 동체라고 보았다. 중국인은 자기들이 문화적으로 우수한 민족이라고 주장하는 것은 어불성설에 지나지 않는다. 인간이 동물보다 낳은 점이 없듯이 중국민족이 다른 민족보다 낳은 것이 없다.

정약용은 모든 물체를 유형과 무형으로 구분한다. 이는 마테오 리치가 물체를 볼수있는 것과 볼수없는 것으로 구분한 것과 유사하다. 이성은 인간이 갖고 있는 속성으로 동물과 구별하는 잣대가 된다. 그는 도덕적 의향을 강조하고 이성을 자신 수양의 첫걸음으로 보는 관점에서 기독교와 일치감을 보여준다. 홍대용과 같이 정약용은 성리학의 이기설을 부인한다. 또한 인간의 선은 자연적으로 부여 됐다는 설도 부정해 왔다. 도덕성은 자유의사의 누적 효과에 따라 인격이 형성될 때 얻어진다고 했다. 그의 학설에 의하면 인간의 경험에 선행하는 도덕성은 있을 수 없다. 즉 도덕성은 인간이 경험을 통하여 만 얻어지는 결과이다.

마테오 리치의 신의 정의에 의하면 신은 악을 멀리하고 도덕적 발걸음을 밝게 비쳐준다. 정약용은 인간의 가치의 척도는 자연에 기초하는 것이 아니다. 자유의사의 실행을 도덕적 발걸음의 시작으로 보았다. 인간 행위를 천주의 감시하에 두고 개인이 자기완성을 성취하도록 고취하고 있다. 이 견해는 인간은 보이지 않는 신에 의한 보상 또는 처벌을 피할 수 없다는 기독교 교리와 일치한다. 보상과 처벌과 관련하여 천당과 지옥이 천주실의 모든 면에 후렴처럼 등장한다. 허나 정약용은 다른 세상에 대한 언급이 없다.

실학파 학자인 이익은 기독교 윤리가 유교 윤리와 맥을 공유하고 있음을 최초로 인정한 학자이다. 허나 천당과 지옥을 운운 하는 것은 소가 웃을 일이다. 서양의 학문도 선택적으로 취득해야 하는 당위성을 역설했다. 이수광은 서양의 과학, 지리와 종교가 학문적 가치가 있음을 주장했다. 실학은 성리학의 추측적 사유가 초래한 비생산적 지식을 배척했다. 이성을 강조함으로 서양에서 과학의 신기원을 창출한 계몽사상에 가깝게 접근하고 있음을 알 수 있다. 실학이 뿌리를 내리기 시작하자 조선왕조는 급락의 길로 접어들었다. 불안한 사회환경은 이 새로운 학문이 발전 할 수 있는 기회를 탈취했다.

천주교의 박해는 지적 발달의 황금기를 가져왔을지도 모를 새로운 아이다어를 무참히 짓밟았다. 이 새로운 학문이 어느 정도 또는 어떻게 현대사회로의 전환에 기여했는지 아직도 의문이 제기되고 있으나 답은 없다. 실학이 우리 풍토에 정착하기 시작한 때는 정치적으로 안정기를 이루었던 영조와 정조[3] 시대였다. 이 시기를 "지적 개화"

또는 "여러 아이디어의 혼숙"으로 불려 왔다. 극심한 박해를 받기 이전 단기간의 양지를 향유하던 천주교에 관심이 커지자 독단적인 유교는 상대적으로 매력을 잃어가고 있었다. 1800년 이후 왕권의 무능력이 외척 세력의 지배를 가져왔고 이 시기는 새로운 아이디어의 불모지로 폄하된다. 아이디어의 다양화는 문명 발전의 시작을 알린다. 이어지는 정치적 혼돈 속에서 조선은 청나라가 아편전쟁에서 영국에 패하는 것을 목도했다 (1839,2). 청나라는 이제 세계강국이 아니다. 조선은 국제적 지평에서 새로 등장하는 서양의 강국들을 경계해야 할 야만국가로 보았다. 이 시기에 국수적 민족주의가 발흥하여 조선은 고립무원의 길로 들어섰다.

대규모 박해에도 불구하고 천주교는 확산되어 나갔고 조선 영해에 자주 나타나고 있는 외국 군함이 필연 천주교와 관련이 있다고 추정하여 조선은 1866년 프랑스와 1871년 미국 함대와 충돌했다. 전자는 카톨릭 신자와 프랑스 신부를 참수한데 대한 프랑스의 보복에 조선이 당돌하게 응전한 것이다. 후자는 조선에서 미국 상선이 소각된 것에 대한 군사적 보복이었다. 조선인의 외국혐오가 그들을 충동하여 외국열강과 대결하는 무모한 용기를 주었다. 그 당시에 중국이나 일본은 백인에 대한 공포감 (white phobia)이 만연되어 서양 열강과의 무력 충돌은 상상조차 할 수 없는 일이었다. 은둔 속에 갇혀 있던 조선인에게 외국선박의 입국은 그 동기를 불문하고 이 신성한 도덕국가를 더럽히려는 침략으로 간주하였다. 1880년대 미국 개신교 선교사들이 들어오므로 외국인 혐오 사상은 어느 정도 완화해졌다. 개신교의 자유로운 포교 활동이 국가적으로 승인됨으로 천주교의 활동도 탄력을 받게 되었다.

　빈번한 외세와의 접촉은 우리 토착적인 사상을 찾으려는 노력을 진작시켰다. 그 산물이 동학이다. 동학은 서학에 대치되는 말로 그 내용을 보면 기존 믿음으로부터 도출된 즉흥적 합성체에 불과하다고 할 수 있다. 동학의 창시자 최재우는 몰락한 양반의 자손으로 그가 기도하는 도중 하느님으로부터 계시를 받았다고 주장한다. 이 계시에 의하면 사람과 신은 똑같다. 신성은 모든 사람의 마음에 잠재하며 신분에 구애 없이 모든 사람은 하늘의 자손이기에 그들의 존재는 고귀하다. 여기에서 평등주의를 엿 볼 수 있다. 모든 사람은 하늘의 계시를 따라 살아감으로 영생을 누릴 수 있다 (한우근, 1973, 123). 동학은 자연과 가장 가까이 하는 은둔생활을 요구함으로 도학에 가깝다. 또한 세속적 욕망을 멀리하라는 계시는 불교를 연상케 한다. 모든 병의 근원은 음양의 불균형, 즉 자연과 몸의 불균형으로 부터 온다고 하여 무속을 연상케 한다. 우리 일상생활에서 근간이 되는 오행과 도덕적 행위를 예찬함으로 유교에 접근하고 있음을 알 수 있다. 유교와 "하나의 신" 즉 평등주의와 융합함으로 동학은 대중적 인기를 얻어가고 있었다. 이것이 후일 대규모 농민 폭동으로 이어진다.

　양반 지주에 저항하는 농민 폭동은 초원의 불길처럼 전국으로 확산되어 정부당국이 진압 할 수 있는 단계를 넘었다. 이는 중국과 일본이 개입 할 수 있는 여지를 남겨 놓았고 이 양국의 개입은 그들 군대가 조선에 주둔하고 있어 무력충돌로 비화할 조짐을 보여준다. 이 두 국가는 조선의 운명을 결정하는 역사무대의 주역이 되었다. 이제

외세의 개입과 부패한 관리가 없는 도덕적으로 청정한 국가를 건설하려는 동학의 꿈은 산산조각이 났다. 이를 통하여 중국과 일본은 아시아 제패를 위한 각축전을 벌이게 되는데 이것이 청일 전쟁이다. 이 시기에 동학운동은 지하로 들어가 후일 항일 투쟁의 불소시게 역할을 하게 된다. 동학운동이 성공했다면 프랑스 혁명을 방불케 하는 시민 혁명으로 비화 할 수 있었을 것이다.

동양과 서양의 가치관

한국인의 지적유산에 대한 담론은 동서양 경계를 넘어 가치관의 지역적 차이가 어떻게 이념의 차이를 나타내고 있는가 살펴보는 것이 우선해야 한다는 결론으로 귀결된다. 각 지역은 자연 또는 지정학적 조건에 의하여 형성된 문화의 독창성을 나타내고 있다. 동양과 서양은 인류문명이 시작된 이후 수 천만년 동안 단절된 채 독창적으로 문명을 형성 하여 오다가 1488년 포루투갈의 바스코 다 가마가 아프리카의 최남단 희망봉을 돌아 대 항해 시대를 맞이한 이후부터 교류의 물꼬가 트이기 시작 했다.

서양과 동양은 이념적으로 건널 수 없는 강을 사이에 두고 있다. 우선 동양의 특징을 개요하면 동양인은 서양인에 비하여 주어진 운명에 순응하는 숙명적 인생관을 갖고 있다. 이들에게 하늘이라는 추상적 계시는 저항을 불허하는 절대적 권위 또는 통치자로 통한다. 한국인들이 주변 강대국의 흥망이 반복되는 역사의 흐름 속에서 "매만 영원한 약자"로 살아온 것도 하늘이 내려준 숙명으로 받아들이고 있다. 유교는 오히려 주어진 숙명을 극복하려는 노력을 지지한다. 유교에 배태된 사람들은 주어진 상황에 영구적 불만을 토로하거나 거기에 안주하기를 거절한다. 우물안의 개구리 운명을 피하여 보다 넓은 세상으로 나가기를 바란다. 우리 부모들의 극성에 아이들은 어려서부터 쓰라린 경쟁을 체험한다. 유교는 우리가 사는 사회의 이상형을 추구하기에 프라톤의 이데아를 생각하게 한다.

서양도 유일신 종교를 받아들이기 이전에는 자연신을 숭배함으로 하늘에 대한 공포와 존엄에서 숙명적 가치관이 내재하고 있었다. 유일신 종교는 인생의 항로에 인간의 의지와 목적성을 부여하고 있다. 현재 우리가 살아가는 세상은 고난의 바다가 아니라 새로운 세계의 도래를 약속하는 중간 단계이다. 서양인의 유일신적 해석은 자연을 의인화하고 가공 할 수 있는 조형적 세계로 이끌어 간다. 유일신은 모든 목적물에 생명을 주는 근원이며 이 세상에서 있는 모든 것은 신의 창조물이다. 자연도 그대로 되어 진 것이 아니고 신의 교묘한 솜씨가 빚어 낸 창조물이다. 아이삭 뉴톤도 신이 빚어낸 균형적 미에 경이로움을 피력한 바 있다. 따라서 유일신의 세계에서는 "우연" 같은 말은 찾아 볼 수 없다. 모든 사건에는 그것을 가능케 하는 잠재된 원인이 있다. 17세기부터 등장한 계몽사상은 인간으로 하여금 주어진 길을 거역하거나 자연적 경이에 도전 하는 모험성을 독려하고 추상적 개념을 구체적 실체로 변화시키려고 한다.

유교는 하늘에 대한 사유를 거절한다. 오로지 하늘은 존경하는 선조들이 기거하는 곳일 뿐이다. 따라서 하늘은 추상적 개념으로 만 존재한다. 유교는 육체적 생애를 능가하는 영혼의 개념을 신봉하지 않는다. 한국인들은 자손들의 가슴에 새겨진 선조들에 대한 기억을 통하여 자신들을 영원한 존재로 이어 간다. 앞으로 이어질 세대에 이름을 남겨두는데 영겁의 생을 찾고 있다. 유교의 믿음체계의 기저에는 인간중심 사상이 자리 잡고 있다. 유교의 대류는 사회적 조화이며 따라서 이 사상은 우리가 살고저 하는 세상과 인간행동의 이상형을 추구하고 있다. 도덕은 조화로운 사회를 구현하는 인간 행동을 말한다. 일상생활과 관련된 한국인의 좌우명으로 "사람답게 사는 것"이 최대의 희망이다. 유교는 항상 모범적 생활 형태를 정의하려고 하는데 이러한 이상형의 추구에 동조함으로서 인간이 타인과 조화롭게 살수있게 된다고 믿는다. 여기에는 다른 사람이 행복하기를 기원하고 자신에게는 엄격한 인격의 완성을 추구하는데 이타성 (Altruism) 이 존재한다. 한국인의 도덕적 의식은 다른 사람에 대한 존경으로부터 시작된다.

서양의 중세기라면 통상적으로 암흑기에 비유 된다. 허나 이 시기에 조용하던 질서체계를 뒤 흔든 사건들이 발생한다. 어쩌면 1000년이라는 기나긴 세월은 서양의 폭발적 혁명을 조성해 온 잠복기라고도 할 수 있다. 문예부흥은 종교적 지배하에 있던 증세기에 찬란했던 고대 그리스-로마의 숨결을 불어 넣는다. 종교 지배하에 있던 중세기는 이로부터 300여년이 지난 후 종교개혁 (Reformation) 에 휘말린다. 믿음의 자유기치 하에 세계는 카톨릭 권과 개신교 권으로 불리되어 30년의 세계대전을 치르게 된다. 이때부터 자유주의 사상이 발아하여 17세기의 계몽사상으로 이어 진다. 이 계몽사상은 이제까지 진리로 여겨 왔던 질서나 제도에 의문을 제기하기 시작 한다. 이제까지 절대시 했던 종교적 질서를 새로운 시각에서 보기 시작 했고 인간의 성취는 신에 의존 하는 것이 아니고 신이 인간에게 부여한 이성에 의하여 이루어지는 것이다. 이성은 신에 전적으로 의지하던 중세기 신 중심 세계가 인간중심 세계로 이동하는 계기를 마련해 주었다. 인간은 이제 신에 의존하지 않고 자기의 힘으로 무엇을 창출 할 수 있는지 부단히 노력하게 된다. 이성은 "올바름"(righteousness) 에 대한 내재적 의식으로, 인간으로 하여금 주어진 상황에 대한 올바른 판단과 지적결단을 가능케 하고 있다. 이성에 대한 의존도가 높으면 철학적으로 고귀한, 지적으로 고양된 인생목적을 추구하게 된다. 기술의 발전이 우리의 물질적 생활을 풍요롭게 하여 왔으나 그것이 어떻게 쓰이고 있는지 확인하는 도덕적 책임이 결여 되어 새로운 문제가 제기하고 있다. 여기에서 이성 만능 주의에 대한 도덕적 비판이 나오기 시작 했다.

도덕적 사고에는 두가지 측면이 있다. 하나는 집단적 의식인데 이는 도덕적 계시를 가슴 (heart)으로 부터 찾고 있다. 집단적 사고에서 인간은 정서적 행동에 경도 된다. 허나 개인중심이 강한 사람은 도덕적 계시를 머리에서 찾기 때문에 정서적 중화의 경향을 보인다. 집단적 사고에서 인간은 그 집단에 이로운 것을 추구하게 된다. 반면 개인중심의식이 강한 자에게는 집단보다 자기 자신에 이로운 것을 추구한다. 이 두가지 사고 패턴은 근본적으로 상치되고 있음을 보여 준다. 한 영역에서의 성인은 다른 영역에서는 악인이 될수있다. 자유민주주의는 근본적으로 집단 간 대립 또는 충돌 속에서 집단이익을 추구하는 정치구조이다. 공동체 리듬과 사회적 합의를 이상으로 보는 한국인의 귀에는 민주주의가 거칠고 번거롭게 들릴지도 모른다. "타인에 대한 존경"은 개인중심에서 볼 때 익숙된 용어가 아니다. 집단주의 의식에서 볼 때 개인중심 동기는 집단내의 인간관계체계를 어지럽히고 질서를 파괴 한다고 본다. 다시 말해서 집단규범은 자기이익추구에 합리적이려고 하는 개인의지를 제약한다. 한국인의 가치체계는 집단주의에서 출발한다는 것을 명심 할 필요가 있다.

한국인들 중에는 정서적 중립을 인정 없는, 냉혈적 태도와 일치되는 개념으로 보는 사람들이 많다. 이들은 어쩌면 따뜻한 마음의 소유자들이 라고 할 수 있다. 유교가 추구하는 인간 중심 주의는 사회 구성원 하나하나가 뜨거운 마음을 갖게 될 때 실현이 가능하다. 따라서 한국인들은 연민과 인간적 배려, 눈물 없는 이 사회를 통탄 한다. 이들은 다른 어느 것 보다 뜨거운 마음이 도덕적 행동을 이끌어 내는 가장 적합한 시작임을 역설하는 자들이다. 허나 뜨거운 마음이 과다 했을 때 공적업무 수행에서 가장 중요시 되는 공정성과 탕평적 사고를 호도한다. 이러한 감성들이 이익추구에 매몰되거나 공격적이고 부도덕한 행동으로 이어지지 않기 위해서는 비판적 사고에 의하여 억제되도록 유도해야 한다.

감성은 인간의 본질인 것 같다. 아무리 행동이 이성적이라고 해도 그 동기에 있어서 감정이 적게나마 개입될 수 있음을 부정할 수 없다. 인간 행동의 동기는 그 초기단계에서 단순한 자극에 대한 감정적 대응으로부터 시작된다. 행동이 감정에 호소할 때 결과는 이루고저 하는 목표로부터 멀어진다. 고대 그리스의 철학은 도시 국가 때부터 공과 사적영역을 구분해 왔다. 한국인이 공사를 잘 분별하지 못하는 원인은 정의적 행동 (affective behavior), 즉 인정에 집착하는 유교에서 비롯된다. 유교는 원래 부족국가를 통치하기 위한 합리적인 접근이라고 할 수 있겠으나 인간 상호간 신뢰범위가 좁아 현대사회 통치에는 적합하지 못하다. 유교의 통치기저는 사회적 결속이다. 허나 현대사회의 통치는 사회 구성 요소간의 균형적 안전성이다. 좁은 공간에서 사회적 결속을 추구 할 때 개개인의 행동은 정서적으로 흐르기 마련이다. 인간성은 감성적 행동과 괘를 같이 한다.

유교의 도덕성은 인간성, 즉 인간다움에 있다. 허나 사회 구성원간의 관계가 복잡해지고 범위가 커짐에 따라 이 부족주의는 가치를 잃어 간다. 그 대신 신뢰의 반경(The radius of trust)을 확대 할 수 있는 새로운 가치관이 형성 되어야 한다. 인간다움 대신 공정성 의식의 확대가 중요한 과제로 남는다. 법치주의는 공정성 위에 기반 할 때만이 실현 될수 있다. "우리 모두가 형제" 라는 기독교의 윤리도 사적 영역에서 출발 한다. 그것이 공적 영역으로 전환하려는 순간 그 효과는 소멸 된다. 여기에서 공적 영역이란 누구나 듣고 보고 접근 할 수 있는 것을 말 한다. 감성의 중화는 공정하고 탕평적 행위를 가능케 하고 공정성은 효율적 관료주의를 가능하게 한다. 한국인들은 사랑을 적극적으로 표시하기를 꺼려한다. 자칫 사랑이 밖으로 표현 될 때 그것이 한 쪽으로 기울어진 편애(Favoritism)가 될 수 있기 때문이다. 결론적으로 유교가치관은, 정의적 행동을 강조함으로서 가족 또는 부족중심 사회에서 만 그 효과를 기대 할수있다. 신뢰의 반경이 확장되지 못하고 있음은 보다 넓은 신뢰의 폭을 추구하는 연결가치(Intermediate value)가 결여 되어 있음을 뜻 한다.

오늘날 우리는 정치인들, 특히 대통령의 리더십에서 신뢰의 상실이 심각하게 나타나고 있음을 근심어린 눈으로 바라보고 있다. 이러한 현상도 유교가 지향하는, 따뜻한 마음과 정의적 행동이 관련 되어 있음을 부정 할 수 없다. 이것이 사와 공을 구분 하지 못하는 결과를 초래 할 수 있기 때문이다. 이 신뢰의 상실은 가족관계를 중시하는 한국의 대통령들을 많이 괴롭혀 왔다. 인간의 마음이란 원래 자기중심적이고 사적이익을 추구하게 되어 있다. 누구나 공직에 있는 동안에는 사적이익 추구를 의식적으로 견제하려는 노력이 있기 마련이다. 그러나 권력이 과도하게 비대해 지면 공과 사의 균형은 깨진다. 권력 행사에 있어서 신중함의 결여는 공적의식을 약화시켜 상대적으로 사적 욕망을 부상 시킨다. 우리나라와 같이 사회적 구조가 수직적으로 계층화 되어 있고, 자의적으로 형성된 비정부 기관(NGO)이 결여된 사회에서는 소위 지배층과 피지배층간 간격이 극명하게 나타나, 소수의 엘리트만이 최상층부를 점유한다. 이러한 힘의 구조에서 통치자는 상위 소수의 엘리트집단을 신뢰하게 되고 그들을 방패막이로 하여 그 뒤에 안주하려는 경향이 나타난다. 소수의 인간 방패막에 둘러쌓인 통치자는 점차 자의적이고 독선적이 됨은 물론 아무런 양심의 저지를 받지 않고 공적 책임으로부터 이탈 하려고 한다. 아무리 강한 리더십일지라도 사욕의 압박으로부터 자유롭지는 못 할 것이다. 통치자의 임기가 종착역에 접근 할 때 그 자손이나 인척의 비리가 들어나고 있음은 새로운 이야기가 아니다.

　효도는 한국을 비롯한 유교 국가에서는 절대적 의무가 된다. 여기에서 효도는 자기 회생을 수반한다. 서양에도 부모를 공경하는 예의가 있으나 이점에 있어서 유교권 국가와는 비교가 되지 않는다. 한국에서도 효도를 역행하는 것보다 더 악랄한 죄는 없다고 한다. 효도를 경시하는 자는 설사 법을 위반하지는 않더라도 이웃이나 친지로부터 "도덕의 매"를 면 할 길이 없다. 이는 한국인이 어느 나라 사람보다 부모에 대한 예의를 보다 잘 구현 한다기 보다 예의 실천에 그만한 고통을 감내 한다는 뜻이다. 우리의 도덕적 이상은 구름위에 있으나 현실로 나타나는 양상은 다른 나라와 다를 바가 없다. 한국과 같은 절대왕조에서도 역사상 인륜 도덕에 역행하여 왕좌로부터 축출된 예가 있었다. 허나 다른 죄, 즉 무능력, 지도력 결여, 난폭성, 비합법적 행위 등 국가의 위상에 심대한 굴곡을 남겨 처벌된 군주는 하나도 없다.

　서양의 절대왕조의 경우 오히려 도덕성 결여 때문에 처벌된 군주는 찾아 볼 수 없다. 대부분 지도력 결여나 무능력이 왕조의 교체를 이루는 계기가 되었다. 왕조의 장수는 군주에 대한 무조건적 충성에서 비롯된다. 우리나라의 왕권국가는 서양의 절대 군주에 가깝다. 군주는 하늘이 내린 통치자로 교체 되거나 도전 할 수 있는 대상이 아니다. 이것이 하나의 왕조를 오랫동안 지속시키는 결과를 초래 했다. 중국이나 서양의 왕조는 평균 200-250년 지속된 반면 우리나라 왕조는 가장 단명했던 발해 (200년)와 고려 (457년)을 제외하고는 최소한 500년 이상 지속 되었다. 신라왕조는 통일 신라를 포함하여 무려 1000년의 사직을 유지 하여 세계에서 그 유래를 찾기 힘들다. 한국인은 군주를 신의 반열에 놓고 아무리 그가 자격결함을 보이더라도 그것을 숙명적으로 받아들이고 인내 해가며 왕조존엄을 지존으로 생각해 왔다. 왕조의 장수는 한국인의 자랑거리가 된다. 허나 이 자체가 역사의 수레바퀴를 멈추게 하여 사회의 정체성을 초래 했다는 지적도 만만치 않게 들린다.

서양의 역사는 보다 많은 굴곡을 보여 역동성이 강한 반면 동양의 역사는 굴곡이 없는 직선적 정체성을 보여 왔다. 서양의 역사는 모든 나라가 동일한 힘을 갖고 있어 전쟁으로 얼룩진 역사이나 동양의 역사는 국가 간의 관계를 수직적 질서를 지키는 주종관계 의하여 비교적 평온한 사회를 구가해 왔다. 동양에서의 전쟁은 주로 북방 유목민의 침략에 의하여 발생했다. 서양에서의 대부분 전쟁은 종교적 원인에서 찾으나 동양에서는 종교적 의식이 그리 강하지는 않았다.

동서양의 사고방식에서도 큰 차이를 보이고 있다. 한국인을 예로 들자. 과거 한국인 지식인들 중에는 추리적 사고방식이 두드러진 특징으로 부각되고 있다. 이는 유교, 특히 성리학이 형이상학적 성격을 띄고 있다는 사실과 맥을 같이 한다. 경험적 증거가 부족한 상황에서 추리적 사고는 하나의 공리에 대하여도 서로 다른 해석을 내리고 있다. 따라서 추리적 사고의 논쟁은 격렬한 반응을 일으킨다. 한국인들 중에 공론가가 많은 이유가 여기에 있다. 논쟁이 공리를 위해서 존재하는 느낌을 준다. 사소한 일도 공리적 논쟁의 대상이 된다. 조선왕조 현종시기에 모든 정쟁이 예송논쟁이라는 블랙 홀에 빠져 당파간

정권 교체의 계기를 제공했다. 이같은 소모적 논쟁은 현대 정치의 특징으로도 잘 나타난다. 유교는 사회구조를 거미줄같이 연결 하여 사회적 결속을 추구 하나 그 결과는 정 반대로 나타날 때가 많다. 한국의 역사는 외세에 대항하여 막강한 사회적 결속을 보여주었지만 그 이면에는 결속과 분열이 공존해왔다는 믿기 어려운 사실이 존재 한다. 모든 도덕적 이슈는 한국인의 손에 의하여 "바름과 그름"의 이분법 논쟁으로 비화 된다. 한국의 지식인들의 도덕적 언쟁은 끝장을 보려고 하기 때문에 결국 승자와 패자를 가려내는 전쟁을 방불케 한다.

　서양의 역동성은 과거로부터 과감히 이탈함을 뜻 한다. 반면 비서구권의 역사적 정체성을 설명하는데 여러가지 요인이 있겠으나 그중 하나를 지적한다면 "귀납적 사고의 부재"를 지적하지 않을 수 없다. 인간관계를 중시하는 자들은 지식을 종합하고 일반화하는데 능력을 발휘하나 사물의 분석에는 약한 면을 보인다. 동서양의 발전과정을 비교할 때 저울의 추가 균형을 유지 할 때는 없었다. 14세기 전반부까지만 해도 동양문명이 서양문명을 앞섰던 것으로 나타났다. 서양에서는 14세기 중반 금속활자를 발명함으로서 커다란 역사의 전환점을 만들어 놓았다. 지적성장과 문화발전에서 정점을 찍었던 1760-1860 년대는 서양이 이미 동양을 크게 앞질러 가고 있었다. 동양에서는 성현을 많이 배출 했으나 코페르니쿠스, 갈릴레오, 뉴톤, 아인슈타인 같은 과학자는 배출하지 못했다. 계몽사상의 도래 이후 이성의 지배는 서양 사회의 정적인 균형을 흔들어 공리적이고 실질적 사고의 틀을 진작시켰다. 이 과정에서 성장의 신화는 자연을 인간필요를 충족시키는 하나의 도구로 전락시켜 놓는 부정적 결과를 초래했다.

현대에서는 몰인정하고 감성없는 객관성이 행동의 지침으로 유교적 온정을 대신하고 있다. 비인간성이 이 사회를 지배하는 한 인간은 내면으로부터 이탈하여 결국에는 자기의 정체성을 잃게 된다. 자기 정체성이 상실되면 대중사회에서 인간은 하나의 역할, 직업, 기계를 대변하는데 그치고 만다. 이러한 현상은 결국 인간을 대변하던 기계가 인간자체를 압도 하게 방치하는 결과를 초래 한다. 우리가 살고 있는 대중사회는 그 구조가 유동적이고 복잡하여 개인의 도덕적 행위의 결정은 상황적 요구에 맡겨 버리는 경향이 있다. 이제 개개인이 도덕적 결정을 내리는 주체가 되었다. 유동적 상황에서 적합한 도덕적 행위를 미리 정한 원칙이나 기준에 의하여 결정한다는 것은 사회여건상 바람직하지 못할 뿐만 아니라 실제로 불가능 하게 되어 있다. 이 주어진 상황에서 미리 정한 지침이나 원칙에 의존 함 없이 독자적으로 도덕적 행위를 즉흥적으로 판단 할 능력을 키우는 것이 가장 바람직하다.

한국의 통일왕조는 다른 나라 왕조보다 먼저 탄생했다. 이것은 아마도 민족과 문화, 국가가 서로 부합하는 단일 정체성을 이루었기 때문일 것이다. 고구려가 부족연합에서 왕권국가로 확대된 것이 372년 소수림왕이 불교를 국교로 천명한 때와 동일 시기이다. 이 시기부터 현제까지 한국인은 가장 긴 동질화 과정을 거쳤다고 볼수 있다. 이 왕권 국가 제도는 세월이 가도 변하지 않고 1910 한일 합병 때 까지 5대 왕조를 거쳐 지속 되어 왔다. 그동안 우리의 역사는 현재의 국가질서를 흔들 획기적 사건을 경험하지 못 했다는 뜻이다. 민족, 국가, 문화가 동일한 정체성을 오랫동안 유지 할 때 사회구성원은 자칫 종족중심 민족주의에 탐익 될 수 있다. 한국인은 어느 나라보다 민족의식이 강하다는 평을 받고 있다. 조선왕조 말기 외세의 위협이 커지고 있을 때 종족중심 민족주의는 정점에 이른다. 허나 민족주의는 어디까지나 자기만이 상상하는 추상적 개념이다. 종족중심 민족주의는 국가의 합법성을 제공한다. 현대국가는 복합 국가이다. 허나 단일 민족국가는 다른 민족과의 병합을 허락하지 않는다. 우리 민족은 하나의 국가가 여러 민족으로 구성 된 다는 보편적 사실을 예외로 보아 왔다. 엄밀한 잣대에서 보면 한국도 순수한 단일 민족 국가로 볼 수는 없다. 다만 우리가 그렇게 상상할 뿐이다.

국가이념이 좌로 이동 할수록 민족주의 광풍이 보다 거세진다. 북한은 아직도 종족중심 민족주의로부터 벗어날 징후를 보이지 않고 있다. 따라서 북한은 민족적 순수성을 자부하면서 남한이 친일 잔재를 버리지 못 하고 제국주의에 굴종하여 단일 민족의 순수성을 훼손하고 있다고 비난하고 있다. 세계화 추세는 종족중심 민족주의를 배격한다. 제1차 세계대전 당시 스탈린과 히틀러는 종족중심 민족주의를 표방하여 정적을 말살하는 수단으로 사용 하였다. 따라서 종족중심 민족주의로의 회귀는 가장 미개한 정치형태로 후진하고 있음을 뜻한다. 해방이후의 혼란한 정국을 볼 때 종족 중심 민족주의는 공산주의와 궤를 같이 하면서 자유 민주주의의 대항 논리로 사용 되었다.

인간성에 기초한 동양의 문화는 확산적 서양문화, 즉 이성의 파고에 쉽게 매몰 될 외톨이 섬이 아니다. 인간성에 기초한 동양 문화는 자연을 인간성과 분리 하여 보는 냉혈안, 즉 과학에 저항하고 있을 뿐이다. 인간성의 이타적 성향은 청교도의 윤리와도 궤를 같이 한다. 우리는 감성을 제어하고 타인을 위하여 자기를 회생할 줄 아는 사람이 되기 위하여 노력하고 있다. 또한 기계보다 인간적 가치를 더 중요시 하는 새로운 의식을 발전시키는 것이 우리의 과제이다. 이러한 역할은 동양의 가치만이 담당 할 수 있을 것이다. 오늘날 우리는 미래의 가치창조를 위하여 지금도 부여된 역할을 수행하고 있다. 로마 클럽 회장 오렐레오 부치의 경고를 귀 담아 들을 필요가 있다. "우리는 미래의 운명을 결정 하는 숙명적 역할을 현재에도 은연중 수행 해 나가고 있다. 문제는 이러한 우리의 이 역할이 과연 올바른 방향으로 가는지 아무도 판단하지 못하고 있다는 것이다."

(1). 일본의 역사는 적과의 대결에서 국민의 절대적 충성심이 광적 애국심으로 표출되는 현상을 보아왔다. 이 충성심은 천황에 신격을 부여하는 神道 사상에 근거를 두고 있다. 충성심은 무사에서 영주로, 영주에서 쇼군으로, 쇼군에서 궁극적으로 천왕까지 단계적으로 올라간다. 무사의 충성심이 천왕으로 직접 향하는 것이 아니다. 영주와 쇼군이 충돌할 때 무사의 충성심은 갈 곳을 잃게 되고 결국 극단적 선택을 하는 경우도 있다. 이러한 단계적 구조와는 달리 한국인들의 충성심은 군주를 향하여 곧게 올라간다. 일본에서 영주에 대한 절대적 충성심이 모반으로 변질되는 가능성이 농후하다.

(2). 이기론은 음과 양이 충돌하는 우주질서를 대변한다. 인간이 사는 세

계는 우주의 축소판으로 보고 있다. 음과 양의 관계는 이기간의 충돌로 설명된다. 理는 불변의 영구적 원리를 지칭하고 氣는 수시로 변하는 감정으로 표현된다. 理는 인간의 마음의 내면을 말하며 氣는 이를 움직이게 하는 동력을 부여한다. 우리 사회는 어느 한편으로 경도되는 것에 경중을 울린다. 양자 적당히 상호 보완 관계를 이룰 때 안정을 찾게 된다.

(3). 한국의 전통사상이 외래 사상과 만나 혼숙을 하던 때가 영정조 시기에 해당된다. 이 두 현군하의 조선왕조는 당쟁이 완화되어 사회적 안정기에 들어 왔다고 볼 수 있다. 조선의 지식인들이 새로운 사상을 흡수하기에 적합한 사회적 분위기가 조성되였다. 이시기에 천주교가 조선 땅에 안착했고 유교에 새로운 사상이 접목되어 실학의 탄생을 보게 된다. 이 시기가 오래 지속되었다면 조선은 역사의 다른 길로 들어섰을 것으로 추정된다.

[제 **4** 장]

한국인의 특성

인가은 독립적 개체로서 자신을 "나"라고 부를 수 있는 동물이다

한국인의 가치 의식

 한 민족 또는 정치집단의 특징을 찾는다는 것은 무모한 노력일지도 모른다. 어느 집단도 다른 집단보다 뚜렷한 차이의 행동이나 태도를 보이지 않는다. 따라서 앞으로 설명 할 한국인의 특성은 개략적으로 정의 된 프레임에 의존하고 있다. 흔히 한국인의 성격을 논 할 때 조급하고 폭발적이라는 말을 쓴다. 그러나 이러한 정의는 실제와 많이 다르다는 의견도 만만치 않다. 문제는 현상적 기술이 한국인의 근본적 성격과 상당한 차이가 있음을 보여준다. 그동안 한국인은 많은 변화를 겪어 왔음에도 불구하고 한국인의 가족적 또는 사회적 구조는 아직도 수직적이고 집단 중심 성향을 벗어나지 못하고 있다. 현대 한국 사회는 전통가치를 지탱하고 있는 모태가 되고 있다고 해도 틀린 말은 아니다. 표면상으로 역동적인 가치의 이면에는 과거로부터 내려오는 전통적 가치가 새로운 가치에 저항하고 있다. 전통적 가치가 아직도 그 위용을 자랑하고 있는 지 아니면 그것이 어떻게 변화를 거역 해 왔는지 살펴볼 필요가 있다.

 19세기 까지 조선왕조는 세계로 부터 완전 단절된 고립주의를 지탱해 왔다. 이 고립된 왕조는 유교가 독단적 위치를 점유할 환경을 조성해 주었다. 유교는 독단적 위치를 지탱하고 있어 조선 왕조가 대안적 사상을 제시할 여유를 주지 않았다. 이웃 국가인 중국이나 일본은 국가를 부흥시키는 동시에 제국주의와 싸우는 이중적 부담을 안고 있는 동안 조선의 지식인들 (유생)은 서양의 열강에 문호를 개방하는 것에 결사적으로 반대해 왔다. 이 결사적 반대의 이면에는 하나의 사상적 도그마가 깊은 뿌리를 내리고 있었음을 알 수 있다. 서양 열강에 문을 개방하는 것은 우리 선조가 지켜온 신성한 이 땅이 야만인의 발에 더렵혀질 것이라는 기우를 낳고 있었다. 중국과 일본은 서양 제국주의에 굴종한 반면 조선은 아시아 가치의 유일한 보루로서 그 기치를 높이 들고 이를 수호해 왔다는 데 자만해 왔다.

무엇 보다 수직적이고 집단적 의식이 한국인의 가장 근본적 가치가 되고 있다. 이 인식은 사회적 또는 제도적 구조에 심오한 영향을 미쳤을 뿐 만 아니라 한국인이 사고하고 행동하는데도 중요한 변인이 되고 있다. 수직적 또는 집단적 사고는 한국인의 사고와 행동을 논하는 담론에서도 후렴처럼 반복적으로 나타난다. 이러한 인식은 한국인이 식민통치, 해방 후의 혼란과 한국전쟁을 겪으면서도 야생초처럼 명맥을 이어왔다. 현재 한국에서 단일 혈족의 유대가 강하게 나타나고 있다.

수직적 가치 의식

수직적 의식은 수평적 관계를 무력화 할 만한 강한 압력을 낳는다. 인간관계에서 선임자는 존경과 특권이 부여 된다. 이 선배 의식이 수직적 사다리를 올라가는 사람들의 발길을 비쳐준다. 유교는 불평등의 개념을 포함하고 있어 모든 인간관계의 수직적 구조를 당연시하고 있다. 소위 오륜이라는 인간관계는 불평등의 기초위에 있어 인간이 살아가는데 지켜야 할 질서와 동등한 위치에 있다. 유교가 말하는 불평등은 그 자체가 질서가 된다. 성리학은 수직적 질서를 우주가 작동하는 기본 원리로 규정한다. 해와 달 그리고 별들은 지정된 괘도를 따라 돌아가고 있어 이것이 계절의 질서있는 변화를 유도하고 있다. 통치자와 백성을 하늘과 땅으로 비유한 것은 우주의 수직적 질서를 따른다는 원리가 반영되어 있다. "우주가 평온을 유지하고 있음은 바로 이 수직적 질서를 따르기 때문이다" (이상은, 1976, 240). 불평등의 개념은 조화로운 사회의 질서와 괘를 같이 한다.

모든 인간은 동일한 능력을 갖고 태어나는 것이 아니다. 소수의 현자는 대다수의 범인을 다스릴 능력의 소유자이다. 역할의 수직적 차등화는 모든 조직의 기본구조가 되고 있다. 다른 사람을 지도할 위치에 있다는 것은 모든 덕목을 내면화해야 할 의무를 준수할 필요가 있음을 강조한다. 유교 사회의 수직적 구조는 소수 엘리트의 신분 상승을 정당화 한다. 이들의 신분상승은 그만한 윤리적 부담이 따른다. 신분상승은 사회 질서를 대대손손 유지하기 위한 사회적 수단으로 볼 수 있다.

덕치는 통치자에 대한 백성의 자발적 충성에 의존한다. 덕치는 충성을 강요하지 않는다. 백성의 충성을 유도하는 통치자의 능력은 유교의 윤리적 덕목을 실행함에 달려 있다. 통치자가 하늘의 계시를 따른다는 것은 진정한 민의가 어디에 있는지 파악하는 능력을 말한다. 통치자는 백성의 어버이로서 역할을 다하기를 바라고 있다. 하늘의 계시가 인간생활과 관련을 맺는다는 것은 인간 생활이 우주의 질서를 따른 다는 뜻을 담고 있다. 인간 생활과 우주는 하나가 된다.

수직적 관계는 국가 간의 관계에도 적용된다. 중국은 주 (Primary), 조선은 종(subject)의 관계에 있었다. 조선은 중국에 비하여 자신을 스스로 낮게 보아 온 반면 다른 국가에 비하여 자신을 높게 보아 중국에 대한 자기 비하를 보상하려고 했다. 수직적 관계는 가족 구성원 간에도 적용되었다. 이 수직적 관계를 통하여 사회적 신분에 대한 강한 집착력을 길러왔다. 인간은 언제나 높은 사회적 신분을 지향하는 욕망으로 채워져 이로 인하여 수직 계급이 형성되었다.

가족은 사회에서 가장 작은 단위이나 이 기본 단위가 지역사회와 국가로 발전 할 수 있는 연속선상에 놓여 있다. 따라서 사회는 하나의 큰 가족과 동일 시 되었으나 가족적 특징인 단순성만 보아왔기에 사회적 다양성과 갈등적 요소가 작용하는 사회를 보지 못하는 우를 범하기도 했다. 한국인의 고질적 특징인 권위주의도 불평등 인간관계로부터 시작되어 소수의 엘리트 집단의 지도적 역할을 강조한다. 외국인의 눈에 비친 한국의 권위주의는 인간의 자유로운 행동을 제어하는 구속력을 갖고 있다. 한국인은 위로부터 오는 명령만을 실천하는 수동적 습관에 익숙해 졌다. 이러한 상황에서도 합리적 권위주의가 태동할 수 있어 각 개인이 자기 능력을 최대한 발휘 할 수 있게 한다. 이러한 성향은 유기적 관계로 결속되어 있는 조직에서 잘 나타 있다.

집단적 의식

한국인의 집단적 의식은 가족성원 간의 관계로부터 비롯된다. 뚜렷한 국경을 갖춘 작은 영토와 단일 가치체계는 문화의 동질성을 갖어왔고 외국인에 대한 한국인의 단결을 촉진시켰다. 집단을 분리시키는 자연적 원인이 부재하여 한국인은 단일 집단을 중심으로 자신들을 결속시켜 외부인에 대항 해왔다. 가족이나 혈연을 중심으로 한 결속이 가장 큰 힘을 발휘하게 되었다. 강력한 중앙 집권체제와 단일 문화체제 하에서 집단화라는 인위적 결속이 가능 했다. 여기에 한 프랑스 외교관이 한국에서 살면서 느낀 소감을 소개한다.

"한국인은 개인으로 존재하는 것이 아니고 언제나 집단의 일원으로 정체성을 나타낸다. 따라서 개인의 희생은 집단의 이익을 위하여 정당화된다. 다른 집단을 위한 이타성은 존재하지 않는다. 개인의 단점은 마치 여성들이 짙은 화장이나 성형에 얼굴을 감추듯 집단속에 매몰된다. 프랑스 친구들은 오랫동안 소원해 있다가 만날 때 와인을 마시며 그동안 일어났던 일들에 대하여 담소한다. 한국인들 간에 이러한 일이 생기면 소주잔을 비우며 담소 하나 여기에는 친구들 간에 감정의 융화가 발생한다. 개인 간에는 간극이 없어져서 감성이 자유롭게 이입된다. 여기에는 프라이버시가 개입될 여지가 없어진다. 한국인은 집단 속에서 즐거움이나 위안을 추구하려고 한다."(코리아 헤럴드 2007.8.15)

한국인은 사회 집단이나 인간관계 속으로 들어가려는 욕구가 강하게 작용한다. 따라서 한국인의 사교범위는 혈연이나 고향친구로 구성된 일차 집단의 범주를 탈피하지 못하고 있다. 고대 중국과 같이 북방 민족의 침입으로 사회가 어지러웠던 시절 유교는 조화로은 질서를 유지하기 위하여 그 존재감을 들어냈다. 가정안의 평화는 건강한 사회의 초석이 되었다. 가정안의 조화와 평화에 대한 염원은 유교의 도덕 규범에 잘 나타나 있다. 오륜에 반영된 덕목은 가족이나 국가의 이익을 위하여 개인을 회생해야 한다는 의무를 강조한다.

　유교가 가정의 중요성을 강조하는 것은 그 나름의 이유가 있으나 이를 비판하는 시각도 만만치 않다. 가정이나 집단의 이익에 개인이 회생해야 하는 요구는 시대정신에 부합하지 않는다고 한다. 그러나 이 주장은 오륜에 나타나 있는 인간성이나 호혜적 평등을 모르고 하는 말이다 (이을호, 1975, 35). 유교는 씨족사회를 배경으로 태어나 구성원 간 관계를 연결해주는 실로 비유된다. 공자는 충성이 어버이에 대한 의무로 발생했으나 이 개념이 통치자와 국가로 이어주는 연속선상에 있다는 것을 강조 해 왔다. 가정의 중요성에 대하여 비판적 시각이 있다 해도, 가부장적 권위가 통치자 권위로 곧바로 이전할 수 있다는 주장에 유의할 필요가 있다. 통치자 권위에 대한 개인의 태도는 가부장적 기강에 의하여 형성되는 것이지 가정과 사회를 연결하는 제도에 의하여 결정되는 것은 아니다. 공자는 가족 구성원 간의 관계가 통치자나 국가와 사회와의 관계에 직접 적용되고 있다고 보았다.

　"관계"라는 개념에 대한 한국인의 감성은 가정이 사회생활의 기초가 된다고 보는 시각 때문에 더욱 예민해 진다. 이로 인하여 모든 구성원에 적용되는 가정의 윤리 규범이 발생한다. 도덕적으로 타락한 자에 대하여 친척들이 행하는 윤리적 규제는 법에 대한 감각이 상대적으로 약하다는 것을 설명하고 있다. 가족이나 지역사회가 행하는 "매"는 일반적 개념의 법과 대치한다. 한국인은 개인으로 남아 있기보다 친구 간 아니면 혈족 간 형성된 집단속으로 들어가려고 한다. 한국 사회에서 동창회, 향우회, 동우회등 지역적 유대가 왕성해 지고 있는 이유를 여기에서 찾을 수 있다. 이들 모임은 자발적으로 형성된 비정부기관(NGO)과는 다른 면모를 보이고 있다. 가족적 유대가 강하면 그만큼 타인에 대한 배타성이 강해진다. 너와 나 또는 우리와 저들간의 경계를 그려 피아 간의 차이를 부각시키는 경향이 강하다. 한국인의 고질적인 당파싸움도 배타적 집단 형성으로부터 유래되고 있다.

수직적 의식과 집단적 의식은 서구사상이 신성시하는 평등주의와 개인주의에 반한다. 서구사상을 논하다보면 기독교 사상과 계몽주의에 착시하게 된다. 서양의 중세기는 기독교의 지배하에 들어가 신 중심사회를 이루었으나 계몽사상의 대두와 함께 인간중심사회로 전환하게 되었다. 계몽사상은 신 중심사회의 미스터리에 의심의 눈을 돌리기 시작하여 과학적인 접근으로 신 중심사회의 미스터리를 파헤치기 시작했다. 이 새로운 지적 운동은 국가의 권위와 법으로부터 개인을 해방시키는 결과를 초래했다. 이것이 개인주의의 효시이다. 서양의 발전을 가져온 동인으로 맑스 베버는 개신교의 근로윤리를 들고 있다. 이 근로 윤리는 자본주의의 발전의 동인이 되고 있다. 베버에 의하면 유교는 자본주의적 근로 윤리를 볼 수 없는 가장 낙후된 사상이다. 베버의 주장은 칼맑스, 탈 쿠트 파슨, 칼 빈트포겐의 이론과도 맥을 같이 한다. 이들의 주장은 최근 유교 국가들이 이룩한 경제적 성장을 지적하는 아이크만의 논리를 부정한다. 유교는 조화와 협력을 강조함으로 서로 경쟁 관계에 있는 이익단체들 간 "합리적 전쟁"을 수행할 기회를 잃어 버린다고 베버는 주장한다. 중국은 크기에 비례하는 분열적 요소를 가장 많이 갖고 있는 국가이면서도 역사상 대부분 통일 국가를 이루어 서양 국가들을 괴롭혀 온 "긴장된 평화"를 한번도 경험하지 못했다. "긴장된 평화"의 부재는 자본주의적 발전을 저지한다. 그러나 베버의 주장은 비판을 피할 수 없게 되었다. 한국인은 조화와 평화가 변화로 이어지는 발효의 시점이 되어 왔음을 지켜보았다.

한국인의 윤리 의식을 지배해온 유교의 가치관은 현대 한국 사회에서 침체된 느낌을 준다. 그러나 유교 가치관의 일부는 침체 성향에 완강히 저항하고 있어 한국인의 특정한 문제의식에 큰 영향을 미치고 있다. 한국인들은 아직도 계급의식, 권위주의, 인간관계의 매력을 완전히 저버리지 못하고 있다. 계급의식이 지배하는 사회에서 인간적 온정이 아직도 살아 있어 한국인의 행동유형에 영향을 미치고 있다.

가족주의와 혈연

인간관계를 설정하는 오륜 중 3개는 가족의 수직적 구조를 설명하는데 이들은 가족의 질서있는 생활과 구성원 간의 결속을 강조하고 있다. 가족의 질서와 결속은 사회와 국가로 확대 되어 그대로 적용될 것으로 기대하고 있다. 가족은 모든 사회적 관계의 시작이며 각 개인의 삶의 의미를 발견하는 것은 가족 안에서 이루어진다. 서양에서는 각 개인을 정체성을 갖춘 독립적 개체로 보는 반면 한국인은 개체로 구성되는 가족이 정체성을 갖고 있다고 믿어왔다. 개인은 그보다 더 큰 조직의 이익을 위해서 존재한다고 보는 시각 때문에 개인으로서는 존재가치를 잃어버린다고 본다. 가족의 목적과 배치되는 개인 목적은 존재하지 않는다. 가족 구성원들을 하나의 정체성으로 결속시키는 것이 혈연이다.

한국인의 가족 중심 사상은 인간관계의 네트워크가 확장해나가는 원심분리의 힘을 제어하는 인력 (引力)의 역할을 한다. 따라서 한국인으로서는 인간관계의 네트워크가 가족이나 친한 벗의 범주를 벗어나는 것을 좀처럼 보지 못한다. 이같이 편협된 네트워크는 전쟁 터에서는 참호에 비유된다. 참호 안에 있는 한 아늑하고 안전한 느낌을 갖게 된다. 담대한 사람 만이 이 참호를 벗어나 미지의 세계로 나간다. 프란시스 후크야마는 한국을 비 신용국가의 범주 안에 놓고 있다. 한국인은 낯 모르는 사람과 교제를 가능케하는 자발적 사회성이 부족하다고 한다. 한국의 가정은 지나칠 정도로 결속력에 집착하여 가까운 혈족이나 친한 친구로 부터의 지원에 삶이 크게 의존하고 있다 (데니스 포트레바 레트 1998, 223). 무속의 관점에서 보면 가족은 유령의 바다에 떠있는 섬에 불과하다. 여기에서 유령이란 불행한 죽음을 당한 선조들을 말한다. 이들은 노여움과 화를 잘 내고 제사를 통한 유화적 조치가 없으면 산 사람들을 해한다고 한다. 이러한 관점에서 가족이란 악령의 공격으로부터 우리를 보호하는 보루로 비유된다. 가족 밖에 있는 사람들은 모두가 우리를 해하는 잠재적 악마가 된다.

가족은 개인이 사랑의 달콤함을 느끼고 삶의 의의를 추구하는 곳이다. 또한 가족 구성원 간 희생과 지원이 교차하는 곳이다. 한국인은 미지에 대한 두려움을 노출하고 있으며 이들이 새로운 각오를 갖고 낯설은 세계로 나아갈 때 그 출발점이 바로 가족이다. 가족이나 혈연이 없으면 한국인은 물을 떠난 고기와 같다. 외부인에 대하여 한국인은 무례하고 예절의 품위를 지키지 못한다고 비난 받고 있다. 가족의 과잉보호와 편애는 일종의 부족주의 산물이며 사회적 행위의 장을 넓혀 가는데 장애가 된다. 부족주의가 쇠퇴하면 도덕적 감각도 무뎌진다는 교훈을 우리는 역사를 통하여 알 수 있다.

한국인은 아직도 동본동성과 결혼을 금하고 있다. 인류학자들에 의하면 한국인은 아직도 원시적 사회에 머무르고 있다고 한다 (휴 맥케이 1993,273). 동성동본 결혼 금지조항을 제거하기 위한 입법부의 조치가 수차 시도 되었으나 유교의 인륜도덕에 반한다고 하여 극렬 보수층의 반대에 의하여 실패로 돌아갔다. 동본동성이라도 먼 친척이라면 결혼이 가능하다고 주장하는 자는 혹독한 사회적 매를 각오해야한다. 한국에서 피(Blood)는 하나의 성우 (聖牛)로 간주된다. 한국의 가정 혼례와 관련된 전통과 습관은 변화의 장애가 된다. 이혼이나 재혼은 오늘날 한국 사회에서 흔히 있는 현상이나 피의 신성함과 가족의 결속을 위한 집념으로 인하여 이에 대한 사회의 눈은 아직도 싸늘하다. 한국에서 재혼이 어떻게 인식되고 있는지 하나의 예를 들어 설명해 보자.

"어머니는 남편을 잃은 뒤에 두 딸을 혼자서 키워왔다. 직업은 공무원. 얼마가지 않아 어머니는 아내를 잃고 두 딸을 혼자 키워온 한 남자와 재혼을 하게 된다. 그러나 어머니 보호하에 있는 두 딸의 가족 성은 새아버지의 성과 달랐다.
이로 인하여 두 딸은 학교에서 친구들의 놀림을 당했다. 행복해야 할 이 신혼가정에는 어두운 그림자가 들기 시작했다. 두 딸로 인하여 어머니는 큰 고민에 봉착했다. 한국의 현행법에 의하면 두 딸은 사망한 부의 성을 갖도록 되어 있기 때문이다. 입법부 당사자들도 피를 신성시 하는 현행법과 새로운 사회적 요구사이에서 갈등을 보이기 시작 했다 (곽배희 2003,49).

바로 이 사건은 재혼한 어머니와 그 가족이 겪어야 할 문제점을 잘 설명해 주고 있다.

가족에 대한 강한 감정은 한 회사나 조직체를 대가족으로 보고 있다. 회사도 가정과 같이 가부장적 문화를 갖고 있다. 회사 대표의 선출은 가족 또는 친지관련 범위를 벗어나지 않는다. 회사 대표는 준엄한 아버지의 상을 반영한다. 권위주의 리더십은 강한 중앙집권 형 경영에 나타난다. 한국인은 일단 회사직원으로 채용되면 직업의 안전을 도모하기 위하여 상세한 직무와 의무를 기술하는 계약서를 체결하는 대신 회사를 운영하는 자에 대한 충성을 맹세하는 경향이 있다. 흔들리지 않는 충성이 고용 안전을 도모한다고 믿고 있다. 직원을 해고 할 때 회사 대표의 비인간적 처사를 직접 느끼지 않도록 아주 교묘한 방법으로 처리한다. 회사 대표는 그 회사를 리드 해 나갈 지도자 선정에 친척이나 친구범위를 넘는 사람들에게 신뢰를 주지 않는다.

제한된 집단 공간에서 인간관계를 중시하다 보면 의사결정이 합리성이나 투명성을 보이는 사례를 보기가 힘들다. 정서적으로 얽혀 있는 유대는 법에 의하여 사무적으로 처리하는 것을 싫어한다. 인간관계에서 그 간극이 좁아 질수록 법이나 계약에 의하여 처리되는 기회는 적어진다. 법에 의하여 처리될 때 오히려 인간적 모욕감을 느끼는 경우가 있다. 한국인은 모든 해결책이 다 무위로 끝났을 때에야 비로서 법정으로 간다. 법률적 힘이 발동한다는 것은 그 회사는 제도적으로 문제가 있거나 불안정하다고 믿고 있다.

한국에서 하나의 가문은 조상을 같이 하는 혈통을 말한다. 가문이 발달한 중국이나 한국에서 성(姓)은 조상을 식별하는 수단이 되고 있다. 대부분 이름은 두 글자로 구성되어 첫 자 아니면 둘째 자는 그 가문의 계보를 나타낸다. 일본에서는 성이나 계보는 평민들에게는 그다지 중요한 것이 아니었다. 중국에서는 같은 성을 갖인 사람이면 모두 한 조상에 속한 것으로 믿어지나 한국에서는 같은 성이라도 다른 조상을 갖고 있다. 이를 식별하기 위해서는 조상의 출생지를 밝히는 것이다. 한국에서 김씨가 가장 많다. 조상을 식별하기 위하여 "김" 앞에 선조의 출생지 "안동"을 놓으면 "안동 김씨"가 된다. 안동 김씨는 경주 김씨와 같은 성을 유지하면서도 조상이 다르므로 "최"와 "민"같이 서로가 먼 거리에 있음을 말한다. 같은 조상 안에서 10촌 이상 벌어저 도 양가 간 결혼은 불가능하다. 이러한 현상은 조상숭배로부터 연유된다. 근친 간 결혼은 어느 사회이건 원칙적으로 금지되어 있다. 제도적인 이유가 아니더라도 같은 조상아래서 동일 혈족간 결혼은 본능적으로 불쾌감을 주기 때문이다. 원시사회에서 결혼은 양 가문의 동맹을 의미한다. 결혼으로 인하여 노동이 추가되면 경제적 이점이 되므로 결혼의 필요성을 뒷받침하고 있다.

조상 숭배

가족이 사회의 기초로서 중요성이 강조되고 있으나 그 개념은 아주 좁은 공간을 의미하며 이 좁은 공간에 한국인의 의식이 뿌리를 내리고 있다. 가족이라는 개념은 과거, 현재와 미래를 이어주는 연결고리로서 끝없는 시간의 흐름을 상징한다. 가족은 태고 적부터 내려와 현재의 한 시점을 나타내며 앞으로 나아 갈 끝없는 미래를 향하고 있다. 한 가족이 의미하는 시간대는 무한 한 것이다. 자손들은 수백년 전 그들의 선조가 이룩한 일들을 이야기하는데 많은 시간을 보내고 있다. 먼 과거에 살았던 선조가 마치 근래에 살았던 것처럼 이야기하고 있다. 선조에 대한 칭찬은 가끔 업적을 과장하여 설명하는 경향으로 이어진다. 선조를 칭찬하지 않는 한국인은 그리 많지는 않을 것이다. 한국인은 선조와 현대를 묶어 하나의 공동 운명체를 이루고 있다. 가족 간의 결속을 통하여 인척들로 형성된 집단을 형성하는데 이를 서양인은 한국 특유의 네퍼티즘 (Nepotism) 현상이라고 한다.

기독교적 개념의 영혼 불멸론이 들어오기 이전에 우리의 조상들은 어떻게 불멸에 대한 염원을 만족시킬 수 있었을까? 유교적 해석에 따르면 불멸론이란 망자에 대한 기억이 후손들에 의하여 즐겁게 회자되는 것을 말한다. 한 사람이 존재했다는 사실은 계속되는 인간관계에서 후손들의 의식속에 한 자리를 찾이 한다는 뜻이다. 한국인 개개인은 자기를 기억해줄 혈손이 있다는데 큰 위로를 갖고 있다. 한국인 각 개인은 아들이나 손자에게서 자기의 이미지를 보고 있다고 한다. "이들이 나를 무한대의 미래로 이끌어 갈 사람들이다" (류석춘 2013).

한국인에게는 "나를 위한 생활"은 성립되지 않는다. 한국인들은 미래 자손들을 위하여 살고 있다. 현재를 살아가는 젊은이들은 과거에 대한 감성을 빨리 잊어버리고 있다. "나"라고 하는 존재가 과거-미래와 연계되어 있다는 사실을 망각하고 있다.

가족의 수직적 구조는 시조로부터 현재에 이르는 모든 혈족을 시대별로 기록해야 하는 의무를 지우고 있다. 인간은 부단히 교체되는 세대 속에서 존재의 가치를 발견한다. 가족은 선조의 빛나는 업적과 행위를 시대별로 기록한 족보를 보유하는데서 큰 위안을 갖거나 자랑으로 여긴다. 신분이 낮은 가족도 족보를 갖고 있다고 하나 이것은 보여주기 위한 쇼에 불과할 수도 있다. 이러한 상황에서 족보를 위조하는 경우도 발생한다. 족보를 갖고 있지 않음으로 가족은 천인대우를 받을 것을 우려하기 때문이다. 어두운 과거를 갖는 가족은 과거에 대하여 좀처럼 입을 열지 않는다. 반대로 호주인들은 그들 조상이 죄수였다는 사실을 부끄럼 없이 실토한다. 조상을 신성시하는 곳에는 조상을 위한 제사 의식이 복잡하고 까다롭다. 인류학자들은 의식이 단순하거나 익히기 용이한 경우 이를 미개 사회로 본다. 제사는 아무리 의식이 복잡하다 해도 반듯이 이행해야하는 의무이다. 그 의식이 단순화 되였다 하여 무시하거나 걸러서는 안될 일이다.

매년 기제사는 현재에 사는 세대로부터 4대 조상까지 올라간다. 따라서 제사는 장손에게 경제적으로나 심리적으로 큰 부담이 된다. 조선왕조에서는 제사를 지내지 않거나 지정된 절차를 따르지 않을 때 정부의 개입을 정당화하고 있다. 가정의 문제를 들어 정부가 개입한다는 것은 국가의 역할이 무소불위의 막강 권력이라는 것을 말해 준다. 카톨릭이 들어왔던 초기에 조선의 신자들은 위패없이 제사를 지냈다하여 혹독한 매질을 당했다. 심지어는 이로 인하여 사형까지 이르게 된 경우도 있었다. 일본에는 조상숭배가 없고 하나의 조상을 중심으로 하는 혈족 집단도 없다. 족보대신에 각 가정은 가문을 상징하는 휘장을 갖고 있어 그 자체가 정체성을 대변한다. 일본인의 조상 숭배는 보다 큰 지역사회 (Commune)를 중심으로 한 공동체와 운명을 같이하고 있었다. 한국에서 제사는 후손들로 하여금 조상에 대한 기억 속에서 살게 했다. 효도는 부모의 사후에도 계속되어야 한다는 의무를 상기시켜준다. 효도에 관한 한 산자와 죽은자를 구분하지 않는다. 가문의 영광은 태고로부터 시작되는 끝없는 미래로 뻗어나갈 가능성에 두고 있다. 과거, 현재와 미래를 축으로 하는 시간대를 따라 조상의 기억이 빠르게 이동한다. 수 백년 전의 조상이 가까운 과거로 이동하여 그에 대한 기억을 새롭게 한다. 후손들에게는 선조들이 항상 그들과 함께 있다는 것을 되 새긴다. 조상의 기억이 자유롭게 이동하고 있다는 것은 먼 과거와 먼 미래를 가까운 곳으로 끌어 당기는 힘이 존재함을 암시한다. 과거 어느 시점의 일이 어제의 일이요 먼 미래의 일은 내일의 일이 된다.

시간의 개념에 관하여 현재가 그 안에 과거를 품고 있는 것과 같이 우리는 몸속에 조상들의 거주지를 갖고 있다. 현재 속에는 조상과 우리가 함께 후손들로 옮겨 간다는 미래가 깃들어 있다. 과거, 현재, 미래가 무한의 시간대를 형성하고 있다. 아들 선호사상은 혈통을 면면히 이어가고 제사를 받드는 역할을 아들에게 만 담당케 함으로 피는 남성을 통해서만이 흐른다는 원리를 강조한다. 한국인 부모들은 아들을 연속적으로 탄생시키는 데서 불멸의 생의 흐름을 발견하게 된다. 효도는 가정의 회륜(回輪)을 간단없이 돌아가게 한다. 가정의 결속은 부자간의 관계를 계속적으로 유지시켜주고 효도에 의하여 굳건해 진다. 개체의 정체성은 계속적으로 교체되는 세대 중 어느 세대에 위치하느냐에 따라 결정된다. 아들이 없다는 것은 한 가문의 무한한 존재가 비운의 단절로 이어진다는 뜻이다. 아들을 보지 못한 부인은 수시로 나타나는 조상의 유령에 시달린다. 악몽이 그들을 기다리고 있다. 한국에서 부모에 대한 효도는 통치자에 대한 충성보다 중요하고 보다 근원적이다. 충성이 개인으로부터 사회나 국가를 대상으로 확대해 나간다. 일본의 효도는 한국의 효도에 비하여 가족이나 혈연 집단에 대한 고착관념이 약하기 때문에 충성을 천황과 국가에 귀착시키고 있다. 막강한 가족 의식이 결여된 상황에서 충성은 비가족적 개념인 영주와 천황으로 비화하기가 용이해 질 수 밖에 없다.

여기에서 모든 시민은 다른 영주와 경쟁에서 살아남기 위한 운명 공동체를 결성하게 된다. 운명 공동체를 강조하는 것은 싸우는 전사들의 희생적 충성을 요구한다. 사무라이의 영주에 대한 충성은 절대적이다. 천황에 대한 충성은 신도(神道)의 부활을 의미한다. 천황은 신적 존재로서 모든 당파적 분쟁을 초월한다. 부모에 대한 효도는 천황에 대한 충성과 층돌 할 때 빛을 상실한다. 이것은 부모가 그의 중요성을 잃어서가 아니라 계층화 된 충성의 사다리 때문일 수도 있다 (루쓰베네딕트, 1946, 119). 사무라이는 영주에게, 영주는 쇼군에게, 쇼군은 천황에게 층성을 맹세한다. 사무라이가 영주와 쇼군사이에서 갈등을 유발 할 때 자결로 해법을 찾는 경우가 많다.

권위주의

수직적 사회구조의 산물

　권위주의는 수직적 사회구조에서 생성된 결과이다. 한국사회가 민주주의를 표방하고 있지만 이 사회는 아직도 전통사회의 특징적 잔재로 부터 자유롭지 못하다. 권위주의를 논하다 보면 가부장적 권위주의가 먼저 떠오른다. 그러나 수직적 구조는 비단 가족에 국한된 것만은 아니다. 인간관계의 수직적 구조는 사회를 한 가족의 확대된 개념으로 본다. 정치적 영역으로 확대해 보면 사회구조의 상층부에 소수의 엘리트가 지배계급을 형성하고 하부에 다수의 피지배 계급이 있다. 권위주의는 중앙 집권체제하에서 지배계급의 속성을 나타낸다. 한국을 30년간 지배해온 군인 관료 체제에서 흔히 볼 수 있는 일이다.

　사회가 수직적으로 조직되면 젊은이는 연장자에게, 하급자는 상급자에게 복종하는 것이 의무이다. 수직적 조직에서 높은 직위에 대한 욕구가 너무 강하여 정치적 게임은 깊은 증오와 적개심을 낳고 있다. 수직적 구조에서 신분은 모든 인간관계의 미스터리를 여는 열쇠가 된다. 권위와 신분은 서로 보완하여 상승함으로 위로 향한 강력한 압력을 낳고 있다. 권위의 추구는 형식주의, 의식주의와 매너리즘이 활보할 수 있는 여지를 제공해 준다. 특히 한국의 관료주의는 권위주

냄새를 많이 풍긴다. 따라서 관료 직위는 경력을 쌓으려는 욕망을 갖거나 출세가도를 달리고저 하는 자들이 가장 부러워하고 있는 직종이다.

조선왕조 말기 미국 선교사로 있던 호머스 헐버트는 사회적 사다리를 한 발짝이라도 오르려는 한국인의 강한 집념에 대하여 언급한 바가 있다 (데니스 포래바 레트, 1998,38). "신분의식은 일반인과는 다르다는 것을 나타내려는 욕망을 기른다. 과거에 합격하는 것이 바로 이러한 욕망을 만족시켜 준다." 신분이 높은 사람은 수직 사회에서 누구나 부러워 하는 예우를 받고 있다. 과거시험 지망자는 합격하여 금의환향하는 꿈을 먹고 살았다. 신분상승 욕구의 결과 소수 정예가 상층부를 점유하나 이는 공자의 조화로운 사회의 주장과 충돌 한다. 과열된 경쟁은 알력과 증오를 낳기 때문이다. 한국인의 교육열은 감히 세계적이라고 자부할만하다. 교육을 위한 한국인의 경제적 부담은 값진 희생으로 나타났다. 이와 관련하여 신분의식의 긍정적 효과도 간과 할 수 없을 것이다. "신분상승을 위한 욕구는 국가 경제발전 전략의 핵심인 인력개발의 견인역할을 해왔다. 인력개발의 결과 중산층의 두드러진 증가를 보여 주었다" (데니스 레트, 41).

권위주의는 신분상승과 결합하여 자기자신을 실제보다 부풀려 말하는 충동을 일으키고 있다. 정부 부처 어느 곳을 가더라도 상관의 위엄있는 자태를 볼 수 있다. 이 위엄 앞에 부하는 굴종적인 태도를 보인다. 힘있는 자리에 있는 자는 오만한 자태를 보이고 있다. 권위주의가 많이 퇴색되였다 해도 고위층 사람들 중에는 아직도 그 위용의 잔재를 들어내고 있다. 한 조직 내에 권위주의 분위기가 남아있는 한 직원들의 자유로운 행동이나 자기표현은 저지되고 있다. 우리는 이것을 당연시 할지도 모르나 관공서를 방문하는 외국인의 눈에는 관공서의 부하들이 굽실대는 장면이 두드러지게 나타난다. 권위주의 분위기에서 일반직원들은 수모를 당하더라도 이를 악물고 참아야 한다. 수직적 구조에서 대다수 직원은 수동적 태도를 취하게 된다. 이들 중에서 솔선수범 하거나 창의적 태도를 보이는 사람은 찾아보기 힘들다. 관료조직에서 부하는 자신을 낮추고 상급자를 존경하는 풍토가 조성한다. 상급자에 대한 태도는 무비판적이고 때에 따라서는 아첨이 따른다. 부하는 칭찬 받을 일을 상급자의 공으로 돌린다.

새로운 부자 관계

　권위주의적인 사람들은 하급자가 반항한다든지 자기의 지시에 "아니요" 라는 답을 하면 자기에 대한 도전으로 간주하는 경향이 있다. 이 하급자는 자기가 한일에 대하여 어떠한 처벌을 받을까 바짝 긴장하고 있다. 중고등 학교 내에서 어떠한 일이 벌어지고 있을까? 하급생은 상급생에게 존대어를 쓴다. 순간의 부주의로 인한 말의 실수가 신체상 처벌을 초래 할 수도 있다. 때로는 태도가 거만하다고 하급생이 상급생에게 구타당하는 일이 발생한다. 학교 자체가 군사조직이나 사관학교 같은 분위기를 나타낸다. 권위주의의 장점을 굳이 말한다면 정책 수행 과정에서 조직 내의 의견을 하나로 통합하기가 용이하다. 서구사회가 이 같은 권위주의에 물들어 있다면 서양인들은 분위기가 진부하고 건조하고 비생산적이라고 불평 할 것이다. 권위주의는 자유로운 토론이나 도전을 억제하는 분위기에서 조성된다. 권위주의는 우리의 풍토에서 단결, 하나의 길, 하나의 제도, 한민족, 이것이 살 길이라고 절규한다.

가부장적 가정의 특징은 어버이의 권위주의 의식이 깃들어 있음을 말 한다. 어버이의 권위주의는 자식의 효도에 의하여 굳어진다. 권위주의 어버이는 정이 없고 사랑도 부족한 것으로 이해되고 있었다. 이러한 권위주의 어버이와는 달리 오늘날 아버지들은 자식과 친숙할 수 있는 충분한 여지를 주고 있다. 이러한 분위기라면 자칫 버릇없는 자식을 만들 수도 있을 것이라는 비판도 있다. "매를 아끼면 자식을 버린다"는 속담을 되새길 만하다. 과거에 비하면 아버지의 권위가 많이 쇠약해 졌으나 아버지의 자식에 대한 영향은 이슈에 따라 아직도 대단하다. 대학에서의 전공과목 선정이나 배우자 선정 같은 큰 문제에 관한한 어버이의 영향은 무시할 수 없다. 효도는 어버이와 자식 간의 유대를 보다 공고히 하고 있으나 어버이들의 불필요한 간섭이나 압력은 자식들의 반발을 일으키기도 한다. 다른 한편 권위주의는 자식을 위한 어버이의 근심과 걱정을 키우고 있다. 이러한 현상은 자식들이 어버이에 의지하고 싶은 충동 때문에 일어난다. 한편으로는 자식들이 자기주장을 내세우고 자기주도적이며 부모의 그늘로부터 이탈하려는 충동도 나타나고 있다.

권위주의와 개인숭배

권위주의 통치자는 분열의 소지를 갖고 있던 국가를 하나의 통합된 모습으로 격상시킨 공적으로 인하여 국민의 영웅적 대우를 받을 것이다. 한국에서 전통사회를 통치해온 왕권의 잔재가 아직도 남아 이것이 해방 후의 혼돈의 정치로 이어졌다. 이어지는 정국은 강한 권위주의를 나타내어 자유민주주의 원칙마저 짓밟아 왔다. 권위주의 통치는 남한정부에 국한 된 것만은 아니다. 스탈린, 마오체 통, 김일성같은 독재자의 억압정치는 자유민주주의 권위주의적 통치자를 능가한다. 군사적, 경제적, 정치적, 종교적 힘이 한사람에 집중되어 있는 것이 공산주의 정치의 특징이다. 이 공산주의 독재자들의 공통점은 개인숭배라고 할 수 있다. 개인숭배는 권위주의와는 크게 다르지 않다는 주장이 있는가 하면 권위주의와 개인숭배는 같은 길을 걷다가 절대 권력으로 비화한 것이라는 주장도 있다.

북한의 절대 권력자는 유교가 초래한 권위주의에 뿌리를 두고 있다는데 많은 학자들이 동의하고 있다. 그러나 한국의 역사에서 김일성, 히틀러나 스탈린 같은 독재자를 경험한 적이 없다. 유교 국가에서 도덕의 지배는 힘의 행사에서 절제를 요구하여 권위주의의 극단적 성격을 피할 수 있게 하였다. 서양의 절대 권력자와 비교할 때 유교국가의 통치자는 귀족에 의하여도 압도당하던 약자였다. 유교 국가에서는 도덕이 갖는 힘이 강하여 왕권의 자의적 행사를 억제해 왔다. 유교의 통치철학이 민본주의라는 점을 되새겨 볼 필요가 있다.

유교에서 도덕과 권위는 서로 보완하면서 강화되어 왔다. 지도자는 도덕적 근거에 의하여 백성을 감독하고 간섭하고 보상하고 처벌할 수 있는 권한을 부여 받는다. 통치자는 카리스마 적 지배의 정점에서 하강하기 시작하여 그가 갖고 있던 모든 것은 야생초처럼 시들어 버린다. 높은 지위를 열망하는 자들은 그만한 도덕적 도전을 받게 되어 있다. 개인숭배는 권위주의적 통치의 산물이나 권위주의적 통치와는 같이 갈 수 없다. 개인숭배는 상상의 적을 향한 국가적 단결을 호소하고 보다 나은 삶을 이끌어 갈 지도자에 대한 열망과 대중의 혁명적 열기가 합쳐 이루어 진 결과라고 할 수 있다. 김일성은 스탈린이나 마우체 퉁으로부터 개인숭배 아이디어를 배웠으나 그의 개인숭배는 선배 지도자들을 압도한다. 우리가 목도한 바와 같이 스탈린과 마우체 퉁의 사후에 개인숭배의 유물은 어두운 그림자 속으로 자태를 감추었다. 그러나 김일성은 사후에도 대중의 환상에 묻혀 있고 그는 아직도 살아 있어 국가적 위기를 다스리고 있다는 전설을 대중 속에 심어왔다. 김일성 동상위에 무지개가 떠 오르면 수만명의 군중은 동시에 동상 앞에 업드려 경애하는 수령의 행적에 감격하여 흐느낀다. 죽은 영웅은 국가가 위기에 처해 있을 때 다시 이 세상으로 환원한다는 믿음이 널리 퍼져있다.

합리적 권위주의

　수직적 사회에서 권위가 사회적 통합을 가져오는 긍정적 역할을 하고 있다. 한국인은 능력있는 상사가 옆에 있다는 것을 인식할 때 일의 성과가 증가한다. 상사에 의존하는 것 보다 상사의 기대되는 리더십으로부터 영감을 얻기 때문이다. 리더 싶이 합리적 권위주의에 의존할 때 그 효과는 배가된다. 권위주의가 개입되면 충성은 새로운 역할을 할 것으로 기대된다. 충성의 대상은 사람으로부터 직장, 일, 사회적 정의, 종교적 신념으로 이동한다. 충성은 원래 사람을 대상으로 했기 때문에 사람 간의 다른 점을 부각시키는 동시에 사적 역할과 공적 역할을 구분하지 못하는 우를 초래했다. 충성이 한 집단의 이익과 연결될 때 그 효과는 배가 된다. 위기의 상황에서 권위주의적 통치는 한국인의 저력을 극대화시키는 자극제가 되었다. 집단적 선을 향한 충성은 각 개인의 능력을 진작시켜 새로운 한계점까지 밀고 나가는 힘이 되었다. 1960년도와 70년대를 회고 해 볼 때 한국의 워커홀릭은 집단적 이익을 위하여 개인을 회생하여 왔다. 자기가 속한 회사의 이익을 위하여 온 몸을 던져 일하다가 건강을 해친 사람들이 사회적 문제 거리가 되었던 시기를 생각하게 한다.

인간은 일단 이 세상에 태어나면 수직적으로 얽힌 인간관계에 들어가 권위가 우리 생활과 피할 수 없는 동행이 된다는 것을 깨닫게 될것이다. 권위는 권위주의와 다르다. 전자가 직위에 의하여 주어 졌다면 후자는 인간성이 직업의 환경과 조우함으로 형성되는 성격이다. 이 두 요소는 동일한 연속선상에 놓여 있어 타인이 부러워하는 권위를 갖게 되면 한국인은 권위주의적 환상에 빠지게 된다. 이 논리로 유추하여 볼 때 독재자 권리는 사람들의 아첨이나 맹목적 굴종에 의하여 강화된다. 권위주의는 합리주의에 반대되는 개념이다. 권위주의의 쇠퇴는 역사 발전의 자연적 귀결이며 이로 인하여 합리적 작용의 폭이 확대되고 있다. 권위가 권위주의와 함께 사라졌다면 이세상은 우리가 원하던 것이 아닌 다른 방향으로 흘러갔을 지도 모른다 (곽배희 2003,50).

유럽은 18세기부터 개몽주의자들이 가정, 교회, 왕의 권위를 무차별 공격함으로 격랑을 겪게 된다. 정치에서 합리주의의 추구는 국민의 공동체의식을 파괴함으로 국가의 기반을 위태롭게 하였다. 권위주의가 합리주의와 같이 갈 수 없다는 것은 명백한 사실이다. 공동체는 오래 공유해온 관습과 전통의 의도되지 않았던 결과라고 할 수 있다 (함재봉 2000,35). 이것은 인간의 의도적 노력이 가미되지 않은 자연 태생적 진화의 결과이다. 그럼에도 불구하고 한국인들은 이성이 권위주의에 연착륙하여 같이 걸어 왔다는 사실을 기억할 것이다. 권위는 가족을 떠 바치는 기둥의 역할을 해 왔다. 권위가 없다면 가족 구성원은 모래같이 제 갈 길을 갈 것이다.[1]

가족을 파괴하는 힘은 계몽주의 사상에 태생적으로 포함되어 있다. 이 사상은 가족을 개인의 권리와 자유를 침해하는 힘으로 보고 있기 때문이다. 사회적 힘이 가족을 파괴하는 방향으로 움직이고 있음을 고려할 때 모든 제도에 스며들고 있는 권위를 배제한 상태에서 사회 질서를 유지 할 수 있는지 질문을 던지지 않을 수 없다. "권위를 대체할 이념적 도구는 없을까?" 권위주의는 독재자나 전체주위로 가는 길목이라고 주장하는 사람도 있다. 이 주장에 설득력이 있으나 유럽의 역사에서는 권위의 급작스러운 붕괴가 국가를 무법 상태로 만들었던 사례를 생각하지 않을 수 없다.

합리주의는 한때 모든 사회문제를 해결할 수 있는 처방이라고 보았으나 사회 발전을 위한 믿음직한 길잡이가 되지는 못했다. 권위주의는 설득의 이성을 말한다. 솔선적 행동은 권위의 부재가 야기하는 사회문제를 해결 할 수 있다는 것이 리더십 이론의 정수다. 한국인은 수직적 힘의 구조에 익숙함으로 권위주의적 지배에 쉽게 적응한다. 권위주의는 사회조직이 수평적으로 형성되어 있음으로 서서히 퇴보한다 해도 그의 위용은 상당기간 한국의 사회제도를 압권 할 것으로 믿는다. 권위주의적인 사람은 무아독존의 감상에 쉽게 빠진다. 이승만 대통령은 전후의 혼란했던 시기를 넘기면서 자신만이 모든 문제를 해결할 적임자라고 주장했다. 그의 무아 독존론은 여기에서 출발했다. 그러나 그는 자기가 뿌려놓은 씨가 열매를 맺는 것을 보지 못했다. 권위주의의 약점은 아첨에 쉽게 넘어간다는데 있다.

도덕의 개념

성리학은 그의 윤리 원리를 우주질서로부터 도출한다. 따라서 성리학의 도덕적 시각은 과거에 착시하고 있으며 그 개념은 정체 상태에 있다. 공자의 언행록은 옛날 성현들의 언행들을 상기시킨다. 성현들의 품행은 현대인이 살아가는데 거울이 된다고 한다. 윤리적 규범은 하늘의 계시를 말하며 이것은 하늘의 심판을 받는다 하여 변화를 인정하지 않는다. 이 시각은 도덕이 법이나 제도의 위에 있음을 의미한다. 진보 세력에 대한 부정적 시각은 진보적 사고가 기존의 모든 사상의 계속성을 위태롭게 하기 때문이다. "유교의 도덕적 정수는 과거의 계속성과 과거와의 일치감을 뜻한다" (폴 호톤과 체스터 훈트, 1964, 565)

도덕의 현실적 접근은 인간의 행위를 "옳고 그름" 이나 "좋음과 나쁨" 이라는 이분법 잣대로 보는 것이다. 따라서 이 시각은 어떠한 행위를 승인하거나 또는 금지하고 있다(킹리 데이비스 1969, 256). 도덕의 정의를 가늠하는 표준화된 기준이 없는 상항에서 사회적 관행, 설화,

습관등이 도덕의 결정요인이 되고 있다. 도덕은 행위의 결정에서 내면적 존재인 의식을 강조함으로서 정서적 또는 본능적 결정과는 본질적으로 다르다. 도덕규범을 수행하는 것은 단순히 다른 사람도 수행하기 때문이 아니라 정의, 진실, 순수함, 공정, 진실 등의 추구에 있기 때문이다. 이 개념들은 보편적인 윤리가 존재한다는 가정을 뒷받침 해 준다. 수학적 기본 논리같이 움직일 수 없는 공리와 유사하다는 뜻이다.

관습과 버릇에 의존하는 도덕적 행위는 과거에 집착하기 마련이다. 그러나 서양에서 입증된 바와 같이 도덕의 개념은 변화한다. 동양, 특히 한국에서는 도덕의 개념이 결정적으로 변화 한 적은 없다. 신구 가치관이 혼재하는 소용돌이에서 도덕의 전통적 개념은 이것도 저것도 아닌 회색빛 색깔을 갖게 된다. 문제는 우리의 사고가 아직도 수직적이고 집단적 사고의 틀에서 벗어나지 못하고 있다는 데 있다. 한국인의 전통적 도덕개념은 오륜(五倫)과 오상(五常)과 같은 미리 정의된 규범에 집착하는 경향이 있다. 이들로부터 멀리 이탈하지 않는 것이 도덕이라고 정의한다.

18세기의 저명한 실학자 정약용은 우리의 도덕적 행위는 부모를 섬기는 것으로부터 시작하여 하늘을 섬기는 것으로 끝난다고 했다. 정약용의 도덕에 관한 견해는 가족적 의무를 하늘로 승화시킴으로 가족과 하늘을 연결하는 가장 긴 거리를 항해하고 있다. "도덕을 초월적 의미로 뒷받침하는 것은 그 당시의 여건으로 보아 신선한 충격을 주고 있다"(장재식 2003, 269). 도덕의 최종 심판자는 구체적 정의를 피하는 추상적이고 포괄적 존재이다. 천도(天道)는 우주의 법칙을 의미한다. 역동적인 현대를 살아가는 사람들에게 이 논의는 다음의 질문을 낳고 있다. "미리 정의된 규범이 아직도 전과 같은 열정으로 준수되고 있는가?" 현대 한국 사회에서 일어나고 있는 것으로부터 유추하여 볼 때 도덕적 결정에 구시대의 가치관이 큰 비중을 점유하고 있음을 알 수 있다. 오늘날 우리가 겪고 있는 사회적 불안은 그 원인을 오히려 구시대 가치관의 부재로 돌리고 있다. 오늘날 대중매체에 오르고 있는 소년 범죄는 각계 각층으로 부터 구시대 가치관으로 돌아가자는 하나의 목소리를 도출하고 있다.

즉흥적 윤리관(Improvised Ethics)

서구 사회에서와 같이 도덕적 결정은 개인에 의하여 아무런 양심의 가책이나 주저 없이 이루어지는 것이 원칙이다. 이것은 주어진 상황을 각자가 판단하여 결정하는 개인능력을 강조한다. 미리 정해진 도덕적 규범에 의존함이 없이 마음의 합리적 결정을 따른다는 뜻이다. 이것은 양심의 소리요 종교적 외침을 반영한다. 합리성은 개인주의라는 토양에서 자란다. 합리성과 개인주의는 서로 보완관계에 있어 도덕 결정의 중요한 지표가 되고 있다. "개인의 이권이 합리적 결정을 유도하는 단서가 된다" (스크랜턴 로저 2002, 60). 에마뉴엘 칸트도 같은 주장을 펴고 있다. "우리들의 합리적 의지가 도덕적 태도의 근원이 되고 있다. 합리적 의지는 의심될만한 감각이나 애매한 추론이 아니라 우리의 내면 의식으로 부터 온다" (윌 두란 1961, 209). 아무리 이성이라 해도 항상 신뢰할 만한 도덕의 안내자가 될수 없다. 도덕적 행동이 공유된 가치에 의하여 정해질 때 개인의 이익이 도덕적 결정의 요인이 될 수 있다는 주장은 설득력을 잃고 있다.

도덕의 자율적 해석은 도덕의 권위를 위해서는 최대한의 자치적 결정을 가능케 하는 여지를 남겨둘 필요가 있음을 주장하여 왔다. 다시 말하면 다른 사람의 자유적 선택에 대하여 간섭을 최소한으로 유지해야 한다는 뜻이다. 집단적 삶에 익숙한 사람들은 자아 중심적 개인주의를 사회구조의 파괴자로 보아왔다. 자아 중심적 도덕은 구성원의 다양한 필요를 수용하는 사회와는 같이 갈 수 없다. 개인이 믿음이나 행위를 결정하는 유일한 권위를 갖고 있다는 사실은 외부적 간섭의 여지를 최소한으로 유지해야 한다는 주장을 말한다. 반대로 개인주의에서는 약점이나 편견이 여과없이 개인 성격으로 나타나고 있음을 지적하고 있다. 종교적 입장에서 말하면 인간이 도덕적 생활을 하려면 인간을 바른 방향으로 유도하기 위하여 보살펴 주는 절대자가 필요함을 역설한다. 그러나 이를 도덕적 몽매주의로 매도하는 사람들도 적지 않다.

한국인이 보는 도덕 개념은 집단적 규범을 반영한다. 도덕이라 함은 한 집단내의 다수 구성원에게 이익이 되는 것을 말한다. 집단의 규범은 외부로부터 오는 표준이나 원칙이 믿음과 행동을 결정한다는 뜻이다. 한국인이 보는 도덕이 미리 정해진 규범을 중심으로 벌어지는 행위를 의미하는 반면 서양인의 도덕은 합리성을 바탕으로 하여 즉흥적으로 이루어지는 행위를 말한다. 서양인의 도덕개념은 도덕적 행위를 결정할 수 있는 각 개인의 능력을 강조한다. 하나의 도덕적 선택이 다양한 행위를 초래할 수 있다. 반대로 동양인의 표준화된 규범은 대다수 구성원들의 동의를 얻어내고 있다. 미리 정해진 규범이 모든 구성원에게 강요될 때 다음의 행위에 대한 예측이 가능하다. 한국인 같이 이웃 강대국 속에서 시련을 겪어온 민족은 국가의 상징에 보다 큰 관심을 기울이고 있다. 모든 한국인은 애국가가 울릴 때 가슴이 뜨거워짐을 느낀다. 이같은 국가적 상징의 정열적 사랑은 "신이여 우리의 왕을 보살펴 주소서" 가 울리자 바른 자세를 취하는데 부끄럼을 느끼는 영국의 지성인과 대조를 이룬다.

도덕적 판단의 기준

서양에서도 과거에 미리 정해진 집단적 규범이 존재 했었다. 중세기만 해도 믿음에 충실했던 사람은 도덕적 행위의 정당성에 대한 최종 승인을 기독교 윤리에서 찾으려고 했다. 십계나 신약성서는 모든 사람에게 적용되었던 법과 다름이 없었다. 기독교의 덕목은 용서, 경건, 강직과 정숙으로 요약된다. 이 덕목들을 인정하지 않는 것은 인간다움을 포기하거나 공동생활의 일원이 되기를 거부하는 것이나 다름없다. 기독교 세계는 종교와 국가를 분리함으로서 세속화가 빠르게 진전 되었다. 신 중심세계에 역작용을 불러일으킨 계몽주의 사상의 등장으로 인하여 인간능력을 추구하려는 노력은 도덕적 결정을 개인주의와 자유에 의지하려는 경향을 불러왔다. 편협적인 경계를 벗어남으로 기독교의 덕목은 물질적 풍요와 자연과학의 발견의 길을 걸어왔다. 동시에 표준화된 윤리적 지침을 상실하는 세속화 과정이 진행되고 있었다. 종교개혁은 개인을 인습, 권위, 교회, 심지어는 가정으로부터 해방시켜 도덕적 판단의 근거가 되는 가치를 일정한 틀로 만들어 제한하려는 노력에 저항하여 왔다. 현대사회에 들어와 도덕적 행위는 다양화되어 일정한 도덕적 판단의 근거가 무의미해 졌다. 개인을 하나의 독특한 존재로 보아왔던 실존주의도 즉흥적 도덕적 결정에 새로운 열기를 불러왔다. 도덕적 원칙은 상황의 변화에 따라 결정되는 것이지 미리 짜여진 틀에 맞추는 것이 아니다.

한국인의 전통적 도덕개념은 약자나 빈곤한 자에게 동정을 베푸는 반면 야심에 가득찬 인간을 저주하고 있다. 원래 인간성이란 남에 대한 동정과 마음의 뜨거움을 말한다. 한국의 설화에 의하면 "착하다"는 야심이 없고 행동도 수동적인 자를 지칭한다. 흥부전을 보면 등장인물로 흥부가 어떠한 인간인가를 잘 설명해 준다. 흥부는 길에 떨어진 새에 대하여도 동정을 느끼고 그냥 지나치지 못하는 사람이었다. 그러나 흥부는 돈벌이도 못하는 무능한 인간이며 잘 살아 보려는 야심도 없는 사람으로 이것이 도덕적으로 이상적인 사람으로 묘사된다. 반면 그의 형, 놀부는 활동적이며 적극적 성격으로 돈을 벌어 부자가 되나 동생을 도와주지 않는 수전노로 묘사된다 (김재은 1991,243). 좋은 사람이란 자신의 억제력을 갖춘 겸손한 자, 뜨거운 감성을 가진 자, 고난을 이겨낼 수 있는 참을성의 소유자. 자신을 낮출 줄 아는 겸손한 자로 묘사된다. 선출직을 지망하는 자들 중 능력에 관계없이 약자 후보로서 투표자의 동정심에 호소하는 경우가 허다하다. 특히 여러 번 출마했다가 고배를 마신 후보자가 투표자의 동정을 사서 선출되는 사례가 빈번한 것도 한국인의 감성 때문이다.

한국인의 이상적 덕목으로 바른 예절, 인격완성과 단아한 몸가짐을 들 수 있다. 이 덕목들이 한국인 도덕의 버팀목이 되고 있으나 이 덕목들은 팽창주의적 목적에 부합하지 못하고 부를 축적할 야심이 없다는 데 문제가 있다. 역사적으로 볼 때 한국인은 외국을 침범한 사실이 없다. 거칠은 야심을 싫어하는 한국인들은 자기 이익의 합리적 추구와 자기 성장을 위한 노력이 부족함을 보여준다. "야심"하면 한국에서는 부정적 이미지를 담고 있어 야심 있는 사람을 사회적 이방인으로 취급하고 있다.

김태길은 한국인의 행위를 제한하는 세가지 요인을 들고 있다. 하나는 주위에 힘 있는 강자나 권위를 들 수 있다. 이들은 인간 행위를 제어하는 역할을 한다. 두 번째 요인으로 "나의 행위를 다른 사람이 어떻게 보는지?" 즉 나에 대한 다른 사람의 생각이다. 우리 주위에는 다른 사람들의 눈과 귀가 우리를 향하고 있어 우리의 행위와 동기에 영향을 주고 있다. 세 번째로 양심의 소리를 말 할 수 있다. 이것이 행위를 지향하는 내면적 외침이다. 이로 인하여 나타나는 행위는 자기 통제와 분별력 있고 신중한 행위이다. 집단적 사회에서 집단의 이익이 개인 양심의 소리를 압도 할 때가 있다.

집단이익이 존재하는 사회에서 다른 구성원들과 화목을 이루는 행위가 이성이나 논리에 기반 한 행위를 압도할 수 있다. 서구사회에서는 법과 질서가 도덕의 안내자가 된다. 인간 행위는 표준치를 싫어한다. 객관적 표준치가 없는 상황에서 도덕적 판단은 상대적이기 마련이다. 객관적 잣대가 없다는 것은 행위판단에 감정이 이입되어 인간관계의 거리를 측정하려는 충동이 생긴다는 뜻이다. 인간관계가 지배하는 사회에서 공정성과 정직도 상대적 잣대에 의하여 측정된다.

특히 인간관계를 중시하는 한국인은 법이 집단적 이익과 충돌할 때 법을 자의적으로 바꿀 가능성을 남겨놓고 있다. 예를 들면 정직함을 지키려는 의지는 집단의 결속을 위한 충성과 충돌할 때 전자는 무색해 질 수 있다. 한국인은 정직함과 충성사이에서 고민할 때 자신도 모르게 후자에 기울고 있음을 느낀다. 한국인에게는 마음이, 서양인에게는 머리가 도덕의 지침이 된다

도덕적 판단에 영향을 주는 정서와 감정의 개입은 공과 사를 구분할 줄 모르는 데서 원인을 찾을 수 있다. 정재영은 유교적 규범이 마음의 도덕적 지침이 되는 사적 영역에만 적합하다고 주장한다. 허나 이러한 규범들은 현실의 비감성적 판단, 공정성, 합리성과 객관성이 도덕적 지침이 되는 공적영역에서는 적합하지 않다. 서구사회는 선별적 호감, 인척 편향과 지역주의가 판을 치는 전통사회를 이탈한지가 오래 되었다. 봉사와 의무에 기초하여 길러진 공적의식은 보편적으로 적용되므로 특수적 가치와 충돌을 피할 수가 없다. 객관성, 합리성과 정직함은 극히 제한된 네트워크에서 적용되는 정서적 개입에 의하여 무력화 된다.

사교의 공간(The circle of association)
한국인의 폐쇄적 성향은 좀더 넓은 행위의 장으로 유도 할 중간 가치를 허락하지 않는다고 외국인으로부터 비난을 받고 있다. 가족중심 행위의 공간은 일종의 참호와 비유된다. 이 참호에 안주하게 되면 외부의 위험으로부터 안전감을 느낀다. 한국인은 사회 구성원 중 일원이 되기를 바라기 때문에 일정한 사회적 행위의 공간에 존재하

고 있음을 부정할 수 없다. 가장 작은 집단에 집착함은 보다 넓은 공간으로 나가는데 어려움을 겪게된다. 가슴이 뜨거움은 기존의 인간관계를 보다 깊이 하고 집단의 결속을 다지기 위한 것이다. 한국인의 공동체 의식은[2] 알렉산더 토크 빌을 매혹시켰던 미국 개척민의 공동체 의식과는 먼 거리에 있다. 후구야마 프란시스는 이 중간 단계 공동체를 '적극적 사회성' 이라 칭한다. 그는 더 나아가 이 중간단계 가치의 존재 여부에 따라 전 세계국가들을 신용국가와 비신용 국가로 구분한다. 현대 사회는 개인이 작은 집단과 큰 집단 사이를 자유롭게 오고 갈수 있게 하는 중간단계 가치에 중요도를 부여한다. 한국인은 가정을 한 기점으로 하여 확대해 나가는 원심분리 현상을 제어하는 인력으로 보고 있다. 한국에서 공동체란 이웃간 인사를 나눌 수 있는 거리를 말한다.

한국인의 도덕적 의식은 작은 집단에 고착된 정서적 집착으로부터 시작된다. 작은 집단에 고착된 개인이라도 보다 큰 이익을 위하여 적은 집단을 저버리지 않는다고 단언 할 수 없다. 위기에 처해 있을 때 소 집단에 향한 충성이 대집단의 이익과 화합할 가능성이 존재하기 때문이다. 그렇다면 무엇이 작은 집단과 큰 집단 간의 왕래를 가능하게 할까? 그것은 동료 시민을 봉사하는 의무로 맺어진 시민의식이다 (스크루톤 래저스 202,60). 한국에서 시민의식은 아직도 미완성 단계에 그치고 있으나 한국인은 국가나 사회를 가족의 확대로 보고 있기에 시민의식이 발전할 여지를 남겨두고 있다고 할 수 있다. 이 가족의 확대 개념이 국가적 위기에 국민적 참여를 자극시켜 왔다. 소집단에 집착함이 있었다 해도 동질화된 사회가 애국적 민족주의를 고취하여 왔다는 사실을 눈여겨 볼 필요가 있다. 마치 이스라엘 인들의 단일화된 민족과 종교적 의식이 아랍민족에 대항하여 온 것과 같이 한국인의 가족 확대 개념은 국가적 위기에 한국인의 애국심을 자극해 왔다.

한국에서 많은 덕목이 아직도 사적 영역에 속해 있다고 할 수 있다. 사회적 정의는 자유 민주주의로부터 빚어진 최근의 발전 결과라고 할 수 있다. 오히려 정의의 중요성은 공적 영역에서 빛나고 있었다. 한국인의 가정 확대 개념은 정의를 측정할 잣대에 탄력을 부여하여 왔기에 사적 영역과 공적 영역을 용이하게 넘나들 수 있게 하였다. 공적 영역에서 정의는 도덕적 당위성과 맥을 같이 한다. 따라서 권위주의적 통치하에서 보다 큰 국가적 목표를 성취하는 행위에 반듯이 합법성을 요구하지는 않는다. 민주주의적 발전을 잠시나마 유보하려는 권위주의적 통치는 대중의 원망을 피할 수 없을 지라도 그것이 국가 발전의 목표를 지향하고 있는 한 정당화 될 수 있다.

도덕성과 법

현대사회의 특징으로 하나의 행동에 수많은 동기가 따르고 있다는 것이다. 도덕의 개념 만을 인간행위의 동기로서 고착시키는 것은 시대정신에 뒤 떨어지는 행위다. 그것은 다양한 동기가 사회가 복잡해지면서 증가하고 있다는 사실을 부정하기 때문이다. 우리가 처한 상항은 유동적이므로 인간행동의 공정성을 흐려버리는 수 많은 변인에 의하여 도덕적 단아함이 훼손된다. 추상적 도덕의 규범을 구체적 행위로 정의하고 있는 경향에 비추어 볼 때 도덕적 판단을 양심의 소리, 대안적 동기의 분석, 결과의 사회적 수용 등에 근거해야 한다는 여론이 부상한다. 동기가 내적 필요에서 오느냐 아니면 그 밖으로부터 오느냐에 따라 도덕적 가치에 큰 영향을 미친다. 내적 부름에 응하는 행위가 도덕적으로 가장 바람직하다는 것이 분명해 졌다. 행위의 동기가 정당화된다 해도 행동의 결과는 반사회적일 수도 있다. 반대로 힘의 압력에 굴종한 행위가 결과적으로 사회가 수용할 만한 가치를 지닐 수도 있다. 사회가 행동의 결과를 수용하는 것은 행동의 도덕성을 인정하는 행위가 된다.

한국인이 도덕적 동기에 중점을 두는 것은 법이 개입하기 전 본인 의사에 의한 행위에 보다 높은 관심을 반영하기 때문이다. 이 주장은 "도덕이 어떻게 법과 연관되어 있는가?" 하고 질문을 던진다. 권위주의 하에서 법은 정권을 가상의 적으로부터 보호하는 "도덕적 권위의 보루"로 통한다. 법은 시민의 권리를 국가의 권력으로부터 보호하나 그 힘을 중립적 성격으로 인식하는 경우는 거의 없다. 마실리오의 주장을 빌리면 법의 기본은 명령적이고 억압적 성격을 갖고 있다. 법은 도덕적 내용을 갖고 있지 않다 (노만 캔터, 1963, 510). 도덕과 권위주의 간의 상징적 관계에서 법은 도덕적 명령에 따르기 마련이다. 이 표현은 도덕적 목적을 실현하기 위하여 법을 회피하거나 법을 다른 목적에 남용할 수 있음을 알린다. 캐리스머가 넘치는 지도자가 도덕적 목적을 보다 충실히 실현한다고 볼 때 법률적 합법성은 그리 문제가 되지 않는다.

법의 해석은 문화라는 색깔을 떠나서 있을 수는 없다. 한국인의 법 해석은 도덕적 책임에 의하여 크게 좌우된다. 한 예로 한국에 주둔

한 미군의 실수에 의하여 벌어진 양국 간의 법을 보는 관점의 차이를 들 수 있다. 미군 부대의 당직병의 부주의로 야기된 문제에서 한국의 법은 상급자의 도덕적 책임을 강조하고 있다. 상급자가 실수를 직접 범하지 않해도 이에 대한 처벌로 상급자는 파면 또는 일시적 정직까지 각오해야 한다. 상급자에 대한 처벌은 이보다 더 가혹할 수도 있다. 한국 여학생 두 명을 치사시킨 미군병사에 대한 미국당국의 사면에 대한 한국인의 반응은 매우 부정적이였다. 이 두 미군병사는 장갑차 운행의 부주의로 야기된 치사사건으로 미군 군법회의에 회부되여 심판을 받게 되자 한국인의 관심은 온통 군법회의 결과에 쏠리고 있었다. 이 사건은 한국의 대통령 선거 2주 전에 일어났다. 미국의 법은 범죄자의 치사 의사가 있었는지 여부를 법적 판단의 결정적 요인으로 보고 있다. 미군 당국의 대변인은 다음과 같이 말했다. "우리는 이 사건이 우리의 잘못임을 인정한다. 이 두 여학생을 치사시킨 것은 우리 군 소속 장갑차다. 우리는 사과를 했고 유가족에 적정한 보상을 했다."

상급자의 목이 달아나는 것을 기대하고 있던 한국인에게 이 사과는 형식에 불과한 것이었다. 도덕이 지배하고 있는 사회에서 도덕적 처벌이 법에 의한 처벌보다 훨씬 가혹해야 한다고 믿고 있었다. 미군 당국이 이 두 범법자에 대하여 치사 의사가 없었다는 근거를 들어 무죄를 선고했을 때 한국인의 반응은 짐작하고도 남음이 있었다. 전국적으로 항의 데모가 퍼져 나갔다. 이 사건은 법 해석에 양국 간 틈이 있었을 뿐만 아니라 제국주의 정서에 근거하여 민족주의를 불러 일으켰다.

한국인의 노기는 미국 대통령이 직접 사과했음에도 수그러들지 않했다. 해외주둔 미군의 보호협정은 그들이 현지에서 죄를 범했다고 해도 현지법이 아니라 미국 법을 적용하는 조항을 말한다. 여기에서 또 하나의 피할 수 없는 질문이 생긴다. "외국에 주둔 중인 한국 병사가 현행범으로 체포되어 현지 법에 의하여 처벌받는 것을 한국인은 보고만 있을까?" 한국인의 분노는 책임자 여러명의 목이 날라 갔을 때 수그러 들것이다. 한국인의 도덕적 처벌의 집착은 미국 같은 대국이 관련 되었을 때 반외세 민족주의로 흘러간다. 이 사건은 법에 의한 처벌보다 도덕적 처벌이 우세함을 의미한다.

우리는 법과 선명한 차이를 보이는 도덕적 영역이 어떠한 세계인지 한번 상상해 볼 필요가 있다. 한 연속선 상에 도덕 행렬이 끝나는 지점에서 법의 행렬이 계속 이어진다고 보는 것이 상식이 되었다. 즉 도덕은 법의 상위에 있어 법이 개입하기 전에 바람직하지 못한 행위를 예방해 준다. 도덕적으로 바람직하지 못한 행위라도 반듯이 법적 처벌을 받는 것은 아니다. 부모에 대한 효도를 등한시하는 아들은 법의 처벌을 받지 않는다. 도덕적 처벌이 혹독함에 있어 법에 의한 처벌을 능가할 때도 있다. 도덕을 정의함에 있어 양심의 소리가 무엇보다도 가장 결정적 요소가 된다. 이 양심의 소리는 동기와 결과에서 사회적으로 수용할 수 있는 도덕적 결정을 가능케 한다. 양심의 소리는 마음의 합리적이고 논리적 작용을 유도한다. "나의 권리를 행사하기 전 남의 권리를 존중해야한다." 이것이 민주시민 의식의 본질이다 (김태길 1981, 243).

도덕의 구 개념은 복종의 미덕을 존중했었다. 약자가 강자에 복종해야 한다는 뜻이다. 복종을 강요하는 도덕 교육은 약자에 대하여 힘을 행사하는 강자를 낳는다. 집단적 사회에서 다른 사람들의 눈과 귀는 도덕적 행위의 지침이 된다. 외부 압력을 견디어 내야하는 약자는 무엇이 사람에 좋고 나쁜지, 사회전반에 유익한 것이 무엇인지 판단하는데 무력해 진다. 모임에서 한 여자가 부유한 여자가 입은 옷을 시샘하여 자기 재정능력을 보지 않고 그대로 모방한다면 감당하지 못할 수준에 이를 것이 분명하다. "탐 낸다"와 "질투" 같은 용어는 도덕적 규범이 모든 구성원을 똑 같은 사람으로 규격화하여 온 결과라고 할 수 있다. 일반인의 눈을 의심케 하는 사치스런 부를 과시함은 그것을 감당하지 못하는 사람들의 선망과 질투를 불러 온다.

　소집단에 속한 한국인 간에는 모든 사람이 평등하고 서로 친하게 지낸다. 그들이 대집단에 진입하면 그 구성원들은 매일 보는 얼굴이 아니다. 이들은 서로 거칠게 행동한다. 자치적 도덕은 자신을 외부 압력의 노예로 만들 가능성을 차단하는 효과를 발휘한다. 도덕교육은 사회정의를 재정립하고 그것을 실천하려는 자발적 의지를 주도록 재편해야 한다. 권리와 의무로 정의된 시민의식은 인간이 추구하는 이상적 사회를 실현시킬 수 있을 것이다. 시민의식은 자발적 참여에 기초한 의무를 상기시킨다. 시민의식은 "나의 권력은 타인의 의무": "나의 출세는 타인이 의무를 지고 있는 덕택이다" 라는 구호에 따라 살아 갈 것을 주문한다 (스크랜톤 로저스 2002, 34). 의무란 행동의 자유로운 선택의 반대편을 뜻한다. 한 사람의 합리적 선택이 다른 사람의 이익과 연결된다면 그것은 도덕적 결정의 지침이 된다. "시민 의식은 각 개인은 공동체의 일원이라는 의식 속에서 배양된다. 도덕의 개념은 우리가 서로 연계되어 있다는 의식으로부터 도출되고 있다"(휴 맥키 1993, 270).

민족주의

민족주의의 정의는 한 국가의 역사에 따라 다르게 나타날 수 있다. 사전적 정의에 의하면 민족주의는 국가에 대한 사랑과 자부심 또는 한 국가의 예속으로부터 독립하고저 하는 민족의 저항이라 할 수 있다. 민주국가에서 민족주의란 구 질서를 타파하고 새로운 질서를 확립하려는 힘을 말한다 (죠즈 노박 1971k 118). 영국은 일찌기 앵글로 색슨 민족의 자유와 문명을 토착화하기 위하여 제국주의적 확대를 정당화하였다. 프랑스는 그들의 가치를 다른 민족에 확산하여 교화시키기 위한 목적으로 제국주의를 채택했다. 같은 유럽 안에서도 중세기의 유산인 공국 또는 봉건국가의 형태로 근대에 까지 분할 지속 되었던 나리에서는 하나의 민족으로 국가를 통합하려는 노력을 민족주의로 보아 왔다. 독일이나 이태리같은 나라가 이에 속하여 이를 후발 제국주의라고 부른다. 오늘 날 후진국가에서 민족주의는 진보적 저력을 의미하여 민주주의 혁명에 참여하고 있다 (노박 119).

종족 중심 민족주의

국토가 비교적 적고 국경이 뚜렷하게 존재하여 민족과 문화의 일치성을 가춘 국가는 아주 희소하다. 이러한 국가는 주로 비 서구권

국가에서 볼 수 있는데 한국이 그 대표적 예가 된다. 서구사회에서 민족주의란 발전과정에서 그들이 이루어 놓은 놀랄만 한 성취에 대한 민족의 자존심이며 그것이 새로운 국가 목표와 만날 때 발전의 동력이 된다. 한국에 거주하는 외국인은 한국인과 친교를 맺으려고 할 때 가장 큰 난관이 민족적 폐쇄성이라고 지적하고 있다. 이것이 바로 종족중심 민족주의 이다. 이를 정확히 정의 하면 민족중심 민족주의 라고 칭하는 것이 올바른 표현이라고 할 수 있으나 민족이 반복적으로 사용되고 있어 종족으로 대치하고 있으나 종족과 민족은 엄연히 구분되기 때문에 종족보다 민족중심의 국민감정으로 보는 것이 옳다고 본다. 그들이 보는 한국의 민족주의는 한국인과 가까워지려는 외국인의 노력을 저지하는 편협주의와 동일시하고 있다.

한국인은 모르는 사람과 좀처럼 아는 척하는 인사를 나누지 않는다. 서양에서 인사는 상대가 모르는 사람이라 할지라도 눈과 눈이 마주칠 때 서로가 아는 신호를 보냄으로 시작된다. 한국 민족주의의 폐쇄성은 이웃 강대국으로부터 받은 깊은 영혼의 상처와 연관이 있다고 볼 수 있다. 단일 민족이 동질적 문화와 언어를 만날 때 민족주의는 자연적으로 발생한다. 국가, 언어, 역사에 대한 사랑은 국민의 자연적 본능이다. 애국심은 단일 민족이라는 의식에 뿌리를 두고 있다. 그러나 오늘의 한국의 민족주의는 폐쇄성 또는 외국인 혐오증만으로 설명 할 수 없는 복잡한 감정으로 얽혀 있다.

민족의 동질성은 문화적 동질성으로 이어진다. 민족주의는 이웃 강대국과 조우할 때 발생하는 국민의 집단적 감정이다. 근대에 들어와 제국주의 강대국과 조우함으로 국가가 위기에 봉착했을 때 민족주의는 강력한 호국 사상으로 일어난다. 민족주의의 폐쇄적 성향은 지배국가에 대한 저항운동으로 승화한다. 구한말 외세의 침입 앞에서 국가가 위태로워 졌을 때 '위정척사' 운동에서 민족주의 감정이 반영되었다.

민족주의와 이데올로기

일본 식민지하에서 한국의 민족주의는 독립을 되찾기 위한 항일투쟁을 점화시켰다. 허나 해방후 민족주의자들은 민족 분단과 같이 한국을 비참한 상태로 몰고 간 일련의 비극의 책임을 외세에 돌리고 있다. 민족주의 정서를 불러 온 것은 외국의 힘이 우리 국가의 운명을 좌지우지하고 있다는 사실을 인식하고 부터이다. 냉전의 최초 피해국에서 민족주의는 한국인을 하나의 통일체로 집결하는 역할에 실패했다. 일본통치하에서 국내외 숨어있던 민족주의자들은 새로 탄생할 국가의 이념적 정체성에 대하여 통일된 의견을 갖지 못했다. 이념적으로 이분화된 세계에서 종족중심 민족주의는 이데올로기 앞에서 그 역할을 다하지 도 못하고 무대 뒤편으로 사라져 버렸다.

민족주의가 신생국가의 길잡이가 된 것은 자명한 사실이나 한국같이 이념적으로 분단된 국가에서 민족주의가 이념적 설득에 무빙비 상태에 있었다. 남한에서는 반공정신을 제외하고 민족주의를 논하는 것은 불가능하였다. 북한은 종족중심 민족주의가 비등하고 있어 사회주의 혁명의 불길을 짚혀주고 남한동포에 대한 무자비한 적개심을 불러 일으켰다. 북한당국은 남한을 미국의 앞잦이로 몰고 갔다. 남한이 미국의 앞잦이 라면 북한의 정체성은 무엇인가?

이념적 분단을 가장 잘 나타내는 예로 대한민국의 초대 대통령 이승만과 상해 임시정부의 주석 김구의 관계를 들 수 있다. 두 분 다 식민세력과의 영웅적 투쟁으로 잘 알려져 있는 민족주의자이다. 두 분 다 상해 임시정부에서 이승만은 대통령으로 김구는 경무부장으로 보조를 맞추어 나갔다. 김구는 한 민족은 하나의 국가로 뭉쳐야 한다는 민족주의의 우선론을 주장하여 남과 북에 두 개의 정부가 존재할 수 없다는 논리를 폈다. 반면에 이승만은 해방정국이 공산당의 압도적 우위에 있었던 국가적위기에서 남한이라도 자유민주주의 단독 정부를 수립하는 것이 한반도를 공산주의 로부터 방어하는 유일한 방법임을 천명했다. 전자는 이념보다 민족의 통일이 우선한다는 주장인 반면 후자는 민족보다 이념을 우선시함으로 국가가 민족보다 중요함을 역설했다. 김구는 UN의 결의에 따라 자유선거를 단행함은 민족을 영구히 분단할 것을 예고하여 1948년 김일성과 담판하려고 북으로 갔다. 허나 김일성은 벌서 이념의 강 저편에 있었다. 김일성과의 대담은 아무런 성과를 거두지 못하고 북으로부터 복귀한 2개월 뒤 극우 청년에 의하여 피살된다. 이승만은 김구의 이념적 판단의 무력감을 맹공하였다.

이 사건은 민족주의의 통합적 기능에 조종을 울리는 계기가 되었다. 이승만은 이미 공산화된 북한과의 회담은 무용하며 남한에서도 공산당이 우위적 지위를 확보하고 있어 이로 부터 남한을 방어하는 길은 자유민주주의에 더한 단독정부를 수립하는 것 이외 어느 방안도 고려대상이 될 수 없다고 역설했다. 해방정국의 혼란은 한반도가 공산당의 지배로 들어가기 일보전의 상태였다. 이승만은 민족주의자이면서도 철저한 반공주의자였다. 민족주의가 새로 탄생한 국가가 가야 할 방향을 제시 하는 반면 미소 간의 대립각을 세우고 있는 상황에서 이념은 반공정책과 같이 가지 않을 수 없다는 결론에 도달했다. 남한의 단독정부 수립은 민족주의가 반공정책과 같이 갈수 있음을 각인시켜 주었다. 공산주의와 대항하기 위하여 이승만은 국방경비대를 창설하고 지휘는 일본군 장교 출신들에게 위임했다. 치안도 일본 경찰 출신에 의존하여 그가 친일파로 호도되는 시작을 알린다.[3]

민족주의자들은 이승만이 일본 제국주의자와 결탁하고 있다는 공분을 불러 일으켰다. 이승만의 입장에서는 당장 공산주의와 대결해야하는 긴박한 상황에서 남한을 공산화로부터 구해내는 일이 최우선 과제이며 이를 위하여는 영토의 분단을 초래하더라도 친일세력과도 결탁할 수 있다는 결의를 보여주었다. 어제의 적이 오늘의 우방이 된다는 것은 역사적 아이러니가 아니라고 할 수 없다. 북한은 남한을 친일세력이라고 혹평하고 있다. 공산주의 입장에서 민족주의는 민족의 순수성을 강조하고 외국과의 교류를 배격함으로 고립을 택하고 있다. 남한은 외국세력에 굴종하여 민족적 순수성을 더럽혀 왔다고 비난한다.

공산주의 하에서 민족주의는 그 자체적 한계를 들어 내고 있다. 민족주의를 성역으로 여기는 공산주의는 민족주의에 대한 국민의 열망을 이용하여 민족적 공분을 일으킨다. 이 공분의 열기 속에는 이성적 판단이 있을 수 없다. 해방후 정국에서 일반 대중 앞에서 공산주의는 민족주의와 동일시 되었다. 공산국가에서 민족주의자는 민족의 독립을 위하여 자신들은 혁명적 과업에 분신했던 영웅으로 칭송된다. 민족주의자 중에도 그들 못지 않게 영웅적 투쟁을 벌였던 중도파와 우파가 있다는 사실을 그들은 망각한 듯하다. 그들의 주장에 의하면 민족주의자의 영웅적 반열에는 공산주의자만이 있을 뿐이다. 이같은 자폐적 공산주의에 심취되면 공산주의 국가는 사방이 적으로 둘러있는 고도와 다름이 없다. 오늘날 민족의 순수성을 국가의 합법성으로 주장하는 국가는 북한을 제외하고는 찾아볼 수 없다. 민족 중심주의는 시대적 요구를 외면한지 오래 되었다. 이 정서는 저개발 국가에서만이 이따금 화산의 분출처럼 솟구쳐 오르다가 잠잠해 진다.

민족주의의 극적 전환

1980년과 90년에 남한은 소수의 과격 학생들이 지휘하는 대중적 운동의 격정을 경험하게 된다. 이 운동은 민족주의가 반공으로부터 신자유주의로 전환하고 있다는 것을 보여준다. 신자유주의도 "하나의 한국"을 주장함으로 이데올로기적 냄새로부터 자유로울 수 없다. 신자유주의는 너무 강열하게 작용하여 자유민주주의에 더한 남한 정부에 심각한 위험이 되고 있었다. 국가 발전이라는 큰 틀의 추진과정에서 소외 되었던 문제들이 누적된 형태로 떠 오를 때 마다 공정한 대우를 받지 못했던 대다수의 목소리는 더욱 거세지고 있었다.

북한은 미국과의 투쟁을 새로운 식민주의 억압 하에 있는 남한 동포를 구출하는 혁명전선으로 보고 있다. 북한의 새로운 민족주의는 김일성이 고안한 주체사상에 반영되고 있다. 주체란 독립성을 핵심 개념으로 하여 역사발전을 억압받는 민족을 해방시키는 명분으로 보고 있다. 1982년도 출판물에 의하면 김일성은 주체사상을 다음과 같이 정의하고 있다. "인간의 삶에서 독립성은 그 자체가 삶이요 인류의 역사는 독립을 얻기 위한 투쟁의 역사이다. 인간은 자신을 부당한 권위로부터 보호하기 위하여 끊임없이 투쟁한다." 억압받는 사람들의 해뱡은 칼 맑스의 변증법적 역사발전 이론을 따르고 있다.

1986년 고르바쵸프의 '개방과 개혁' 이 소비에트 정책의 주류를 이루고 있을 때 북한은 주체사상의 중요성을 강조하고 다른 공산국가의 체제와 근본적으로 다르다는 것을 주장했다. 이것은 북한을 외부세계로부터 고립시키는 정책으로의 회귀를 뜻 한다. 이념의 장벽에 매몰되어 북한은 외부와 완전 차단된 사회가 되었다. 민족주의는 이념의 색깔로 부터 절대 자유로울 수 없다. 이념은 북한의 정체성을 보호하는 방어기제가 되었다. 최창집은 이러한 현상을 민족주의 전선이 이데올로기 앞에서 봉괴되고 있다고 설명한다. 이것은 자칫 민족주의가 남과 북의 분단을 야기시킨 이데올로기 속으로 흡수 소멸되고 있다는 뜻으로 받아들일 수도 있겠으나 민족주의는 내면 깊숙이 잠재해 있다가 남한의 독재정권에 항거하는 투쟁으로 재 점화될 가능성을 예고한다. 북한의 편협된 이념은 국내의 반정부 시위를 허락할 만한 여유를 갖고 있지 않는다는 뜻을 담고 있다.

민족주의는 하나의 민족이 둘로 분할되는 것을 비통해 한다. 수 많은 공국으로 분할되었던 유럽은 근대에 이르러 하나의 국가로 통합

되는 과정을 경험한 반면 한국은 하나의 민족이 이념장벽에 의하여 분할되는 과정을 보아왔다. 다수가 빈곤층을 형성하는 국가에서 잠재적 민족주의는 국가 민족주의에 반하는 대중 민족주의로 변모했다. 대중 민족주의는 분단 하에 형성된 두 개의 정부를 인정하고 있지 않다. 민족주의의 탈 이념을 위한 노력은 미래의 한 시점에서 북한이 주장하고 있는 연방제와 접점을 찾을 것이라는 추측을 낳고 있다. 북한이 제시한 통일방안은 두 개의 이념적으로 다른 제도의 공존 가능성에 대한 의구심을 유발한다. 두 개 국가의 연합은 두 국가의 제도와 이념이 같을 때만이 가능하다.

자부심의 원천

　민족주의는 대략 2단계를 거쳐 발전해 왔다. 초기의 민족주의는 한 국가가 약탈적 탐욕의 강대국에 의하여 위기에 처해 있을 때 발흥하는 즉흥적 반외세 감정의 형태를 말한다. 이후에 민족주의는 보다 적극적이고 지속적이며 일연의 성취감에서 오는 자부심의 발로로 보고 있다. 만성적 빈곤으로부터 극적 전환을 통하여 제고된 위상을 세계에 알리려고 몸부림치는 국가는 외국 매체에 의하여 어떻게 취급되고 있는지에 대하여 민감한 반응을 보인다. 외국 매체의 칭찬이 부족할 때 이것은 조롱을 넘어 자칫 노골적 모욕으로 비추어 질 개연성이 높다. 서울 여름 올림픽 준비가 한창이던 1988년 봄 어느 미국 대중매체는 서울 외곽의 한 공장을 방문하여 취재를 하고 있던 중 열악한 환경을 들어 "이것이 올림픽을 주최하는 나라 다" 라고 언급한 것이 양국 관계에 긴장을 불러왔다. 아마 이 말은 현실을 정확하게 취재하려는 미디어의 속성상 있을 수 있는 현상으로 볼 수도 있으나 그동안 땀흘려 이룩한 성과를 외국에 보여주려는 올림픽 주최 국가의 입장에서는 살을 베는 모욕으로 들릴 수도 있었을 것이다. 이점을 고려한다면 미국 매체가 한국의 실정을 감안한 이해와 배려가 부족했다는 평을 받을 수 있다. 어려웠던 시기에 한국을 도와주었던 미국일지라도 한 매체가 범한 행위는 되돌릴 수 있는 일이 아니었다. 이 사건을 위시하여 입장식 행렬에서 이탈하여 무질서한 행동을 한 미국선수를 들어 한국을 무시한 무례한 행위로 인식되기 시작했다. 반미감정의 싹이 여기에서부터 출발하였다.

현대화에서 괄목할 만한 성장을 거둔 한국은 자부심과 새로운 도전에 대한 자신감을 갖게 되었다. 여기에 등장하는 것이 적극적 민족주의이다. 다시 말하면 적극적 민족주의는 국가에 대한 자존심과 자신감을 먹고 산다. 그동안 한미 간의 동맹은 성장의 동력이 되었을 뿐만 아니라 앞으로 직면할 도전에 적극적으로 대응 할 용기를 불러 주었다. 원조를 주고받는 국가 간의 관계는 정서적 결속을 가미하여 어떠한 태풍에도 움직이지 않는 협력체제를 유지하게 될 것 이다. 허나 경쟁사회에서 영원한 협력체제를 보장할 수 없다는 것이 국가 간 역학관계의 기본원리이다. 미국이 없는 경쟁사회를 상상해 보라. 한국이 일찌기 경쟁사회의 냉엄한 역학관계를 이해했다면 미국이 없는 상황에서 새로 맞게될 도전을 평정심을 갖고 감내했을 것이다. 한국인의 상당수는 미국이 도움을 주는 맏형으로 남아있기를 바라고 있다. 맏형에 대한 의존은 한국을 의타심이 많은 동생으로 만들고 있다. 다시 말하면 기존의 한미관계가 한국인의 기대에 부합하지 못 할 때 인내심이 부족한 측은 감정적 폭발을 피하지 못할 것이다. 현대화란 서양의 기술과 생활 풍습을 모방하는 것이다. 원조를 받는 국가의 자존심에 상처를 줄 때 반 서방 감정이 발흥하고 그 국가의 민족의식이 강할수록 민족주의는 탄력을 받게 될 것이다. 그러나 우리가 상대하는 미국은 민족 감정을 거의 갖고 있지 않다. 오히려 개발도상 단계에서 한국인의 인내성 부족은 외국인 혐오감정에 준하는 감정폭발을 가져올 수 있었다.

한국의 민족주의는 유교의 영향과 연관하여 조명을 할 필요가 있다. 즉 유교의 혈연 중심주의는 한국인 생활의 공간이 그만큼 편협되어 있음을 말해 준다. 결과적으로 나타나는 배타적 민족주의는 한국인 간의 끈끈한 유대를 공유하려는 외국인을 좌절시킨다. 배타성은 개인 간 또는 정당 간 보호막을 두텁게 하여 이들 각자를 고립무원으로 몰아간다. 한국인의 특징으로 단체 또는 사회적 결속에 대한 강력한 정서적 호소를 들 수 있다.

한국인이 배타적이라는 사실을 부정할 사람은 없다. 허나 이 이미지를 보편화시키는 것은 한국인의 복잡한 멘탈리티를 단순화 할 개연성이 높다. 한국인이 외국인에 대하여 일본인보다 더 개방적이라고 말하는 사람도 있다. 그러나 한국인과 일본인은 보다 많은 공통점을 갖고 있다. 그중 하나로 이들 모두가 배타적이어서 낯선 사람을 처음 보았을 때 마음을 좀처럼 열지 않고 있다. 문화 장벽을 뚫고 서로 친숙하려면 시간이 걸린다. 배타적 성향은 해외 교포사회에서도 그대로 나타난다. 한국인 교포는 미국의 주류문화로부터 단절된 상태로 존재한다. 민족주의적 의식이 한국인 교포들의 모국과의 연대를 유지하려는 노력에 반영되고 있다. 낸시 에이블만은 한국인의 아메리칸 드림과 고국과의 연대 의식이 서로 보완 관계에 있다고 본다 (넌시 에이블만과 존 리, 1996, 13).

민족주의는 하나의 문화와 정치 정체성을 공유하는 사람들의 집단적 감정인 반면 애국심은 개인의 국가와 민족, 문화, 상징에 대한 사랑이라고 말할 수 있다. 전자가 외국과의 경쟁 또는 대결구도를 배경으로 표현된다면 후자는 개인 성격의 정서적 표현이다. 민족주의는 외국인 혐오증이나 적대적 감정을 나타내는 것만은 아니다. 1980년대 만 해도 한국의 경제정책은 국수주의, 반 외국인 정서, 반 시장적 편견, 불공정, 덤핑, 폐쇄성을 보임으로 세계시장의 비난 화살을 받아 왔다. 이러한 문제들은 한국에 만 국한된 것이 아니고 전 세계가 보호무역 정책으로 전염되어 가고 있었다. 한국이 비난의 화살을 면치 못한 것은 이 정책들의 기저에 민족주의가 짙게 깔려 있다는 믿음 때문이다. 외국산 농산물에 대한 국내시장 개방 압력에 굴복하면 농산물의 가격저하로 국내 농민의 반발은 불 보듯 자명한 일이다.

1980년대 발전도상 단계에 있던 한국의 공산품에 가장 큰 시장을 개방했던 미국으로서는 무역수지 적자를 피할 수 없었으며 이것이 호혜적 공정거래를 외치게 된 동기가 되었다. 한국은 미국의 공정거래 요구를 자국의 이익을 위한 민족주의적 발상이라고 비난 해 왔다. 국가 간의 거래에서 냉철한 머리가 뜨거운 가슴을 압도하고 있다는 사실을 미리 알았다면 한국인은 미국의 자국보호를 위한 조취에 크게 실망하지는 않았을 것이다. 미국인도 우리와 같이 뜨거운 가슴을 갖고 있다고 믿는데 한국인의 순진함과 단순성이 돋 보인다. 보호정책과 개방정책의 두 극단 간 회색지대는 없다. 관대했던 맏형의 냉혈 가슴은 한국인의 혐오적 민족주의에 불을 지폈다. 한국의 속담에 인색한 자를 일컬어 "벼룩이 간을 빼 먹는다" 는 말이 있다. 부자 나라가 인색하고 마음의 여유를 부리지 못 할 때 두고 하는 말이다.

세계화가 진행되는 동안 민족주의를 외곽으로 몰아내려고 하는 원심분리기는 돌아간다. 언어의 표준화가 진행되고 공통의 문화가 존재할 때 온 세계 인류는 판에 찍어낸 것처럼 똑 같은 인간이 될 것이라는 예측도 나오고 있다. 민족주의는 보다 큰 사교의 광장으로 향하는 운동을 저해하고 이를 안으로 끌어당기는 인력으로 작용한다. 이 과정에서 민족과 문화의 차이점은 좀처럼 수그러들지 않으려고 할 것이다. 한국인 특유의 문화적 동질성은 다른 국가와는 엄연히 구분되는 정체성을 유지할 수 있게 할 것이다. 우리가 동질화 될수록 특수적 정체성을 지키려는 노력은 그만큼 커질 것이다. 인간은 다른 사람과 가급적 달리 보이려는 본능을 갖고 있다. 보편화가 차가운 세계를 비추는 네온사인 빛이라면 특수화는 안방의 따스한 구석에 비유할 수 있을 것이다. 오늘의 현실에서 한국은 가장 동질적 민족의 분단을 보여주는 유일한 국가이다. 고향을 떠난 사람은 망향의 고통 속에서 민족적 의식을 잃어가고 있다. 민족주의는 잃어버린 집과 토지에 대한 노스탈지아로 남아 있다. 노스탈지아는 굶주린 유령처럼 가족을 잃어버린 사람들의 영혼을 괴롭힌다.

감성의 지배

인간의 얼굴은 사회적 관계의 표상이며 인식의 깊은 내면에 존재하는 모든 것을 나타낸다. 한국인의 가장 두드러진 특징은 가까운 친구들과 격의 없이 어울릴 때 나타나는 강한 감정이 이입되고 있다는 것이다, 그들의 행위가 감성과 얽혀있을 뿐만 아니라 쉽게 풀릴 일도 사무적 또는 계약적 절차를 따지는 행위에 강한 반감을 나타낸다 (김재은 1991, 243). 한 조직의 내재인과 밖에 있는 외부인과의 엄격한 구분은 인간 간의 거리를 측정하려고 하는 사회적 가치를 중시하기 때문이다. 가슴의 따뜻함은 내재인 간의 상호 교류에 적용되나 공적영역에서는 적용되지 않는다. 사교의 광장을 확대한다 해도 한국인은 좀처럼 똑같은 열정과 사랑을 갖고 낯선 사람을 대하지 않는다. 인간관계를 좁고 깊게 유지하려는 한국인의 특성상 사교의 광장을 확대하는데 많은 어려움이 예상된다.

유교에서 말하는 영웅은 국가에 충성하고 부모에 효도하고 부인으로부터 존경받는 남편이 되는 것이다. 이러한 덕목을 갖춘다는 것은 상당한 고통과 인내가 따른다. 근신, 성실과 절제된 위엄은 옛 성현들을 기쁘게 할 수는 있겠으나 현대 한국인들의 외부인과의 교류에서 이러한 덕목을 찾기란 거의 불가능 하다. 과거에는 도덕적 수양이 한국인을 이상형으로 규격화 할 수도 있겠으나 오늘날 복잡한 도시생활에서 이상형의 추구는 불가능 하다. 가끔 감정의 폭발이 한국인 간에 일어나고 있음을 목격하는데 이는 자신을 자제하려는 일본인과 대조를 이룬다.

한국인은 대체로 화를 잘 내고 언쟁에 잘 말려든다고 인식되고 있다. 이러한 성격은 특히 정치인들 중에 잘 나타나고 있다. 사소한 잘못이나 말의 실수도 큰 싸움으로 비화되는 사례가 많다. 수직적 사회에 적응 되어서 그런지는 몰라도 한국인은 아버지, 선생, 형, 상관, 권위를 상징하는 사람들로부터 협박에 익숙해져 있다. 이들은 직위가 상승함에 따라 신분에 대한 의식이 강해진다. 신분에 대한 강한 의식은 부하의 부정적 대답에 대하여 관용을 허락하지 않는다. 부하의 부정적 태도는 자칫 도전으로 비추어 질 개연성이 높다. 이로 인하여 한국에서는 교수와 학생들 간 동등한 지위에서 토론하는 문화가 부족하다고 한다. 한국인의 행동은 유교적 절제된 행동으로부터 감정의 폭발로 이어지는 양극 간의 광폭을 자유롭게 왕래하는 시계추에 비유되고 있다.

억압에 대한 인내는 보다 강한 감정폭발을 유도한다. 감정 억제나 통제는 점차 규제가 완화되는 사회에서 감정 폭발로 이어 질 공산이 크다. 사회적 여건이 유교적 근신을 허용하지 않는 상황에서 한국인의 행동은 감정적 또는 즉흥적 명령을 따르고 있다. 한국전쟁 중 한국인은 극도의 결핍생활을 이어 왔기에 즉흥적 삶의 욕구에 전념하다 보니 근신이나 매너에 신경을 쓸 겨를이 없었다. 억압적 규범이 떠나고 난 자리에 본능적 충동이 들어와 한국인의 정적 심리는 태풍과 같이 격랑을 일으키다가 잠잠해진다. 극단적 감정의 표현과 근신 간의 양 극단을 자유롭게 오가는 현상은 아직도 절제된 행동이 존재하고 있음을 뜻한다. 조화가 우주의 기본질서로서 하늘, 땅과 인간의 공존에 반영되어 있다. 인간은 삼자 간의 총체적 조화에서 존재의 의미를 찾고 있다. 인간은 서양 철학이 보는 자연으로부터 독립된 개체가 아니고 자연의 일부라는 것이 강조된다. 인간을 독립된 개체로 보는 것은 인간이 자연을 파괴하는 침략자로 서의 역할을 당연시 한다. 자연과의 조화는 자연 법측에 순응하고 있음을 뜻한다. 하늘의 계시는 오륜의 인간관계에 반영되어 있듯이 절대성을 암시한다

현대 한국인의 폭발성 행동은 중용이 강조하는 조화와 대치되는 개념이다. 중용의 원 뜻은 "중간" 또는 "과도하지 않음"을 말한다. 음양설은 중용을 "중간 지점"을 의미하는 것으로 이는 인간이 극단적 행동을 피하는 중간을 택하라는 교훈이 담겨 있다. 이는 자신을 절제하고 낮추는 미덕을 강조한다. 인간의 행동을 지도하는 도덕적 원칙은 없다. 현대사회에서 인간이 그때 주어진 상황에 맞는 행위를 이끌어 내는 이지적 능력에 의존하는 바가 크다. 중용은 유교의 엄격한 절제적 요구에 대한 비판으로부터 유래 되었다. 중용을 따르는 통치술은 정해진 윤리 강령을 따르는 것이 아니고 현 상황에 대한 합리적 대안을 포함하는 고도의 정치술을 요구한다. 자유, 권력과 부는 무한정 우리가 누릴 수 있는 것이 아니다. 이들에 대한 과욕은 반듯이 다른 사람이 치러야 하는 대가를 수반 한다. 중용의 이면에는 도덕적 정의에 대한 객관적 측정을 거부하는 인간 행동의 특수성에 여유를 주고 있다. 인간 생활은 본능적인, 정서적 호소와 뗄 수 없는 관계에 있기에 중용은 가슴의 뜨거움이 이성을 지배하는 것을 허용하고 있다.

유교는 모든 인간관계에 인간적 온정을 베풀어 줄것을 요구하고 있다. 인간성이 보다 큰 호소력을 발휘하는 곳에서 법률에 의존하여

문제를 해결하는 것은 비인간적이라고 배척하고 있다. 인간미가 넘치는 한국인에게는 법률은 부정적 의미를 갖게 마련이다. 인간성에 기초한 조화로운 관계는 여러 사회적 문제를 예방하는 효과가 있다. 사회문제를 인간적으로 풀어가는 것이 법에 의한 해결보다 우선한다. 계약을 요하는 사업 경영에 있어서 한국인들 간에 계약서가 2-3페이지에 그치는 것을 보고 외국인들은 놀랜다. 이 왜소한 계약서로는 복잡한 문제가 발생할 때 해결의 실마리를 제시하지 못하기 때문이다. 한국인은 일상생활에 법이 개입하는 것을 싫어한다.

토론은 승자와 패자를 보고자 하는 일종의 게임으로 보고 있다. 토론에 들어가면 말이 거칠어 지고 승자나 패자가 나올 때 까지 끝장을 보려고 한다. 문제가 해결되지 않으면 최종적으로 법원으로 간다. 정이 넘치는 한국인은 게임에서 패배할 때 자제력을 잃는다. 그것은 그들의 프라이드나 명예를 실추시키기 때문이다. 법에 의한 해결을 꺼리는 한국인이 사소한 문제로 법원에 호소하는 것은 아이러니가 아닐 수 없다. 오늘날 한국 법원은 미해결 사건으로 차고 넘친다. 이들은 대부분 사건 당사자들 간에 합의로 해결 되었어야 할 성격의 사건들이다.

한국인은 쉽게 울고 쉽게 웃는다. 한국인의 가슴은 죽은 사람에 대하여 동정으로 넘친다. 그들이 살아있는 동안 설사 사회에 관용 할 수 없는 해악을 끼쳤다 해도 모두 불문에 부친다. 한편 한국인은 그들의 눌렸던 감정을 분출시킬 출구를 쉽게 찾는 것 같다. 이 때 그들의 감정폭발은 하층민이나 가난에 지쳐 있는 농민이 정부 시책과 대결 할 때 더욱 소란해 진다. 한국인의 행동 중 유교적 규범으로 설명할 수 없는 것들이 있다. 분단된 국가에서 흔히 볼 수 있는 정부의 억압적 정책은 이성을 흐리는 극단적 감정적 대결에 기인하고 있음을 보아왔다. 다음 페이지에서 저자는 도덕적 벤치마크 – 정직, 공정성, 진실 –가 어떻게 감정의 기복에 굴복하는 지 설명하려고 한다.

의리

　인간적 온정이 지배하는 문화에서 한국인은 "의리" 라는 덕목에 중점을 두고 있다. 의리는 문자 그대로 올바름을 뜻 한다. 그러나 이 의미가 하나의 집단에 적용될 때 그 의미는 축소되고 곡해되어 한 집단에 대한 충성으로 해석된다. 이 집단의 이익에 대한 개별 구성원의 충성이 확고할 때 그 집단은 상호 신뢰를 바탕으로 한 영구적 인간관계를 구축할 수 있다고 한다. 그 집단이 사회정의에 반하여 행동할 때 의리는 정의 또는 올바름의 뜻을 상실한다. 집단에 대한 충성은 그 구성원 간의 유대를 이어주는 실과 같다. 의리가 모든 인간관계에 스며들고 있으며 개별 행위가 의리를 저버리면 집단의 도덕적 얼굴인 정의, 정직 과 진실도 정당화 될 수 없다. 집단의 결속을 해치는 반역자나 밀고자는 "의리가 없는 자"로 악평이 따른다. 동료들에게 등을 돌린다는 것은 동기가 여하건 집단 도덕에서 절대 있어서는 안 될 행위이다. 이러한 맥락에서 의리는 동료들과의 영원한 유대감을 지탱해 주는 약속으로 이해된다. 의리는 믿을 만한 가치가 있다는 뜻으로 해석되어 신뢰도를 의미한다.

　위에서 의리를 집단과 관련하여 설명함으로서 우리는 의리가 좁은 뜻으로 축소 되고 곡해될 수 있음을 알았다. 이제 우리의 시계를 넓혀 의리를 보다 높은 차원에서 고찰해 보자. 여기에서 의리는 사회정의와 올바름과 동일시 된다. 다시 말하면 의리는 인간 행동의 최종 심판자가 된다. 의리가 적은 집단의 결속을 목적으로 한다면 의리는 사회정의나 정직의 의미를 상실한다. 예를 들어 시험 중 한 학생이 옆에 있는 학생이 도움을 요청하여 답을 주었다고 하자. 이 학생은 속임이라는 죄명으로 학교의 처벌을 받아야 마땅하다. 다른 한편 이 학생은 모든 학급 급우들이 높은 점수를 취득하도록 도와주기 위한 순수한 의향을 갖고 있었다면 그는 급우들 간에 영웅은 못될망정 학교의 칭찬을 받음이 마땅하다. 그는 "나의 도움을 필요로 하는 급우들에게 등을 돌릴 수 없었다" 라고 자기 행위를 정당화 하려고 했을 것이다. 모든 학급 급우들이 높은 점수를 받는 것은 그 학급의 조화적 분위기를 위하여 이 보다 더 좋은 일은 없을 것이다. 고문을 당하는 죄수는 그의 상관의 이미지를 해치는 비밀을 절대 누설하지 않는다. 이것은 소 집단의 결속을 위하여 의리있는 일이다. 그러나 그 이면에는 그의 행동이 정직과 진실을 위한 그의 감각을 무디게 하는 결과를 초래 할 것이다. 이는 협의의 의리와 광의의 의리가 대립관계에 있음을 말해 준다.

옛 우정에 대한 도덕적 의무가 수년전에 상영되였던 "모래시계"라는 영화에서 잘 나타나 있다. 여기에 두 주인공이 등장한다. 이들은 학급친구이나 전연 다른 가정환경에서 자라 다른 길로 갈라선 다. 하나는 좋은 가정에서 태어나 일류학교를 나오고 사법시험에 합격하여 판사의 길로 들어섰다. 다른 하나는 어려서 부모를 잃고 어렵게 중학교 까지 마친 후 떠돌이 생활을 해왔다. 어쩌다 이 사람이 살인을 하게 되어 옛 친구에 의해 자기의 운명을 결정할 재판을 앞두고 있었다. 사형까지도 예상되는 사건이었다. 판사인 옛 친구는 깊은 고민에 빠져 있었다. 오랜 장고 끝에 판사는 남이 부러워 하는 직업을 떠나기로 결심한다. 그는 자기 손으로 옛 친구를 인생 끝으로 몰고 갈 용기가 나지 않았다. 이런 결심을 하게 된 것은 의리라는 감정이 그의 마음을 완전히 지배했기에 가능하였다. 그가 보여준 의리로 보아 그는 모든 사람들로부터 칭송을 받는 사람이 되었다. 여기에서 말하는 의리는 한국인 특유의 감정이 이입된 것이다. 이 감성적 심리는 무엇이 사회에 유익한지에 대한 합리적 판단을 저해 하고 있었다. 학창시절 맺었던 우정이 사회정의에 반하는 결과를 초래한 것이다. 이 사건이 미국에서 일어났다면 그의 결정이 어떻게 받아들여 졌을까? 정직이나 올바름을 측정할 잣대가 없는 상황에서 법을 집행하려는 노력은 크게 손상되고 있다는 예증을 보여준다.

의리의 다른 의미는 한 사람이 다른 사람으로부터 은혜를 입어 이를 보상하려는 상황에서 발생한다. 이 경우 의리는 일본인들이 중요하게 여기는 기리에 해당된다. 동일한 한자를 쓰나 이 한자의 의미는 문화의 차이로 각색되어 다른 의미를 갖는다. 받은 은혜에 보답한다는 것은 일본에서 큰 미덕으로 알려져 있다. 일본이 말하는 기리는 보답해야하는 의무의 성격이 강하게 나타나 이를 어길 때 신랄한 사회적 비난을 미리 방지하려는 의도가 다분히 포함되어 있다 (베네딕스루쓰 1946, 116). 기리는 "하기 싫어하는" 즉 억지로 해야하는 의무를 의미한다. 이 덕목은 한국인이 말하는 효도 또는 충성과 다르다. 효도와 충성은 이를 수행하는 사람의 자발적 의향이 따른다. 효도와 충성에 "억지로" 라는 뜻이 포함되지는 않는다. 우리는 부모에게 탄생과 양육이라는 무한한 은혜를 받았다. 이에 대한 보답은 절대로 일본의 기리로 설명 할 수 없다. 한국인의 의리는 가까운 친척 간 또는 친구 간의 관계에서 이루어진다. 일본인의 기리는 친척이 아닌 외부인과의 거래에서 통용되고 있다. 일본에서는 누구나 반기지 않는 의무를 수행할 때 영웅이 된다. 은혜를 갚지 못할 때 당사자에게는 일생 씻을 수 없는 불명예를 안게 된다. 따라서 기리는 사회적 불명예를 예방하기 위한 의무 수행을 말한다 (루쓰, 114). 기리는 계약 당사자 간 의무의 충실한 이행을 요구한다.

정

한국인이 정을 말 할 때 이것은 가까운 사람과의 깨어질 수 없는 연대로서 두 마음이 융합되어 좋던 나쁘던 서로 모든 것을 공유하려고 하는 마음이다. 정은 사람들을 밀접하게 얽혀 놓는 일종의 끈끈한 애교의 역할을 한다 (다이안 호프만, 1995, 219). 정은 결혼 당사자들 간 하나의 몸과 마음이 되게 한다. 이 과정은 사람이 다른 성(性)을 갖인 사람과의 관계에서 또는 같은 성의 사람들 간의 관계에서 어떻게 자신의 인격을 만들어 가는 지 잘 설명해 준다. 정은 이별의 반대어이고 두 사람과의 관계를 영원한 하나로 만든다. 한국인은 살아가면서 자기중심의 무수한 집단을 만들어 이들 각자는 정을 중심으로 뭉친다. 각 개인이 속한 집단은 아늑하고 따뜻한 구석과 같아 사람들이 여기에 함몰되면 낯설은 밖의 세상과 대화하기를 꺼린다. 개인이 큰 집단에 속 할지라도 작은 집단으로 이동하려는 힘을 보인다. 정은 남녀 간의 일시적 결합을 부정한다. 일시적 결합은 서로 헤어져 독립된 개체로 환원하려는 준비단계와 유사하다. 부부 간의 관계는 결혼 초기에 정열적 사랑으로 가득 차 있다. 그러나 이 정열적 사랑이 언제이고 같은 상태에 머무르고 있다는 보장이 없다. 노년에 가서 사랑이 식어 가기 시작 할 때 정은 노부부를 하나로 묶어 놓는다. 한국에서 노부부가 사랑을 고백하거나 사랑의 제스추어를 보이는 경우는 극히 희소하다. 서양인이 볼 때 한국인 노부부가 사랑없이 어떻게 부부관계를 유지하고 있는 지 의아해 할 수도 있다.

한국인 부부가 이혼을 하게 될 때 이들은 마음의 결정을 하기가 극히 어려움을 발견한다. 그들은 동선(銅線)같은 끈끈한 것이 둘을 묶어 놓고 있어 이혼을 어렵게 하고 있음을 발견한다. 정은 사람 간의 관계의 깊이를 상징하며 깊이 있는 관계는 날씨처럼 변화무상한 변덕에 동요되지 않는다. 이 깊은 관계는 가까운 인척이나 친구 간에 맺어지는 서클로서 구성원들은 이 협곡에 매몰되어 이들 간에 "우리들"이라는 동질화 집단을 만든다. 이 상기는 정을 서로 의존하는 관계로 정의한다. 한 사람이 사라지면 다른 사람의 생명도 끝이라는 이 결연한 관계는 공간을 오랫동안 같이 공유하는 데서 온다. 예를 들어 우리 집 옆방에 10여년을 셋방살이 한 부부가 집을 장만하여 이사 갔다면 우리와 이들은 같은 공간을 공유한 고로 끊을 수 없는 정이 들었다고 말 할 수 있다. 이 정은 떠나는 사람이나 보내는 사람이 이별을 못내 아쉬워하게 한다.

정은 한 공간이나 그 안에 있던 물건들을 공유해 온데서 오는 유대감이라고 표현 할 수 있다. 우리 어머니들은 오랫동안 사용했던 가구들을 처분하기를 꺼리고 있다. 이 가구와 오래 지내왔기 때문이다. 정이든 두 사람이 이별한다는 것은 고통이 따르고 이 고통은 과거의 추억을 그리워하는 노스탈지아가 된다. 과거의 우리 초등학교 졸업식장을 보자. 졸업식장은 눈물 바다가 된다. 과거의 추억과 함께 정들었던 교실을 떠난다는 것이 가혹한 채찍으로 받아 들인다. 반면에 미국 학교의 졸업식장은 기쁨과 새로운 세계에 도전하는 전율을 상징한다. 정은 항상 과거 지향적이다. "심리학적으로 정은 서로 울고 웃고 지냈던 과거에서 발생한 유대감 또는 사람 간의 정서적 융합으로 정의한다."

정은 시간이 흐르면서 더욱 깊어진다. 오래 간직했던 물건을 불편을 감수하고라도 고집스럽게 집착한다. 뗄 수 없는 정 때문이다. 이러다가 새로운 것에 투자하여 횡재할 수 있는 기회를 상실할 수 있다. 인간은 살던 집, 고향, 친구들에 집착하다 보면 새로운 삶을 이어갈 수 없게 된다. 이들은 손때가 묻은 물건을 소중히 여기는 경향이 있다. 특히 한국 여성들은 정의 회생물이 된다. 남편과 사별한 후에도 시댁에 살려는 집착 때문에 재혼하여 새로운 삶을 이어갈 기회를 잃어버린다. 정은 흩어져 있는 형제간 이별의 고통을 더해준다.

70년간의 민족분단은 북녘 땅에 사랑하는 형제자매, 부모, 자식을 두고 나온 이산가족에 뼈를 깎는 고통을 안겨주고 있다. 정든 고향을 떠난 이향민의 고통을 가중시킨다. 정이 유독 한국인들에게 만이 특징화 된 근거는 인간관계의 정의적 (情宜) 영역이 다른 영역보다 현저하게 발달했기 때문이다. 한국인은 인간의 특성 중 인정, 아량, 관용에 중점을 두어 정직과 신뢰성보다 우선한다. 한국인들 간에 엄마와 아이가 하나로 융합된다. 특히 엄마와 딸 사이는 서로 공명의 관계이다. 상호 공명의 관계는 인간이 독립적이고 이지적 감각으로 무장된 개체로의 발전을 지연시킨다. 고통받는 사람들에 대한 동정 심리는 이상적 인격으로 미화될 수 있다. 그러나 이러한 인격은 "나와 다른 사람 간의 구분"이 약하다는 평을 받고 있다. 한국인들 중 이기주의와 개인주의가 서양인에 비하여 약하다는 평은 바로 이런 사실과 관련이 있다고 볼 수 있다. 서양의 가치관은 자아중심의 이기주의와 개인주의에 긍정적 의미를 부여하고 있다.

한

한국인은 강대 대륙 국가들과 인접하고 있어 파란만장한 생을 이어왔다. 역사적 트라우마와 함께 표면에 노출되지 않은 한국인의 집단적 고통이 존재하고 있다. "한"이란 내재하고 있는 고통의 누적, 희망의 좌절, 출구를 찾지 못하는 원혼으로 정의된다. 이러한 마음의 상태는 국가가 수세기동안 겪어온 외세 침략의 누적이라고도 볼 수 있다. 특히 19세기의 역사적 트라우마는 한국인의 심리를 헝클어 놓아 일본에 대한 집단적 적개심으로 출발하여 20세기에 들어와 이념전쟁으로 분단된 동포들 간 재결합을 갈구하여 왔다. 이 트라우마의 원인은 외세에 의하여 야기되었으나 한국인은 이들을 운명으로 받아들였다. 한은 인간이 오랫동안 인내 해 왔던 고통, 그러나 아직도 그를 괴롭히는 것을 말한다.

국토가 분단되면서 고향친구, 학교 동창생들이 이념갈등이라는 고통을 겪게 되었다. 어제의 친구가 오늘의 적으로 돌변했다. 이어지는 이념대결에서 한국인은 자신들을 살육, 복수, 재복수의 희생자로 보고 있다. 한국인은 한이 많은 민족이라고 한다. 그들은 진정 마음 아픈 민족이나 지금은 그 고통을 성취 의욕으로 또는 성공으로 승화시키려 하고 있다 (마이클 브린 1999,35). 한은 실현하지 못한 꿈 또는 욕망으로 정의한다. 한국인들은 이 꿈을 무덤으로 갖고 간다. 오랫동안 전래되어 온 전설에 이런 이야기가 있다. "한 청년이 동네 처녀에 사랑을 품고 있다가 죽었다. 그의 사체를 담은 상여가 처녀 집 앞을 지나가다 갑자기 움직이지를 않고 있었다. 그의 혼이 사랑하는 사람을 보지 않고 외로운 길을 떠나기를 거절한 것이다. 그의 혼과 처녀가 결혼하는 의식이 거행된 후에야 관은 땅에서 올라와 가야 할 길에 올랐다." 이 비운의 청년은 영원한 이별 앞에서 한을 풀었다. 한국에는 혼과 혼의 결혼이 성행하고 있다. 나의 옛 친구였던 공수부대원은 낙하 훈련도중 사망하자 약혼녀와 혼외 결혼식을 올렸다. 신부는 죽을 때 까지 애인 영정만 보고 살 결심을 굳혔기 때문이다.

　1982년 대한 항공 여객기가 항로를 잠시 이탈한 후 러시아 파이롯의 저격에 의하여 수백명의 승객과 함께 동해바다 깊이 묻혀 버린 사건이 있었다. 이 때 미혼남과 미혼녀 간의 결혼식이 유족들의 동의에 따라 대 규모로 거행 되었다. 이같이 혼과 혼의 결혼식이 조기 사망이 많았던 과거에 심심찮게 거행되었다. 사법고시에 합격하기 위하여 여러 번의 낙방을 무릅쓰고 도전, 재도전하는 한 아버지의 열망을 아들이 승계하여 2대, 3대에 걸쳐 시도되나 결국 꿈을 이루지 못하는 가족을 심심찮게 볼 수 있다. 아버지의 한이 아들로, 손자로, 그 다음으로 이어지는 현상은 한국에서 흔히 있는 일이다. 이 한을 풀기위한 무대가 트라우마의 인식이다. 이 인식으로 인하여 정적인 한이 역동적 한으로 승화하여 꿈을 이루고 성공을 한다. 한의 이야기는 한국인이 단 기일에 국가의 현대화를 이룬 집단적 성공 사례를 잘 설명해 준다.

굿

한을 풀기위한 굿이라는 무속적 의식이 있다. 무속은 여러 목적에 사용되고 있다. 세계에 대한 무속적 개념은 혼, 인간과 자연의 통합적 전체를 의미한다. 이 3자 간의 균형이 깨지면 모든 인간의 고통이 나타난다. 인류가 겪어온 모든 재앙은 이 3자 간의 부조화에 의하여 일어나고 있다. 따라서 무속의 굿은 이들 간의 균형을 회복하는 것이 목적이 된다. 이로 인하여 행운을 불러오고, 사업의 성공을 기원하고, 도움을 주는 신의 손을 불러오는 역할을 한다. 무속 의식 중에서 "한풀이"라는 의식이 있다. 이 용어는 "누적된 고통을 풀어준다"는 의미를 품고 있다. 즉 누적된 고통을 제거하여 몸을 정화시킨다는 뜻이다. 얽혀있던 분노, 좌절과 염원을 마음으로부터 비워내기 위한 이 굿은 북한으로부터 온 피난민 간에 유행하고 있다. 무속은 마음의 상처를 입은 사람들을 위로하기 위한 일종의 보이지 않는 혼과의 화해적 (和解) 의식이다. 과거의 굿은 하층민들 간에 유행되었으나 지금은 각 계층의 사람들 간에 널리 이용되고 있다. 특히 고위직에 임명 된 사람들 간에 무거운 짐으로 부터 오는 근심을 덜어주기 위하여 유행되고 있다. 무속을 미신의 일종으로 배격하는 사람들 중에도 위험한 사업을 할 때 또는 해외여행을 앞두고 안전한 여행을 기원하는 의식으로 굿이 유행되고 있다. 무속은 자신 밖에 있는 요인에 의하여 야기되는 고통스런 삶의 길을 변화하거나 경감할 의욕의 깊은 내면을 보고 있다.

기분

자신의 정체를 추구함에 있어 우리는 다른 사람이 나의 행동을 어떻게 보고 있는 가에 주의를 집중한다. 나에 대한 다른 사람의 의견은 내가 어떻게 처신해야 할지 중요한 단서를 제공한다. 이와 관련하여 눈치라는 또 하나의 정서적 바로미터를 말하지 않을 수 없다. 눈치는 다른 사람이 나를 어떻게 생각하는지 알아내는 한국인의 특유한 감각의 민첩성을 말한다. 이런 사람을 일컬어 "눈치가 빠르다" 라고 한다. 남이 나를 어떻게 생각하는지 재 빨리 알아냄으로서 자기가 취할 행동을 여유있게 유도해 낼 수 있다. 한국인은 기분을 중요하게 여긴다. 대화를 해야 할 상급자의 기분을 미리 파악하는 것이 적절한 자기의 행동을 예견하는 단서를 준다. 상급자가 다른 일로 격노해 있는 상태에서 또 하나의 좋지 않은 일로 기분을 해치는 것을 피하기 위해서다. 이러한 경우에 보고자는 시간을 끌면서 적절한 시기를 저울질하는 것이 필수적이다. 이런 경우 보고자는 보고 해야 할 사건이 상급자의 기분을 해칠 것이 분명함으로 자칫 이를 좋은 말로 포장하다 보면 보고상황이 진실과 다른 결과를 초래 할 수 있다. 이를 보고 한국인은 진실을 말하지 않는다거나 보고를 주저한다는 말이 외국인들 사이에서 회자되고 있다.

주저한다는 것은 뒤집어 보면 한국인이 그만큼 신중을 기 한다는 뜻으로 풀이된다. 이러한 성향은 한국인의 성질이 급하고 충동적이라는 말과 대치된다. 다른 사람의 느낌을 유추하고 행동에 신중을 기하는 것이 하나의 성향이라면 급하고 충동적이란 것은 다른 성격을 의미한다. 조화로운 관계를 선호하는 한국인의 성향은 남의 기분을 상하지 않으려는 의도로 풀이된다. 한국인은 상대하고 있는 사람의 기분을 알아내어 그를 좋은 기분으로 유도하는 능력에 있어 타 민족의 추종을 불허한다. 한국인은 기분을 해치는 일이 발생할 때 인내심을 잃어간다. 그들은 쉽게 격노하고 사소한 일로 다툰다.

기분은 표면적 현상보다 깊이 파고드는 인간의 내면적 현상을 상징한다. 보이지 않는 우리의 내면은 경멸, 나쁜 뉴스, 불행에 의하여 상처를 받는다. 상처받은 내면은 밝지 않은 얼굴에 나타난다. 한국인이 기분을 강조하는 이유는 다음의 도덕적 격언이 잘 설명해 준다: "한 개인의 바른 행위보다 전체의 행복이 더 중요하다." 한국인은 객관적 진실과 행위의 바름 간의 조화를 추구하고 있다. 만일 개인 행위의 바름이 객관적 진실을 압도한다면 이것은 인간관계의 정의적 영역을 선호하고 있음을 뜻한다. 출세가도를 달리는 한국인들은 성공이 자기 능력보다 인간관계에 의존하여 왔음을 부정 할 수 없다.

기분이 행동의 안내 역할을 한다고 보나 이는 적당한 타이밍과 그때 상황에 따라야 하는 기술을 요한다. 비즈니스에 있어 한국인은 파트너의 기분을 고양하는 일에 우선을 둔다. 이 같이 파트너에 대한 정서적 호소는 그의 호기심을 불러 일으킨다. 그러나 호기심이 과하여 행동이 진실을 호도하고 합리성이나 상식에 부합하지 않는 경우도 있다 (마이클 브린 1999, 40). 이런 경우 비즈니스 파트너를 실망시킬 뿐 만 아니라 사업의 실패까지 이르게 된다. "끝까지 버텨라" 는 비즈니스에 있어 최상의 전략이 되고 있다. 이 전략은 북한이 미국과의 핵 담판에 사용하는 방법으로 파트너를 괴롭힘으로 목적을 달성한다는 뜻을 담고 있다. 이 전략은 이성과 상식을 외면함으로 얻어지는 이익을 추구하고 있다.

조화와 비조화

　동양인의 지배적 특징으로 논쟁을 피하고 모순을 해결하고 분열을 봉합하려는 시도를 들 수 있다. 이와 관련하여 서양 사상에서 볼 수 있는 2분법 논리를 살펴 볼 필요가 있다. 서양인의 의식 구조는 "이것 아니면 저것", "좋지 않으면 나쁜 것", 두 극단을 왕래한다. 미국의 사법제도는 무죄 아니면 유죄로 판결한다. 한국의 민사 소송에서는 분쟁의 경우 양 당사자가 책임의 정도가 다를 지라도 이를 공유한다. 동양인은 개인의 올바른 행위보다 동료들과 화목한 것이 더 좋다 고 한다. 사람들은 때로는 애매한 태도로 또는 아예 말을 하지 않음으로서 자신을 보호한다. 오히려 부주의한 행동으로 함정을 파지 말라는 뜻이다. 화목한 인간관계에 경도된 한국인에게 논리적 정확도나 합리성은 그렇게 중요한 것이 아니다. 외국인들은 동양인이 어떻게 해서 행동의 일치감을 보여주는지 의아해 하고 있다. 1997년 한국인들이 자발적 금모으기 목표량을 단시일 내 달성한 것은 외국인을 아연케 한다.

"자발적 금모으기는 경제적 난관을 치유하는데 기적을 발휘했다. 이것은 국민의 애국심의 발로이다. 국가를 위한 개인의 희생은 한국에서 미리 예견된 일이다. 한국인들은 혼연 일체의 행동의 효력을 굳게 믿고 있다.

직원들을 위한 축하연을 베플고저 할 때 사장은 시간과 장소를 정하여 이를 통보한다. 모든 직원은 아무 불평없이 받아들인다. 직원들의 편의를 생각하는 사장이라면 시간과 장소 결정에 합의를 도출해야한다. 각자 나름의 계획이 있기 때문이다. 그러나 이 같은 사적 문제는 무시해 버린다. 한국인들은 이같은 일방적 결정에 "노"라고 대답 할줄 알아야 한다" (퀀터 릴케, 조선 데일리 프레스 2003, 18일자)

조화의 추구는 한국의 언어구조에 반영된 부정적 답을 회피하는 경향에 나타나 있다. 한국인과의 대화에서 서양인들은 부정적으로 기술된 질문에 한국인이 yes 라고 답하는데 적지 않게 당황한다. 한국인의 긍정적 답은 질문 자체가 아니라 질문자의 의사에 대한 응답이다. "Don't you mind my smoking?" 라고 부정적인 질문이 제기 될 때 이에 대한 답으로 한국인은 "yes" 라고 한다. 이 긍정적 대답은 질문 자체보다도 질문자의 의향 (담배 피우고 싶어하는)을 미리 짐작하고 그에 따른 것이다. 서양인이라면 "No" 라고 대답했을 것이다. 이것은 질문자체의 문맥을 보고 대답에 응했다고 볼 수 있다. 한국인이 볼 때 긍정적 대답은 화합의 차원에서 항상 좋은 일로 본다. "No" 대답은 얼핏 보기에 버릇없고 불경한 행동으로 비칠 수 있다. 이들은 부정적 대답이 어떠한 행동으로 비칠지 관심을 두지 않는 듯하다. "무엇 때문에 화를 자초하나?", "왠만한 일은 참고 견디자." 유교의 교훈은 사회적 화합을 중시하고 상대방의 체면을 유지하는데 주의를 집중한다. 체면유지를 위한 노력은 분란과 부정적 태도를 피하거나 억압하려는데 주력한다. 이것을 비대결 전략이라고 한다. 따라서 과묵과 완만한 어법에 의존함이 크다. 한국인들은 언어 자체의 의미보다 대화의 정의적 측면에 더 큰 관심을 보인다. 따라서 간접표현은 대부분 언어의 명료함을 흐려 놓는다. 체면 살리기 위주의 행동은 정서적 거래와 관련될 때 대화과정을 더욱 복잡하게 만든다. 한국인과 대화에 임하는 외국인은 대화를 둘러싼 분위기에 신경을 써야 한다. 대화 자체 보다 이를 기분 좋게 이끌어 갈 지엽적 문제들에 주의를 집착한다는 뜻이다. 상대방의 기분을 상하게 하는 일은 분별있는 사람으로서 절대 해서는 안될 일이다. 경우에 따라서 상관의 기분을 위해서 진실을 버려야 하는 일이 발생한다. 한국인과의 대화를 순조롭게 하기 위하여는 대화 자체가 갖고 있는 언어적 메시지에 국한해서는 안된다.

고아 입양

어린이 입양문재는 동양과 서양 간의 또 하나의 대조를 들어낸다. 어린이 입양의 한국적 개념은 혈통을 중심으로 뭉친 소규모 집단 내에서 이루어 지고 있었다. 한국인은 아들이 없어 혈통이 단절될 위기에 처했을 때 가까운 친척 간 남아 어린이를 입양하는 것이 상례가 되었다. 아들이 없다는 것은 조상이 물려준 성스러운 혈통을 단절해야하는 불명예를 피할 수 없다는 뜻이다. 이것은 조상에 대한 중대한 죄로 간주되었다. 서양에서 어린이 입양은 친척의 범위를 넘어 무연고 가족에게도 입양이 되고 있다. 따라서 아들이 없는 집안의 대를 이어야 하는 목적과는 무관하다. 서양사회에 반영된 사회계약설은 혈통 중시의 남아선호 사상을 철저히 외면한다. 한국에서는 친척의 범위 밖에 있는 자들은 사람으로 취급 받지를 못했다. 그러나 남아선호는 원하지 않던 아이들을 출산하는 결과를 낳고 이 아이들은 외국인 가정으로 입양되고 있다.

인천공항에 가면 진풍경이 벌어지고 있음을 직감할 수 있다. 유명 외국인, 교수, 의사, 전문직 인들이 어린 아이를 가슴에 안고, 한 손에는 우유병을, 다른 손에는 여권과 항공권을 들고 열지어 출국 수속하고 있는 장면을 보고 한국인은 어떤 생각을 하고 있을까? 이 아이들은 한국인이 버린 아이들이다. 이 버림받은 아이들을 외국인이 거두어 들인다. 따뜻한 인간성을 자랑하는 한국인이라면 심한 수취심을 느껴야 할 것이다. 한국인은 남다른 민족중심 단결력을 자랑하고 있다. 따뜻한 민족주의가 이 어린이들을 버리고 있다는 것은 아이러니한 일이 아닐 수 없다.

한국인은 왜 자기 혈통이 아니라고 같은 동포에 냉담하고 있을까? 답은 효도 할 아들을 갈구하고 있기 때문이다. 한국인은 "핏줄보다 진한 유대는 없다"는 믿음에 아직도 도취되어 있다. 한 혈통으로부터 온 남아들이 효도를 잘 할 것으로 믿고 있다. 혈통 밖에서 온 입양아의 효심은 신뢰할 만한 것이 못되기 때문이다. 이같이 혈통 중시 풍조는 기독교에 명시된 보편주의에 반하는 편파성을 기른다. 편파성의 긍정적인 면은 민족주의에 있으며 민족의 결집력과 공고성이 장점으로 떠오른다. 부정적인 면으로 "편파성이 우리를 우물 안에 갇힌 올챙이로 회귀시키고 있다." 우리가 세계를 모르고 살았던 조선왕조 시대로 복귀하고 있다는 느낌을 준다. 혈통에 고집하고 있음은 열린 다양한 사회에 귀를 닫고 참호 속으로 음추러 드는 행위를 말한다. 보편적 가치가 발흥하고 있는 시기에 즈음하여 한국인은 입양과 관련된 퇴행적 행위로 부터 이탈해야 한다는 시대의 부름을 외면하고 있다. 민족 정체성에 관한 개념은 확대 가족주의의 경계를 넘지 못하고 있다. 그러나 가족주의가 확대되었다 해도 새로운 정체성을 재 정립해야 할 단계에는 미치지 않고 있다.

한국의 전통적 입양제도를 보면 같은 혈통이 아닌 아이들도 입양 후보에 오를 수 있었다. 마크 피터슨의 조사에 의하면 고려시대 입양제도가 현재 서구사회에서 실행되는 것과 흡사하다는 점을 발견했다. 또한 입양 후보가 남아에 국한 되지도 않았다. 입양된 아이들은 혈통과의 관련을 부인해 왔고 남아와 여아구분도 없었다. 이 전통적 입양제도는 성리학을 채택했던 조선왕조에 의하여 철저히 부정되였다. 한국의 역사를 살펴 볼 때 남아만이 입양의 후보가 아니었다는 사실을 발견할 수 있다.

혈통상속과 관련된 한국의 상속제도는 일본이나 중국과도 다르다. 이들 국가에서는 여아와 사위도 혈통승계 수단으로 입양 후보가 되었다. 이것이 일본에서 패전 후 전쟁고아의 대규모로 방출을 방지 할 수 있었던 이유이기도 하다 (후비넷 토비아스 2005, 44-45). 성리학이 조선왕조 때 법률제도를 완전히 지배했다는 점을 잘 설명해 준다. 한국에서는 1938년 일본식민정책에 의하여 혈통 외의 아이들도 입양 대상으로 지정 되었다 (예선옥 2002,45). 혈통 중시 풍조가 한국의 법제도를 완전히 부정했던 것은 아니다. 법제도의 미숙은 법보다 우위에 있던 윤리 강령이 한국인으로 하여금 부계질서 안에서 이상적 입양 제도를 추구하도록 독려 해 온 결과이다.

그렇다면 1960년대 한국이 입양고아의 최대 수출국이 된 이유는 무엇일까? 많은 사람들은 그동안 한국이 겪었던 트라우마와 연관이 있다고 본다. 일본의 식민정책이 시작되기 전 한국의 부모와 자식 간의 유대는 어느 나라에 비하여도 끈끈했던 것으로 보인다. 부모를 잃은 고아들도 친척들이 다투어 입양함으로 그리 심각한 문제는 아니었다. 그러나 국토의 분단과 한국전쟁은 수 백만명의 고아를 배출했다. 이들 중 상당수가 미국 군인에 의하여 양육되다가 미국 가정으로 입양되었다. 해외 입양된 고아 중 미국 가정 입양아들이 3/4를 점유하고 있다. 1974-90년 사이 매년 30,000 명이 넘는 고아들이 정들었던 유모의 곁을 떠났다. 가난에 쪼들였던 한국인은 이들이 미국 가정에서 좋은 대우를 받을 것이라고 부러워 하기도 했다. 이 때문에 한국에서 미국인은 인간애로 넘치고 마음이 후덕한 사람들로 추앙받고 있었다.

홀트 국제 입양 재단은 박애와 사랑의 상징으로 한국전쟁 고아들 입양에 가장 적극적이었다. 하나님의 예언을 충족하기 위하여 유대 민족을 이스라엘로 이주시키는데 적극적 이였던 기독교 근본주의자들처럼 홀트는 이사야 43장 5장을 인용하면서 국제적 입양 사업의 꿈을 그려왔다 (홀트 배타 1992,211). 우선 한국전쟁으로 고아가 된 아기들 중에서 한국에서 영원히 버림받을 혼혈아와 지체부자유 아이들의 입양에 우선을 두었다. 한국은 또 하나 기아(棄兒)의 원천과 싸움을 벌이게 되었다. 그들은 산업화가 가속됨으로 미혼 노동자에 의하여 버려진 아이들이다. 도시의 환상에 매몰되어 있던 젊은이들은 농촌을 이탈하여 열악한 공장에서 일자리를 구했다. 이들의 고달팠던 공장일은 마치 영국 산업혁명 후 칼 맑스가 목도했던 열악한 영국 노동자의 생활을 상기시켰다. 이들의 좌절은 순간의 쾌락 추구로 이어졌다. 이 젊은이들이 버린 아이들은 엄격한 혈통중심 가족주의로 인하여 국내 입양으로부터 철저히 배제되었다.

미혼모의 가정 부모들은 원하지 않던 손자 손녀에 대한 혐오감을 여과없이 들어내고 있다. 미혼모는 사회의 저주로 인하여 인간다운 생활에 대한 희망을 버려야 한다. 그들은 일가친척이나 이웃 사람들의 따가운 눈초리 앞에서 고사되어 가고 있었다. 이 버려진 아이들은 해외에서 입양 부모를 만나게 된다. 한국은 OECD의 자랑스러운 회원 국가가 되었지만 고아들을 수출하는 국가라는 낙인을 피할 수 없게 되었다. 부모없는 아이들에 대한 한국인의 몰인정한 편견은 후진 국가에서만이 볼 수 있는 현상이다. 낯설은 사람에게도 친척과 똑 같은 인정을 베풀어야 하는 익명의 사회에 한국인들은 아직도 익숙치 못한 듯하다. 따뜻한 마음은 혈연에 기초한 사회에서는 소생할 기력이 보이지 않는다. 입양된 아이들이 부유한 부모를 만나 행복한 삶을 이어 갈 것이라는 순진한 희망은 헛된 꿈에 그치고 말았다. 이 순진한 기대는 예기치 못했던 양부모의 부주의와 무관심 속에 고통의 생을 이어 가는 입양아들이 있다는 사실을 잊게 한다.

우리는 수년전 백혈병을 앓고 있던 브라이언 바우만의 이야기를 잊지 않고 있다. 생명을 잃을 수도 있는 긴박한 상황에서 자기에 맞는 골수염을 찾고 있던 한 입양아가 고국에 있는 생부모의 협조를 갈구하고 있었다. 이 소식은 입양아들과 고국에 있는 동포들 사이에 끈끈한 유대가 존재하고 있음을 확인시켜 주었다 (후비넷 토비아스 2003, 94). 바우만의 기사가 고국으로 흘러들어 왔을 때 생부모가 나타날 것이란 기대는 끝내 실현되지 못했다. 그러나 수 만명의 고국 청년들이 이 호소에 호응함으로 그의 생명을 유지 할 수 있었다는 사실은 따뜻한 동포의 온정이 살아 있음을 반증한다. 바우만의 경우는 아주 드믄 성공 사례다. 바우먼의 이야기가 없었다면 우리는 수많은 입양아들이 동포들의 무관심 속에 묻혀 버리고 있다는 사실을 묵과했을 것이다. 분명히 바우만의 이야기는 해외 입양아들에 대한 국내 동포들의 동정을 이끌어내는 기폭제가 된 동시에 청소년들의 무분별한 성적 행위에 경각심을 심어주었다. 해외에 입양된 한국 어린이들은 결국 체면 살리기 문화와 엄격한 가부장 제도의 회생물이라는 자성의 목소리도 높아져 갔다.

물론 한국의 부모들은 아이들에게 사랑의 원천이 된다. 그러나 이 부모들은 자식들의 독립성과 자생적 생활 능력을 약화시켜 부모 존재의 필요를 느끼게 한다. 부모와 자식 간의 상호 관계는 아직도 강하게 남아 있다. 이러한 경향이 계속되는 한 부모 없는 아이들이 정서적으로 누려야 할 땅은 좁아진다. 서양사회에서는 부모들이 아이들과 밀착된 사랑과 의타심에서 오는 짐을 떨치려는 노력이 돋보이기 시작했다. 한국의 부모들도 미래의 어느 시점에서 사랑과 애정이 혈통과 관계가 없다고 단언 할 때가 있을 것으로 믿는다. 사랑과 애정은 일면 심리적 이며 문화적 현상이다. 혈통이 여기에 개입할 가능성은 점점 희박해 진다. 생 부모가 가족의 붕괴로 인하여 또는 아이들을 양육할 능력이 없어 부모의 역할을 박탈당하는 예를 흔히 본다. 혈통 중심의 가족은 구 시대의 산물이며 전통과 습관이 쓸모없는 도구가 될 날도 그리 멀지는 않을 것으로 본다.

예의 바른 민족

한국인이라면 예의 바른 민족으로 통한다. 그러나 이 이미지는 외국인을 실망시키는 경우가 있다. 한국에 새로 부임한 외국인에게는 한국인이 기본예절조차 갖추지 못했고, 친절미가 없다는 인식이 팽배하다. 서울의 복잡한 거리에서 발을 밟았거나 몸과 몸이 충돌할 때 사과 한마디 없이 지나간다고 불평을 한다. 한국인은 무표정의 얼굴에 이상한 눈초리로 외국인을 응시함으로 외국인을 몹시 당황케 한다. 서양에서 눈과 눈이 마주 할 때 눈 인사나 미소를 보이는 습관과는 대조를 이룬다. 외국인은 매사에 있어서 한국을 일본과 비교하는 경향이 있는데 친절하고 질서있는 일본인 앞에서 한국인은 초라 해 진다. 외국인들은 사소한 실수나 호의에도 "미안하다" 또는 "감사하다"는 말을 잊지 않는다. 이같은 말은 외국인들 간에 의식없이 자동적으로 표현되고 있다. 반면에 한국인은 이같은 상황에서 좀처럼 말의 표현에 인색하다. 그렇다면 위에서 언급한 "예의 바른 민족" 이란 무엇을 의미하는가? 외국인의 무의식적 감사의 표현은 구체적으로 보이는 그 당시의 행동을 지칭한다. 이러한 표현들은 의식화 (ritualized) 되거나 습관화 되어 당사자의 속마음과는 관련이 적거나 없다.

한국인이 사과나 감사의 말을 좀처럼 표현하지 않는 것은 한국인의 예절이 내면적 인식으로 부터 오기 때문이다. 내면적으로 감사하다 또는 미안하다는 인식을 느끼면서도 반듯이 인식을 말이나 행동으로 표현하려고 들지는 않는다. 이 내면적 인식을 밖으로 표현 하고저 하는 의욕은 상황적 요구에 일일이 대응할 필요가 없다는 윤리 의식에 의하여 저지되고 있다. 한 예를 들어 보자. 서양인과 한국인이 한 테이블에서 식사를 한다고 하자. 서양인이 소금과 후추를 건네 달라고 요구 할 때 한국인이 이를 건네 준다면 서양인은 일일이 감사표시를 한다. 역으로 한국인이 이 요구를 할 때 한번 감사표시를 하면 족하다는 느낌이 순간적으로 스쳐 간다. 이 경우 내면적 인식이 말과 행동의 표현으로 연결될 때 순간적 주저함이 있기 마련이다. 이 순간적 주저가 감사 표시의 기회를 놓치고 만다. 이 순간적 결단력이 예의 또는 결단력의 부재로 해석될 소지가 많다. 한국인 행동의 특징은 표현의 욕구가 말과 행동으로 이어지는 동안 시간이 지체되는 데 있다. 구체적 행동에 대한 관심부족은 한국인이 갖고 있는 공간 개념과 연관이 있다고 볼 수 있다. 하나의 예로 서양인과 동양인이 승강기에 함께 탓다고 가정해 보자. 서양인은 되도록 사람과 접촉을 피하기 위하여 애쓰는 모습이 보이나 동양인은 여기에 신경을 쓰지 않는 것 같다. 북 아메리카 사람들과는 달리 대다수의 동양 국가들은 인구 팽창에 의하여 공간적 여유를 누릴 수가 없었다. 서구인들의 거리두기는 비인간적 성향과 관련이 있다고 본다. 이원설에 의하면 서양인들은 아기를 키울 때도 되도록 몸과 접촉을 피하려고 한다. 아기가 운다고 즉시 우유를 먹이는 행위도 서양에서는 금하고 있다. 복잡한 도시에서 거주하는 한국인이라면 비좁은 공간에서 일어나는 일에 신경을 쓸 겨를이 없을 것이다. 한국인도 이제는 몸과 몸의 접촉을 피하려는 성향이 보이기 시작했다.

한국인은 인접 국가와 비교하여 전통적으로 예의 감각이 발달 되었다고 한다. 한국에서 "예의가 바르다"의 의미는 한 시점의 행동을 말하는 것이 아니고 반복적으로 일어나는 행동 패턴이나 잠재하는 태도를 말한다. 반복적 행동이 아니면 예의 바른 행동의 후보로 자격을 상실한다. 서양에서 "예의가 바르다" 라는 의미는 행동의 개별적 이행 방법을 의미한다. 행동의 올바름은 그 때 처한 상황에 따라 결정된다. 한국적 개념의 예절은 사회적 규범과 일치하는 가치에 근거한 행동과 습관을 말한다. 예절의 한국적 개념은 잠재적 행동과 태도 성향을 말하는 품위(propriety)에 가깝다고 할 수 있다. 태도는 행동으로 표현되지 않더라도 잠재적으로 오랫동안 존재하고 있으므로 품위에 포함될 수 있다. 예절의 한국적 정의는 관찰자의 눈을 피하는 잠재적 행동을 포함하기 때문에 행동의 폭이 넓고 반복적 특징을 갖고 있다. 반면 예절의 서양적 개념은 상황에 따라 나타나는 특수적 행동을 말한다. 한국인은 행동 자체보다 그것의 습관적 또는 의식적 파장에 치중하고 있다.

신분 의식은 체면유지 욕구나 실제 이상으로 자신을 부풀려 표현하는 습관으로 발달했다. 이러한 성향은 기념품 증정에서 잘 나타나 있다. 기념품의 가치는 증정자의 신분에 맞는 적합도에 따라 결정된다. 받는자의 입장에서 기념품은 증정자 신분을 기억하게 하기 위한 것으로 고가의 가치를 기대하지 않는다. 증정자는 자기 신분에 맞는 고가의 선물을 택한다. 받는자가 동일한 가치의 선물로 보답하지 않는 한 일생동안 빚을 지고 있다는 것을 잊지 않게 한다. 외국인과의 관계에서 값비싼 선물은 상대방에게는 당황과 고민의 원인이 된다. 상대방이 이에 상응하는 물건으로 보답하는 것은 불가능하기 때문이다. 그렇다고 증정자는 상대방이 이에 보답하기를 기대하지는 않는다. 특히 한국에서 근무하고 본국으로 돌아가는 외국인에게 기념품을 증정 할 때 한국인은 통 큰 아량을 발휘한다. 저자는 외국인과 같은 직장에서 한국인으로 부터 고가의 선물을 받고 고민하는 경우를 많이 보아왔다. 수필가 김영언은 이에 대하여 다음과 같이 요약하고 있다.

> 1950년대와 60년대에 조금이라도 여유있다면 롤렉스 시계를 갖지 않은 사람이 없었다. 이 시계는 두텁고 못생겼으나 날자가 크리스털 판 위로 올라와 보기가 용이하다. 한국인들의 여린 손목에는 육중하다는 느낌을 준다. 가옥을 새로 질 때 집 건물에 비하여 대문이 너무 크다는 느낌이 들었다. 집안에는 화려한 서재를 만들어 책으로 가득 차 있으나 생전 열어보지 않는다. 이 집 주인마님이 손목에는 각종 보석으로 빛난다. 저녁에는 음악회에 가고 바하를 듣는다
> (Korea in Transition 1989 A3)

위의 인용문은 한국인이 얼마나 "보여주기" 문화에 집착하는지 그 단면을 말해준다. 대문이 크다는 것은 부의 가식적 상징이나 많은 재물이 들어오라는 신호이기도 하다. 큰 대문은 실재 집 주인이 갖고 있는 재물을 부풀려 말하는 허영에 속한다. 이러한 사치적 허비는 단순함의 미, 고요함 과 겸허를 추구하던 조상들의 가치관과 배치된다. 허식은 특히 졸부들과 부유한 가정의 젊은이들 사이에서 유행한다. 신분 중시 풍조는 부와 힘의 과시를 금하는 유교 윤리에 배치된다. 자기 과시는 유교의 예법 중시 풍조로부터 유래 되였다. 한글학자 최현배는 한국인 행동의 이중 잣대를 지적하고 있다. 형식주의는 유교적 관료주의에 잘 나타나 있다. 관으로부터 행정 서비스를 요청 할 때 쓸데없이 장황한 절차를 밟아야 하는 형식주의가 관료를 일반인과 구분하여 높게 평가 하기 위함이다. 형식주의에 몰두하다 보면 실체를 놓치는 결과를 초래한다. 한국 정치인들의 토론 과정을 보면 실체를 다치지 않고 그 주위에 있는 사소한 또는 형식적인 문제 만 다루고 있음을 볼 수 있다. 영어 표현 "beating around the bush" 가 이에 상응한다. 이로 인하여 한국인들 중에는 국회의 무용론을 주장하는 사람들이 많다.

한국인들은 가까운 친척 간 또는 낯익은 사람들 끼리 어울릴 때 예의를 차리고저 하는 욕구가 강해진다. 다시 말하면 이들에게 약점을 잡히지 않겠다는 것이다. 윤리적 규범은 부모와 자식 간 또는 남편과 부인 간처럼 이원적 관계에 국한 되었다가 차츰 인간관계가 확대되어 윤리적 규범도 적용범위가 커지고 있다. 한국인의 예절은 인간 중심 (Human-centric) 이나 서양인의 것은 상항 중심적 (Situationspecific) 이다. 외부인과의 관계에서 한국인은 차가운 반응을 보이고 일정한 거리를 둠으로 무례한 행동를 초래한다. 한국인의 예절은 단체 중심적이고 수직적 관계에 집착함으로 평등에 기초한 사람과 사람 간의 관계에서 행위를 하는 경우는 드믈다. 한국인은 집단적 의식에 매몰되어 자기의 세상을 외부인의 세계와 차단하거나 일정한 거리를 두고 있다. 한국인은 가까운 관계의 영역을 벗어나면 물 떠난 고기와 같다.

집단적 행동의 특징

문학 평론가 이규태가 일찍이 말한 바 있다. "과거에 개인은 하나의 집단이 추구하는 목적에 몰두하여 있었다. 개인적 목적이나 주장은 집단적 목적에 회생 되였다. 이들은 동료 간 집단의 정체성을 공유하고 있다"(1977,23). 한국인이 갖는 집단의 개념은 동료 간 공유되는 것에 기초하고 있다. 이러한 집단은 편협적이나 다른 집단에 대하여 결속력을 다지는 것이 특징이다. 이점에서 한국인은 편협의 경계를 넘는 수평적 감각을 갖기 어려워 진다. 소집단에 고착됨으로 큰 집단이 주는 혜택을 보지 못하고 있다. 이것은 한국인이 공적 영역의 낯설은 사람들을 회피하는 경향을 잘 설명해 준다. 외국인은 한국인이 그들을 아무런 친절의 표시없이 노려 볼 때 충격을 받는다고 한다. 한국인의 입장에서 보면 호기심의 발로로 이해될 수 있다. 사회성은 같은 마음은 소규모의 동료 집단에서 이루어지고 있으나 이러한 사회성이 강할수록 공적 생활을 어렵게 한다. 공적 영역에 있다함은 한 집단의 편협된 경계를 넘어 섰다는 뜻이다. 결집력이 정서적 위로와 안정을 준다. 결집력의 정도는 집단이 위치한 지역과 긴밀히 연결되어 있다. 농촌의 집단은 결집력에 있어서 도시의 집단을 뛰어 넘는다. 사회성은 인구 밀집도와 역 비례한다 (알란 드 뷰통 2012,23). 따라서 도시나 산업화된 지역에서 익명성이 고개를 들고 있다. 이 지역의 모든 시민은 낯 설은 사람들이기에 친절의 미덕을 보여 주지 못한다.

각 집단은 구성원의 행동을 통일적 행동으로 지향하는 자체의 윤리규범을 갖고 있다. 각 개인은 자신도 모르는 한 집단 규범에 구속 당하고 있는 느낌을 갖는다. 외국에 얼마간 체류하다 귀국했을 때 이들은 이 규범에 자신들이 재 진입하는데 어려움이 있음을 발견한다. 이 규범은 불문률, 기풍 또는 정신으로 해석 될 수도 있다. 이에 따라 각 집단은 하나의 계층 (class) 이나 믿음 보다 각 구성원의 특징적 기질에서 정체성을 발견한다. 한국의 정당에서 계층이나 이데올로기적 정체성을 발견 할 수가 없는 이유가 여기에 있다.

한국인들은 위로 치솟은 피라밋 형의 사회구조에 익숙하여 있으므로 중산층의 개념이 잘 이해되지 않는다. 한국인은 신분의 상승이나 성공에 의하여 다른 사람과 자신을 구분하고 사회 사다리 위로 올라가려는 욕구가 남보다 강하다. 상위층 신분에 있는 소수의 엘리트는 일반인의 선망 대상이 된다. 중산층이 많아지면 여기에 만족하지 않고 더 높은 곳을 지향한다. 일반인과 구분하려는 욕구가 상위 신분층으로 올라가려는 강한 동기를 제공한다 미국인들은 자기가 상류층에 속한다고 주장하는 사람은 거의 없다. 대다수는 자기가 중산층에 속한다고 한다. 상층부에 속한 사람들이 즐기는 가치관도 중산층의 가치관과 다를 바 가 없다. 경제가 아무리 발달 했다 해도 한국은 수직적 질서 때문에 만족할 만한 중산층을 이루는데 실패했다. 수직적 질서는 보편적 평등을 이루는데 장애가 되고 있다. 한국인은 중산층에 머물기를 거부하고 범인보다 높은 지위를 지향하고 있다 (A few elites over the pack). 한국인 대다수는 남을 이기려는 욕구로 행동을 자극한다.

개인주의에 대한 서양의 개념은 개인을 국가나 권위, 교황, 제도 등으로 부터의 해방을 뜻한다. 반대로 한국인은 개인주의를 집단성의 프리즘을 통하여 본다. 이 시각으로 볼 때 개인주의는 수직적 질서의 기반을 파괴하는 자기 이기적 행동으로 볼 수 있다. 서양에서 일어난 역동적 변화는 주관적 개인주의와 개인의 자치능력에 의존했던 바가 크다. 이와 대조적으로 비 서구인, 특히, 한국인의 집단적 행동성향은 안정된 질서를 추구하여 온 결과 일보의 진전도 없는 사회적 침체의 늪에 빠져있다. 한국의 문화는 일본과 공유하는 것이 많다. 예를 들어 한 집단의 결집력이 강해 짐으로 이를 뒷받침하는 표준 규범에 적응하지 못함으로 낙오자를 배출한다. 이들은 주류로부터 멀어져 멸시와 질시를 받고 있다. 한국에서 이들을 "왕따", 일본에서는 "이지매"라고 부른다. 이들의 존재는 학교 교육에서 확인된바 교육상 심각한 문제를 야기한다.

우리는 가끔 "같이 살아야 한다" 라는 말을 듣는다. 그 이면에는 한 집단의 대다수 구성원이 같은 목적을 갖는다 해도 이에 불복하는 소수가 존재한다는 뜻이 담겨 있다. 즉 동일한 구성원으로 된 집단일

수록 그 이면에는 소수가 같이 가기를 거부한다. 마을 사람들 모두가 같이 가야 하는 필요 때문에 여기에 불평하는 소수가 평소에 가지고 있던 감정을 버리고 합세하는 경향도 있다. 여기에 빈센트 브란트가 말한 "평등한 마을 윤리"가 적용된다. 평등주의는 한 집단의 구성원 모두를 평등하다고 본다. 이 개념의 해석은 사회발전 단계에 따라 달라 질 수 있다고 본다.

중산층의 개념은 평등사회에서 가장 큰 집단에 속함을 뜻한다. 그러나 그들이 중산층에 있다함은 불안의 원인이 된다. 그들의 상위층 입성 욕구는 다른 경쟁자에 의하여 압도 될 수 있기 때문이다. 높은 계층으로 진입하고저 하는 욕망은 신분의식이 강한 한국인 중에서 현저하게 나타난다. 미국, 캐나다, 호주 같은 신생국가는 대다수 인구를 중산층으로 끌어와 상위층의 욕망을 잠 재우는 감이 있다. 경제적 성취가 평등주의와 연결되면 중산층의 경계는 없어진다. 미국, 캐나다, 호주와 같은 신생 국가에서 대다수의 인구는 중산층에 만족하고 있어 상위층에서 부를 자랑하거나 사치적 행각을 떠는 사람들을 거의 볼 수 없다. 한국에서 신생 부자나 졸부들 간에 부를 자랑하거나 사치행각을 하는 행동성향을 볼 수 있다.

한국인이 말하는 집단성이란 개인이 집단의 목표 성취를 위하여 자기의 이익이나 목표의 회생을 감수하는 것이라고 정의 할 수 있다. 이 개인 회생이란 일본의 국가 기풍을 영예롭게 여기던 "회생" 과는 차이가 있다. 회생이란 다양한 형태의 행동을 말 한다. 그러나 일본이 태평양 전쟁이 한참이던 시기에 요구한 극단적 회생은 오늘날 아랍 근본주의 국가가 국민에게 알라신을 위하여 목숨을 바치라는 호소와 다를 바가 없다. 국가를 위하여 개인 생명을 희생하라는 호소는 산업화 사회와는 같이 갈 수 없다. 태평양 전쟁 시기의 일본의 이상주의는 국민적 환상으로 가미가제에 잘 반영되어 있다. 가미가제는 중세기 몽골의 침입으로부터 국가를 보호한 태풍을 지칭한다. 태평양 전쟁시 이 국민적 환상이 재현되어 수 백만명의 희생이 하늘을 움직여 큰 태풍을 일으켜 일본을 보호한다는 확신을 심어 주었다. 국민적 환상은 광적인 애국심의 발로로 이어져 동남아 전선에 투입된 일분 군이 국가를 위한 영예로운 최후를 즐거이 마칠 수 있게 하였다. 이 광적인 애국심이 일본으로 하여 금 최후의 일인 까지 싸울 결의를 다지게 하였다.

일본인의 힘을 불러온 것은 천황에 대한 절대 충성이 있었기 때문이다. 천황이나 이에 상응하는 권위는 한국에는 존재하지 않는다. 천황에 대한 절대 충성은 사회적 정의와 정직함에 대한 개인의 감각을 무디게 한다. 그러나 국가에 충성하는 것과 도덕적 정의는 별개의 문제이다. 이 같은 이중 잣대는 산업 문화에 적응된 사람들에게는 혼돈을 초래한다. 마사오 미아모토는 진실에 집착함이 한 집단의 이익을 해칠 우려가 있을 때 진실을 호도하거나 왜곡할 의도가 생긴다는 현상을 지적하고 있다. 이것은 어떤 경우라도 진실을 말할 줄 알아야 한다는 기독교의 가르침에 근거한 서양 문화와 충돌할 원인을 제공한다. 서양 가치관은 다른 사람과 충돌할 일이 있다 해도 진실에 대한 믿음이 절대로 흔들려서는 안된다는 것이다. 진실을 외면 한다면 도덕적 약자가 된다 (마사오 미아토모 1993, 28).

한국인은 소수의 대등한 친구들과 함께 있을 때 안일한 감을 느낀다. 이러한 집단들은 규모면에서 작고, 폐쇄적이며, 배타적이고 억압적이다. 한국인은 이같이 작은 집단에서 안정감을 느낀다. 얼마전 해외에서 돌아온 한 교민은 한 집단 안에 있다는 것은 직장과 가정이외에도 많은 의무를 생각하게 한다고 한다. 한 집단에 적응하지 못한다는 것은 "이방인" 이라는 낙인을 찍게 한다. 한 집단의 결속력을 강화하기 위하여 한국인 회사들은 극기 훈련이라는 프로그램을 이행한다. 이 훈련은 군대의 신병 훈련에 해당한다. 즉 신입사원들을 인내 경쟁이라도 하듯이 여러 가지 힘겨운 도전에 노출시킨다. 한 그룹 안의 기풍은 이들을 협동적 팀 워크에 적응하도록 한다. 대다수의 회사가 이 훈련의 캣츠 프레이즈로 "협동" 과 "단결"을 내 세운다. 이에 반하여 외국 회사들은 "다양성"과 "창의력"을 추구한다.

한국문화는 유기적 관계의 네트워크와 조화 속에서 "단일성" 또는 "일치감"을 찾는다. 한국인들 중 혼자 술을 마시는 경우는 드물다. "술을 마신다" 는 것은 하나의 사회적 의식으로 관계있는 사람들 끼리 "힘을 합친다" 또는 "유대를 강화한다" 는 뜻이 담겨 있다. "함께 술을 마시다" 는 어떠한 면에서 강압적 압력을 받는다는 느낌을 준다. 함께 할 수 있는 사람 중에는 술을 마실 줄 모르는 사람도 있기 때문이다. 이 팀에 합류하기를 거절하는 것은 매우 어려운 일이다. 이런 경우 당사자는 "왕따" 의 신세를 면하기 어려워 진다. 회사의 경우 신입사원은 남과 어울려 술 마시기를 배워야 한다. 이것은 "남과 함께 한다" 는 방법을 배워야하고 서로 다른 능력과 역할을 가진 사람들과 조화를 이루는 것을 배운다. 각 구성원은 이 그룹에 합세함으로 자기가 하고 싶은 일을 할 시간을 빼앗긴다고 불평한다. 사회적 모임이 빈번히 열려 자의든 타의든 여기에 참여함으로 그 집단의 성원의 자격을 얻게 된다. 사회적 모임에는 음주가 따르는 것이 보편적이다. 술잔을 받으면 조금씩 마시는 것은 허락되지 않는다. 단번에 마실 것을 강요하는 경우가 많다. 술잔을 든다는 것은 구성원 간 행동의 일치감을 기약하기 위함이다. 근무시간 후의 단체 회식은 서로 간 감정의 소통을 위한 것이며 이 과정을 통하여 소속감과 유대감이 강화된다.

앞서 언급한 오륜의 도덕적 규범은 사람들을 가족 단위 또는 사회 경제적 질서로 묶어 놓는다. 사람은 언제나 다른 사람과의 연계 속에서 존재한다. 언제나 소속감과 관계 속에서 "다른 사람이 나의 행위를 어떻게 생각하고 있을까?" 하고 남의 눈을 의식하며 살아간다. 우리는 "나의 가치관이 단체의 목적과 부합하고 있는지?" 관심 속에 언제나 우리의 행동을 조심스럽게 살펴 나간다. "당신은 누구인가?" 라는 정체성에 관한 질문은 한 단체의 소속감이나 연대감의 중요성을 부각시킨다. 정상적 행위는 각자의 상황적 판단에 의한 것이 아니고 공유하는 가치관에 의하여 결정된다. 단체 규범에 적응하는 것은 개인행동의 허용 범위를 자율적으로 제한하고 있어 단체 행동에 반하는 일은 없을 것이다. "이국적이다", "이상하다" 등의 언어는 보는 사람의 눈을 놀라게 한다는 점에서 부정적 뜻을 갖고 있다. 여장도착(女裝到錯) 이나 동성연애는 행동의 일치감을 주장하는 사회에서 그 모습을 찾아보기는 어렵다. 색깔이 화려한 넥타이를 착용하는 것은 다른 사람의 주의를 이끌 것 이라는 예감을 갖는다. 집단 안에서 다른 사람의 이목을 끌지 않으면서 다르게 보이기 위해서는 남다른 재주가 필요하다. 해외거주 동포들로서 고국에 거주하러 온 사람들은 일상생활에서 아이들과 담소할 시간 마저 없다고 불평한다. 그들은 소인 왕국에 도착하여 수 천개의 줄로 손과 발이 묶인 걸리버로 착각한다. 그들은 자신들을 구속하고 있는 것이 두터운 인간관계와 불필요한 제도적 금기라는 것을 잘 알지 못한다.

집단 규범은 억압적이고 강요적 힘을 갖고 있다. 집단 안에서 모든 구성원은 하나의 목적을 위하여 서로 긴밀하게 연결되어 있다는 인식이 집단의 특징적 기백 또는 정신을 길러낸다. 이것이 외부로 표현된 단결 정신이다. 이 정신에 도취되면 한 개인은 불가능하던 일을 기적적으로 해낸다. 한 개인은 다른 동료들도 그와 같은 정서적 충동을 갖고 있다고 인지하면 불가능한 일을 하는데 보다 대담해 지고 능숙해 진다. 한 예로 해병대 또는 특수 전투 집단을 보자. 이 전투단은 6.25 전쟁 중 빛나는 승전의 전통을 세워 대원들은 특수 전투 요원이 된 것을 자랑으로 삼는다. 이 자랑은 대원들의 전투의욕을 자극하여 기적적인 일들을 해 냈다. 이들은 국가보다 해병대를 위하여 싸운다고 한다. 이 기백을 순간적으로 포착하면 대원들은 귀신도 잡을 수 있다. 이 특수 집단 안에 있다는 것이 어떠한 일도 할 수 있다는 확신을 준다. 한편 이러한 확신이 부정적인 결과로 이어 질 수 도 있다. "해병대" 라는 집단이 대원들의 금지된 행동을 부추기는 일을 하고 있기 때문이다.

집단 주의와 파벌 주의

한국의 역사는 이질적인 집단주의와 파벌주의가 공존하고 있음을 보아 왔다. 인구가 조밀한 사회에서 집단의 형성은 인위적이고 기회주의 적이다. 여기에 거주하는 사람들은 자신을 다른 사람과 구별하려는 의도가 강하게 나타난다. 한 집단의 결속력이 강할 때 오히려 다른 집단에 대한 적개심을 부를 수 있다는 것이다. 한국인의 배타적 성향은 연령, 출신지역, 출신 학교, 종교, 이념 등을 중심으로 뭉치는 작은 파별들을 만든다. 결과적으로 한 개인은 여러 파벌에 분산되어살아 간다.

한국 사회도 수 많은 작은 집단으로 구성되어 있다. 각 집단은 보다 크고 강한 집단으로 확대하려고 노력 한다. 그러나 이 욕망이 결집력을 잃어 버리지 않을가 하는 두려움 때문에 소 집단의 경계를 넘어 대 집단으로 이동하는 담대함으로 연결되지 않는다. 특수이익을 추구하고 강한 결집력을 자랑하는 집단의 이면에는 더 성장 할 기반을 잃어 가고 있다. 유교가 결집력과 조화에 윤리적 기반을 제공하는 반면에 집단적 이기주의는 보다 더 큰 집단으로 도약할 수 있는 기반을 상실하고 있다.

수직적으로 조직된 사회에서 평등주의가 그 참 뜻의 뿌리를 내릴 가능성은 적어진다. 제한 된 만남의 공간은 평등주의가 성장 할 터전이 못된다. 작은 공간에 매몰 되면 보다 큰 공간이 제공하는 이점을 파악하지 못한다. 이러한 현상은 보다 큰 만남의 공간으로 연결지어

주는 '중간 가치' 가 없기 때문이다. 그레고리 핸더슨은 한국 사회를 "입자 시민" (atomized citizen)으로 구성되어 있다고 보았다. 입자 시민은 손으로 쥐어도 빠져 나갈 정도의 작은 또는 부서지는 모래알을 말한다. 이런 민족은 단결의 희망이 없다고 한다. 이와 반대로 혹자는 한국 사회를 손으로 쥐어도 빠져 나가지 못하는 자갈로 구성되어 있다고 본다. 이 작은 돌은 너무 단단하여 보다 더 큰, 감정이 중화된 만남의 공간으로 전환 할 수 있는 탄력을 상실하고 있다. 결속력에 치중하여 조직 내 적대 그룹과 타협의 여지를 남겨주지 않는다. 일본도 한국과 같이 수 많은 세포조직으로 구성되어 있으나 정치적 조직 내에서 경쟁자와 타협할 수 있는 여지를 남겨두고 있다는 것이 한국과 다른 점이다.

육군 사관학교 출신의 엘리트 장교로 구성된 '하나회' 가 박정희 대통령의 서거 이후 어떤 과정을 거쳐 정권을 장악하게 되었을까? 정권 장악의 동기는 다름이 아닌 집단 이기주의였다. 만남의 공간이 급격히 팽창되면 다른 경쟁자와 충돌할 운명에 있다. 이 집단은 자기 방어의 수단으로 세력을 확대 해 나가야 했다. 경쟁자의 도전에 직면하게 되자 하나회는 상층부 지휘 체계를 뚫고 올라가 장애물을 제거한 뒤 정권을 장악하고 제 5공화국을 선포했다. 이 집단은 처음에는 상부상조 성격의 동우회로 출발했다. 군이 정권을 쥔 명분은 혼란한 사회의 교란을 평정하고 질서를 회복하기 위한 것 이었다. 역사를 되 돌아 보면 군이 정권을 잡는 다는 것은 일종의 군사 반란의 결과로 볼 수 밖에 없다. 이 군사 반란을 주동한 두 전직 대통령이 구속되었다. 하나회를 통하여 많은 회원들이 호혜적 선택을 즐겼고 명예로운 직책을 선점했다. 하나의 집단이 권력을 장악하고 일당지배 체제에 들어가면 후속 집단도 이를 반복한다. 안병만은 이것을 지배의 사이클이라 불렀다. "집단의 이기주의는 큰 집단으로 전환 할 필요성을 보지 못한다."

이론적으로 결속력은 분당을 예방한다고 한다. 그러나 한국 사회는 정당의 잦은 분당으로 가장 많은 피해를 보았다. 그들은 분당적 반목에 의하여 당파 싸움에 들어가면 또 하나의 주기(週期)를 시작한다. 한국인은 집단 지향적이면서도 문제의 잇슈를 논하다 보면 서로 반목하는 당들로 쪼개진다. 사람들은 똑 같이 보일수록 달리 보이려는 심리가 작용한다. 민족의 동질성은 한때 민족의 힘을 상징하는 사회적 축복으로 고려 되었으나 지금은 분당의 씨가 자라는 온상으로 인식되고 있다. 한국의 정치는 결집력과 분당이라는 이질적 요소의 공존을 보여 준다.

사적 영역에서 근친의 관계가 합리성을 압도하는 것은 유교 가치에 기인 한다고 볼 수 있다. 사적 영역에서의 유교적 가치는 공적 영역에 들어가면 그 용도가 폐기된다.[4] 낯 설은 사람을 만나면 한국인은 순간적이 나마 적극적 대화를 주저한다. 행위의 올바름은 공적 영역에 한하여 도덕적 결정의 지침이 되고 있으나 권위주의 통치자를 만나면 굴절되어 그의 목적의 노예가 될 수 있다. 이러한 현상은 한국인의 특징적 심리와 사회 구조에 기인한다고 볼 수 있다. "우리 와 그들", "안과 밖"을 엄격히 구분하는 이분법 구조는 어느 나라 보다도 격렬하게 작동한다. 이분법 구조가 적용되고 있는 한 경쟁 관계에 있는 분당들은 이해의 차이를 절대 극복하지 못 할 것이다.

   한국의 역사에서 권력을 향한 동기는 한 주기(週期)의 당파싸움의 시작을 알린다. 여기에서 이념적 촉매가 작용하여 단순한 권력 싸움을 여러 세대에 걸쳐 계속하게 된다. 정치 투쟁의 패배자는 이념적 투쟁의 씨앗을 다음 세대의 온상에 심어 놓으면 결실을 맺어 새로운 주기의 분쟁이 시작된다. 당파 싸움은 이념적 차이로부터 시작되지만 한국인 고유의 사제지간을 중심으로 뭉치는 분당은 시간의 흐름을 모르고 계속된다. 이들은 이념적 정의를 위하여 죽음을 두려워 하지 않았다. 스승이 밟고 간 피의 족적은 제자들이 계승하여 이행 할 것을 다짐한다. 사제지간 이외에도 동문수학한 서원을 중심으로 뭉친 분당도 행과 불행을 공유하는 끈끈한 연대감으로 이름이 높았다.

   이념적 정통성을 고집하는 한국인의 특성은 흑백논리를 키워 감으로 타협의 상징인 회색빛 광장을 위축시키고 있다. 우리가 아는 바와 같이 도덕적 이슈는 흑백으로 깔끔하게 분리되지 않는다. 한국인의 도덕 지상주의는 끝없이 전개되는 적의에 찬 토론을 즐긴다. 도덕이 인간 행위의 심판자가 될 때 토론은 승자와 패자가 나올 때 까지 계속된다. 극 과 극을 오가는 논쟁에서 타협을 주장하는 자는 "사구라" (왔다갔다) 또는 배반자로 영구 낙인을 찍힌다. 타협은 양보를 담고 있어 극히 대범한 자가 아니고는 감히 타협을 자처하는 사람은 없다. 한 가문에서 국가의 배반자가 나왔다면 그 가문은 역모의 집안으로 영원한 치욕의 상처를 입게 된다. 이러한 현상은 조상을 숭배하고 영예로 생각하는 사람들 중에서 일어난다는 사실에 주목 할 필요가 있다.

단체성과 분당은 한국 정치의 특징을 이룬다. 이 두 용어는 서로 모순적 관계에 있으면서도 공존하여 왔다. 근대 정치에서 편파성이 대통령 선거판을 특정 후보에 유리하게 할 수 있는 강력한 정서적 세력권을 형성하였다. 편파성이란 특정 지방 이익에 집착함으로 보다 합리적 이익을 희생한다는 뜻이다. 정치적 행위가 특정 지역 이익에 편중함으로 다른 집단이 피해를 보거나 공정성을 해친다. 유교적 해석을 빌리면 한 가족에 집착한다던지 한 분자 집단에 충성하는 것은 보다 큰 만남의 광장으로 통합 할 접착제의 부재를 말한다. 결과적으로 개인들은 적대 관계에 있는 분당으로 흡수되어 "우리와 그들"로 쪼개 진다.

인간중심 가족주의는 모든 사회 구성원을 하나의 확대된 가족으로 묶는다. 한 집단은 모든 계층과 배경의 사람들을 하나의 그릇 속에 담으려는 시도를 보인다. 가족적 화합의 분위기는 여러 가지 변인에 의하여 통합과정에서 위축되고 있다. 여기에서 하나의 가족으로 확대하려는 유교적 개념은 결정적 흠을 갖고 있다. 사회를 확대된 가정으로 보기에는 두 용어 간의 거리가 너무 멀어져 버렸다. 가족을 사회로 보는 개념은 농경사회에만 적용된다. 현대 사회에서는 국가적 위기를 만났을 때 소 집단 집착에서 큰 집단으로의 이동은 순조롭게 이행되나 국가적 위기가 그치면 군소 집단이 활개를 친다. 공동 이익의 추구는 전체의 이익에 관심을 갖게하고 동시에 개체들을 큰 사교장으로 밀어내는 힘을 발휘한다. 그러나 이 힘은 개인을 작은 공간으로 복귀시키려는 역류를 만나게 된다. 가족적 결집력은 원심분리에 의하여 큰 공간으로 향하다가 어느 지점에 이르면 팽창하는 힘을 저지하는 인력 (引力)을 만난다. 정치적 행위에 있어서 공간 확대 개념은 지역적 이익을 고집하는 역류에 밀려 지역적 경계를 넘지 못하고 있다.

새로운 한국 여성상

한국 여성의 신분, 특히 남녀관계와 관련된 주제는 외국인에게 가장 큰 관심의 주제가 된다. 한국 하면 남녀 차별이 가장 심한 국가로 회자된다. 이 소문이 진실이건 아니건 남녀 차별은 한국에만 국한된 것이 아니다. 정도의 차이는 있지만 남녀 차별은 어느 국가에도 존재하고 있다. 민주주의 역사를 오래 간직한 미국이나 서구라파에서도 여성에게 투표권을 주어 정치 참여를 독려 한 것이 불과 100년 전의 일이다. "1870년 영국 의회는 최초의 결혼 여성 재산 관리 조항을 제정하여 그들의 재산을 관리 할 권한을 부여 하였다" (제로미 팍스만 1998,218). 1948년 대한민국의 헌법은 남녀 차별을 불법으로 선언하였다. 이론적으로 한국여성은 법 앞에서 평등을 즐기게 되었다. 그러나 헌법이 보장하는 것과 현실은 매우 다르다.

여성 신분에 대한 논의는 성 구별과 성 차별을 구별해야 한다. 전통적 성차별은 여성의 공적 활동을 제한 해 왔고 신분상 여성에 불리한 차별을 영속화 했다. 성 구별의 일반적 개념은 신체적 차이에서 오는 여성에 대한 배려를 포함해야 한다는 주장이다. 성 차별은 신분, 역할, 대우, 사회화, 교육, 취업등 광범위한 영역에서 특정 성에 대한 불리한 차별이 자행되고 있기에 부정적 의미를 띄고 있다. 성

구별은 남녀 간의 신체적 또는 사회적 필요에 의한 성 구별을 정당화 하고 있다. 이 개념에는 부정적 행위와 긍정적 행위를 포함한다.

성 구별

성구별은 신체적 또는 유전적 차이에 의하여 남녀가 자웅 동체적 신분이 될수 없다는 결론을 따르고 있다. 자웅 동체적 유토피아의 건설은 불가 할 뿐만 아니라 바람직 하지도 않다. 여성만이 갖고 있는 특성을 감안하여 이들을 보호한다는 차원에서 비공식적 조치가 채택 되는 경우가 있다. 예를 들어 직장에서 출산허가를 위한 휴급, 특별 휴가, 특혜적 근무 스케쥴, 직장과의 거리에 따른 특혜적 배려 등을 들 수 있다. 과거에 명문대학 입학시험에서 여성 경쟁자에게 특별 가산점을 부여 한 적이 있다. 같은 원리가 직장 경쟁시험에서도 적용되었다. 이러한 조치들은 여성의 열세를 공적으로 인정한 것이다.

미국에서 공개 경쟁시험에서 여성에게 가산점을 주었다면 미국 여성들은 이를 어떻게 받아 들일까? 이것은 원론적 평등에 배치되고 있다고 하여 거센 항의를 할 것이다. "한국인은 이러한 조치가 여성의 필요를 배려한 인간적 조치라고 생각할 것이다 (다이안 호프만 1995,327). 한국 여성의 입장에서 보아도 이 조치를 평등주의에 위배된다고 주장 할 사람은 없을 것이다. 성 구별 이나 역할 구별은 원론적 믿음의 사회적 합의라고 할 수 있다. 여성의 배려는 남자와 여자는 근본적으로 배치되지도 않고 우열의 위치에 있지도 않다는 우주론적 견해을 배척한다. 사회적 합의란 인간의 의식 깊이 존재하는 성의 비 차별화 된 영역을 카버하기 위한 여러 가지 제도적 조치를 말한다(호프만, 219). 즉 제도는 성 차별의 원인이 되고 있다. 이것은 자신이 어떻게 경험하고 성숙되고 있는지, 남녀의관계가 어떻게 형성되고 있는지 그 과정을 잘 설명해 주고 있다.

한국인은 결혼을 정체성 차이를 극복함으로 두 사람이 한 몸과 한 마음이 되는 과정으로 정의하고 있다. 신체적 융합뿐만 아니라 두 사람의 정체성의 내면도 완전히 녹아 없어져 버린다는 전제가 깔려 있다. 이와 반대로 서양에서는 두 사람의 결합이라 할지라도 자신들의 정체성은 유지함으로 마치 두 사람이 결혼 전의 위치로 되 돌아 갈 준비가 되어 있다는 것처럼 비쳐질 수 있다. 정서적 유대감과 친숙이 두 사람을 하나로 묶어 놓는 밧줄 역할을 한다. 이 결속의 해체는 한 때 사회적 금기가 되었다. 남편의 인내와 아내의 복종이 서로 만남은 가족의 조화의 이념적 기초가 된다(마티나 도힐러 1977,35). 서양과 달리 동양의 부부는 사랑의 제스처를 좀처럼 나타내지 않는다. 한국인 부부는 서로가 헤어질 각오라도 하 듯 격렬하게 싸우다가도 소나기가 지나 간 것도 모른 체 금새 화합한다. 결혼이 단순한 감정의 기복에 의하여 해체될 수 있는 것이 아니다. 표면적으로 서로 소원함을 느끼고 멀어진 것 같으나 정서적 유대감과 상호 의존성이라는 두 기둥이 버티고 있어 결혼 생활은 그대로 흘러가기 마련이다. 그러나 개체의 정체성을 말살하는 신체적 융합은 가족의 집단 자살로 자주 일어나고 있다. 사업 실패로 인하여 자살을 결심한 가장은 황천의 외로운 길을 혼자 가려고 하지 않는다. 연대감, 친숙도, 따뜻한 심장은 강한 유대감을 형성하여 구성원을 하나로 묶는 애교 역할을 한다. 서로의 관계를 끊어 버린다는 것은 깊은 사랑에 빠졌 던 사람들이 관계의 단절에서 겪는 정서적 폭발의 고통을 감래 해야 한다.

한국인이 성 역할 구분에 집요하게 집착하는 것을 보면 요즈음 젊은 층에서 널리 퍼지고 있는 역할 공유에 대한 사회적 수용에 대한 우려를 키우고 있다. 역할 공유는 가족의 축소와 병행하여 온 가족 가치의 변화로부터 유래했다. 사회적 변화는 가족을 가능한 최소의 공간으로 축소시켜 역할 공유는 피할 수 없는 현실이 되었다. 여성들도 직업 전선으로 진출함으로 남편과 함께 취업하고 있어 역할 공유는 꼭 바람직하지 못한다 해도 당연한 것으로 받아들이고 있다. 전통적 가치관이 퇴보함으로 역할 구분과 역할 공유는 세대 간의 차이를 보이고 있다. "누가 돈을 버는가"의 문제에 직면하면 이들은 과거로 회귀한다. 남자를 주 수입원으로 정의하던 과거의 가치관은 남자의 권위를 정당화 하고 한국 사회를 지배하도록 한다. 남자의 지배적 위치는 여자를 종속적 위치로 고착시켰다(문성숙, 2002,84).

한국에서 결혼의 개념은 구조적 변화를 겪지 않았다. 과거에 비하면 결혼은 가정의 문제에서 개인의 문제로 변천하여 왔다. 아직도 결혼은 부거제(父居制)를 채택하고 가부장 제도를 계속적으로 이어왔다(문성숙 81). 과거 귀족 가문에서 공간을 남녀 거주 지역으로 엄격히 구분하여 왔음으로 교육이나 취업 기회에서도 여성의 불평등을 제도화 하는데 일조를 해 왔음을 알 수 있다. 오늘날 여성들이 취업하고 있다 해도 많은 여성이 전문적 또는 안정된 직위에 있는 것이 아니라 보조적 위치에 있거나 잡일을 하는 것이 보편화 되었다. 결국 여성들은 가정으로 돌아가라는 편협된 사회적 명령에 굴복하고 있다. 이것이 취업에 있어서 성의 불균형을 초래하고 있다. 정부기관에서 보듯이 여성의 취업자들이 대거 부족한 상태에 있다. 전문직의 경쟁에서 여성은 불리한 여건을 감수할 수밖에 없다. 성역할에 대한 사회적 기대는 남녀가 직장, 가족, 결혼, 역할 등에 관한 의견 조성에 중요한 기저를 이룬다.

남녀 간 관계는 전통적 가문의 수직적 구조 속에서 형성된다. 성의 수직적 개념은 남편을 애정 관계의 동반자로서 뿐만 아니라 가족 구성원의 존경을 한 몸에 지고 있는 권위자로 정의한다. 옛 성현들은 남편을 존경과 애정을 겸비한 사람으로 정의하고 아내와의 변함없는 관계를 강조하고 있다. 애정과 존경의 이상적 겸비는 가족이 모든 문제와 고난을 극복하는 힘을 창출한다. 존경과 신망의 겸비를 추구하는 행위는 결혼 배우자를 선택할 때 잘 나타난다. 지식수준이 높거나 좋은 가정환경의 여성은 자기가 이상형으로 보는 모든 요건을 함께 충족시키려는 비합리적 환상에 빠지고 있다. 남자의 사회적 위치, 교육 수준, 직업의 안정성, 수입, 가정환경 등을 비범하게 보기 때문에 배우자 선택의 과정은 많은 시간을 요한다. 이 과정에서 부모들의 개입이 시작된다. 그러나 부모의 선택이 당사자들의 선택을 압도하는 때는 지나갔다.

동반자의 새로운 개념은 전통적 역할 기대와 경쟁 관계에 있다. 동반자의 참 뜻은 역할과 지위가 남녀 간 동일하다는데 기초하고 있다. 한국여성들은 결혼 생활에 있어서 남녀평등이 생계를 위한 공동책임을 져야한다는 사실을 망각하는 때가 자주 있다. 공동 책임이란 남자가 벌이를 못하는 경우 가족의 생계를 위한 여성의 역할이 요구된다. 여성들은 아직도 남자에 의존하는 전통적 역할에 집착하고 있다. 성 평등과 역할의 평등은 반듯이 맞아 떨어지는 것은 아니다. 이 양자 간의 불일치는 새로운 문제들을 제기하고 있다. 남편이 생계를 유지할 능력이 없을 때 이혼의 주요 이유가 된다. 성 평등의 개념은 아직도 전통적 역할 구분을 축출하지 못하고 있다.

새로운 기대

한국에서 전통적 사회규범이 남성의 지배를 강화해 왔다. 유교적 규범은 한국 여성의 여성다운 성격과 행위를 쉴 새 없이 강조해 왔다. 여성다운 행위는 여성으로서 지켜야 할 덕목에 잘 묘사되어 있다. 애정이 넘치는 엄마, 겸허한 행위, 단정한 몸매, 과묵, 정숙, 정직 등 이 덕목들을 갖춘 여성은 도덕적 모범이 되고 있다. 이 덕목들은 사회가 갖추어야할 기본적 자격을 구현한다. 우리의 어머니들은 소위 "서양의 악"과 관련된 비도덕적 행위의 침입에 단연히 대처하는 가치를 상징한다. 유교의 교훈에 의하면 여성은 사회악으로 부터 철저히 보호된 가정의 울타리 안에서 양육되어야 한다. 외부 세계와의 접촉이 부족함으로 외부인을 만나면 여성들은 수줍어하고 여성답지 않은 행위에 민감하고 수치심을 느낀다. 여성다운 행위에 적응하는 것은 많은 고통을 수반한다. 세속적 욕망의 유혹 앞에서 자신을 지킨다는 것은 여성으로서 세속에 더럽히지 않은 인격을 갖고 살아감을 뜻한다. 여성은 세속의 여진에 매몰될 수밖에 없는 남성과 좋은 대조를 이룬다. 어쩌면 여성은 도덕적 행위의 모범으로 검은 하늘을 홀로 비쳐 주는 샛별에 비견할 만하다.

한국인은 여성의 행위를 도덕의 상징으로 보고 있다. 이것은 한국의 성 관계를 지배적이고 도덕적인 남성과 굴종적이고 비도덕적인 여성으로 구분하는 외국인들의 단순 이분법을 배척한다. 이분법은 성관계를 충돌적 프레임을 통하여 보려는 편견을 그대로 반영하고 있다. 여성의 역할은 가족의 소형화를 가져온 변화 속에서 새롭게 형성 되었다. 이 과정을 통하여 여성들은 교육의 참여를 넓혀 왔으며 가정과 사회가 그들에게 무엇을 상징하는지 생각하게 한다. 대가족 제도의 가혹했던 역할 부담으로부터 해방되어 여성들은 소가족의 관리자로서 자유로운 행동 영역을 확대하여 왔다. 여성들은 자녀들의 교육문제와 재무관리에 있어서도 탁월한 재능을 보여 왔고 가장 경쟁력이 높은 법관 임용 시험에서도 합격자의 여성 비율이 남자들을 능가하는 사례가 늘어가고 있다.

요즈음 한국에서 유행되는 속담으로 "남편은 가정의 머리요 아내는 가정의 중심이다"라는 말이 있다. "머리는 없어도 가정은 굴러가나 중심이 없는 가정은 파멸한다"는 뜻을 전한다. 한국의 여성들은 공적 영역에서 남편의 존재를 의식하고 굴종적이고 겸허한 태도를 보이나 가족 관리 능력에서 남편들을 압도하고 있다. 이전의 조용하고 유화적 이미지의 한국 여성은 더 이상 존재하지 않는다. 요즈음 여성들이 하는 말과 행동에서 남성다움을 발견할 수 있다. 조용한 지하철의 분위기를 깨는 호탕한 웃음, 군중 속에 어깨를 내밀어 파고드는 힘, 부끄러움 모르는 가무 행위, 길 한복판에서 담배 피는 행위, 이 모든 것이 과거의 여성과는 다른 면을 보여주고 있다. 여성의 남성화는 나이와 가족 내의 역할과 밀접히 관련이 있다. 여성이 나이가 들거나 출산기가 지난 여성들은 남녀구분에 둔감해 진다. 이 여성들은 여성다운 자태를 유지할 필요를 느끼지 않는다. 여자가 가족의 삶을 책임지게 될 때 추가적 역할을 맡거나 활동영역을 넓혀 나감에 따라 공적 행위를 제약하던 요인이 점차적으로 사라진다(다이안 호프만 1995,222). 젊은 과부의 영웅적 행동에 대한 이야기들이 많다. 그들은 주위 사람들의 재혼 압력에 저항하여 시댁에 머무르며 시 부모에 대한 효부나 인자스런 엄마로서 주어진 역할을 다하거나 아니면 삭발하고 여승이 되였다(마티나 더힐러, 39). 일찍 남편의 가호를 잃으면 여성들은 혼자 살아가면서 거칠어지고 남성화가 가속된다.

세대 차이

 한국을 둘러 싼 강대국들 간의 각축으로 빚어진 비극은 한국 여성의 새로운 이미지 형성에 막대한 영향을 미쳤다. 해방의 혼란기와 한국 전쟁을 성인으로서 체험한 세대들은 근래의 역동적 경제성장을 이룰 때 까지 변화무상한 경험을 해왔다. 그들은 눈 깜작 할 사이 화성에서 태어 나 지구로 먼 거리를 달려 온 느낌을 갖게 될 것이다. 압축된 변화는 높은 신분에 따른 도덕적 의식 (Noblesse Oblige)을 망각했고 동 연령대의 여성들은 집안일을 탈피하여 새로운 역할을 수행하라는 사회적 요구에 순응하였다. 한국 전쟁이 한참 일 때와 전후 복구시대와 같은 수난기에 여성들은 남자도 감당하기에 어려운 직업 전선에 뛰어 들어 삶을 위한 그들의 의지는 굳어져 갔다. 모든 고난과 희생은 그들의 이마 주름에 그려져 있다. 강하고, 자립적이며, 자신을 돌보지 않는 어머니는 자식 교육과 성공적인 자녀 결혼을 위하여 영혼을 바쳤다. 한국의 어머니들은 무성애자(無性愛者)와 희생적 어머니 상을 성취함으로 빅토리아 시대의 미화된 영국 여성들을 연상케 한다.

　이 같이 강인하고 자기 회생적인 어머니의 딸들은 전쟁 이후에 태어나서 고난의 복구 시대를 거처 경제 성장의 열매를 즐기게 되었다. 그들은 기존의 도덕적 규범이 무너지는 것을 목격했고 물질적 욕망을 무한정 키워 왔다. 부에 대한 욕망이 짙어지면서 여성들은 집에만 있는 안일한 주부가 아니라 사회적 여건이 이들을 일 벌레로 만들었다. 부인들은 부동산 거래를 통하여 천금을 획득하는 지혜와 총명을 보여 왔다. 그들의 사업 성공은 남편의 수입에 더 이상 의존하지 않는 가정 경영의 총아가 되었다. 수 백만의 샐러리 맨 남편들은 주머니 돈 선처를 위하여 아내에게 아부하는 안타가운 신세가 되었다. 이 신흥 재벌들의 성공 뒤에는 가장 적극적이고 공격적인 소위 "복부인"들이 존재하고 있었다. 가족의 부를 생성하는데 이들이 역할은 가히 짐작할 만하다. 자녀들과 남편을 위한 자기 회생 정신은 세계 어느 여성과 비교해도 뒤지지 않는다.

　제3세대의 딸들은 번영하는 조국을 경험한 새로운 세대를 말한다. 이들 중 일부는 자신들을 소비주도 형 사회에 속한 것으로 보고 있다. 이들의 소비 행각은 새로운 정체성을 확립하는 행위로 보고 있다 (로랄 켄들 2002, 17). 이들은 천박한 행위와 원시적 욕망 때문에 사회적으로 비난의 대상이 되고 있다. 이들은 일상생활에서 균형과 절제를 강조하는 유교의 금기를 깼을 뿐만 아니라 저속한 오만에 대한 시민들의 날카로운 비판적 시각에 직면 해 있다. 이들은 여성의 이로운 점을 활용하여 남성다운 고집을 키웠다면 더 없이 행복한 주부가 되었을 것이다. 유교적 절제를 벗어난 여성들은 소수에 불과하다고 하여 가볍게 취급 할 일이 아니다. 중산층이 불어나면서 이들의 파급효과는 커질 것으로 예상된다. 아직도 시어머니 마음에 드는 행동을 하는 며느리들이 수 백만에 이를 것으로 추산된다.

한국전쟁이 끝나자 학위 과정을 이수하기 위하여 선진국으로 떠난 여성들은 온 국민의 선망 대상이 되었다. 어려운 학위를 취득하고 돌아온 이들은 부를 과시하는 동창생들 앞에서 초라한 신세가 되었다. 이 졸부 부인들은 남편이 벌어오는 수입에 의존하여 부를 과시함으로 해외에서 돌아온 친구들의 기를 꺾고 있다. 여성들의 과소비 현상은 "중년 남성의 위기"라는 신조어(新造語)를 낳았다. 이 중년 남성들은 국가에 대한 경제적 기여를 가장 신성한 책무로 여기던 숨은 영웅들이다. 이들이 노년이 되어 가족에 대한 책임을 다하지 못함으로 가족 내에서 존경과 권위를 잃어 가고 있다. 궁극적으로는 남성다움까지 잃어버리는 치욕을 당하고 있다.

"IMF의 위기"로 알려진 1997년 경제위기 이후에 TV와 미디어들은 "샐러리맨의 위기"라고 하여 사회의 어두운 면에 집중 보도하고 있었다. 어두운 면에 대한 집중 보도는 이들의 원기가 가장 왕성했던 황금기를 탐하는 듯 보였다. 이 시기에 젊은 여성들은 새로운 사회에서 여성의 역할 에 대한 인식을 각성시켰다. 이들은 할머니들을 회생의 세대로 간주하였다. 어머니들은 윗세대 어른들의 일방적 회생에 반항하여 "개성이 무엇을 뜻하는지?" 파악하려고 하고 유혹과 가정의 중간에서 고민해 왔다. 도덕적 행위의 요구로부터 벗어나, 그들

정체성에 대한 탐구는 그동안 불의하게 억눌렸던 자신들을 돌아보게 하였다. 압축된 산업화는 이 삼대 여성들을 한지붕 밑으로 불러왔으나 그들이 가족, 결혼, 성역할에 대하여 생각하는 것은 엄청난 차이를 보이고 있다.

엄마들은 과거회귀 성향을 보여 왔다. 그들은 모성애적이고 강인한 어머니 상을 바람직한 행위로 그려왔다. 성역할, 결혼과 가족은 "무엇이 바람직한 행위인가?"에 대한 생각을 자극한다. 한국은 아직도 결혼이나 가족에 대한 대안을 공개적으로 토론하기에는 먼 거리에 와 있다. 젊은 부부들은 역할 공유를 이행하고 있으나 항상 시부모의 감시를 받고 있다. 오늘의 부인은 미래의 어느 시점에서 자기의 결혼한 아들이 부인이 휴식하는 동안 설거지를 하는 장면을 보았을 때 어떻게 반응할까? 분명코 그녀는 시끄러운 시어머니가 되지 않을까?

신 중산층과 신분 의식

한국인이 신분 의식이 강하다는 말은 위에서 언급한 바 있다. 구한말 한국에서 근무한 홈머 헐버트 미국공사는 사회 사다리를 한 계단씩 올라가려는 한국인의 열정을 기사화 한 적이 있다. 신분에 대한 열정은 새로운 도시 중산층 형성 과정에서 중요한 일익을 담당하여 왔다(데니스 피 렛트, 1998, 125). 자기 자신을 최고의 이상형으로 승화하라는 유교적 요구는 언제나 위로 향한 욕망을 낳고 있다. 한국인은 교육 추구를 신분상승의 수단으로 보고 있다. 교육은 자기 수양이나 신분 상승을 목적으로 하고 있지만 결과적으로 국가의 경제 발전의 견인차 역할을 했다고 볼 수 있다. 수직적 사회 구조는 시민들에게 정점만 보고 위로 올라가라는 신호를 준다. 따라서 모든 시민은 위로 향하는 흐름에 타고 있다. 한국인들은 지배자와 피 지배자로 구분하는 이분법에 적응되어 왔기에 중산층이라는 개념은 쉽게 가까이 오지 않는다. 위만 보는 게임에 매몰되면 중산층은 대중에게 선망의 대상이 되지 않는다. 한국인들은 현재에 머무르기를 거역한다. 수직적 견해는 직업을 "고상한" 아니면 "저속한" 부류로 구분한다(마티나 도힐러 1992, 378). 저속한 계층으로 낙오되지 않기 위하여 한국인은 부단히 노력한다. 저속한 직업이라는 개념은 한국인과 같이 수직적 사회 구조에 적응해 왔음에도 일본인에게는 적용되지 않는다.

최근 수년 동안 한국인은 높은 자살률을 지속해 왔는데 그 이유로 그들의 강한 신분 상승의 욕망을 품고 있다가 좌절된 경우이다. 한국인들은 평범한 일이나 웬만한 성공에는 눈을 두지 않는다. 그 보다 더 높은 것에서 행복을 찾으려고 한다. 그들은 평등이라는 개념이 자연법칙에 반한다고 본다. 수직 사회에서 반복되는 실패는 평등 의식에 젖어 있는 시민들보다 강한 실망감을 준다. 한국인에게 신분 부조화라는 개념이 강하게 작용하고 있다. 직장에서 고위직에 있던 사람이 퇴직 후 겪는 좌절감을 말한다. 한국인들은 일상생활의 평범한 흐름에 절대 만족하지 않는다. 현재와 같이 비 인간화된 사회에서 정서적 위로가 부족하면 인간을 자살로 몰고 가는 원인이 된다.

한국에서 양반이라고 하는 상위층은 안정적이고 풍족한 생활을 즐기고 있다는 점에서 서구 사회의 중산층에 해당한다. 그들은 상위층 소수로서 부와 문화자본을 형유한다. 양반 가문의 자손들로서 경제 성장의 결실을 맛보지 못한 사람들은 상속받은 양반 신분의 징표로서 문화 자본을 양반이 되는 기본조건으로 보고 있다. 남한이 현대화되고 산업화가 이루어지면서 "중산층"이란 말이 1970년대 이후부터 들리기 시작했다. 바로 이시기에 일반 시민의 경제적 신분이 높아졌고 신흥 부자가 양반 가문의 자손에게는 새로 경쟁자가 된다. 신흥 부자들이 높은 경제적 신분을 향유하는 동안 양반 가문의 자손들은 신흥 부자의 존재가 그들에게 부여된 정치적 특권에 도전하는 것으로 보았다(김광억 1992, 197). 이 새로운 도전과 투쟁에서 그들은 혈족 계보와 조상으로부터 상속에 의존함이 커졌다.

양반 가문의 진정한 척도는 그들의 생활이 유교적 이념을 얼마나 반영하고 있느냐에 달려 있다. 재산의 유무가 높은 신분의 척도가 되지는 못한다는 뜻이 담겨 있다. 사회 상위층에 진입한 신흥 부자들은 높은 신분의 징표로 전통적 엘리트 문화를 획득하고저 노력한다(데니스 레트 1998,38). "그들은 과거로 돌아가 종전에 없던 족보를 출판하고 사당을 세우고 조상의 무덤을 새로 단장한다(김광억,1992, 197-198). 신흥 부자들의 유교 가치관에 집착함은 천박한 부의 과시, 천민 근성으로 불리는 요란한 장식 행위에 대한 사회적 비난에 의하여 더욱 강화된다. 그들은 근신, 자기 조절과 기강 확립의 노력이 부족하다고 비난 받기도 한다. 상위 계층을 전통 있는 가문과 신흥 부자로 대별하는 것은 한국이 지속적 사회 변화를 이루지 못했다는 사실을 설명해 준다. 즉 압축된 성장에서 과거라는 잔재들이 깨끗이 청결되지 못했다는 증거이기도 하다(데니스 래트 1998,1). 양반 계층은 태생적으로 얻어진 것도 아니고 부의 축적만으로 얻어 진 것도 아니다. 상위 신분은 학문 성취도와 도덕적 의식의 준거들을 지속적으로 충족시킴으로 재 논의되고 재생산 된다. 수직적 신분 구조에 적응된 한국인들은 한번 높은 신분에 진입하면 영구적이라는 인식을 갖게 된다. 그러나 유교 사회에서 양반의 신분은 과거에 합격함으로 재창조된다.

또 다른 신분 확인의 방법으로 그들이 종사하는 일의 종류를 들 수 있다. 유교적 규범은 마음으로 일하는 사람과 손으로 일하는 사람 간에 선을 긋는다. 후자는 신분의 상실을 초래할 수 있는 인기 없는 직종을 말한다. 이상적인 유교 사회는 비생산적인 문예 학술 활동을 지배 계급에, 생산적인 일은 일반인 또는 하층민에 돌리고 있다. 사업과 금융계통 종사자도 개인 이득에만 집중하고 있다하여 부정적 시각에 노출되어 있다. 공적인 일이나 공적 선은 양반만이 하는 일이요 그 외의 일은 신분이 낮은 사람들이 한다. 신흥 부자나 재벌하면 무조건 부도덕한 거래를 통하여 성취한 결과로 본다. 자본 축적과 생산적 일을 경멸하는 유교적 시각은 경제 성장을 저해하여 왔다. "순혈의 신사"는 손을 더럽히지 않고도 농사에 종사 할 수 있으나 사업가나 제조업에 종사하는 사람들은 낮은 신분에 해당하는 일을 한다(호머 헐버트 1969,269). 직업에 대한 차별은 그 강도에 있어서 다소 차이는 있으나 아직도 사회 각처에 만연되고 있다.

남한이 산업화 되면서 익명의 사회에서 사업이 번창하고 많은 사람들이 기업가가 되고 있다. 사업가들의 대다수는 대학 졸업자 이지만 사업의 경영은 대학의 교육을 반듯이 필요로 하지 않는다. 교육은 직업의 종류를 결정하는 요인이 되나 신분 획득의 수단이 되지는 못한다. 그럼에도 불구하고 한국 사회에서 대학을 졸업했다고 하여 자신을 중산층으로 보는 경향이 늘어나고 있다. 낮은 신분이 높은 신분과 결합 할 때 교육은 낮은 가족의 신분을 이끌어 올리는 힘을 발휘한다. 건설업자들이 일반적으로 수입이 높다고 하나 이러한 직업은 교육 수준이 높은 자들이 회피하고 있다. 이들의 수입이 아무리 높다 해도 중산층으로 볼 수는 없다(레트 4).

새로운 도시 중산층은 도시화와 산업화의 결과로부터 유래되어 화이트 칼러의 대종을 이룬다. 정부기관과 대 기업 종업원이 이 부류에 속한다. 이들의 생활 패턴은 그들이 하는 일의 성격에 전적으로 의존함으로 구 중산층과 다른 면모를 보인다. 이 새로운 중산층은 일본의 중산층과 동일한 범주에 속한다. 한국에서 샐러리맨이라고 하면 일본의 급여생활자와 크게 다르지 않는 것으로 보인다(레트 4). 중산층을 정의하는데 주요 관심사는 전체 인구의 2/3를 확보하는 수적인 준거를 만족시키는데 있다. 이 같이 수를 중심으로 한 준거는 사회계층 간의 경계를 흐려 버림으로 주관적 견해라는 평을 받고 있다.

한국의 중산층 중 많은 사람들이 품위를 유지하기 위하여 직업 이외에도 현재 소유한 토지와 부동산으로부터 오는 수입과 부모의 보조에 의존하고 있음이 확인되었다. 중산층 가족의 구성원은 돈이 필요 할 때 부모 형제나 친지로부터 도움을 받는 경우가 많다. 한국의 중산층 가족이 친척의 도움에 의존함은 일본의 중산층이 순수한 자기 수입에 의존하는 것과 대조를 이룬다. 허나 일본에서도 장자는 부모자산의 대부분을 상속받고 있다. 차남 이후부터 재정적으로 완전 독립한다고 보아야 한다. 이들이 돈이 필요 할 때 친지보다 은행과 기타 금융기관으로부터 대출에 의존한다.

신분의식은 족내혼 (族內婚), 즉 같은 계층 안에서 만 결혼하려는 성향에 잘 나타나 있다. 결혼은 배우자의 적합성을 따지는 것이 아니고 상대방의 혈족 내 어떠한 사람들이 있는지에 관심을 표명한다. 적당한 배우자를 선택한다는 것은 수직적 사회에서 당사자 개인의문제가 아니라 한 집안의 관심사가 된다. 배우자는 그의 혈족의 자존심을 해치지 않는 차원에서 선택된다. 자기보다 낮은 신분과 결혼함으로서 친지들의 곱지 않은 시선 때문에 혼자 외롭게 살아가는 경우를 흔히 본다. 확대된 가족 개념은 서로 맞지 않는 신분과의 결혼에 대하여 방어적 기재의 역할을 한다. 당사자의 결정보다 가족 전체의 관심으로 돌림으로 족외혼의 가능성을 줄이려는 의도가 포함 되여있다. 부모들이 적당한 배우자 선정에 관여하려고 하는 것은 바로 방어적 기재를 공고히 하기 위한 수단이다. 현대 한국 사회도 좀처럼 족외혼이 실행되는 예를 볼 수 없다. 족내혼은 수직적 사회의 잔재이나 재벌이나 고급 공무원 사이에서 신분 유지의 수단으로 사용되고 있다.

미국은 역사가 일천하나 기회의 땅으로 알려져 있어 선조의 유산 없이 자수성가하는 사람들이 많다. 에브라함 링컨, 앤드류 카네기, 조세프 풀리쳐, 제이 쿠 이외 많은 사람들이 교육수준이 낮은데도 불구하고 명성을 높인 사람들이다. 한국의 노무현 대통령도 한때 "개천의 장미"로 불릴 만큼 낮은 곳으로부터 권력 서열의 수장으로 등극했었다. 노무현의 등장은 낮은 신분으로 좌절을 겪었던 사람들에게 새로운 희망의 샛별이 되었다. 신분 의식이 고착 되어 있는 사회에서 자신을 선망의 대상으로 만든다는 것은 영웅적 투쟁에 비견할만하다. 핵가족의 신분이 상승하면 그 혈족 전체가 그 혜택을 누리게 된다.

한국인은 경제적 빈곤을 겪으면서도 신분 상승의 기대 속에서 살고 있다. 경제적으로 몰락한 양반 가문도 상속 받은 유교적 이념 속에서 살아간다. 높은 교육을 받은 사람들은 중산층이나 상위층으로 올라 갈 기대를 갖고 있다. 그들이 활동 할 수 있는 운동장은 그만치 평등해졌다는 증거이기도 하다. 신분이 낮으나 교육의 힘을 믿고 있던 소수의 정예들은 신분이 높은 배우자를 택함으로 자기 가족의 신분도 동반 상향하는 것을 기대한다. 교육을 통한 신분 상승을 기대한다 해도 그들이 갖고 있던 낮은 신분으로 인하여 멸시를 당하는 일이 종종 발생한다. 이러한 경멸을 피하기 위하여 그들은 상류사회의 문화를 서둘러 모방한다. 신분 상승을 위한 노력은 문화 자본의 습득을 필요로 한다.

한국인의 양반계급으로의 상승은 양반 문화를 습득하려는 노력이 따른다는 점에서 200년 전 영국에서 일어났던 상류계급으로의 진입(gentrification)에 비견할 만하다. 전자의 경우 확대된 가족 개념에 집착하고 있다는 점에서 후자와 다른 면모를 보인다. 한국에서 확대된 가족제도는 가족 구성원 간 상부상조를 위한 것이다. 확대된 가족제도는 구 가치관의 보루라는 점에서 산업화에 역행 할 것으로 추측된다. 구시대의 가치관에 집착함은 상류 특권 계층에서 강하게 나타날 수 있다. 산업화와 가족제도라는 상반된 두 힘이 교차하는가 하면 이 두 힘이 병행하는 모순점을 낳고 있다(구드 1982, 190).

한국인의 정서에 비친 고향

한국인이 말하는 고향은 영어 hometown 의 "내가 자란 곳" 에 해당되나 한국인의 특징인 정서적 의미가 부가되어 실제로는 보다 많은 의미가 압축되어 있다. 교통의 소음이나 산업화에 따른 오염에 지쳐버린 영국인에게 고향은 목가적 전원의 풍경으로 돌아가고 싶은 강렬한 욕망을 키워 준다. 한국인에게 고향은 친척, 친구와 매일 얼굴을 맞대고 사는 사람들의 뜨거운 마음을 의미한다. 고향이란 자기가 태어나고 자란 곳 이외에 조상들이 묻혀 있는 곳을 뜻한다. 고향은 하나의 인간관계로 조밀하게 짜여진 거미줄과 같다. 이 안에 거주하는 사람들은 동일한 조상의 후손들로 함께 살아온 결과 가까운 인간관계를 누리고 있다.

언덕에 조상의 묘가 있어 시골 풍경의 일부분이 된다. 학교 가는 길에 또는 집으로 오는 길에 조상의 묘를 스쳐간다. 매일 보는 조상의 묘는 아무리 먼 과거에 살았던 조상이라도 가깝게 와 닿는다. 이같이 고향은 조상 대대로 살아 온 곳이기에 고향을 떠난 다는 것이 가장 괴로운 고통을 준다. 고향을 떠나는 사람들은 탯줄을 끊는 고통을 느낀다. 그들은 조상의 묘를 방문하여 "다시 돌아오겠다"는 눈물의 하직을 한다.

김열규는 고향의 개념을 고향을 찾는 방문객을 마을 입구에서 마중하는 목각의 마을 신과 연결시킨다. 이 마을 신들은 여기에 묻혀 있는 조상들을 보호하고 있다고 믿는다. 일본에도 이와 비슷한 마을 신들이 마을 입구에 버티고 서 있다. 이들은 악령으로부터 마을을 보호 하는 책임을 지고 있다. 가끔 시골 사람들은 고향을 떠나 비정하고 냉엄한 도시에서 저변층의 일부를 이루어 힘겨운 생활을 한다. 이들은 마을 공동체의 금기적 굴레를 벗어나 자유롭게 행동하고 때로는 예의 없는 무뢰한으로 취급 받기도 한다. 비정한 도시생활에 염증을 느낄 때마다 이들은 친구들이 반갑게 마중할 고향 하늘을 그리워하고 돌아가고 싶은 충동을 느낀다. 감상적 낭만이 망향의 서러움을 달래준다.

한국의 유행가에서 유독 고향을 떠나 돌아가지 못하는 신세를 한탄하는 방랑객에 대한 가사가 많다. 방랑객은 고향에서 부모와 친지들의 보호 속에 안락한 생활을 동경하고 있다. 방랑객이 부모와 유대를 끊지 않고 있는 것은 마치 풍선이 계류점에 연결되어 멀리 가지 못하고 주위를 돌고 있다는 것을 상기시킨다. 가는 세월과 인생-죽음의 무한 한 반복을 인간의 힘으로 어찌 막으랴 만은 나그네에게는 정지된 장소에서 위안을 찾는 것만이 낙이 아닐까?(찰스 엔 골드버거 1919, 30). 도시 생활의 고통에 시달리는 사람들은 미래의 어느 시점에서 고향의 가족묘에 묻혀 조상들과 재회의 기쁨을 누릴 날만을 기다린다. "고향이란 조상과 친지들이 묻혀 있는 곳이다. 고향으로부터 인간은 자기의 정체성을 발견한다(골드버그 90)."

지역 특성에 의한 획일적 시각은 두 개의 개념 -토박이 (오래 한 곳에서 살아온 사람)와 외래인(다른 곳에서 이주한 사람)-을 노출시킨다. 전자는 조상의 뿌리에 대한 강한 자부심을 갖고 있어 이것이 외래인에 대한 경시 풍조로 이어질 수 있다. 외래인들은 새로운 곳으로 이주 하면서 어려움을 겪게 되나 시간이 지나면서 토박이와의 관계가 부드러워진다. 토박이와의 친숙도에 따라 외래인은 합법적 주거를 획득하게 된다. 한국 전쟁 이전의 농촌 마을의 대다수 거주자는 한 혈족의 자손들이였다. 한 혈족은 결혼에 의하여 다른 혈족과 연결된다. 따라서 한 마을은 두 개 또는 세 개의 혈족 자손들이 거주하고 있었다.

오늘날에도 많은 한국인들은 혈족 관계를 이용하여 경력과 정치적 연계를 추구하고 있다. 그러나 이러한 현상은 정치의 투명성을 해친다고 한다. 혈족 관계에 집착하기 위하여 매년 시행되는 시향제라는 것이 있다. 이 의식은 같은 혈족의 모든 사람들을 조상의 시조가 탄생한 마을로 초청하여 친화를 도모하기 위한 행사이다. 그 분위기는 매우 친화적 이면서도 배타적이나 축제 행사에 온 마을 사람들이 함께 모여 즐기는데 뜻을 두고 있다. 한 가정의 결혼식이나 장례식은 온 마을의 행사가 된다. 지역사회는 부도덕한 사람이나 불륜의 여자에게 법적 구속력은 없다 해도 도덕적 처벌을 예고하는 회초리를 잡고 있다.

전통적 사회일수록 고향에 남아 있으려는 의욕이 강하다. 장자는 조상을 섬겨야 하는 의무로 고향에 남아 있어야하나 둘째, 셋째로 이어지는 아들은 부득이 고향을 떠나 새로운 삶을 개척해야 한다. 이들이 고향을 떠날 때 혈육과 관련된 정체성에 대한 감각은 무뎌졌고 도시 언저리의 저변층에서 새로운 도시 문화에 적응하게 된다. 한편 "우리 끼리" 라는 강한 소속감이 자기 지역에 대한 애착심을 키워 왔고 이것이 고향을 떠난 사람들에게 정서적 위로가 되었다. 한 농촌 마을이 그보다 큰 지역사회로 확대되는 과정에서 연결 끈, 즉 중간에서 양자를 이어주는 중간 가치 개념이 없다면 사회 통합의 문제는 어려워진다. 한국 사회도 다른 선진국 같이 새로운 "기대의 혁명"에 노출되어 있다.

한국 사회가 도시의 특징을 보여 온 역사는 꽤 오래 되었다. 1962년 첫 경제 5개년 개발 기획을 착수할 당시만 해도 도시인구가 전체 인구의 75%를 점유 했다. 그만큼 도시화가 빠르게 진행 되었다는 뜻이다. 현재 서울의 인구는 전체의 1/4을 점유하고 있으나 도시 거주자 대다수는 최근 20년 간 도시로 이주한 신참 도시인들로 농촌의 뿌리가 생생하게 남아 있다. 첫 세대의 도시 이민자가 사라져가는 즈음에 추석이나 민족 설날 고향으로 향하던 끝없는 차량 행렬은 볼 수 없게 될 것이라는 예언은 빗나갔다. 근래에 들어와 도시로의 인구 이동이 다소 감소되어 이 추세라면 조상에 향한 열정은 세월의 무게를 이겨내지 못할 것으로 예측된다. 도시에서 태어나 자란 세대들은 옛날 세대들이 보여주던 향수의 열정을 저버리고 있다고 한다. 그러나 모든 것이 변해도 한국인의 고향을 향한 열정은 어느 나라에 비교 할 바가 아니다. 추석이 아직 한 달 이상 남아 있음에도 고향 가는 열차표를 구매하기 위하여 기차 정거장이 인산인해를 이루고 있는 장면을 상상 해보라.

한국인이 고국을 등지고 외국으로 대량 이주하기 시작한 것은 구한말 조국의 안위가 위태로워질 때였다. 특히 국경에 가까운 지역에 거주하던 사람들은 1905년 을사보호 조약이 체결되자 정처 없는 유랑의 길을 떠나기 시작했다. 그들은 국경을 넘어 우선 조국과 멀지않은 동 만주(간도) 에서 짐을 풀었다. 여기부터 시작하여 한인의 거주지는 연해주로 퍼져 나갔다. 이어지는 이념 전쟁에 의하여 한인 동포들은 고국의 친지와 70여 년간 교신이 단절되어 있었다. 스탈린의 지배하에 있던 연해주 한인들은 예고 없이 추방 통지를 받고 정처 없는 유랑의 길을 떠나야 만 했다.

　새 정착지에서 삶을 위한 이들의 처절한 투쟁은 전 세계를 감동시켰다. 한인의 국외 이주는 일본에 의하여 도 추진되었다. 한국 노동자들은 일본 열도의 최북단 큐륲 섬으로 강제 이주하여 주로 탄광에서 힘든 하루하루를 보내고 있었다. 이들의 고향을 향한 애절한 동경은 탄광의 벽화에 새겨져 있다. 4반세기가 지난 이 즈음 그 자손들이 선친의 유골을 가슴에 안고 고향을 방문하고 있다. 그 선친들의 고국 땅에 묻히고 싶은 열망이 얼마나 처절했는가를 보여 준다. 외국 여행이 자유화 된 지금에도 하나의 민족적 비극이 계속되고 있다. 1945년 해방부터 한국전쟁이 끝난 1953년간 북한으로부터 남한으로 이주한 인구는 400만 명으로 추산된다. 이것이 공산주의로부터 이탈 행렬이다. 이들은 고향에 두고 온 부모 형제와 친지들을 목이 터져라 불러본다. 나라를 둘로 쪼개고 있는 분단선은 그들의 처절한 부름을 모르는 듯 무정한 메아리로 돌아온다. 문제는 이향민의 비극의 끝이 아직도 보이지 않는다는 데 있다. 가족 분단의 아픔은 유독 한국인에게는 인내하기 어려운 고통이었을 것이다. 그들의 고향을 향한 열망은 시간이 갈수록 강해지고 재회의 꿈은 이루지 못하는 한이 되어 그들과 함께 무덤으로 간다.

고향을 떠난 사람들의 발길에는 감상적 낭만이 따라 다닌다. 이것이 그들의 심연에 잠재 해 있는 방랑벽에 불을 부치고 식민지 시대의 울분과 좌절을 노출시켰다. 노래 가사와 시에 나타나 있듯이 그들은 부모를 섬기지 못한 회한을 "불효자" 로 표현한다. 기나 긴 가족 이산을 겪어온 한국인들에게 정서적 고갈은 피할 수 없는 현실이 되어 버렸다. 전쟁은 수백만의 국민을 거리로 내 몰아 이들의 오디세이는 아직도 끝나지 않았다. 고향이 있다는 것은 정서적 행복을 기약한다. 명절 날 갈 곳이 없는 북한 난민은 고향에서 부모 제사를 지낼 수 없는 신세를 한탄 한다.

한국인은 자기의 정체성을 고향과 연계시키는 경향이 있다. 고향을 중심으로 한 공통의 생활양식은 지역 동질성을 낳게 한다. 고향에 집착함은 사람 중심 정치의 무대를 제공한다. 고향의 집념은 도시 거주자에게 동우회나 기타 사교 클럽을 조직하는 동기가 된다. 이들 사교 모임은 고향에 뜻있는 일을 하기 위한 것이라고 하나 실제로 고위직에 도전하는 고향 정치인을 도와주기 위한 모임으로 전락하기 쉽다. 고향 사람들 끼리 똘똘 뭉칠수록 외뢰인을 슬프게 한다.

오도된 교육열

한국의 교육은 교육받은 인구수의 비율 면에서 일취월장 하여 왔다. 취학률로 보아도 선진국을 제치고 세계에서 가장 높은 수준에 이른다. 과거에 교육은 신분 상승 수단으로 엘리트 관료를 배출할 목적으로 이용 되었다. 해방이후 고등 교육은 소수의 엘리트 관료 (전문직 포함)를 배출할 것인가? 아니면 유능하고 교양을 갖춘 인력을 확보할 것인가? 양 선택 간에 고민하기 시작했다. 교육 목표를 보면 두 가지로 분류한다. 하나는 사회에서 살아가는 방법이요 다른 하나는 삶을 위한 광범위한 소양을 가르치는 것이다. 한국사회가 산업화되면서 교육의 목표는 국가 경제 발전 기획의 인력 개발과 연계되어 추진되었다. 이 목표의 관점에서 볼 때 교육은 경제 발전에 기여한 측면에서 큰 성공을 거두었다고 자평할 수 있다. 그러나 인력 개발에 초점을 두는 교육 목표가 지적으로 개화되고 도덕적 의식이 강한 시민을 기르는 교육 본연의 목표로부터 얼마나 이탈되고 있는지 살펴 볼 필요가 있다.

한국 학생은 대체로 기강이 잘 확립되어 있고 부모와 선생에게도 고분고분하다. 한국 유학생들은 외국 학생들이 교수와 토론에서 마치 도전하는 듯한 행동에 놀라고 있다는 말을 전하고 있다. 대학원생들은 교수를 부를 때 존대어 없이 세례명으로 부르고 있는데 한국 학생은 여기에 익숙하지 못하다고 한다. 한국인은 연장자인 선배를 대할 때 존경의 말로 조심스럽게 대한다. 한국 학생들은 교사 앞에서 색 안경을 벗는다. 연장자에게 손가락을 펴 지칭하는 것은 상대방의 기분을 몹시 상하게 한다는 것을 잘 알고 있다.

요즈음 한국의 성인들은 새로운 세대들의 행동에 실망 할 때가 많다. 초등학교 학생들은 교사를 자기 친구처럼 놀리는 경향이 짙어가고 있다. 초등학교 일학년 학생에게 연필 잡는 법을 가르쳐 주려고 몸과 몸이 접하면 교사를 밀어 버린다고 한다. 이러한 현상은 우리를 얼마 되지 않은 과거를 회상하게 한다. 대 가족제도에서 부모와 아이들 간의 사랑의 직접적 표시는 조부나 연장자 친척의 눈을 의아하게 했다. 행동을 감시하는 눈이 대가족제도에서 그만큼 많아 저자세와 근신이 아이들 행동의 특징을 이룬다. 아버지는 집안의 소 분쟁에 휘말리지 않는 근엄한 자태의 상징이다. 어머니는 무한한 사랑을 품고 있으나 이의 표현을 자제하는 천사에 비유된다.

얼음이 어는 차가운 겨울 이른 아침 어린 학생은 얼어붙은 잉크병을 녹이는 동안 어머니는 뜨거운 밥을 안으로 들여 놓는다. 수험준비를 하는 학생은 항상 어머니와 고락을 같이 한다. 학생은 오전 8시부터 오후 6시 까지 학교 교육에 시달리다 이에 추가하여 한 두시간 과외를 받으면 시들은 파가 된다. 집에 돌아오면 늦게 까지 자습과 복습에 잠을 설친다. 한국 고등학교 학생들은 전 세계에서 가장 무거운 학습량에 시달린다. 그들의 목표는 좋은 대학에 들어가는 것! 1981년 미국 NBC 방송에 "믿거나 말거나"(Believe it or not) 프로그램이 한국 한 고등학교 학생의 일과를 추적하여 보도한바 있다. 미국 학생과 부모들이 이를 어떻게 받아 들였을까?

과거 대가족의 부모와는 달리 오늘 날 부모들은 그들이 자랐던 억압적 환경에 대한 반항에서 그런지 아이들에게 관대 해 지고 있다.

관대 해지는 또 하나의 이유로 소가족에서 아이들이 하나 아니면 둘로 되어 이들을 보다 정성들여 보살필 수 있는 여유가 있기 때문이다. 아이들은 참을성보다 즉흥적 쾌락을 추구하고 행동에 있어 충동적이다. 이들은 일이 자기 뜻대로 되지 않으면 짜증을 낸다. 아마 이러한 현상은 한국인에게 만이 국한 된 것은 아닐 것이다. 외국 아이들과 비교하여 보면 한국 아이들이 부모에 의존하는 정도가 그들의 성숙도를 해칠 정도로 크다는 것이다. 부모와 자식 간의 경계가 흐려질 정도로 밀착되어 있다. 여기서 성숙도는 부모로 부터의 독립성, 자율적 행동과 그에 대한 책임감 등으로 정의된다. 이러한 기준에서 볼 때 한국 아동들은 아직도 부모의 그늘 아래에 있다.

학교 공부와 관련하여 높은 학업 성취는 부모들의 사회 지위와 밀접한 관련이 있음을 알 수 있다. 본인 이 타고난 재주는 초등학교와 중학교에서 큰 역할을 하지 못하는 것으로 나타난다. 과거에는 여의치 못한 환경의 학생들이 상위층 가정의 학생을 학업 성취에서 능가하고 있었다. 중산층이나 상류층 학생은 어머니의 욕심으로 인하여 책가방이 더욱 무거워 짐을 느낀다. 여유 있는 집안의 아이는 취학 전부터 피아노 레슨, 영어 공부, 태권도 연습 등 몸이 여러 갈래로 쪼개져도 감당을 못한다. 어떤 학생은 대학 입시에 족집게 맞춤의 특별 과외를 통하여 일류대학으로 진출하고 있다. 그들은 "만능의 재주꾼" 과 "한가지의 우수자" 가 동시에 될 수 없다는 것을 알게 될 것이다. 높은 학업 성취자는 엄마의 기대를 만족했기에 효자가 된다. 높은 학업 성취자에게는 반듯이 극성 엄마가 뒤에 건재하고 있다. 험난한 길을 가야하는 학생들에게 엄마는 동기 부여와 용기의 원천이 된다. 대부분의 아동들은 학교 과정을 무난히 통과하는 데 만족하는 수동적 학습자에 지나지 않는다. 학습자의 행렬은 길게 뻗어 있어 상위권 학습 성취자와 뒤에 처져 있는 학생들과의 거리는 엄청나다. 이러한 상황에서 교육의 질을 높이라는 요구는 어려운 도전에 직면하고 있다. 한국인은 신흥 부자 아이들의 무분별 한 낭비벽에 눈살을 찌푸린다. 이는 부의 과시를 금하는 유교 가치에 반할 뿐만 아니라 단일 민족이 신성시 하는 사회적 결속을 해칠 위험이 있기 때문이다. 부유한 부모가 자녀 교육을 위한 엄청난 사 교육비를 낭비함으로 모든 학교의 교육의 질을 평준화 하려는 교육 정책이 실현되었다. 이 평준화 정책은 학교 간의 과열 경쟁을 완화하려는 데 목적이 있어 교육의 획일적 단일 유형을 가져올 위험이 있다. 평준화 정책은 교육이 다양한 학습자의 필요에 부응하지 못하고 있다는데 비난의 화살을 한 몸에 받고 있다. 특히 영재의 역량을 조기에 발휘하게 하는 교육의 시급성을 현재의 교육이 외면하고 있다. 한국 교육은 질과 양 간의 경쟁의 함정에 매몰되어 있다.

유교적 교훈에 의하면 "사람은 태어나서 출세를 하고 영구히 살려면 이름을 남긴다." 사람은 자의 아니면 부모의 압력에 의하여 자신의 이상을 실현하기 위하여 앞으로 나아가도록 영구적 동기가 부여되어 있다. "가문을 빛내기 위하여 이들은 서로 경쟁해야 한다"(최봉영). 한국 교육의 신분 지향성은 가문의 명예를 위하여 개인의 출세를 격려하는 유교적 가치의 결과라고 할 수 있다. 정부 관료가 입신출세의 지름길로 인식되어 왔기에 과거시험은 경쟁의 자극제가 될 수밖에 없었다. 한국인의 교육관은 높은 신분과 좋은 직업과 연계되어 있다. 이로 인하여 특정 부류의 직업이 최상의 선택으로 떠오르고 이와 관련된 학과가 대학에서 방점을 받는다. 의학, 법학, 경영학, 생명공학 등 이 모두가 대학의 인기 학과로 인정을 받고 있다. 경쟁이 치열한 뒤안길에서 철학과 인문학이 살기 위하여 고군분투하고 있다. 교육의 근시안적 견해는 교육의 맹목적 추구를 낳았고 이는 마치 인간의 유화적 노력을 거부하는 유령을 쫓는 듯하다. 가난한 농부는 자식을 대학에 보내기 위하여 온갖 희생을 마다하지 않는다. 이들은 대학 교육을 받은 아들이 가문의 꿈인 신분 향상을 실현할 것이라는 희망에 부풀어 있다. 높은 신분을 위한 야망은 다음 세대로 전해진다. 다음 세대의 명예를 위하여 부모의 희생은 정당화된다.

모든 학교를 수직적으로 보는 것은 유교의 유산이라고 볼 수 있다. 가장 상단에 최우수 대학이 있고 중간 단계에 우수 대학, 그 뒤로 비우수 대학 군이 따른다. 대학의 수직적 분류는 전 세계적으로 공통된 현상이다. 한국 분류의 특징은 삼각형 구도의 특징으로 위로 올라 갈수록 험준한 타우어 형태로 되어 대학들 간의 상대적 강점이 완전 배제되고 있음을 보여준다. 최상단에 서울대가 있으면 이와 대등한 경쟁 대학이 없다. 제2선에도 고려대와 연세대만 외롭게 존재한다. 한 대학의 지망에 실패할 경우 같은 수준의 대안 대학이 없다는 것이 문제가 된다. 한국에서 일단 대학 순위가 결정되면 거의 영구적으로 받아들인다. 대학 간의 학과별 상대적 강점이 제도에 반영될 날을 기대하고 있다.

교육학자들은 미국 대학 교육 제도를 사막에 비유한다. 사막의 표면은 바람이 가져오는 모래 언덕에 의하여 수시로 변화한다. 현실적으로 최우수 대학이 모든 학과에서 최고점을 받는다고 주장하는 것은 어불성설이다. 한국 대학이 기존의 순위에 안주하는 것은 대학의 학과별 상대성 강점을 개의하지 않고 있다는 반증이다. 기존의 순위를 바꿀만한 변화를 기대하기도 당분간 어려울 것으로 전망된다. 기존의 대학 순위에 집착함으로 한국에서는 매년 수만 명의 재수생을 발생시킨다. 이들은 자기의 첫 번째 선택이 아니고는 타 대학으로 눈을 돌리기를 거절하는 완고함을 보인다. 어떤 학생들은 자기의 선택이 충족되지 않는 한 재수를 반복할 뜻을 비추고 있다. 기존의 재수생에 매년 새로운 재수생이 가미하여 한국은 어쩌면 재수생의 나라가 되어가고 있다. 이는 최고의 대학이 사회에서 좋은 직장과 경력을 보장한다고 맹신하기 때문이다. 우수 대학은 훌륭한 선배가 있어 이들이 후배의 가는 길에 징검다리 역할을 한다. 이 대학의 전국적 동창회 네트워크가 후배의 사회 진출에 도움을 줄 것이라는 기대가 커진다.

최근 해외 대학으로 진출하는 한국 학생의 수가 폭발적으로 늘어나고 있다. 과거에 유학이라면 우수한 학생에게는 바람직한 선택으로 보았다. 선진국 대학에서 첨단 기술과 지식을 획득할 기회를 갖게 되어 유학에 대한 긍지심을 키워왔다. 오늘날 해외 유학에 뜻을 두는 지망생 중 상당수가 국내 대학에서 실패하여 외국 대학을 대안으로 삼고 있다. 이들은 어쩌면 현실도피자가 될 수도 있다. 다른 문화적 환경의 적응도를 고려하지 않고 어린 나이에 유학을 추구하는 아이들은 자기 정체성을 찾지 못하고 방황하게 된다. 여기에 엄마까지 아이들 유학에 동참하고 있어 가족의 분리 현상이 늘어나고 있다. 언제인가

"외로운 기러기 아버지의 비극적 죽음"이라는 기사가 우리들의 유학에 대한 의미를 반추하게 하였다. 어린아이들과 엄마를 해외에 두고 있는 외로운 생활을 하는 기러기 아빠는 막대한 재정적 부담과 정서적 갈등에 시달리다 극단적 선택을 하게 된 것이다. 아이들을 위한 더 좋은 교육을 동경하던 아버지들에게 이러한 문제는 한때 먼 메아리처럼 들렸던 것이 지금은 우리 가까이에 와있는 현실이 되고 있다.

아직도 우리 곁에는 아이들의 유학이 주는 기대에 부풀어 오른 부모들이 있다. 이들에게는 외국에서 명문 대학에 입학함으로 좋은 직장과 경력을 보장한다는 믿음이 팽배해 있다. 부모의 막대한 재정적 희생에도 불구하고 교육은 기대했던 효과를 보지 못하는 경우가 많다. 현재 우리가 경험하는 교육은 아이들을 미래의 비인간적 경쟁에 대하여 효과적 방어를 제공하지 못하고 있다. 교육이 아이들을 창의적 탐구의 역군으로 만들기 위하여 현재 주어진 여건에 만족하지 말라는 법은 없다. 기대가 크지 않으면 작은 성공에도 만족할 줄 알아야 한다.

급행열차를 탄 사회

한국이 산업화되면서 한국인의 성격에도 극적인 변화가 이루어졌다. 한국인은 한때 기질이 대륙적이고 사소한 일을 초연했던 것으로 알려져 있었다. 조선왕조의 마지막 통치자, 고종은 서양 제국주의의 침투를 우려하여 문을 굳게 닫고 변화하는 정세에 둔감해진 결과 외교적 무능과 실책을 범하였다. 한국인들은 세계로부터 고립된 상태를 오히려 축복으로 생각했다. 세계적 변화가 무엇을 뜻하는지 알지 못하고 종족의 동질성에 근거한 민족주의와 고립주의에 만족했다. 한국인은 한때 시간에 대한 개념이 부족하여 그들의 느린 행보가 외국인을 당황케 한 적이 있었다. 아침에 일어나 해의 위치를 보고 시간을 말하여 정확한 시간에 대한 의식이 없었고 30년 전만 해도 "예약"이라는 개념이 한국인에게는 존재하지 않았다. 오늘날 한국인은 전에 나태했던 행위를 일소하고 점점 성격이 조급해지는 성향을 들어내고 있다. 일을 주어진 시간에 이행하지 않으면 마치 죽음과 삶의 갈림길에 있는 것처럼 설쳐댄다.

변화는 우리 생활 모든 면을 순식간 덮쳐 버리고 한국인도 경험하지 못했던 경이로움에 외국인들은 고개를 젓는다. 오늘날 한국인이 즐기고 있는 물질적 풍요는 과거 우리 선대들을 괴롭혔던 "보릿고개"를 회상케 한다. 이 굶주림은 전염병과 같이 퍼져 나가 온 국민을 공포의 분위기로 몰고 갔다. 이 같은 고통은 이제 옛일이 되어 버렸다. 우리는 나태함을 떨쳐버리고 변화와 함께 살고 있다. 발 빠른 행보는 매일 일어나는 일을 음미하고 만족을 느끼는 시간적 여유를 주지 않고 있다. 혼잡한 도시에서 우리는 마치 유령에 쫓기듯 동분서주하고 있다. 수십 년 외국에서 거주하다 귀국한 동포는 이렇게 빨리 돌아가는 생활에 익숙지 못함을 토로한다.

과거 우리가 사소한 일에 초연했던 의연함은 국가적 위기를 극복해온 원동력이 되었다. 오늘날 우리는 평화롭고 느슨한 행보에 참을

성을 잃고 있으나 빠른 행보의 생활은 오히려 도시 생활자에게는 적합한 것으로 나타나고 있다. 그러나 이것이 우리가 사는 세계를 정서적 불모지로 만들고 있다는 사실을 아는 사람은 많지 않다. 지식인들은 빨리 돌아가는 정보 순환과 접촉이 끊어지면 지루하고 단조로운 생활을 참지 못한다. 많은 사람들이 권태로 죽어 간다. 모든 공 기관에서 서비스를 받기 위하여 줄을 서는 것이 일상 생활화되었다. 순번을 기다릴 때 도시인들은 일의 진척이 조금이라도 늦거나 버스가 연착되면 참지를 못하고 감정의 폭발로 이어지는 경우를 흔히 본다. 한편 은행 서비스를 기다리는 사람들은 일의 처리 속도가 번개같이 진행되고 있음에 놀란다. 이 같은 속도전은 급속한 경제 성장에 나타나 있듯 그 자체의 장점이 되나 해를 초래하는 경우도 있다.

도시에서 우리는 무모한 운전자들이 경적을 울리고 있는 장면을 목격한다. 이는 기다림에 참을성을 잃고 앞에 있는 차에게 길을 내달라는 외침이다. 시민의식이 발달한 선진국에서는 좀처럼 볼 수 없는 장면이다. 외국인들은 가끔 일본을 한국과 비교 대상으로 보고 있다. 한국인은 행동의 절제가 없고 논쟁 중 싸움으로 번지는 예가 많아 행동에 조심을 보이는 일본인과 대조를 보인다. 절제 없는 한국인의 행동은 비단 현대 생활의 습성에 기인한다고만 볼 수 없다. 이것은 기존의 생활 패턴에서 나타나 있듯 생존 경쟁 콤플렉스와 밀접한 관련이 있다. 인간적 유대는 가족의 빈번한 파탄에서 보듯이 무너지고 있다. 반대로 서울에서의 생활에 호기심을 찾는 외국인도 많아지고 있다. 매분마다 발생하는 새로운 일에 흥분을 감추지 못하고 새로운 도전이 생활의 자극제가 되고 있다고 한다. 반면 입국한 지 얼마 되지 않는 재외 동포는 시계가 돌아가는 소리조차 들을 수 없어 어쩌면 모국의 생활에 영구한 부적격자가 되지 않을까 걱정하고 있다.

"빨리빨리"는 국내외에서 한국인을 상징하는 말이 되었다. 외국인이 한국인 앞에서 이 말을 할 때 마치 조롱하는 말로 들린다. 이 조급증의 성향은 물질문명이 가져온 세속적 동향의 산물이다. 정부가 경제 개발을 초고속으로 추진하여 온 것과 같이 전국이 교통 법규와 규칙을 무시하고 과속으로 달리고 있다. 과거 한국의 권위적 대통령의 초고속 부침을 보는 느낌이다. 도시화도 급속히 이루어져 대도시는 한때 발전의 상징으로 한국인의 자존심이 되었다. 급속한 성장의 여광은 한국인을 부끄럽게 한 새로운 문제에 의하여 가려졌다. 잠자던 마을과 전답은 어느덧 초고층 아파트에 굴복했고 고속도로는 양변의 보기 흉한 도시의 모습을 여과 없이 들어낸다. 선진국에서 100년 걸려 이룬 경제성장을 50년 만에 해치웠다. 한국은 한때 영아 사망률로 이름이 높았다. 의료 서비스의 급격한 개선으로 한국은 이 오명으로부터 벗어난 후 20년 만에 노쇠한 사회가 되었다. 한국은 기대 수명 증가에서 다른 나라들을 압도하고 있다. 어느 면으로 보나 옛날 외국인이 보던 한국이 아니다.

한국인은 공격적 성향, 야망, 강인함, 자기주장에 있어 다른 나라의 사람들의 추종을 불허한다. 급속한 성장은 표면적으로 긍정적 결과를 가져 왔으나 현대 한국인은 정신적 불안과 환경 파괴의 악몽에 시달리고 있다. 65세와 그 위 세대 인구가 100명당 7명을 넘으면 "노쇠해 가는 사회"라고 부른다. 100명당 14명을 넘으면 "노쇠 사회"가 된다. 100명 중 20명을 초과하면 "노쇠 후 사회"라고 정의한다. 처음 단계에서 최종 단계로 올라가는 데 프랑스는 154년, 영국은 90년, 일본은 35년 소요된데 비하여, 한국은 26년 만에 노쇠 후 사회가 되었다(2013. 12월 14일 자 조선일보).

2022년까지 경제적 활동 인구는 노년 인구의 두 배가될 것으로 추측된다. U.N 통계에 의하면 기대 수명이 80세에 도달한 국가의 수는 한국을 포함하여 30여 개국이 될 것이다. 한국의 1.3%에 달하는 저출산율은 또 한 번의 경제 성장 신화를 기대할 수 없게 한다. 이러한 추세는 한국에만 국한된 것이 아니다. 저출산율 1.5% 미만에 달하는 30개국에서는 노년 인구의 증가가 출산율을 능가하고 있다. 한국이 노쇠해 가는 사회를 최초로 경험한 것은 "아들이나 딸 가리지 말고 둘에서 멈추자"라는 선전 구호 아래 출산통제 운동이 한참이던 1970년대이다. 당시 걱정은 한정된 자원으로 늘어나는 인구를 어떻게 먹일 것인가에 있었다. 늘어나는 인구는 경제적 활동 인구의 무거운 짐이 되고 있었기 때문이다. 과거를 되돌아볼 때 한국인으로 그들의 부모를 괴롭혔던 빈곤이 얼마나 처절했는지 놀라지 않을 수 없다. 1950-55년, 한국전쟁이 한창이던 기간 한국인의 생활수준은 짐바브웨를 능가하지 못했다. 이 기간의 한국인 평균 수명은 47.9세였다. 평균 수명에 있어서 한국만큼 극적인 드라마를 연출한 국가가 있는가?

인구학에 "인구 보너스"라는 용어가 있는데 이는 고속 변화 뒤에 무엇이 오는지 설명한다. 15세부터 64세까지의 인구를 경제적 활동 인구라고 한다. 경제적 활동 인구의 성장 속도가 노년 인구의 성장을 능가할 때 GDP가 올라간다는 뜻을 담고 있다. 한국, 싱가폴, 홍콩과 타이완이 2010-15년이 되면 인구 보너스 혜택이 소멸 될 것으로 추측되었다. 인구 보너스가 끝나는 2010년에 홍콩과 싱가폴의 개인 소득은 $32,000과 $30,000이 된다. 2015년, 인구 보너스가 끝나는 해 한국의 개인 소득은 $28,000이 되어 중국의 $9,700, 태국의 $8,700과 좋은 대조를 이룬다(조선 일보, 2013).

후쿠가와 유기고는 인구 보너스가 끝남으로 예견되는 일을 설명하기 위하여 일본의 경험을 예로 들고 있다. 일본이 건전한 건강 케어와 첨단 기술을 자랑하고 있다고 하지만 인구 보너스의 뒤를 따르는 거품 경제를 피할 수 없었다. 한국도 저 출산율과 투쟁하고 있기에 인구 보너스 이후 경제 전망이 어두운 것으로 나타난다. 여성 활동 인구가 늘어나고 있으나 출산율을 저하시킴으로 경제 전망을 낙관하기는 어려워진다. 한국은 압축 성장을 지속하여 온 대가를 치르고 있다.

한국인들은 왜 세계 10위 경제 대국이 우리 선조를 괴롭히던 재앙에 왜 아직도 노출되고 있는지 질문을 던지지 않을 수 없다. 산업화와 도시화에 동반하는 자연 재앙, 교통사고 와 전염병에 괴로워하는 것은 예나 지금이나 다를 바가 없다. 한국이 전쟁의 폐허로부터 벗어나는 과정의 1960년대로부터 80년대 까지 이룩한 압축성장의 누적이 문제의 원천으로 보고 있다. 안정기를 거쳐 오면서 한국인들은 새로운 문제에 둔감하게 되었다. 높은 위험성 문제에 대한 냉담은 과학과 기술의 힘에 의존한 구세주적 믿음이 주는 낙관적 전망에서 나온 것이다. 무엇을 걱정하나? 한국의 속담에 "근거 없는 걱정은 위험을 자초한다"는 말이 있다.

    19세기 조선의 서양 열강과 무분별한 대결은 중국을 낙오시키고 일본을 굴복시킨 서양 세력을 응징한 영웅적 행동의 발로라고 할 수 있다. 이러한 무모함의 긍정적 면은 불가능하게 여겼던 여하한 장애물도 돌파 한 자신감이었다. 위험 부담 그 자체는 문제 해결의 처방을 제공하지 못한다. 과학이나 물질적 발전의 추세를 보면 근대에 들어와서 가파른 상승을 보이고 있다. 그러나 그 뒷면에는 우리도 모르는 심각한 퇴보도 엿 보인다. 현대 사회의 물질적 발전은 그 자체의 문제를 갖고 있으며 이들은 우리의 문제 해결 능력을 훼손할 정도로 심각하다. 호랑이 등에 탄 사람은 어디로 가는지 방향 감각을 잃어버린다.

    노인들은 여전히 빈곤에 노출되어 있다. 고속의 산업과 경제 발전에도 불구하고 사회 복지 제도는 상대적으로 낙후되었다. 노후에 자식의 효도에 대한 집착이 한 원인이 되고 있다. 현재 노인들 중 자식의 효도를 기대하지 않는 사람들의 수가 늘어나고 있음을 볼 수 있다. 그러나 이들은 처절한 외로움과 싸워야 하는 운명에 울고 있다. 한국 노동 연구소의 통계에 의하면 65세 이상의 인구 중 빈곤율은 2011년 기점으로 48.6 퍼센트로서 OECD 회원국가 중 최고치를 기록하고 있다. 노인 인구의 자살률도 100,000 중 82명으로 최고치를 기록한다. 노인의 빈곤은 1955-63에 태어난 베이비부머들이 은퇴하게 되면 보다 더 심각해질 것으로 추측된다. 경제 인구도 감소 추세에 있어 한국의 성장 저력은 심한 타격을 입을 것으로 판단된다.

(1). 그레고리 핸더슨 교수에 의하면 한국사회는 수많은 분자 집단으로 구성되어 있다고 한다. 각 집단은 가족 친지나 혈족으로 구성되어 손에 쥐면 빠져나가는 모래알에 비교하고 있다. 여러 혈족 집단이 모여 하나의 정당을 만들었다고 해도 이 당이 언제 혈족 집단으로 쪼개질지 가늠할 수 없다고 한다. 실제로 이런 정당은 소 정당으로 분산되어 한국 정당은 소집단의 집합 이산의 역사를 되풀이하여 왔다.

(2). 백 년 전 알렉산더 토크빌은 프랑스인으로 미국인의 지역사회를 위한 협동 정신을 예찬한바 있다. 이 협동정신이 미국을 일등국가로 이끌어 갈 견인차가 될 것이라고 극찬한 바 있다. 한국인은 작은 집단을 중심으로 뭉치는 경향이 있는데 이것은 큰 집단으로 확대될 가능성이 적은 반면 미국의 협동 정신은 적극적 사회성을 발휘함으로 확대적 재생산을 중시한다. 미국의 협동정신은 관습과 전통의 방해를 받지 않고 있다는 데 특징이 있다.

(3). 국군은1947년 2월 국방경비대라는 이름으로 공산주의가 압도하는 긴박한 사항에서 창설되었다. 우선 국군의 간부를 선정함에 있어 일본군 장교 출신을 우대했다. 이들은 일본 육군사관학교나 만주군관학교 출신들로 한때 일본 군국주의의 아바타로 인정받고 있었다. 이승만은 원래 전설적 민족주의자로 일본에 대한 극단적 혐오를 갖고 있었으나 공산주의자라는 보다 더 해악한 적과 싸우기 위하여 일본 장교 출신들에 의지하지 않을 수 없었다. 해방정국이 공산주의 손에

넘어가는 과정에서 이승만은 반일 감정과 반공이 같이 갈 수 없음을 간파하고 반공을 위하여 친일을 선택하지 않을 수 없었다.

(4). 유교적 덕목에 속하는 인간성이나 마음의 뜨거움은 사적 영역에 속한다. 이것이 공적 영역에 들어가면 정직성, 진실, 공정성, 합리성으로 변질된다. 자유민주주의도 공적 영역의 도덕적 지침이 되고 있다. 도덕의 개념이 사적 영역을 강조하여 왔기에 공적 영역의 도덕 성향이 미완성된 상태에 있다. 정의라는 사회적 개념은 정직과 공정성에 가까워지고 있으나 이 개념이 사적 영역에 들어가면 한 집단의 충성도를 강조하고 있다. 정의는 고무줄 같이 늘어졌다 수축하고 있어 한국의 사회 특징으로 보아 이중적 잣대를 갖고 있다고 할 수 있다.

[제 5 장]

청년문화와 청년 운동

청년 운동의 세계적 추세

청년운동을 한 독립된 장(Chapter)에서 다루게 되는 이유는 한국의 청년운동이 세계추세와 큰 대조를 이루고 있기 때문이다. 한국의 청년운동은 반 식민주의적이고, 민족주의적이고, 이념 지향적인 반면 선진국의 청년 운동은 문화적이고, 반 물질적이고, 심리적 현상에 치중해 있다. 서구 청년문화가 세계적으로 확산되고 있을 때 한국의 청년들은 세계적 주류로부터 이탈한 독특한 길을 걸어 왔다. 한국하면 급속한 압축 성장을 하여온 국가로 인정받고 있다. 이 성장의 이면에는 국가 발전이라는 하나의 목표에 온 국민이 정진하여 온 결실이 있었다. 한국은 전쟁의 잔재로부터 일어난 불사조에 비유된다. 한국 청년은 1960년대 군사정권에 반대하여 투쟁해온 반항적 기질의 온상이 되고 있다. 그들의 반정부 투쟁은 1990년대 까지 계속되었으며 세계 미디어는 체루탄으로 가득찬 거리에서 학생들과 싸우는 경찰에 초점을 두고 있었다. 한국은 잔인성에 있어서 타의추종을 불허하는 "폭동의 나라" 로 간주되어 왔다.

한국학생의 특징을 기술하려면 우선 청년 문화의 세계적 동향을 먼저 살펴 볼 필요를 느낀다. 이들의 공통점은 지역과 시기에 관계없이 "반항적" 으로 일관되어 있다. 청년의 특징을 기존 질서나 권위에 반항하는 개혁적 열정과 연계시키는 추세가 보편화 되었다. 전 세계를 통하여 청년들은 기존 질서의 개혁에 목소리를 높이고 있다. 전반적으로 볼 때 그들은 이상향을 꿈꾸고 세계를 보는 시각이 흑백논리로 단정하는 순진성을 보이는 반면 반동적 민족주의에는 때 묻지 않은 순수성이 존재한다. 그들은 아버지 세대와 다른 것을 보여주려고 하는, 그들만이 향유하는 소 문화권 속에 안주하려고 한다.

웨브스터 사전은 청년을 유아기와 성숙기의 중간 단계, 즉 사춘기로 정의한다. 해석은 각국의 문화적 프리즘을 통하여 보는 시각에 따라 달라진다. 옛날 앵글로 색슨이 쓰던 용어 중 "geoguthe" 는 "용감하고 담대하다" 를 뜻 한다. 중국어는 청소년을 생애 중 가장 활동적인 봄을 상징한다. 일본어는 아직도 성숙되지 않은 단계, 즉 잠재적 에너지가 터저 나올 것 같은 시기를 의미한다. 한국어는 한 생애 중 초록 빛 봄을 상징한다. 이 단계는 아직 성숙으로 들어가는 단계를 말하며 최근에는 성숙단계 로 들어가는데 시간이 오래 소요 되는 것이 특징이다. 이것은 과거세대에 비하여 성숙단계에 들어가는 속도가 느려지고 있다는 뜻을 말한다. 젊은이들은 사회적 오류의 장글에서 진실을 발견해 내는 눈을 갖고 있다. 이들은 불의를 보면 참지 못하며 참신한 것에 쉽게 도취된다. 물이 완전히 찬 병은 쉽게 흔들리지 않는다. 정의로움에 대한 감각은 순간적 행동으로 폭발하기 쉬우나 나이가 들수록 이 충동은 경험에 의하여 통제된다.

사춘기는 삶이 안전한 지대로부터 이탈하여 호기심을 자극하는 새로운 세계로 진입함을 뜻한다. 누구나 이 단계에서는 사회적으로 허용되지 않는 일에 호기심을 나타내고 후일 회상하기에 부끄러워 할 행위에 쉽게 압도된다. 사춘기에는 누구나 삶의 욕구가 주위 환경과 충돌하는 것을 발견하게 된다. 한 개인은 집단에 속하고 집단행동에 자신을 잃어 버리는 경향이 있다. 개인이 집단으로부터 이탈이 얼마나 어려운지 알게 된다. 호기심과 모험적 감각은 그 꿈이 현실과 충돌 할 때 반항으로 폭발한다. 개인은 자기 주위를 둘러 싼 수많은 동심원을 그리고 이 동심원의 확장을 통하여 안전지대로 부터 이탈하여 위험한 세계로 나가려는 원심 분리적 모험주의 성향을 갖고 있다.

청소년의 행동은 문화적-정치적 환경이 주는 자극에 의하여 다양한 형태를 취한다. 학생들의 세계관은 지극히 단순하면서도 신선한 충격을 제공한다. 우선 그들의 세계관은 자아 중심으로부터 시작한다. 이 단계에서 다른 사람에 무관심하면서 자기주장에 압도된다. 발전단계의 어느 시점에서 다른 사람에 경청하고 주관적 자아를 타인의 의견과 조화를 이루려고 한다. 여기에서 그들은 자기와 세계를 새롭게 보는 방법을 익히고 있다. 다른 의견들을 폭 넓게 수렴하는 방법을 익히기 시작한다. 사고의 순진성은 양 극단을 왕래하는 시계추가 상징하고 있다. 다음 단계에서 의사결정의 독립적 판단과 행동 결과에 대한 책임의식이 보여 주는 성숙단계로 진입하게 된다.

한국 청년들은 식민지 정책과 권위주의 정권에 반기를 들고 싸워왔다. 그러나 이데올로기의 상반된 해석에 의하여 분단이라는 쓰라린 민족적 비극을 맛보았다. 개발도상국가의 청년들은 보다 낳은 생활을 동경하고 있으나 구세대의 압력에 의하여 자기들만의 작은 문화 정체성을 만들 여지가 없었다. 선진국의 청년들은 자기들의 정체성을 분명히 표출하고 있어 그들 고유의 문화를 갖고 있다. 그들의 행동은 문화에 역행하고 이념에 강하다. 1968년 프랑스의 낭테르 대학에서 학급 시설 부족에 반발하는 일부 학생들의 반문화적 파장이 하늘 저편 멀리 떠 있는 손바닥만한 구름에 불과 했었다. 이것이 초원의 불길이 될 줄을 아무도 몰랐다. 급기야 그들의 광기가 국경을 넘어 인접 국가들을 패닉으로 몰고 갔다. 오늘의 프랑스가 이 위기를 극복하지 못하고 자부심에 충만했던 드골 대통령을 하야시키는 결과를 초래 했다. 버클리 대학에서 프랑스 학생들의 시위를 지지하는 궐기대회는 전 시가를 흥분의 도가니로 만들어 주 정부는 통행 금지령을 선포하기에 이르렀다.

미국의 월남전 개입은 전 세계의 학생과 급진세력의 반전 시위를 촉발시켰다. 한편 미국의 시민운동가들은 반전 시위와 괘를 같이 하며 강성해 지고 있었다. 이 기간에 신좌파 결성, 블랙 팬더의 행동, 로버트 케네디의 암살이 연속적으로 일어났고 린든 비 존슨이 구상했던 "위대한 사회"는 사막의 열사에 노출되어 고사되기 시작 했다. 젊은 세대들은 자기들만이 통하는 언어를 만들어 현 사회를 풍자했다. 이러한 변화는 빠른 속도의 노래와 괴상한 의상에 잘 나타나 있다. 이들은 거리를 점유하여 그들의 소리를 높이고 이들 중 일부는 극단적 정치적 활동에 참여하게 되였다. 이들을 본 노인들은 고개를 저으며 "후일 단두대에서 사라 질 놈들" 이라고 악필한다.

미국 청년들은 부유한 사회에서 살아 왔으므로 인간의 행복을 위하여 물질적 축복의 한계를 잘 알고 있었다. 그들은 자유와 인간성의 추구를 저해하는 비인간화의 위험에 강력히 대항 해 왔다. 개인의 자유를 추구하고 있는 사람들로서 획일적 시민을 만들어 내는 기존 가치와 출세지향의 가치관에 저항하여 왔다. 히피들은 그들 내면 세를 확대하기 위하여 환각제에 도취되어 현실 기피자들의 전형적 본보기가 되었다. 시간이 흐름에 따라 육체적 쾌락의 추구에 이력이 난 사람들은 종교를 통한 내면적 평화를 추구하고 있었다. 특히 많은 미국 청년들은 동양의 종교와 신비주의에 매력을 느끼고 이를 통한 정신적 위로를 추구하고 있다. 그들은 현대적 신학보다 근본주의 이론을 탐익하고 있었다. 프라하와 와르소에서도 학생들이 억압적 공산주의에 대항하여 궐기하고 언론의 자유를 부르짖고 있었다. 중국의 고위층 공산당원도 불량배를 권좌로 불러온 문화 혁명에 치를 떨고 있다.

학생 저항운동은 지역적으로 서로 떨어져 있다 해도 사건들이 하나의 콘트롤 타워에 의하여 통제되고 조율된 것 같이 동시에 1967년과 68년 사이에 집중적으로 일어났다. 그러나 각 사건은 사회적 또는 정치적 상황에 뿌리를 둔 정서적 폭발로 간주되었다. 학생 시위대는 주로 무정부 주의자나 옷을 달리 입은 신좌파들로 구성되어 있다. 이들은 냉전시대 성장을 경험해서 초강대국 미국과 소비에트를 반대하는 노선을 택하고 있었다. 미국의 베트남 참전을 비방하는 것은 공산주의를 지원하는 것이 아니라 세계를 지배하는 초 강대 제국에 대한 반감을 들어내는 것으로 볼 수 있다. 청년 운동의 불길은 마치 쓰나미가 몰아치고 씻어 간 듯 많은 잔재를 남기고 소멸되었다. 청년들의 공허감은 자신만을 위하여 살아가야 한다는 신 복음주의와 동양철학이 주는 자아도취로 채워졌다.

한국 청년의 특징

이념적 위상

　한국 청년은 이념적이고, 혁명적이고, 권위에 저항하고 있는 반면 부유한 국가의 청년들은 자아도취적 은둔과 향락적 추구, 즉 역 문화적 활동을 통하여 새로운 삶의 의미를 찾으려고 한다. 일본의 식민지하에서 한국 지식인들은 파괴적인 자본주의의 대안으로 공산주의의 구원적 호소력에 매료되어 있었다. 그러나 약속된 유토피아에 대한 환상은 소위 냉전이라는 무력 대결을 통하여 산산이 부서졌고 한국은 이 냉전의 희생물로 전락하였다. 남한의 대다수 사람들은 공산주의가 악의 상징으로 경계의 대상이 되고 있다는 것을 각성하게 되었다. 한국전쟁이 아니었다면 공산주의는 저항을 모르고 팽창하였을 것이다. 현재 전 세계가 탈이념 추세에 있음에도 불구하고 이념적 대결이 계속되고 있다는 것은 한국정치의 폭발적 속성을 잘 설명해 준다. 한국 청년들은 폭발적 정치로 부터 자유롭지 못했다. 남한 정부는 반공이념을 교묘히 이용하여 국가의 보호적 역량을 키워 왔다. 이 정부는 자유로운 토론과 자유결사의 헌법적 보호를 교묘히 이용하여 왔고 인권은 무제한의 경제발전에 매몰되어 있었다. 군사 정권의 계속은 민주주의와 권위주의 간의 대결에 있어 가장 두드러진 모순을 나타냈다. 한국 청소년들은 권위주의 정권과 맞서 대응하고 있었다. 이들의 가회 정의 집착은 억압적 정치의 단면을 그대로 보여준다. 이들의 반정부 운동은 사회악을 어떻게 치유 할 것인 가에 대한 순수한 논의로부터 시작 되였다. 그러나 이들의 반정부적 행동은 북한이 개입 할 수 있는 빌미를 제공하여 많은 청년들이 조국을 배반하기 까지 이르게 되었다.

급속한 변화는 세대 간의 틈을 벌려 생각의 차이를 부각시켰다. 이러한 현상은 한국인에 만 적용되는 깃이 아니다. 10년이 지나면 세대 간의 특징을 형성한다고 한다. 이 세대 간의 주기는 5년으로 감소했다. 젊다는 것은 새로운 도전을 동경하고 영웅적 충동을 일으킨다. 소위 386세대라고 하는 특정 집단은 가장 급진적이고 공격적인 인상을 한국인들에게 심어주었다. 이들이 활동하던 시기는 바로 한국에서 권위주의 정권이 절정을 이루던 시기와 맞물린다. 우리는 이들이 "소수가 다수의 땀을 착취하는 사회" 와 절대적 평등사회 건설의 환상으로 한국 사회를 어지럽히던 시기를 잘 기억하고 있다.

감각은 1980년대에 대학에 들어가면서 부터 활기를 띠기 시작했다. 이 시기가 억압정치와 정적의 무자비한 억압으로 이름을 날렸던 제5공화국의 탄생과 도 때를 같이했다. "3"의 숫자는 이들의 30대에 정치적으로 가장 활동적 이였다는 것을 나타내고 있다. "8"은 1980년대에 대학에 들어갔다는 뜻이며 "6"은 1960년대에 출생했다는 의미이다. 이들의 급진성은 나이가 들면서 누그러지는 현상을 보이나 그 증 몇 사람들은 핵심 급진자로 남아 사회가 불안 할 때 인민 선동가로 역할을 하고 사회적 불만이 있을 때 거리 시위로 나설 준비가 되어 있다는 것을 뜻한다.

권위주의 정권에 대한 이들의 반항적 기질은 세대 차이에 투사된 독특한 잔인성을 잘 설명해 준다. 증오의 씨앗은 이데올로기의 대결적 풍토에서 건장하게 자란다. 한 세대가 성인이 되면서 보수주의 성향을 나타내는 것이 원칙이다. 그 중 소수는 새로운 옷으로 단장하고 절대 평등에 기초한 유토피아의 환상에 매몰된다. 새로운 유토피아 건설은 기존의 질서와 제도를 완파함으로 얻어 질 수 있는 결과로 보고 있다. 각 시대는 자신의 특징적 역사를 기록하고 있다. 이 시대의 기록은 과거의 시대와 다르고 앞으로 올 시대와도 다르다. 한 시대의 법측과 제도는 그 나름대로 존재의 이유가 있었다. 이 제도들은 최상의 선택을 아닐 지라도 일정기간 탈 없이 우리와 함께 지내왔다. 기존 시스템의 부정은 맹목적 반항 의식을 불러 왔고 그 체제의 존재이유를 의심케 한다. 민주주의도 한때는 왕과 귀족에 의하여 위험한 발상으로 간주되었던 때가 있었다. 한국정치에서 급진주의적 활동가가 제도권의 고위직으로 임용되는 예를 흔히 보아왔다. 오늘 날에도 이들은 정치권애서 막강한 영향력을 발휘한다. 이들의 급진주의적 행동이 높은 신분을 얻는 계기가 되었고 이들은 만인의 선망의 대상이 되었다. 이념적 집착은 현실의 진실성을 의심케 하고 오래 간직했던 신념을 외면한다. 급진주의자들은 그들이 목숨을 바쳐 싸우는 신념이나 정의를 영원한 것이라고 믿었다.

제1공화국 (1948-1960)은 한국전쟁이라는 처절한 생존경쟁과 동행해 온 권위주의적 통치를 상징한다. 극단적 좌파들은 반정부 활동으로 인하여 북한의 포옹 선무공작에 노출되어 있었다. 남한정부에 대한 적개심은 극좌세력과 북한 정부가 쉽게 연합세력을 형성할 계기가 되였다. 아직도 성숙의 단계에 진입하지 않은 청년들은 공산당이라는 유사 과학적 유혹에 대항할 면역력이 부족했다. 그러나 이들 모두가 극좌로 넘어 간 것은 아니다. 좌파라는 개념은 이들 모두가 하나의 이념적 패키지에 포함하기에는 너무 긴 행렬을 지칭한다. 좌우세력간의 대결 국면에서 좌파의 논리에 함몰되면 죽음이 아니고는 이탈 해 나올 가능성이 없었다. 기강이 확립된 사회에서 이념에 대한 쉬지 않는 충성은 죽음과 삶의 문턱에서 상황이 긴박하게 돌아가고 있음을 의미한다.

실제로 권위주의는 한국인으로서는 손절할 수 없는 일상화 된 것이다. 권위주위 정권은 북한이라는 군사 강국과 대치함에 있어 남한의 연약한 정부를 믿을 수 없다는 듯이 군사정권이 개입하여 정치무대에 연속으로 등장해 왔다. 적과의 대치에 있어서 위기의식은 군사강국을 만드는 것이 최상의 전략으로 통한다. 국가안보를 최우선으로 함은 정치적 목적의 달성을 위하여 어느 수단이건 정당화 될 수 있다는 뜻이 담겨 있다. 마키아벨리가 인용한 "좋은 방법을 배우되 악을 저지하지는 말라" 는 경구가 한국의 정치 풍토에 스며들어 수단은 목적에 굴복 하는 것을 보아 왔다. 도덕의 회초리가 법규를 압도하고 있어 권위주위가 결국에는 국가를 좋은 방향으로 이끈다는 결론에 도달하게 된다. 법률에 집착함이 국가에 대한 최선의 봉사를 의미하는 것이 아니라는 원칙이 지배계급 간에 팽배해 있다.

남한과 북한 공히 권위주위에 의존하고 있다 해도 남한 정부는 억압정치로 잘 알려져 있으나 여러 번의 정권교체를 보아 왔다. 비교적 자유로운 분위기는 국민이 어느 정도의 자유를 만끽하게 했고 정권에 대한 불만을 토로 할 수 있었다. 남한에서의 반정부 활동은 권위주의 힘에 비례하여 성장해 왔다. 권위주의 정권은 시민의 자유와 권리를 회생하여 억압적 수단을 정당화하는 것이 정치적 현실이 되였다. 북한은 한 가족의 세습적 독재에 의하여 정치적 불만을 완전히 차단하고 있다. 북한 정권은 가부장제도 하에서 국민을 섬기는 어버이 적 국가 기능마저 허락지 않는 전제정치를 이어가고 있다.

권위주의는 카리스마적 지도자를 양성하는 풍토를 제공한다. 국가가 위기에 처할 때 이들의 지도력은 극적 전환을 하여 국가를 경제 발전의 반석위에 올려놓았다. 역설적으로 경제가 소위 IIMF 위기를 만나 퇴보하게 된 것도 바로 권위주의적 배경에서 일어났다. 가치관 전환을 줄기차게 부르짖었던 IMF의 요구에 늦장 대처함으로 위기를 자초했다는 평가를 받고 있다. 경제위기의 근본 원인은 권위주의, 온정주의, 인척관계, 불평등, 비합리성, 성장의 환상에 젖어 있던 전통적 가치관에 있다고 보았다. 결국에는 구세대가 경제 퇴보의 책임을 저야 한다는 주장이다. 그동안의 경제 성장의 요인이 되었던 가치관들은 젊은 세대의 눈앞에서 철저히 신뢰를 잃게 되였다. 결국 경제 퇴보는 한국인이 낡은 가치관으로부터 적기에 탈출하지 못 했을 뿐만 아니라 새로운 시대의 부름에 응하지 못한데 있다.

가치전환의 요구는 세대 간의 갭을 줄이는데 기여 한 것으로 본다. 소위 "나의 세대" 는 사춘기를 거쳐 성숙으로 들어감으로 이 세대의 존재는 어느 사회에서도 볼 수 있다 (휴 맥케이 1993,140). 개인 만족, 개인 자유와 권리를 위한 집념은 이 세대의 기본 가치가 된다. 미국이나 구라파의 청소년들은 정상적 생활 패턴으로부터 이탈하려는 욕구에 있어 다른 나라 청소년들을 압도하고 있다. 환각 상태로의 퇴보를 현재의 고통으로부터 벗어나려는 유일한 방법으로 생각하고 있는 이들은 자기들만을 위한 새로운 세계를 세우려는 결의가 강하다. "역설적으로 세대 차이가 만병의 근원이라고 주장하던 바로 이 세대는 다음에 올 세대와의 심각한 세대 차이를 그들 자신이 지금 겪고 있다"(맥캐이 244).

한국 전쟁이 가져온 엄청난 피해의 여진은 오래동안 지속되었다. 또한 전쟁 복구를 위하여 한국인이 감당했던 고통도 잊을 수 없는 트라우마를 낳고 있다. 한국의 청소년들은 이 지루한 트라우마로 부터 철저히 보호 되었고 자유민주주의가 무엇을 의미 하는지 음미 하고 있었으나 집단이익을 위하여 자신을 희생 하거나 협동심을 발휘하지는 못하고 있다. 자아중심은 그들이 진부하다고 생각하는 제도나 규범에 대한 반감으로 이어진다. 그들의 행동의 동기는 열정과 순간의 쾌락이다. 수많은 직업에 취업 할 수 있는 문이 열려 있었다 해도 그들은 인생의 성공을 위한 강인함과 이마를 적시는 땀에 대한 고마움을 잃어 갔다. 강인한 성격이 부재함은 자신의 절제를 경시하는 풍조와 같이 간다. 혹자는 현대 한국 사회에서 나타나는 자기 절제의 부정적인 면이 진취적이고 경쟁적 성취로 이어지는 개성의 자유적 표현을 저지하고 있다는 사실을 깨닫지 못하고 있다.

소위 386 운동권 세력은 태생적으로 민주주의자가 아니다. 그들은 레닌주의, 김일성주의에 폭 젖어 젊은 시절을 보냈다. 1980년대부터 마르크스주의가 학생운동을 장악했다. 이른바 PD계열이다.

1986년부터 북한의 주체사상을 추종하는 NL계열이 운동권을 석권했다. 한때 이들은 자유민주주의를 부르주아 민주주의로 정의하고 이를 경멸 해왔다. PD는 이론적이고 논쟁적이어서 지적 자부심에 의존하였다. NL은 김일성의 주체사상을 바이블처럼 외웠고 수령님에 대한 절대 복종을 강조했다. 공산주의 유령이 1980년대의 한국 운동권을 장악 했다는 사실은 세계사의 흐름에서 한 세 대의 회생적 퇴보로 해석된다.

대통령을 만든 사람들

한국청년들의 저항은 2002년 대통령 선거에서 극적인 전향을 한다. 당시 노무현의 승리는 정치계에서 잘 알려지지 않은 인물도 대통령이 될 수 있다는 확신을 심어주었다. 정치적 미풍을 일으키던 그는 갑자기 중앙 무대로 뛰어들어 회오리바람을 일으키고 이전과는 다른 정치 풍토를 기약하는 새로운 시대를 열었다. 그가 잘 알려지지 않은 만큼 그의 승리는 국민이 열망하던 변화에 대한 새로운 희망을 안겨주었다. 노무현은 기존 가치관을 뛰어 넘는 변화를 운전 해 나갈 인물로 각광을 받기 시작했다. 노무현의 출현은 당시 발흥하던 반미 감정을 탄 젊은 층의 지원에 기인한 바가 크다. 노무현 자신도 반미 선동가로 낙인이 찍혔던 인물이었다. "2002년대의 세대"는 대통령 선거의 마지막 캠페인이 있던 바로 전 단계에 형성되어 국가의 운명을 이끌어 갔던 주역이 되었다. 익명의 정치인으로부터 발산하는 메시지는 인터넷을 통하여 수많은 사람들의 즉흥적 호응을 받았고 이것은 한 정치적 동인에 대한 지지자의 확보를 유리하게 만들었다. 대통령 선거가 무명인에 대한 결정적 승리로 굳혀진 것은 노무현이라는 한 인간의 역전 드라마이기도 하다. 느슨하고 확산적 정보체제는 젊은 세대들이 행위의 결과에 위축됨 없이 자유로운 활동을 가능케 하고 있다. 그들의 행위는 즉흥적이나 근시안적 견해를 이탈하지 못하고 있다. 순간적인 열정이 젊은이들의 자산이기도 하나 그들은 사회의 올바른 비전을 제시하지 못하는 것이 단점이다.

민주주의의 선거제도는 기본적 결점을 안고 있다. 그것은 후보자들의 성향을 완전히 파악한 후 내리는 합리적 결정 과정이 감정적 개입에 의하여 흐려지기 때문이다. 젊은이들은 정치에 직접 참여를 외치고 있어 우민정치의 문을 열어주고 있다. 정치적 이슈는 타협이 가능한 영역과 불가능한 절대적 가치 그리고 "올바름과 오류"로 분리 하여 생각할 수 있는 영역이 있다. 법과 정의에 터한 사회 질서 확립, 적으로부터 국가 수호, 개인권리와 자유의 보호 등, 타협의 여지를 불허하는 절대 가치가 있다. 다수에 의한 의사 결정은 먼 미래를 보는 혜안이 눈앞에 보이는 이익에 압도 될 수 있는 가능성을 말해준다.

통신 기술의 혁명으로 인하여 젊은 세대는 인터넷을 통하여 낯설은 사람과 통화의 전율을 느끼고 싶어 한다. 한국에서 네티즌을 사용하는 인구의 비율은 미국이나 일본의 비율보다 높다. 네티즌의 증가는 보다 많은 사람들이 민주적 정치 참여에 관심이 커지고 있다는 증거이다. 통신 기술의 발달은 직접 민주주의의 실현을 가능하게 한다. 정치적 참여의 기회를 확대 해 나가는 동시에 인터넷은 시민의 참여 갈망을 충족시켜주는 대안으로 떠오른다(송호근2003, 69). 문제는 텔레콤의 혁명으로 시뮬레이션 세계에 익숙해짐으로 실제 경험의 세계로부터 점점 멀어지고 있다는 것이다. 미국인들은 지역 문제 해결에 정부의 참여를 최소화하기 위하여 자율적 활동에 익숙해졌다. 여기에서 특히 자율적으로 조직된 비정부 기관(NGO)의 역할이 돋보인다. 한국과 같이 아직 시민 사회로의 진입이 기대되는 때 인터넷은 여론 조사의 기능을 확대하여 시민의 참여 의지를 만족 시킬 수 있다. 자율적 문화와는 달리 지역 사회는 시민 도덕을 발전시키는데 결정적 흠을 갖고 있다. 익명의 지역 공동체는 구성원 간의 친화적 활동을 저지한다. 이러한 상황에서 인터넷은 한국인의 고질적으로 "편협 된 대화의 광장"을 극복할 수 있는 가능성을 열어주고 있다.

민족주의와 민주 투사

소위 386 세대란 두 얼굴을 갖고 있다. 이들은 권위주의 정권과 영웅적 투쟁을 벌인 이유로 민주주의 투사로 인정받는 한편 일반 시민들은 이들은 통제가 불가능한 난폭자로 인정 하고 있었다. "세대"라는 말은 동일한 또는 유사한 역사적-정치적 경험을 해온 동일한 또는 비슷한 연배의 구성원 단체를 말한다(송호근 21). 젊은 세대는 획기적 정치적 사건과 연관 되어 인정받기를 원한다. 다시 말하면 이들의 정체성은 하나의 정치적 치적과 동일시하려는 욕구가 강하게 나타난다. 권위주의적 통치자는 이들을 구체적 정치적 목적과 연계하려고 한 반면 이들은 오랫동안 기억될 치적을 이룬데 대하여 강한 자부심을 갖는다. 1910년대로 거슬러 올라가면 유럽도 동일한 일들이 일어났다. 사회주의 유토피아 실현을 위한 이념적 투쟁은 빈곤층을 착취인에 대항하는 계급투쟁으로 몰아갔다. 이 정치적 운동은 1917년 러시아 혁명으로 결실을 맺었다.

1960년 세대는 제1공화국을 전복하여 민주정치의 이정표를 세운 데 대한 자부심을 갖게 되였다. 또한 공산주의의 몰락을 자기 눈으로 체험하였기에 과격한 젊은이들은 이념적 열정을 상실한 듯 보였다. 사회가 점차 부유해 짐으로 젊은이들의 정치적 과열은 식어갔다. 이것이 일반화된 현상으로 인식되고 있으나 한국의 실정은 이와 달랐다. 한반도는 여전히 이념적으로 뜨거운 감자로 남아 있었다. 북한과의 대치는 이념을 극좌와 극우로 분리시켰다. 나이가 든 세대는 한국전쟁의 쓰라림이 뼈속 깊이 각골되어 아직도 이 트라우마에 시달리고 있다. 시민이 겪었던 경제적 부의 실현은 이들의 위기의식을 둔감시켰고 두 개의 국가가 휴전이라는 이름으로 불안한 전쟁중단 상태에 처하여 마치 살얼음판을 걷고 있다는 사실을 망각 할 때가 있었다. 중요 전투가 없었다고 하여 이를 평화로 오인 할 위험도 무시 할 수 없었다. 1970년대의 정치 현실에 불만을 품은 자들이 속출하고 있었으나 이들 대다수는 경제발전의 결실을 맛보지 못한 사람들로 추정된다. 이들은 자유분방한 지식인과 합류하여 권위주의 통치에 저항하는 연합전선을 펴고 있었다.

진보적 견해는 이 정치 불만자들을 민주주의 투사로 보고 있다. 진보주의자들이 즐겨 쓰는 "대중" 이라는 말은 경제와 산업 발전의 결실을 맛보지 못한 대다수를 의미한다. 이들 그룹, 특히 젊은 층은 대중 민족주의[1]라는 이름으로 모든 사람들에게 이익을 주는 체제 개발이라는 무거운 짐을 지고 갔다. 국내문제에 있어서 이들이 즐겨 부르짖었던 국가 보안법 철폐와 한반도에서 미군의 철수는 북한이 줄기차게 부르짖어 온 슬로건이 아니 었던가? 그동안 공산주의가 승리했던 것은 기존질서에 대한 불만을 선동했던 결과에 의한 것이었다. 경쟁적 세계에서 삶을 위한 투쟁은 젊은이들의 이념적 열정을 냉각시키는 결과를 초래했다. 그러나 이들이 지니고 있던 정서적 민족주의는 미국이 북한을 악의 축으로 비난 할 때 마다 비등하기 시작했다. 이러한 비난은 이념적 열정을 폭발적 노여움으로 승화시켰고 젊은이들을 절대적 평등에 근거한 유토피아에 대한 감상적 열망으로 채워 놓았다. 거인이 소인을 공격함으로 소인을 더욱 측은하게 보는 동포애를 조장한다. 형제 간 싸우다가도 외부인이 개입하면 싸움을 중단하고 그들 끼리 연합하여 외부인에 대항한다. 젊은이들은 혁명적 열기로 가득차 있고 강대국들은 약소국의 불행에 책임이 있다고 분개한다. 이들은 한국을 불행하게 만든 미국을 주범으로 비난하고 한반도 통일에 걸림돌이 된다고 믿는다.

청소년의 좌편향은 세계적으로 공통된 현상으로 볼 수 있다. 한국에서 정치적 편향된 학생들에 대한 극단적 견해는 그들이 교육을 받았지만 사회에 유해한 파생품일 뿐이라는 것이다. 이들은 세속적으로 편향된 근시안적 교육 목표의 희생물이 되었다. 흑백 논리에 젖어 세계에 대한 시각은 단순성을 피하지 못하고 있다. 세계를 보는 그들 나름의 시계를 통하여 그들이 상상하던 세계가 아닌 전연 다른 현실을 보고 있다. 이들의 순진한 눈은 속임, 오류, 부패, 부정만이 판치는 현실을 보게 된다. 남한에서 반공에 대한 맹목적 신념은 일련의 군사정권의 통치를 정당화하고 있다. 대다수의 남한 사람들은 국가안보의 위협은 개인 자유와 정치권력의 희생을 필요로 하고 있다는 주장에 수긍하고 있다. 진보성향의 사람들은 주어진 지위에 만족하지 않고 계속적으로 기존 질서에 대한 대안을 찾고 있다. 그들은 남한의 정치 현실이 숨막힐 정도로 개인을 구속하고 있다고 믿고 있다. 진보세력은 차제에 북한의 참된 정체성을 알고 싶어 하는 충동이 발동하고 있음을 깨달았다. 북한에 대한 정보 입수를 금지하는 법은 북한의 참된 정체성을 호도하려는 정부의 고의적 의도로 보고 있다. 북한이 참된 정체성의 노출을 거부함은 이것을 알려고 하는 남한 진보인사들의 호기심만 불러 일으키고 있다. 정부가 북한에 관한 개인의 정보 입수를 막으려는 노력이 강화될수록 북한을 긍정적으로 보려는 시도는 역설적 힘을 받는다.

한국 학생의 반정부 활동은 조선왕조의 유교에 뿌리를 두고 있다. 정부의 부당한 정책에 반항하여 학생은 학자, 은사, 선배와 힘을 합쳐 싸워왔다. 이들은 끝없는 상소문과 대궐 문 앞에서 연좌데모를 통하여 통치자의 인내를 소진시켰다. 1897년 최초의 고등교육이 실시된 이후 주요 정치사건에 학생들이 연루되어왔고 1945년부터 해방정국을 불안케 한 저명 지도자 저격 사건에 학생들이 참여해 왔다. 1960년 부정선거에 항거한 학생들의 소요는 이승만 정권을 전복하고 그들의 끈질긴 항거는 1987년 마침내 군사정권의 통치에 종지부를 찍었다(2). 정치적으로 편향된 학생들에 대한 시민의 태도는 아낌없는 찬사로부터 노골적 염증과 경멸로 이어진다. 혹자에 의하여 학생들이 국민의 양심으로 비추어 질지 모르나 한편 그들은 국가 정치의 취부로 사료되고 있는 것도 사실이다.

정치적으로 편향된 학생들은 이념적으로 가장 강한 결집력을 보이고 철권 정치에 반대하는 정예 세력이라고 할 수 있다(동원모 1986). 이들의 정치 활동은 정부의 잘 고안된 억제정책과 때를 같이하여 번창하여 나갔다. 학생들의 급진주의는 박정희 시대를 이어받은 전두환 정권에 의하여 잘 묘사되고 있다. 1987년 "민주주의의 봄"은 18년의 군사정권에 종지부를 찍는 새로운 희망의 해로 묘사되고 있다. 전두환 장군은 헌법으로 보장된 민주주의의 열망을 쓸어버린 또 하나의 권위주의 정권을 상징한다. 전 장군의 권력 장악에 항거하여 광주에서 종전에 보지 못한 대규모 시위가 일어났다. 정부에 노골적으로 반항하는 봉기는 집권자의 가장 가혹하고 잔악한 억압으로 이어졌다. 진압 경찰 앞에서 학생들의 행동은 더욱 거칠어지고 전략적인 면에서 세련된 기교를 보였다. 군사정권도 과격 학생들이 지하 노동운동으로 진입하고 정치 운동의 성지로 불리었던 고등학교까지 침투한데 대하여 적지않은 놀라움을 나타내었다. 과격 학생들은 순수한 반정부활동의 경계를 넘어 신 맑스주의를 표방하게 되었다.

1984년 봄 전두환 정권은 학생들에게 회유정책을 쓰기 시작했다. 캠퍼스 자율화라는 명목으로 대학 캠퍼스는 권위주의 사막에서 민주주의의 오아시스가 되었다. 이 기간 동안 과격학생들은 파괴활동으로 악명이 높았던 삼민투, 자민투, 만민투를 조직하여 각자 전국적 네트워크로 발전하게 되었다. 이들의 반정부 활동은 일부 학생들이 미국 공보원 빌딩에 불을 지름으로 최고조에 달했다. 정부의 비타협적 태도에도 불구하고 이들의 지하 활동은 전국적으로 퍼져 나갔다.

대통령 선거를 위한 국민투표는 군사정권에 의하여 끈질기게 부정되여 왔다. 국민 투표에 부침은 야당 대표가 당선 될 가능성이 분명하기 때문이다. 국민 투표를 거부할 명분이 없어지자 결국 전 정권은 마지못해서 국민투표를 위해서 양보하는 모습을 보여 왔다. 이 결정으로 인하여 전 정권은 끝장을 보게 되는 듯 했으나 야당 대통령 후보들이 단일화에 실패함으로 군사정권의 후보인 노태우가 어부지리를 얻게 되였다.

한국 학생들의 정치적 편향은 빠른 사회 변화와 고착된 정치 제도 간의 괴리의 결과라고 할 수 있다. 정치화된 학생들은 민주적 힘의 근간이라는 긍정적 견해도 있다. 조직화 되지 않은 지성인, 노동자와 농부를 위한 이들의 역할은 억압 정치 문화에서 새로운 힘을 얻게 되였다. 학생들의 저항적 행동을 차단 할 가공의 힘을 갖춘 군사 정권도 그들의 위선적 민주주의 열망을 막을 수가 없었다. 한국 학생들의 정치 편향을 대략 관찰 해 보면 하나의 원칙이 보인다. 도시화와 산업화는 인간들의 정치의식의 패러다임적 변화 없이는 사회 안정과 계속적 성장과 같이 갈 수 없음을 뜻한다.

학생운동을 민주화 운동과 동일시함은 그들의 다양성을 무시한 단순한 집단으로 보는 것이나 다름없다. 좌익 세력은 다양한 집단으로 구성되어 이를 일렬종대로 세우면 앞과 뒤가 서로 보이지 않는다. 북한의 혁명적 열기를 고려 할 때 남한의 좌파 학생들이 공산주의의 적극적 포용 정책에 무관심을 보인다는 것은 허구에 불과하다. 정치적으로 편향된 학생들이 이제까지 금지되었던 이데올로기에 접속했을 때 북한의 통일정책에 경도되지 않는 다는 보장이 없다. 동시에 그들의 천부적 호기심은 신중하고 근신해야 하는 도덕적 룰을 무력화 하고 있다. 청년들은 단순성에 편향되어 있어 쉽게 설득을 당하는 경향이 있다. 그들은 반항적이나 두려움이 없고 바른 일을 위하여 싸울 충동과 모험적 행동에 대한 갈구를 강하게 느낀다.

한국 지성들의 맑시즘적 편향은 한국 전쟁 전에 일어났던 정치적 소요를 상기시킨다. 이 지성들의 이데올로기적 스탠스는 그 스펙트럼의 좌편 끝을 상징한다. 이들은 이념적으로 약한 중도성향과 먼 거리에 있었다. 맑시즘과 민족주의는 서로 보완 관계에 있어 도우며 성장한다. 이들은 미국의 문화 제국주의를 배척하고 토속적 풍토위에 민족문화의 꽃이 피기를 갈망한다. 음악, 무용과 미술등 전 분야에서 안으로 굽은 내면적 미적 표현이 돋보인다. 반 정부 지지자들은 자신들을 민주주의 혁명의 샛별로 투사하고 있다. 그러나 이데올로기로부터 자유로운 사람은 극히 소수에 불과했다.

반미 정서

19세기 구한말 기독교가 들어오면서 미국 선교사들의 역할이 두드러졌다. 이들은 먼저 기독교 전파보다 한국이 가장 필요로하는 교육과 의료봉사에 치중했다. 그들의 헌신적 노력에 의하여 한국인은 미국인에 감사하면서도 이들의 선심성 이미지를 크게 부각시켰다. 그러나 일본 제국주의와의 싸움에서 한국은 공식적으로 미국의 도움을 요청 했으나 미국의 냉담을 만나게 된다. 당시 데오도 루즈벨트 대통령은 일본을 러시아의 극동진출을 효과적으로 저해 할 동맹이 될 것으로 기대했다. 이 긴박한 상황에서 한국이 취할 수 있는 대안은 러시아와 연합을 모색하는 것이였다. 이로 인하여 한국과 러시아는 밀월을 잠시나마 즐길 수 있었다. 한국의 러시아 의존은 러일전쟁을 유발시켰다. 러시아를 제거한 일본은 한국을 향한 목줄을 당기기 시작했다. 이 즈음 미국은 일본과 타프트-카츠라 조약을 체결하여 일본의 묵인 하에 필리핀을 점유함으로 제국주의 본색을 나타내기 시작 했다. 일본은 미국의 양해 하에 한국의 통제권을 얻게 된다. 지정학이 동아시아 히게모니를 획득할 세력 다툼에서 한국을 하나의 볼모로 묶어 놓았다. 한국은 자생적 통치력을 잃고 일본의 식민지로 전락하게 되었다.

   1945년 해방과 더불어 한국은 공산주의의 세계적 확산을 저지하는 보루로 미국의 주의를 받게 되었다. 일본이 항복 후 쏘련군이 북한을 점령하자 남한도 미군의 점령군 하에 들어갔다. 북한은 소비에트의 일관된 통치하에서 비교적 조용했던 반면 미군은 남한의 무질서를 통제할 능력이 부족하다는 이유로 남한 정치 지도자들로부터 비난을 받기 시작 했다. 미군 점령군 하에서도 공산주의는 그 세력을 점차 확산 일로에 있었다. 미군 점령군은 중도정책을 추구하고 있었으며 남한 어느 정당과도 연합을 거부해 왔다. 미국의 냉담은 공산주의와의 싸움에서 미군의 지원을 기대하던 중도와 우파들을 실망시켰다. 남한의 혼란은 집권 야욕을 노리던 공산주의자들을 이롭게 했다. 해방 5년 후 한국전쟁이 발발하자 미국은 한국전에 참여한 최초의 지원 국가가 되었으나 준비의 시기를 상실함으로 그만한 대가를 치르게 된다.

1960년대 제1공화국이 붕괴됨으로 지속된 소요로 인하여 한국 학생들은 미국의 동맹국으로의 신뢰에 의문을 제기하기 시작 했다. 다음으로 이어지는 군사정권에 대한 분노는 반미정서의 직접 원인이 되었다. 군사정권에 대한 미국의 지원에 분개하여 진보 세력들은 남한의 모든 문제를 미국의 잘못으로 돌리고 있었다. 이념적 의식화에 둔감한 사람들도 매일 보고 듣는 일이 한국인의 자존심에 깊은 상처를 주었다. 한국의 미국 비난은 큰형으로서의 이미지에 큰 상처를 입혔다. 큰 형에 대한 한국인의 기대가 클수록 한국인의 실망은 깊어져 갔다.

 이제 막 사춘기에 들어가려는 새싹 젊은이들은 진보적 교사들의 큰 목소리에 무방비 상태로 노출되었다. 인격 형성이라는 중요한 성장기에 있는 이들은 자신들이 듣고 배우는 것이 옳다고 주장하기 쉽다. 이들에게 잘못된 판단을 주는 것은 일생에서 씻을 수 없는 과오를 범하는 것과 다름이 없다. 이들은 자기 조국을 "미국의 주구"라고 거리낌 없이 말한다. 조국의 분단의 원인에 대하여도 올바른 정보를 제공 받지 못하고 있었다. 진보성향의 교사들은 비록 소수이나 목소리가 커서 대다수의 교사들을 압도하고 있었다. 감정으로 얽힌 상황에서 미국인의 폭력, 과오와 오만은 크게 확대되어 사실과 다르게 보도된다. 한국인의 자존심은 그 나름의 프리즘을 만들어 이를 통하여 미국인의 무례함을 보고 있다. 미국이 세계를 지배하고 있는 힘의 관점에서 미국인이 하는 일거일동은 전 세계인의 이목을 집중시키고 있다. 미국인에 대한 부정적 시각은 선망, 존경, 질투, 경멸의 혼성체가 만들어 낸 결과라고 할 수 있다. 이 혼성체는 증오로 쉽게 전환된다. 한국에서 반미 감정은 합리적 태도에 근거한 것이라고는 볼 수 없다. 한국인 중 상당수는 민족주의 감정에 휘둘려 북한이 미국과 대치하고 있는 대담성을 흠모하고 있다. 마치 1866년 조선이 프랑스에, 1871년 미국에 대항 했던 무모함을 예찬하는 듯 보인다. 한국인의 동정심은 대담성을 표출한 약자에게 간다. 대담성과 무모함은 상대방의 힘을 알지 못하고 뛰어 든다는 뜻이 포함되어 있다. 중국과 일본은 서양 열강에 굴복했으나 조선은 이에 굴하지 않고 아세아의 숭고한 가치를 높였다는데 자부하고 있다. 한마디로 민족주의는 세계에 대한 한국인의 눈을 가리고 있었다.

한국과 미국의 관계는 4단계를 거쳐 발전하여 왔다. 첫 단계에서 한국과 미국은 미국의 한국전 참전과 전후 복구사업의 지원을 통하여 혈맹으로 발전했다. 이 기간에 일어났던 사건들은 미국과 소비에트 간의 냉전의 맥락에서 이해된다. 공산주의 확대에 대하여 미국은 봉쇄정책으로 일관했다. 한국 분단의 책임이 미소 공동 책임이라고 하나 미국이 38선의 저자라는 사실이 들어 나면서 소련의 역할은 경시되고 있었다. 부루스 커밍은 그의 "한국 전쟁의 원인" 에서 미국은 분단의 주범이요 소련은 협력자라고 주장하고 있다.[3]

제2단계는 휴전협정 후 한미 간 군사협정으로 상호 방위조약을 체결한 것이 획기적 일이라 할 수 있다. 남한에는 4만 명 이상의 미군이 주둔하고 있다. 직접 군사 개입 이외에도 미국은 다양한 군사원조를 제공해 왔다. 미국의 군사 원조는 당시 확장 일로에 있던 공산주의를 봉세하는데 막중한 역할을 했다. 제3단계는 1980년대를 장식했던 통상 문제를 거론하고 있다. 남한의 경제가 성장하는 동안 한국 제품의 주요 수입국이던 미국이 통상 수지 적자를 보이기 시작했다. 특정 산업에 있어서의 통상수지 불균형은 두 나라 사이를 벌려 놓았다. 미국이 이 분야에서 보호무역 조치를 취하자 미국의 영원한 지원을 기대하던 한국을 크게 실망시켰다. 미국 측으로 보아도 언제나 통 큰 "형"이 되라는 남한의 요구는 상식을 넘는 일이 아닐 수 없었다. 이 두 국가 간의 동맹은 공동 필요의 산물이라기보다 혈맹으로 맺어진 정서적 유대로 보는 것이 타당하다. 미국은 약자를 보호 한다는 측면도 있지만 자국의 이익을 챙겨야 하는 보호 무역의 압력을 받고 있었다.

최종단계에서 미국은 인권 문제에 많은 관심을 갖고 있다. 남한 정부가 인간의 자유와 권리를 억제했다고 하여 지미 카터 대통령 하의 미국 정부는 남한을 특정하여 "악의 국가"라고 비난했다. 이로 인하여 두 국가 간의 관계는 냉각기에 돌입했다. 카터 정부는 남한으로부터 주한 미군을 단계적으로 철수하는 계획을 발표했다. 우방에 대한 미국의 조치는 한국인의 이해 범위를 벗어난 일이 아닐 수 없었다. 미국은 남한의 군사정권을 승인하는 한편 정적의 체포, 구금, 고문과 언론 탄압을 포함한 인권 탄압 사례를 세밀하게 기록하고 있었다. 미국의 고민은 남한의 군사정권 지원이 미국의 인권 중시 가치관에 반한다는 데 있다. 그러나 미군을 한국으로부터 철수 할 때 냉전의 구도에서 미국의 퇴보를 예상할 수 있으며 이는 세계 일등 국가의 지존을 크게 훼손 하는 일로 미국으로서는 감당하기 어려운 일이 될 것이다. 남한의 안보와 인권 중시는 상충적 관계에 있어 이 사이에서 미국은 위험한 줄타기를 해야 만 했다.

남한의 입장에서 괄목할 만한 성장에 대한 국민적 자존심은 민족주의의 발원이 되었다. 남한은 세계적 축제 이벤트인 "88하계 서울 올림픽"과 2002년 피파 월드컵을 성공적으로 치르면서 국격이 향상되었다. 이 축제는 한국의 젊은이들에게 "우리도 미국 도움 없이 자력으로 할 수 있다" 는 자신감을 주었다. 서울 올림픽 축제를 통하여 한국인은 그들이 이룩한 모든 것을 전 세계에 보여주려는 강한 의욕을 갖고 있었다. 이를 위하여 한국인은 불철주야 준비 작업에 몰두해 왔다. 한편 북한은 남한의 올림픽 개최를 방해하기 위하여 가공할 음모를 꾸려 왔다. 그 중 하나가 중동 근로자를 운송하던 KAL기 폭발 사건이다. 북한의 전방위적 저지 노력에도 불구하고 공산주의 국가들의 상당수가 이 축제에 참여했다. 특히 개회식이 거행되는 과정의 일거 일족을 텔레비전 화면을 통하여 지켜보던 전세계 국가들은 관심 밖에 있던 한 국가의 발전상에 경악을 금치 못했다. 서울 올림픽은 한국인이 흘린 이마의 땀을 상징한다. 그러나 이 축제는 한국과 미국의 관계가 최악의 상황으로 떨어지는 것을 목격한 재앙으로 기억된다. 올림픽 준비 기간에 미국 방송매체가 서울 외곽의 한 공장을 방문했다. 이 미디어는 이 공장의 희미한 불빛과 열악한 근로 조건에 초점을 맞추어 "이것이 올림픽 주최국이다"라고 한 말이 한국인을 분개 시켰음은 물론이다. 그들의 행위는 미디어 속성상 정당화 될지는 모르겠으나 좀 더 분별 있는 사람이라면 다른 행동이 나오지 않했을까? 한국이 '성취의 단계' 위에 높이 올라간 것은 그들이 이루었던 모든 것을 북한이 선망의 눈으로 지켜 볼 것이라는 기대 때문이었다. 선수 입장식이 거행되면서 다른 국가 선수들은 열을 지어 질서 있게 입장한 반면 미국선수들은 열에서 이탈하여 카메라 앞에서 "V" 자를 그리거나 동료 선수의 어깨에 올라타 기이한 행동을 보이는데 주저함이 없었다. 한국인은 "열심히 차려놓은 밥상에 재를 뿌린다"라는 속담을 되새기며 미국 선수들의 무질서를 규탄했다.

반미 정서는 한국인의 북한 동포에 대한 동정적 이해로부터 시작되었다. 동시에 미국에 대한 한국인의 시각은 부정적으로 돌아 "분단의 책임자" 아니면 "군사 정부 쫄개들의 보호자"로 전락 되었다. 미국에 대한 긍정과 부정 두 개의 시각이 평행을 유지 하는 동안 북한과의 대치에서 오는 폭발적인 한국 정치는 젊은이들이 극단적 정치화로 돌아가는 원인을 제공했다. 이 학생들은 민족해방 (NL)과 무산층 민주주의 (PD), 이 양자는 좌편향 이념을 상징하나 헤게머니 싸움에서 후자는 한발 밀려나는 듯 했다. 전자가 북한을 옹호하는데 한발 앞서 나갔다. 이들은 국가 행사에서 애국가 제창을 끝까지 거부했고 북한이 절규해온 "연방제 하의 통일" 과 "미군의 한반도로 부터 철수"를 되풀이 하고 있었다. 이들 중 상당수가 노무현 대통령 당시 국회의원이나 관료가 되었다. 이들의 제도권 진입은 국민을 불안에 떨게하는 요인 중 하나가 되었다.

반미 감정이 최고조로 향할 때 중산층에 있던 이념적으로 온화한 사람들 까지 미국과의 동맹을 계속해야 할 가치가 있는지 의심하고 있었다. 여기에다 저급한 미군의 비도덕적 행동이 한국인의 눈을 의심케 하는 일들이 가끔 벌어지고 있었다. 이들의 행동은 한국인의 정서적 상처에 소금을 뿌리고 있었다. 반면에 정치화된 학생들의 파괴적 행동은 국민들의 심연에 내재해 있던 친미 감정을 발로시키는 역작용을 일으키어 "한국의 구원자" 라는 미국의 긍정적 이미지를 확산시키는 결과를 초래했다. 이념적 유토피아에 광신하는 사람들은 국민을 피로하게 만들었다. 미국의 긍정적 이미지에 집착했던 기성세대, 특히 공산주의와의 싸움에서 미군과 함께 피를 흘렸던 세대와 북한으로부터 탈출한 난민들의 분노가 폭발했다. 그러나 이 세대는 수적으로 열세에 있어 큰 소리를 오래 지탱하지 못했다.

1980년대 초 점점 짙어만 가던 미국의 보호주의는 미국을 퉁 큰형으로 불리던 사람들을 크게 실망시켰다. 이들은 미국을 "구두쇠" 아니면 "벼룩이 간을 노리는 수전노" 로 격하하는 발언 까지 서슴치 않았다. 미국을 큰형으로 부르던 긍정적 시각은 수시로 변하는 가치 기준의 맥락에서 오래 지탱 할 수 없었다. 미국에 대한 긍정적 이미지는 과거의 일정한 시점에 고착되고 있어 변화에서 새로운 것을 찾으려는 시대적 욕구를 외면한 결과이다. 한국인들이 국제정치의 냉엄함을 미리 이해했다면 미국이 자기 이득을 위하여 행한 조치에 크게 실망하지는 않했을 것이다. 한국인의 친구에 대한 개념은 실질적 이득을 잘 챙기지 못한다는 약점을 갖고 있다. 한국인은 일단 친구 관계가 형성되면 그것이 도덕적 의무를 수반한 영구적 관계로 본다. 보수주의자는 이 영구적 관계에 영향을 줄 변화의 조짐에 격한 반응을 보이고 관계를 단절하는 것은 마치 로맨스 관계를 끝장내는 것처럼 참을 수 없는 고통을 불러온다. 미국이 한국의 군사정권의 지원에 소극적이라고 해도 한국을 동북아의 평화를 해치는 여하한 행위를 저해하는 방패로 생각하는 한 미국이 쉽게 공산주의 저지에 대한 세기적 책임으로부터 벗어 날 수는 없을 것이다.

반미 감정은 어떠한 시대에 고착된 개념이 아니다. 한국이 다변화 사회로 가고 있는 한 미국에 대한 여하한 견해도 지배적일 수 없다. 미국에 대한 부정적 시각도 그의 영구성에 대하여 의심을 품고 있다. 가끔 1980년 광주 의거를 진압하는 과정에서 미국의 군사 개입이 있었는지 여부가 태풍의 눈으로 떠오르고 있다. 미국 개입의 주장은 수긍이 가지 않으나 아직도 미확인된 그러나 정치적 폭발성을 지니고 있어 의심의 눈초리를 피 할 수 없었다. 폭발적 상황이 새로운 이슈를 가져 올 때 토론이 재 점화 되어 이념적 충돌로 비화된다. 이슈가 일단 이념적 프리즘을 통하여 보기 시작하면 토론은 계속해서 한국인을 괴롭힌다.

자칭 민주투사라는 사람들이 제도권으로 진입하면서 반미 감정은 새로운 단계로 올라간다. 이러한 사실은 노무현 정부에서 주장한 외교적 자립이나 작전권 독립에 잘 나타나 있다. 이들의 권력 장악은 자신들을 권위주의의 희생자로 치부함으로 정당화되고 있다. 이들의 제도권 진입은 극단적 소리가 강해지고 있어 정치적 타협이 어려워 지고 있다는 반증이다. 2005년 4월 한국여론조사 연구소의 발표에 의하면 두 사람 중 하나는 미국이 한국의 동의 없이 북한을 공격한다면 북한을 지지 하겠다고 한다. 일년전 조사에 의하면 응답자의 39 퍼센트가 한국 안보의 위협은 미국이라고 응답했다. 33 퍼센트만이 북한을 두려워 한다고 응답했다. 미국을 잠재적 위협으로 보는 시각은 '잠자는 개'를 깨우는 미국의 자극적 행동의 두려움에 기인한다.

반미 정서의 확산에도 불구하고 극단주의자들은 일반인과 마찬가지로 미국의 대중문화에 매료되고 있다. 이들의 아들과 딸은 미국에서 공부하기를 희망한다. 미국은 학업 목적을 위하여 또는 경력을 쌓기 위하여 갈수 있는 가장 바람직한 국가로 인식되고 있다. 미국에 대하여 적대적 관계를 표방하는 신생국가들도 민주적 발달을 위하여 미국의 제도를 모방하려는 경향이 강해지고 있다. 미국에 대한 긍정적 이미지는 한국 청년들의 정서적 태도를 바꾸는데 획기적 역할을 하지 못했다. 오히려 이들은 신문이나 소시얼 미디어의 까씹의 대상이 되고 있는 미군의 비도덕적 행위에 분개하고 있다.

반미 감정은 미국의 한국 문제 관여에 대한 일시적 분개의 표출이라고 볼 수 있다. 따라서 반미 감정이 오랜 숙고와 합리적 판단에 의존한다는 것은 매우 이례적이다. 오히려 반미 감정은 한국의 문제에 미국의 관여에 대한 추측이 빚어낸 감정의 즉흥적 발로라고 할 수 있다. 한국이 미국의 도움없이 일어 설 수 있다는 자신감에 따라 한국의 미국과의 관계는 독립성 보다 파트너 십의 연합을 강조 할 것으로 보인다. 한미 간 상호 방위조약은 좌측 입장에서 볼 때 외세에 대한 부끄러운 굴욕이라고 하나 실제로 많은 국민들이 그 필요성에 수긍하고 있다. 반미 감정은 종족 중심 민족주의가 두 국가의 연합 필요성을 능가할 때 왕성해 진다. 북한의 도발적 행위는 적대 관계에서 힘의 균형을 깨는 결과를 낳는다. 새싹의 청년들은 20대 후반과 30대에 접어들면 그들의 이념적 스탠스에 변화의 조짐이 나타난다. 종족 중심 민족주의가 잠재적 위협으로 존재하는 한 반미 감정은 사라지지 않는다. 한 문학 비평가가 말한 대로 "너의 핏줄 형제는 절대로 저버리지 못한다. 허나 파트너와의 관계는 소원 해 질 수 있다."

"남편과 아내의 관계는 엄마와 자식 간의 관계에 비교 할 바가 못 된다. 아내는 남편과 이혼으로 관계를 단절 할 수 있으나 자식을 버리지는 않는다. 평양이 적대 관계를 포기하지 않는데 왜 한국은 북한을 좋아하고 있을까? 살인을 한 자식을 집 이층에 숨겨둔 엄마는 경찰의 접근을 왜 허락하지 않을까? 그 아들이 여하한 짓을 범했어도 그는 엄마가 소유한 유일한 자식이다" (2003년 8월 15일 자 헤럴드트리뷴)

이념보다 실익을

 피상적으로 보아 이념적 열정은 남한이 1997년부터 경제적 퇴보를 겪으면서 점점 식어갔다. 경제적 위기는 급진주의자들의 큰 목소리를 중화시켰고 김대중 정부는 학생 급진주의의 쇠퇴를 불러들임으로 잠시나마 평화의 시기를 맛 볼 수 있었다. 경제 성장이 젊은 세대의 반항적 목소리를 잠재울 것이라는 긍정적 사유가 팽배했었다. 돌려 말하면 사회적 병폐가 급진주의가 고개를 드는 영매 역할을 한다는 뜻이다. 사회적 불안의 심리적 파급 효과로서 관심의 초점이 이념적 열정으로부터 경쟁사회에서 소생할 수 있는 수단으로 이동하고 있음을 알 수 있다.

 소수의 극단주의자를 제외하고는 반미주의는 일정한 마인드의 결정체가 아니고 사건 중심의, 낭만적 형제애를 일으키는 즉흥적 정서의 표현이다. 낭만적 형제애는 가련한 형제에 대한 연민을 느끼게 한다. 기독교-이슬람 근본주의자들 간에서 볼 수 있는 악성의 적대관계는 한국에서 정치적으로 용납되지 않고 있다. 종교적 도그마가 한국에서 존재하지 않는 여건에서 남한의 민주주의가 정착 단계에 들어갔음을 감안 할 때 반미 감정의 노골적 표현을 자제하려는 분위기를 느낄 수 있다. 학생의 시위는 한때 혁명적 변화에 대한 희망으로 캠퍼스를 흥분시켰다. 1980년 광주사태를 계기로 극단적 반미 단체들이 줄지어 나타났다. 이들은 친미세력이 사회의 암적 근원으로 존재하고 있다고 하여 이를 타파하려는 운동이 반독재 투쟁과 연결하여 전개되였다. 1984년 삼민투 (민족, 민주, 민중)가, 1987년 이한열의 죽음을 계기로 전대협 (전국대학생연합회)이 결성되였다. 맹위를 떨치던 학생 시위는 김대중 정부와 노무현 정부에 들어와 거이 소멸된 듯 보였다. 피상적으로 보아 혹자는 질서가 혼란을 구축했다고 할 수 있겠으나 실제로는 실질적 필요가 이념적 열정을 압도했다고 볼 수 있다. 실질주의 파고를 타고서 학생들은 실질적 가치와 공리주의가 지배하는 세상에서 살아 남기위한 수단에 관심이 집중되고 있다. 정치적 급진주의는 퇴보의 길로 들어서고 있다.

우리의 일상생활을 휩쓸었던 변화에도 불구하고 세대 간의 차이는 좁혀지지 않고 있다. 기성 세대는 젊은이들을 순진한 양으로 취급한다. 이 젊은 세대는 북한의 이념적 술수에 약하다는 평이있다. 젊은이들은 기성세대를 진부하고 무능하며 사회적 병폐를 초래 했다고 한다. 호전적 학생들이 나이가 들면서 그들 자신이 세대 간 충돌로부터 자유롭지 못하다는 사실을 발견하게 된다. 젊은이들은 이들을 갈 곳 없는 야수에 비유한다. 젊은이들은 한때 기성세대를 공격하는 데 사용했던 세대 간의 차이에 그들 자신이 희생되고 있다는 것은 아이러니가 아닐 수 없다.

"사람이 되어 간다" 는 뜻은 경험을 통하여 감각을 축적해 나가는 과정으로 누적된 지식은 자신과 주위 환경의 균형을 유지 할 수 있는 지혜를 만들어 낸다. 복잡한 사회에서는 바람에 날리는 낙엽을 잡으려는 젊은 충동 을 저지하는 힘이 존재한다. 젊은이들이 싸워 온 대의 (大義)는 과연 이들의 목숨까지 걸고 얻을 가치가 있는지 두고 볼 일이다. 그들의 기존 제도에 대한 지속적 공격은 국민의 지지를 받지 못하고 있다. 이 반항적 무드는 결국 공리적이거나 실질적 가치에 굴복 할 것이다. 한편 대학을 갖 나온 젊은 초년생은 직장 세계의 비인간적이고 모순된 분위기에 좌절을 느낀다. 시장 경제란 무한의 경쟁으로 비인간적이고 잔인한 얼굴을 갖고 있다. 젊은이들은 본능적으로 정부의 따뜻한 보호를 추구한다. 그들의 현실과의 불화는 이념적 논쟁에 있는 것이 아니고 일 할 수 있는 기회의 부족에 있다.

우리는 잡신들이 지배하던 시기에 살고 있는 것이 아니다. 거대한 스케일의 혁명 바람에 시달리는 시기에 살고 있는 것도 아니다. 호전적이고 진취적 젊은이들은 그들이 옳다고 생각하는 주의(主義)를 위하여 목숨을 바치는 영웅주의에 젖어 있다. 그러나 이 주의는 정체가 없는 환상에 불과하다. 어떠한 주의나 신념도 영구적인 것이 아니다. 개인숭배는 혁명적 광기와 벗을 삼는다. 이들은 세계의 어두운 곳 만 찾는 염세주의자와 연대하여 있다. 이념의 광신자들은 그들 평생에 충성을 바치는 특정 목적을 갖고 있다. 그러나 이념적 도그마는 그가 존립할 땅을 빼앗아 가고 있다. 이것은 급진주의가 완전히 사라진다는 뜻이 아니다. 급진주의는 수적으로 감소하여 왔으므로 이제 소수의 핵심 멤버로 남아 있을 뿐이다. 개는 어려움에 빠질수록 더 요란하게 짖어댄다.

사회 불안은 급진주의가 성장할 온상을 제공 한다. 다른 나라에서 좌파의 성장은 당연 한 것으로 받아들이고 있으나 한국에서는 이에 대한 경계의 신호를 보낸다. "너의 정원에 잡초가 잔디를 죽이고 있는지 확인해 보라." 그동안 무수한 변화가 휩쓸고 갔어도 이념 충돌은 잡초처럼 견디어 냈고 이제 새 옷을 입고 수평선을 넘어 오고 있다. 이념 충돌이 지나 갔다 해도 그 잔재가 재연되어 좀 더 폭발적 활동으로 비화 할 조짐을 보이고 있다. 이러한 현상은 남북의 대치 국면에서 엿 볼 수 있다. 남한의 이념적 스탠스는 북한이 정전 협정 위반 활동이 어떻게 전개 되느냐에 달려있다. 최근 북한이 남한의 순양함을 격침하고 인근 섬을 포격했을 때 남한 사람 대다수는 격한 반응으로 북한을 응징해야 한다는 요구가 비등 했었다. 북한의 자극적 행위가 반복 될 때 남한 사람이 북한에 대하여 같은 민족이라고 그동안 품었던 동정심은 말라 들어간다.

(1). 대중 민족주의에서 대중은 경제성장의 결실을 맛보지 못한 다양한 그룹을 말한다. 이들을 정치적으로 포섭하기 위하여 이들을 착취자에 대항하는 피 압박자로 치부하고 빈자에 의한 계급투쟁을 조장한

다. 따라서 대중 민족주의라고 함은 미국이 지원하는 남한 정부에 대항하는 혁명 운동에 영구적으로 참여하는 자들의 집합적 감정을 말한다. 대중 민족주의는 권위주의 정권에 도전하던 학생들의 항거로부터 유래되어 한국 정치의 특징을 상징한다. 대중 민족주의는 분단 상태에서 어느 정부도 정통성을 인정하지 않고 있다. 그들이 주장하던 성급한 통일론은 북한이 주장하는 연방제와 맥을 통한다.

(2). 부르스 컴밍, 한국역사의 진보적 학자에 의하면 한국분단의 주 책임자는 미국, 부책임자는 소련이라고 주장하고 있다. 흥미로운 것은 이 두 국가의 책임을 수직적으로 분리하여 책임한계를 정한 것이다. 미국이 38선을 분단의 선으로 선창했기 때문이다. 해방정국에서 이 두 국가의 대립은 시작과 끝이 없었다. 소련의 공산주의 확산을 미국이 봉쇄정책으로 일관했다. 북한으로 먼저 진주한 것이 소비에트 군대이다. 여기에서 미국이 왜 38선을 소련의 세력 팽창 저지선으로 선포했느냐를 구명할 필요가 있다. 쏘련 군대가 북한 점유에 그칠 것이라는 예측에 불안이 그치지 않았다. 얄타협정에서 태평양 전쟁을 중식시키기 위하여 소련의 참전을 독려하던 루즈벨트에게 스타린은 한반도를 조건으로 제시했다. 태평양 전쟁의 승리 주역은 미국이다. 소련은 일주일의 참전으로 한 반도를 점유하려는 야욕을 갖고 있었다. 만일 38선이 없었다면 어떠한 일이 벌어 졌을까?

(3). 1987년은 제 5 공화국의 통 큰 정치적 양보가 있던 해로 기억 된다. 이 시기가 권위주의 정권과 소위 민주투사라고 하던 학생들과

의 대치로 얼룩져 있었다. 권위주의 정권은 대통령 선거에서 간접 선거를 채택하고 있었다. 미국과 같이 선거인단을 조직하여 대통령을 선출했으나 이 선거인단은 정권의 시녀와 다름없었다. 민주투사들은 국민의 직접 선거를 줄기차게 요구하여 온 바 제5공화국 말기에 민주투사들의 요구를 들어주기로 했다. 이에 추가하여 구속되었던 정치범들을 석방했고 언론의 자유를 보장하기로 했다. 제6공화국 대통령은 군사정권이 추대하는 후보가 아닌 사람으로 낙점될 것으로 예상했으나 야권 후보 간의 단일화가 이루어지지 않았기에 군사 정권을 대변하는 노태우가 당선되었다. 노태우 자신이 군사 쿠테타를 일으키어 정권을 잡은 세력 중 핵심으로 권위주의가 계속될 것으로 예상했으나 실제로 6공화국은 참다운 민주주의로 옮겨가는 가교 역할을 했다. 이 정권하에서 결사의 자유가 보장되었고 노동조합의 결성을 허락했다.

[제6장]

한국 가치관의 변화

모순의 숲

학교에 들어가서 한국 어린이들이 첫 번 째로 배우는 것이 어떻게 친구와 협력하고 조화를 이루거나 아니면 하나의 목표를 위하여 어떻게 협력해 나가야 하는 지를 배운다. 취업한 신입 사원은 실무 일을 추진하기에 앞서 협동정신을 배운다. 그는 한 팀의 유능한 맴버가 되기를 바란다. "팀에 합세한다"는 학교에 있건 사업체에 있건 자주 듣는 구호이다. 신입사원을 위한 오리엔테에이션 프로그램은 신병 훈련소를 방불케 하는 힘든 훈련 과정이라고 볼 수 있다. 교육은 한국인으로 하여금 단체 규범이나 기풍과 어울리도록 조용한 압력을 가한다. 한국인은 단합에서 동질성과 규격화를 추구하는 동안 방앗간의 일상 돌아가는 일에 휘말리어 이를 초월하는 위험이 따르는 행동은 보이지 않는다. 한국인으로서 통상적으로 갇혀 있던 참호를 벗어나는 일은 그만한 용기를 필요로 한다.

복합사회는 개인행동의 다양성 영역을 넓혀준다. 반면 한국인의 행동은 문화적 동질성과 국토의 협소로 인하여 주어진 제한된 행동 패턴에 만 적응하려고 노력한다. 그러나 전통 가치와 새로운 가치의 혼숙으로부터 오는 가치 충돌은 한국인의 성격을 단순성으로 특정화 하기에는 무리가 따른다. 우리 사회에는 전통 가치관에 매몰되어 있는 사람이 있는가 하면 기존 가치관을 뛰어 넘는 사람들도 있다. 전반적으로 보아 한국인은 도덕적 신념을 갖고 있으면서도 세속화 시대의 특징인 물질적 목표를 추구하고 있다고 할 수 있다. 세월의 흐름에 따라 한국인은 과거의 어두움을 일소하고 새로운 미래를 맞이

하려는 노력이 부족했음을 인정한 것이다.

문제는 한국의 가치관은 칼로 두부를 자르듯 구-신가치관으로 선명하게 구분되지 않는다는데 있다. 근엄, 예절과 근신은 교육받은 사람의 특징적 자질을 말한다. 반면에 한국인은 시끄럽고 흥분된 행동에 쉽게 휘말린다. 요란한 언쟁과 싸움은 거리에서 흔히 볼 수 있는 현상이다. "신체적 자유분방함과 노래의 폭발적 감정 표현은 모험적 행위와도 통한다. 이 같은 행위는 조용하고 순종적인 한국인의 획일적 이미지를 뛰어넘는 도전으로 보여진다"(그레고리 핸더슨, 1983,15). 과도한 자기주장과 자화자찬은 세련과 절제된 위엄과 대조를 이루면서도 함께 한국인의 특징을 이루고 있다. 졸부들의 행위도 유교적 고결함과 대조를 이룬다. 한국인은 물질적 부를 과시하고 성공을 치부하고 있는 반면 절제된 양반의 문화를 흡수하려는 노력도 병행한다.

그레고리 핸더슨은 "한국의 민속 문화는 활기차고 호사스러울 정도로 야비한 색깔을 갖고 있다"고 평한바 있다. "마치 무당이 호화로운 색깔의 옷을 입고 춤추듯 한국의 문화는 화려한 겉치레를 뽐내고 있다." 핸더슨의 평은 그 자신의 프레임으로 본 이미지의 단면을 보이고 있으나 한국인 대다수가 생각하는 것과는 거리가 있다. 협력적 행동과 분당적 성향의 두 극단을 왕래하는 것은 한국인의 동질성이 뜻하는 바와는 다른 면을 보인다. 한국인은 수직적 사회구조 속에서의 자신의 위치를 잘 알고 있다고 말할 수 있으나 한국인은 주어진 위치에 불만을 느끼고 한 단계 올라가려고 부단한 노력을 한다. 유교는 각 개인을 주어진 위치로부터 일어나 위를 보고 가라고 격려한다.

아동들 간에 경쟁을 부추기는 동시에 맑스 배버가 말하던 "자본주의 사회 발전을 위한 합리적 전쟁"에 휘말리게 한다.

한국이 복합사회가 되어 감에 따라 불평등이나 가부장적 권위에 입각한 가족 가치관은 평등과 자유주의에 굴복하고 있다. 가족생활의 중심은 어버이-자식의 축으로부터 부부 관계의 축으로 변하여 간다. 효도의 개념은 점차적으로 개인화 되어가는 젊은이들 간에 시들어 가고 있는 추세에 있으며 그들은 결혼 후에도 부모의 도움을 받고 있어 독립성이 결여된 것으로 보고 있다. 한국에서는 아직도 가족이나 친지로 구성된 지원체제가 존재하고 있다. 2010년 조사에 의하면 무작위로 선발된 15세 이상 젊은이들의 78 퍼센트가 부모를 가족의 일부로 포함하고 있다 (조선일보, 2011. 1. 20).

고령인구의 증가로 젊은이들의 효도 정신이 쇠퇴해 가고 있다는 것은 당연한 추세이다. 한국인의 평균 수명이 그리 길지 않았을 때 효도의 경제적 부담은 그리 심각한 수준은 아니었다. 신분 부조화가 수직적 계급에 젖어 있던 고령인구들을 좌절시키는 는 또 하나의 요인이 되었다. 최근에 요양원이 급격히 증가하고 있음은 효도가 가정에서 사회 기관으로 이전되고 있음을 암시한다. 효도에 의한 어버이-아들 관계는 많이 이완되어 아들이 효도를 저버리는데 하등의 양심의 가책을 느끼지 않는 자들이 증가하고 있다. 오늘날 교육받은 고령자 중에서 아들의 효도에 대한 기대를 포기한 사람들도 많아지고 있다.

가족의 결속력은 가족과 흩어지지 않으려는 소년(녀) 가장에서 두드러지게 나타나고 있다. 부모가 부재한 상황에서 입양 신청이 있기 마련이나 이들은 입양 자체가 형제간 또는 자매간 이별을 예고 한다는 점에서 받아들이지 않고 있다. 가족의 이별보다는 부모없는 고생을 감래하기를 원한다. 10세 소년이 자기 동생들을 위하여 어버이 역할을 하는 것은 한국이 아니고는 볼 수 없는 현상이다. 가정의 결속력은 어떤 값을 치르더라도 보호할 가치가 있다고 믿고 있다.

평등 개념은 남편과 아내 간의 관계는 물론 선배와 후배 간의관계를 새로 정립하는 계기가 되었다. 평등 개념이 한국인 생활에 진입하게 된 것은 19세기 기독교가 들어오면서 시작되었다. 서양 가치가 한국의 현대화의 동인이 되었다고 주장하는 것은 한국인에 내재해 있는 가치체계를 단순화 한 결과이다. 한국인의 변화 열망에 불을 부쳐 준 것이 서양 가치이나 성리학의 세속화도 이와 병행했다. 오늘날 부자 간의 불만은 젊은이들의 장래와 관련된 문제에 어버이가 관여함으로 촉발된다. 결혼 배우자를 선택하는 것이 가장 중요한 가정 행사라고 생각한다. 결혼 배우자가 부모의 뜻에 미치지 못함으로 부자 간에 불화가 발생한다.

한국인은 아직도 수직적 조직에 익숙해 있고 이 같은 조직 속에서 정서적 위안을 찾고 있다. 오늘날 우리가 공유하는 가치관이라 할지라도 서로 극과 극의 대치점에 있기 때문에 서양 문물의 포괄적 수용을 어렵게 하고 있다. 한국의 대학생들은 유교적 관습을 무조건 수용하지 않을 뿐 더러 그것을 완전히 배척할 처지에 있지도 않다. 1967년 조사에 의하면 한국 대학생들은 서양의 개인주의를 있는 그대로 받아들이는 데 문제가 있다고 한다. 그들은 개인주의를 배격하던지 아니면 그것을 먼 거리를 두고 의식 속에 간직하려고 한다.

　한국인이 표준화된 문화의 틀에 제단되어 있다 해도 이와 반대되는 "복합성" 이란 말은 현재 한국인이 믿고 있는 다양한 종교를 지칭하는데 적합한 용어라고 생각된다. 단일 종교를 믿어 왔고 엄청난 종교전쟁을 경험했던 서양인의 눈에는 한 가족이 불교, 유교, 천주교, 기독교 등으로 분할되는 현상은 보지 못했을 것이다. 권위주의 하에서 하층민들 사이에서 무속이 구습의 방패역할을 한 것으로 믿어진다. 극 소수의 엘리트만이 구차스러운 유교적 풍습에 젖어 있다. 세속적 희망을 성취하기 위한 무속적 기도는 기독교에 파고 들어 구원과 영혼 불멸의 기독교적 개념을 흐려버리는 결과를 초래하고 있다.

　교회에 다니는 많은 신자들 중에 그들이 무속의 자연신을 섬기던 일념으로 하나님을 경배한다는 것이다. 한국인은 교회가 서양을 대표하는 문화라고 본다. 교회와 문화의 차이를 의식하지 못하고 그들은 교회에 다니면 우리나라도 서양의 어느나라와 같이 될 것이라는 기대가 깔려 있다. 지적으로 분별력이 있는 한국인이라면 서양의 규범을 따르는 것도 일면 바람직 하지만 그것을 비판없이 받아들이는 것에는 문제가 있을 수 있다고 믿는다.

　복합 사회로의 불가피한 이동은 한국 가정의 가치관의 영속성에 대한 의심을 품게 한다. 가족 가치관은 변하기 마련이나 그 속도는 아주 느리게 진행 될 것으로 믿어진다. 이 같이 느린 속도의 변화는 한국 집단적 가치관이 서양의 개인주의에 의하여 완전히 대체될 것이라는 가능성을 배제하고 있다. 전 근대적 가치관이 현대 산업 사회에서 급격한 변화없이 견디어 왔다는 사실을 눈여겨볼 필요가 있다. 사회의 여러 부문은 서로 다른 속도로 변화하고 있는데 그 중에도 문화의 변화가 다른 부문보다 뒤에 처진다는 이론이 성립된다. 기술 발전에 의한 변화가 비 생산적 부문의 변화에 앞서 나간다 (존 던컨 1997, 52).

유교는 교육받은 지성인의 이상을 받들고 그들을 도덕적 규범과 연관시킴으로 각자 최고의 이상형을 실현시키도록 격려 해 왔다. 유교가 한국인의 관심으로부터 멀어졌다 해도 오늘날 늘어나고 있는 청소년의 범죄는 각계 각층으로부터 과거 가치관으로 돌아가자는 충동적 구호를 유발하고 있다. 유교적 이상주의는 그것이 요구하는 행동의 번거로움으로 인하여 대다수 시민을 외면하고 있다. 전통적 가치관이 눈에 띄게 사라졌다고 말할 수 있을 지라도 그것이 우리 행동에 미치는 영향은 유교권의 어느 나라 보다도 크다고 할 수 있다. 유교 학자들은 비록 극소수이지만 근신과 위엄으로 가득차 저속적 문화 충동과 요란한 자기과시를 손절하고 있다. 유교의 가치를 내면화 하는데 상당한 기강과 근신의 노력을 필요로 하는 반면 무속은 인간 행동의 정서적 분출을 허락하고 있어 언어 또는 행위의 저속적 표현을 이끌어 낸다. 유교의 가치관이 인간의 행동을 억제적 프레임에 가두어 놓는 반면 무속은 행동을 자유롭게 하는 개방된 운동장이다. 유교의 가치가 퇴조 하면서 무속은 민족 문화의 대표로 행세한다, 무속은 모든 악의 대표요 유교는 선행을 상징한다고 단언하는 것은 공정하지 못하다고 평할 수 있지만 이상적 행위와 자연 발생적 행위가 혼재함은 한국인을 몹시 당황시키고 있다. 유교가 그 긍정적 족적을 남겨두고 있지만 가치 충돌은 복합사회로 가는 길목에 있다.

소위 파트너 십 결혼은 부부의 신분상 동등함을 전제로 하며 이는 생계유지를 위한 책임의 공유를 의미한다. 무능한 남편이 있을 경우 "누가 생계를 유지 하느냐?" 의 문제가 대두되면 한국여성은 여성다움의 매력을 들어 과거 남성우월 가치관으로 되 돌아 가려고 한다. 성의 평등은 여성 예찬을 허락하지 않고 있다. 유교의 자랑 거리가 되었던 어버이-아들의 끈끈한 유대는 엄마-아들 (딸)의 축으로 전환되고 있다. 오늘날 아이들은 가부장적 권위주의에 반항하고 있다. 젊은이들 간에는 유교의 규범을 이탈하여 자유로운 행동영역을 넓혀가는 경향이 있다. 여기에서 문제되는 것은 정서적 관계의 온상인 가족의 결속력에 대한 예측이다. 거리의 아이들이 정서적 위기에 처하는 이유 중 하나는 그들이 가족의 보호를 상실하였기에 가족과의 관계에서 오는 정체성이 결여되어 있다는 것이다. "너는 어버이를 꼭 닮았다" 는 말은 반듯이 아첨을 뜻하는 것이 아니다. 이는 가족이 세대를 이어가는 한 흐름의 일부라는 인식을 심어주고 있다 (휴 맥게이, 1993, 279).

특수주의와 보편주의

세계적 관점에서 볼 때 가치충돌에 관한 담론은 두 가지 극단적 대치 개념인 유교 국가와 한국이라는 공간에 한정한 가치와 공간적 제한을 뛰어넘는 가치로 구분된다. 전자가 특정 지역이나 시기에 한정된 가치를 말하며 계급의식, 집단주의, 친척편중, 온정주의, 분당주의, 지방편협, 민족주의, 인간 유대 등이 여기에 속한다. 보편주의는 지역 편중으로부터 자유로운 가치로서 지역적 또는 문화적 경계를 쉽게 넘어간다. 민주주의, 개인주의, 자유, 합리성, 관용성등이 여기에 속한다. 특수 가치는 보편적 가치에 가리어 전세계가 보편적 가치로 물들여 가고 있는 듯 보인다. 허나 엄밀히 보면 특수 가치는 보편적 가치의 확산에 완강하게 대처한다. 보편적 가치는 세계화의 혜택을 톡톡히 입고 있다. 이 맥락에서 볼 때 합리주의는 특수 가치와 대치된다. 합리주의와 세계화는 같이 가는 추세이다. 이들은 단지 다른 옷을 입었을 뿐이다. 세계화에 의하여 특수주의를 대변하는 공산주의가 무너졌다.

막스 베버는 합리주의를 국가발전의 동력이 되는 문화의 힘으로 개념화 하고 있다. "합리주의 개념은 효율성, 투명성, 예측성, 비인간화를 말한다." 합리주의에 입각하여 막스 배버는 사회를 철의 새장으로 바꾸는 피할 수 없는 힘으로 간주한다. 각 개인은 보이지 않는 힘에 의하여 구속 당하고 있다고 본다. 파슨은 인간의 행동을 보편주의와 특수주의로 나누어 개인, 제도, 사회적 측면에서 정의하기 위한 분석적 도구를 개발했다 (막스 베버, 1949,46).

파슨은 인간 행위를 특수 가치와 보편적 가치로 대별하고 이 행위들을 정의하기 위한 개념적 지침을 다음과 같이 예시했다. 특수가치 범주 안에서 인간의 행동은 감정적이라고 본다. 다음으로 인간관계에서 가까운 혈족이나 친지의 범주 안에서 집단을 형성하는 행위도 이 범주에 속한다. 우리는 인간을 평가 할 때 '정직하다' 는 하나의 특성을 보고 모든 면에서 유능한 사람으로 보고 있다. 하나의 특성을 일반화하는 경향을 말한다. 인간 관계를 중시함으로 집단 에고이즘으로 흐를 개연성이 높다. 이 특수적 개념의 반대편이 있는 보편주의 범주 안에 감정 중화적 행위. 인간관계 보다 능력 위주 행위, 일반화된 능력이 아니라 구체적 상황에 맞는 능력을 중시하는 행위, 집단 에고이즘에 반한 시민의식이 포함된다.

특수 가치	보편적 가치
감정적	감정 중화적
인척 관계 중시	능력 중시
일반적 자격	구체적 전문성
집단 에고이즘	강한 시민의식

감정적 행위와 감정 중화적 행위: 개인을 하나의 집단과의 관계가 아니라 독립된 개체로 보는 것 자체가 감정 중화적 보편적 가치를 의미한다. 개체를 한 계급 이나 집단의 일원으로 보는 것은 감정적 행동에 속한다. 부모는 아이들을 위한 것 이라면 모든 행동이 감정에 의하여 발동한다. 감정적 행동은 가족이나 친지 간의 관계를 특징으로 함으로 편파적이다. 학생들의 학업 성적을 채점하고 있는 교사를 생각 해 보자. 그는 학생들의 점수를 판정 할 때 좋고 싫음의 감정을 떠나 공평한 평가를 해 줄 것으로 기대 된다. 따라서 보편적 가치란 정에 얽힌 관계를 떠난 비인간화 과정을 뜻한다. 현대사회에서는 보편적 가치가 공직 사회를 지배하고 있다. 특수적 가치는 개인의 사적

행동을 지배한다. 사회적 측면에서 보편 주의적 기준은 비인간적 냉담에 있다. 보편적 가치는 전통적 가치와 특수적 형태의 감정 이입을 허용하지 않는다. 특수적 가치가 사회를 지배 한다면 집단 간의 감정적 연계에 의하여 좋은 직업을 특정 소수가 독점하는 결과를 초래한다. 이러한 사회에서 소수의 특권층의 생존이 보장된다.

감정과 감정 중화적 행동의 차이는 감정을 즉시 표현하느냐 아니면 더 먼 목표를 위하여 감정적 표현을 자제 하느냐에 달려 있다. 의사가 환자를 진찰 할 때 두가지 선택에 직면한다. 환자와 친화적 관계를 유지하며 환자의 상태를 일일이 알려 주는 것과 아니면 그 대안으로 환자와 냉정한 거리를 유지하며 환자의 상태의 변화를 일일이 전해주지 않는 것이다. 전자의 경우 병적 상태를 즉시 알려 줌으로 환자에 시의적절한 경고를 준다. 병이 치명적일 경우 이 안을 선택할 것이다. 그러나 환자와 냉정한 거리를 유지함으로 감정적 안정을 유지하고 이것이 병의 치유에 유리 할 것이라는 판단을 한다. 현대 사회에서는 사적 영역에서도 감정의 즉흥적 표현을 허용하지 않고 있다.

인척관계와 감정중화적 행위: Ascription에 대한 적당한 한국어 표현이 없어 우선 "인척 관계에 의한 유리한 조건" 으로 정의한다. 원래 이 의미는 자기의 성취를 타자에 의한 혜택으로 돌린다는 뜻이다. 우리 회사에 공석이 하나 있는데 적격자를 찾는다고 상상해 보자. 지원자 중에 너의 사촌 동생이 있다고 하자. 그러나 그는 적격자가 아니다. 또 하나의 적격자가 있으나 너와는 아무런 관계가 없다. 전자를 택할 경우 이는 전형적 인척 중시 가치관에 의존하고 있다. 여기에서 지원자는 능력에 의한 것이 아니라 인척관계에 의하여 평가 받는다. 우리 사회가 현대화 되어 감에 따라 능력 위주 판단이 인척관계에 의한 판단을 압도하고 있다. 인척 관계 중시 풍조는 정서적 표현, 온정주의, 지역 편중으로 나타난다. 능력 중시 풍조는 이러한 감정의 이입을 불허하고 있다.

인간의 능력을 정의하는 방법에 있어서 부분적으로 나타난 능력을 전체적 능력으로 보는 견해가 있는가 하면 특종의 직무에 맞는 전문성으로 평가하는 견해가 있다. 여기에 뜨거운 마음을 갖고 있는 사람이 있다고 하자. 누구에게나 친절하여 '좋은 사람'으로 평가 받는다. 과거에는 이런 사람이 인기가 있어 그의 온정적 성격을 현대 직종이 요구하는 전문적 자질과 동일시 했었다. 이 같이 한가지의 재능이 다른 부문에도 적응이 된다고 보았다. 문제는 인성과 자질을 구분하지 못한 데서 오는 결과라고 본다. 한 조직 내의 한국인 근로자는 사적 영역과 공적 영역을 구분하지 못하여 어떤 일이건 잡고 보자는 데 별 양심의 아픔을 느끼지 않는다. 전문직 세계에서는 인간은 구체적으로 정의된 능력으로 평가 받는다. 구체적 직업 능력은 현대 사회에서 중요한 일을 담당한다. 무조건 좋은 사람이라고 하여 능력도 갖춘 사람으로 보는 것은 인간의 능력 검증에서 오판의 위험성을 내포하고 있다.

집단 에고이즘과 시민 의식: 특수적 가치관에 젖어 있으면 한 집단에 굴종하거나 충성을 다짐하는데 유리하다. 이러한 집단 의식은 집단 에고이즘에 빠지기 쉽다. 반면에 자아의식이 강한 개인은 그가 성취하고저 하는 목적의식이 강하다. 그러나 개인 목적의 과도한 추구는 더 큰 집단에서 무엇이 좋은지 의식하지 못하는 경우가 있다. 에고이즘은 그것이 집단적이든 개인적이든 더 큰 활동의 광장으로 확대하는데 억제하는 힘을 발휘한다. 소 집단에서 큰 집단으로 확대시키는 힘을 중간 가치라고 한다. 이것이 알렉산더 토크빌이 말하는 협동정신이다. 그는 미국인이 개척시대에 발휘했던 공공의 선을 위하여 자발적으로 협조하는 정신에 감명을 받았다고 한다. 이것이 시민의식의 모체가 되고 있다. 토크 빌은 이 시민의식이 미국의 미래를 밝게 해줄 빛이라고 했다.

자발적 참여에 대하여 프란시스 후쿠야마는 "자발적 사회성"이라는 이름으로 응답하고 있다. 이 자발적 사회성은 입자 집단을 능가하는 신용 네트워크를 말한다. 개인의 솔선수범과 자유는 중간 가치관을 발휘하여 자발적 사회성이 자랄 수 있는 조건을 충족시켜 준다. 보다 큰 것을 위하여 작은 것을 포기하려는 인간의 천부적 의향은 마을 공동체 일의 협동정신과 맥을 공유하고 있다. 협동 정신이란 사적 영역의 가치를 공적 영역으로 이전하는 개인의 의향을 말한다. 한국인은 공적 영역과 사적 영역의 가치를 구분 할 능력이 부족하다고 한다. 다시 말하여 한국인은 좀 더 큰 영역으로 활동의 무대가 확장되어도 무엇이 좋은지 가늠하지를 못한다. 위기에 직면해 있을 때 국가를 위한 충정을 발휘하나 이것은 시민의식보다 종족 민주주의의 발로에 의한 것이다.

유교의 견해에 의하면 개인의 자기성취는 자기와 타자 간의 벽을 허물어서 이루어 진다 (파슨 탈 콧트와 쉴 1951,117). 자신과 타자를 구분하는 것이 보편적 삶의 방식이나 한 개인의 품격은 그 차이를 극복하려는 노력을 말한다. 우리의 역사를 살펴보면 국가를 위하여 가족에 대한 책임을 포기 한 한국인들을 가끔 보아왔다. 그들의 관심의 거침 없는 확대는 오히려 사적과 공적 영역의 존재 자체를 모르고 있었기 때문이라고 도 볼 수 있다. 고도의 동질화 된 사회에서는 확대된 가족을 한 사회로 보는 것이 우리의 관심을 보다 큰 영역으로 이전하는 자극제가 되고 있다. 집단 에고이즘은 우리의 관심 영역이 확대 되어 사회 집단 간 차이를 줄여 나갈 때 사라진다.

보편적 가치와 특수적 가치는 하나의 스펙트럼을 형성한다. 현대화란 전통적 가치가 사라지고 그 위에 보편적 가치 인, 정서적 중화, 능력 위주, 전문성 능력 중시 와 시민 의식이 등장한다. 이러한 가치관에 젖는 다는 것은 머리의 합리적 역할때문이다. 합리주의란 한 개인이 주어진 상황에서 무엇이 좋고 나쁜지 장고하여 결정함을 말한다. 이러한 맥락에서 사회정의란 상대적 개념으로 행위자가 가족과 사회의 스펙트럼 상에서 "어디에 서 있는가?" 에 따라 달라진다. 특수적 상황에서 행위자는 그의 행동을 집단의 이익이 되는 것과 외적 기준에 의하여 결정한다. 그러나 특수가치를 무시 할 수도 없다. 모든 인간은 정서가 합리주의를 압도하는 소 그룹과 인연을 맺게 되기 때문이다.

한 개인은 정서주의와 합리주의가 혼재하는 세계로부터 자유롭지 못하다. 인간은 서로가 상충하는 두 개의 특성을 갖고 있다. 공적 선과 관련된 정서 중화적 마인드는 현실을 비 온정적 사회로 만들고 있다는 비평을 받는다. 사적 영역에서 인간의 행동은 느낌이나 본능적 판단에 의존한다. 한국인의 수직적 또는 집단적 의식은 행동의 결과 예측이 쉬운 것 들이다. 모든 집단 중 정치인이 보편적 가치에 가장 늦게 접근하고 있다. 그들은 각 선거구나 지역민을 위한 관심으로부터 손절할 수 없다. 정치적 행위는 인척 관계와 지역 경계 안에 있는 이권에 의하여 결정된다. 대통령 선거 때가오면 한국인은 정치적 관심이 도의 경계를 넘는 것은 불가능하다. 정치적 관심이 지역 경계를 넘지 못하면 분당이 자주 일어난다. 정치인과는 달리 문화와 관련된 일은 보편적 가치에 먼저 접근한다고 본다. 올바른 사람을 찾는 것은 비 온정적 기준에 의하고 감정적 편견은 전문적 능력을 일의 성격에 굴종시키는 역할을 한다.

보편주의는 특수주의와 스펙트럼을 공유하고 있기에 보편주의는 특수주의가 끝나는 지점에서 시작 한다고 보는 것이 일반적 견해이다. 국가 간 물적 또는 서비스 의 자유로운 교환이 이루어진다 해도 국수주의적 민족주의는 사라지지 않고 있다. 세계화의 결과는 소련이라는 하나의 연합체가 붕괴됨으로 이에 속하던 국가들이 각자 민족주의적 정체성을 되찾으려는 노력을 하고 있다. 현대 사회의 네트워크가 확장되어 왔어도 농경사회의 잔재를 청산하지는 못하고 있다. 보편주의와 특수주의 간의 관계는 상호 보완적 관계라고 보기 보다는 충돌적 경향이 짙어 왔다. 썰물과 밀물이 교차하는 곳에 우리가 있다고 본다. 세계화는 지방과 세계 현상의 보완적 관계를 설명해 주고 있다. 지방의 상황은 보다 넓은 세계의 일원이 됨으로 변화를 시도 할 수 있을 것이다. 세계화는 구체적 지역과 연계됨으로 그 뜻이 깊어진다.

가치관의 이분법

가치관을 서양과 비 서양으로 대별 할 수 있다. 두 지역으로 분화된 가치관은 현대 사회와 전통사회의 분리와 맞아 떨어진다. 서양의 과학기술 발전은 개인 자율성의 확대에 의거한 결과로 보고 있다. 서양에서 인간의 자율적 행위의 폭이 그만큼 넓다는 의미다. 개인주의에 대한 논의는 결국 집단주의를 논의 대상으로 이끌어 낸다. 창의성이 개인주의의 결과라는 담론에 대항하여 동양의 '그룹 다아나미즘과 단체 경쟁의 긍정적 기여'에 대한 새로운 논의가 일어나고 있다. 이와 관련하여 사회적 신용의 확대 가능성에 대한 논의도 같이 이루어지고 있다.

사회의 역동성은 신용이 사회 전반에 확대될 개연성과 밀접한 관련을 갖고 있다. 따라서 특수적 가치는 신용의 범위를 확대하려는 노력을 저해한다. 반면에 보편적 가치는 신용의 범위를 더 큰 집단으로 확장한다. 신용은 개인주의가 민주주의의 가장 기본이 되는 요소로서 우리의 생활에 스며들 때 크게 확대된다. 집단적 규범이 토착화되면 신용의 확대를 저해한다. 한 개인의 주장이 지나칠 경우 그룹내 다른 사람들의 자유를 제한하는 결과를 낳는다. 개인 자유의 좌충수격 역할에도 불구하고 개인은 집단의 단결과 개인 이익 사이에서 어떤 것을 택할지 고민한다. 개인이 다른 사람의 주장과 상충되는 주장을 펼 경우 집단의 단결력은 와해된다.

결집된 가족도 한때는 전통가치의 보루로 여겨졌으나 오늘날 여기에도 보편적 가치가 침투해 있다. 한국인도 한때 가족의 결속을 자랑으로 생각 해 왔으나 오늘날 잦은 가족의 해체는 이 주장을 무력화 시킨다. 한국의 가족도 변화하여 지금은 서양 가정과 유사하게 접근 해 가고 있다. 가정의 규모가 축소됨에 따라 가족이 부부 중심으로 되어 부모와 같이 살 기회가 적어 졌다. 면밀히 보면 한국 가정은 서양 가정과 다른 길로 발전하여 왔음을 알 수 있다. 한국 가정이 부부 중심의 핵가족의 면모를 갖고 있으나 이 가족은 완전한 독립체가 아니라 가족 상부상조라는 하나의 커다란 지원 체제의 일부분으로 존재한다. 여기에서 부부는 부모와 같이 살지 않고 부모의 지원을 받지 않아도 상호 긴밀한 관계를 유지하고 있다. 특수적 가치와 보편적 가치가 가정 내에서 혼재 하더라도 이들이 상호 조화를 이루는 관계에 있지 않다. 특수적 가치라고 해도 가정에서 그 존재 가치를 발휘하고 있다. 도시화와 산업화의 폐기물에 더럽히지 않은 현대 후 산업 사회를 전망 할 때 동양의 가치관이 물질적 발전의 병을 치유할 가능성을 기대 해 본다. 일부 지식인들은 지식의 빠른 순환과 대치의 관계에 있는 가치들 간의 상호작용을 좋아한다. 단일문화에 근거한 가치는 건조무미 할 뿐만 아니라 다른 문화와 상호 절충의 기회를 주지 않는다.

개인주의와 창의성

개인주의는 서양 문화의 총아로서 종교 개혁, 계몽사상, 산업 혁명을 거치면서 굳어진 사상이다. 개인주의가 '창의적 발견의 어머니'로 불리고 있는 것은 이러한 이유 때문이다. 우리 주위를 둘러싸고 있는 세계는 인간의 필요를 충족하기 위하여 존재하는 객체다. 개인이 사회 제도를 통하여 자연으로 부터 분리되는 과정을 거쳐 오면서 국가 권위는 낮은 곳으로 향하고 인간을 중심에 놓아 이를 공경하고, 예찬하고, 질문하고 비판 하여 왔다 (함재봉, 1998, 47-48). 이것이 인간 중심주의이다. 개인주의는 서양인들로 하여금 자연의 신비를 풀기위 하여 미지의 세계로 뛰어들게 하는 담력을 키워 주었다.

개인주의를 창조의 어머니로 보는 서양식 견해는 오히려 개인주의를 창의력을 방해하는 요소로 보는 견해의 도전을 받는다. 개인주의는 집단의 요소 간 유기적 관계를 자랑으로 하는 사회에서는 국가발전에 반듯이 자극제가 되지 않는다 (Yang C.H.1968,12). 한 사회가 유기적으로 조직되면 개인주의는 집단 목표 속으로 흡수되어 더 이상 존재하지 않는다. 서양과 동양의 거리는 축소되어 문명의 상호 교류를 가능케 하였다. 국가 간의 경계는 흐려졌고 두 대륙 간 과학과 문화의 교류를 통하여 서로 이득을 주는 관계에 이르렀다.

유교 가치관이 지배하는 사회에서 구성요소 간 상호 보완적 관계는 인간을 이 세상에 존재하는 인간 네트워크 의 일부분으로 보아왔다 (함재봉, 1998,80). 서로 의견의 교류를 발전의 원천으로 보는 유교적 견해는 동료로부터 자신을 고립시키는 것이 창의적이고 합리적 생각을 기르는 원천이라는 파슨의 이론에 대하여 의문을 제기한다. 억압적 종교 이론이 사라져 버린 사회에서 한국인은 집단적 의식에서 안일함을 찾았고 개인주의는 완화되었다.

17세기의 계몽사상은 개인을 국가 권위보다 더 중요하게 보기 때문에 개인의 자유와 복리를 추구하는 것은 당연한 일이다. 유교적 사상은 개인을 집단적 권위 앞에서 굴복시키고 개인의 목적을 가족 또는 더 큰 집단의 목적과 절충을 하려고 한다. "가족의 명예를 위하여 일한다" 라는 말은 개인에게 두 개의 동기를 부여한다: 개인 행위의 동기는 개인 목적이 가족의 목적과 동일할 경우 그 힘이 배가된다. 동기의 원천은 개인으로부터 가족, 국가, 사회로 확대 되어 나간다. 여기에서 개인의 창의력이란 동료 직장인으로부터 고립되어 장고 끝에 낸 결과가 아니고 동료들과의 끊임없는 통찰력의 교류로부터 오는 결과이다. 발전 이론에서 소위 태스크 오리엔테이션 이란 개인이 팀 워크에 완전 매몰됨으로 얻을 수 있는 개인 중심 접근의 대안으로 떠오르고 있다. 동료들과의 목적 공유도 개인 창의력을 지원하는 기풍을 진작시킨다

유교적 영웅이란 집단 내에서 다른 동료와의 관계에서 자기 정체성을 형성한다. 서양인들은 자기 주장적이고 습관적 규범이나 집단으로부터 비교적 자유롭다 (함재봉 81). 집단 규범을 습득하는 것은 사회화 과정을 통하여 이루어지나 이것이 개인의 창의력을 해치는 것은 아니다. 서양의 가치관은 개인의 자율성을 개인 창의의 저력으로 간주한다. 개인주의란 개인 자율 영역을 가급적 최대한으로 넓히고 국가나 권위의 간섭을 최소화함으로 얻어진다. 집단적 가치가 개인의 창의력을 저하시킨다는 일반적 논리와는 달리 발전 이론은 개인의 창의적 저력보다 그룹 다이나믹에 더 큰 중요성을 부여한다. 그룹 다이나믹은 에고이스트적인 단체 간 경쟁으로부터 온다. 소위 "네 마리의 작은 타이거" 가 놀랄만한 경제성장을 이룩한 것은 이 그룹 다이나믹에 기인한 것으로 본다.

근래 도덕의 개념은 논리적 또는 합리적 사고의 결과로 본다. 우리 각자는 "한 사람의 권리는 다른 사람의 부담을 말한다" 는 경구를 먹고 살아 간다. 한국인이 생각하는 도덕의 개념은 개인을 한 집단으로 통합하는 전제로부터 나온다. 집단 구성원들 간에 합의된 최상의 선이 도덕성을 결정한다. 모든 구성원이 자기들의 선택을 주장한다면 결과는 매우 혼란스러워 질 것이다. 그러나 각자가 시민 의식과 자율적 행동이 합쳐 진다면 이러한 기우는 사라져 버릴 것이다. 사회는 그 자체가 집단적 이익에 대한 자의적 자제력을 발휘한다는 점에서 모래알 같은 개인들의 단순한 집합체가 아님을 분명하게 밝힌다. 개인들은 그 자신의 신념과 집단 내에서의 행위에 대하여 권위 의식을 갖출 필요가 있다.

집단의식에 근거한 사회에서 규범은 개인을 규격화 하고 자율성을 제한하여 행위가 외부로부터 강요적 준거에 의존하게 된다. 개인의 관심은 친족이나 가까운 동료 집단에 제한되어 있어 낯 서러운 외부인은 변방으로 몰려 불리한 또는 비 인간적 대우를 받게 된다. 내재인과 외부인이 극명하게 갈라진다. 집단적 규범이 반듯이 합리적 사고를 저해한다고 보지는 않는다. 현대사회에서는 개인이 즉흥적 결정을 내릴 기회가 상존하고 있다. 반대로 집단 규범이 존재하지 않을 때 도덕적 결정은 개인의 자의적 결정에 의존하게 한다. 내면적 동기와 외형적 동기 간 긴장과 충돌이 발생 할 때 도덕적 결정을 개인이나 사회적 차원에서 수긍할 수 있는 행동으로 이끌어 간다. 개인주의와 집단의식이 균형을 유지함으로 도덕적으로 건장한 사회로 접근할 길을 열어 준다. 생존을 위한 투쟁은 전통적 습관, 민속, 설화와 신화로 부터 완전히 이탈 될 수 없다. 아메리카 드림은 아무것도 없는 허허 벌판에서 이루어 진 것이 아니다. "우리 삶의 투쟁은 발전을 가져온다" 라는 칸트의 말이 재음미되고 있다. 만일 인간이 경쟁을 하지 않으면 침체할 수밖에 없다. 개인주의와 경쟁이 적당히 결합됨으로 인간이 살아왔고 발전 해 왔다 (윌 듀란트 1061,214). 이 개념은 헨리 아담스에 의하여 반복된다. "혼란은 생을 가능하게 하고 질서는 버릇을 기른다."

발전의 역설

　서양 문화가 이룩한 괄목할 만한 과학과 산업의 발전을 주시하지 않을 수 없다. 우리가 즐기는 물질적 풍요는 서양의 과학 기술의 발전에 의존했던 결과라고 할 수 있다. 서양 사회는 역동적 변화를 겪어 온 반면 동양 사회는 비교적 정적이고 질서있는 분위기를 이어 왔다. 침체적 사회는 획기적 위기를 경험하지 못 했다. 과학의 발전은 이성이 가능성의 세계를 열어 줄 열쇠의 역할에 대하여 광적인 믿음의 결과라고 할 수 있다. 우리가 거주하는 환경은 점차 자연으로부터 멀어지고 있다. 이성이 주는 무한한 가능성의 절대적 믿음에 근거한 역사적 진보주의는 인간의 오만을 불러왔고 도시산업 제국을 확대해온 죄 값에 대하여 책임을 피하지 못하고 있다. 자연으로 부터 이탈한 인위적 문화는 자연을 파괴하는 힘을 생성한다.

　인위적 문화 환경에서 발전이란 어떻게 정의 할 것인가? 발전의 잣대란 데오더 로작이 정의한 바와 같이 "자연으로부터 떨어져 있는 상태"를 말한다. 우리 환경의 인위적 조작이 발전을 뜻한다. 개인주의, 평등, 시장은 서양 중세기의 침체기를 역동적 변화로 변화시킨 요인이다. 이 요인들은 우리 사회에도 침투하여 공적 영역에서 한국인의 생활 패턴이 되었다. 허나 현대 사회는 역사적 진보가 원치 않았던 결과로 신음하고 있다. 비서구 사회는 물질적 풍요에서 서양세계에 뒤지고 있는데 이것은 이성이나 과학 발견에 일찍이 눈을 돌리지 못한 이유 때문이다. 허나 우리의 전통적 삶의 방식이 오히려 환경의 인위적 파괴로부터 우리를 보호하는 역할을 한다. 한국인의 물질적 풍요는 서양의 가치관에 기인하고 있으나 한국인의 전통적 생활 방식은 아직도 내면적 생활을 지배하고 있다. 한국인은 앞으로 나갈수록 물질적 풍요와 가치의식 간의 거리는 늘어나고 있다는 것을 알게 될것이다. "산업화는 긍정적 발전을 가져온다" 라는 금언은 한국이 나아가야 할 산업 후 사회에서는 더 이상 적용되지 않는다.

생태계의 악화가 고속 성장의 사회에서 볼 수 있는 두드러진 현상이다. 생태계의 문제에 관한 한 한국도 응분의 책임을 회피 할 수 없다. 서북으로부터 오는 계절풍은 몽고 사막의 모래를 싣고 와서 한반도의 공기를 더럽히고 있다. 공장의 굴뚝은 한때 산업화의 상징이 되었다. 중국의 산업화가 급속도로 진행되면서 이 공장들이 배출하는 화학 물질이 한국의 대기를 오염시키고 있다. 중국 근해의 수자원이 고갈되고 있어 중국어선이 한국 근해를 침범하여 고기를 저인망으로 싹쓸어 가고 있다. 이 현상이 계속 될 때 미구에 한국 근해의 어족이 멸족할 것으로 전망된다. 한국 근해의 어족이 감소하자 물고기들이 민첩해 지고 날렵해저 포획이 어려워 지고 있다.

중국하면 한국의 55배 크기라는 압도적 수적 우위가 한국을 보잘 것 없는 존재로 만들어 버린다. 중국이 한국에 대하여 갖는 수적 지배는 한국인에게는 그 자체가 큰 공포가 된다. 이제 중국은 과거에 한국인을 위협하던 그런 존재가 아니고 생태계 약화와 관련된 새로운 위협으로 존재한다. 한국인의 지적 발전은 중국 사상에 기인한 바가 크다. 오늘날 중국이 한국 제조품을 가장 많이 사용한다. 한국 경제의 운명은 중국 시장의 소모 능력에 달려 있다 해도 과언이 아니다. 새로운 산업 국가로 성장한 중국은 인접 국가들에게 좋건 나쁘건 커다란 먹 구름이되고 있다. 환경 문제의 해결 방안은 공동 운명체라는 의식의 극적 전환을 요구한다.

한국은 어느 면으로 보나 도시 산업 국가다. 한국 전쟁이 발발하기 이전 전 국민의 1/4이 도시거주자들이고 나머지 3/4이 농촌 지역에 거주했다. 최근 통계치를 보면 1/4에 불과하던 도시 인구가 3/4로 뛰었다. 도시화는 급속도로 발전하여 서울과 인천이 메가 폴리스로 발전하였다. 또 하나의 메가 폴리스가 부산과 울산을 이음으로 탄생의 빛을 보게 될 것이다. 얼마 가지 않으면 전 국토가 메가 폴리스 연결망이 될 것으로 추측된다. 표면적으로 현대 한국은 다른 산업 선진국과 다를 바가 없다. 따라서 도시화는 환경과의 균형 발전을 모색하는 차원에서 뜨거운 감자가 될 것이다.

한국은 환경 문제에 늦게 대응함으로서 막대한 대가를 치르고 있다. 인간과 환경 간의 불균형은 인간 문제에 객관적 의식이 무제한 적용됨으로 시작 되였다 (데오도 로작 1973, 156). 기술적 편의는 이것이 빚어 낸 도덕적, 심미적, 정서적 부산물을 압도한다. 괄목할 만한 물

잘적 풍요에도 불구하고 아직도 우리는 돌발사고, 팬데믹, 좌절, 불안 등에 노출될 위험을 안고 있다. 우리는 과학의 시대가 주는 일시적 낙관론을 일반화 할 필요를 느끼지 않는다. "미래는 어떻게 될 것인가?" 이 질문은 후렴같이 논의 대상으로 자주 나타 날 것이다. 한국이 다른 산업 선진국과 유사할 것인가? 아니면 그 자체의 특수성을 보일 것인가?

자연숭배와 연속선

한국이 산업 후 사회로 이동함에 따라 선진 사회를 괴롭히는 새로운 문제들을 살펴보는 것도 바람직한 일이라고 믿는다. 여기에서 한국은 동양사상의 이점을 어떻게 활용 할 것인가? 에 대한 연구가 필요하다. 물질적 발전의 부정적 효과에 대한 근심이 동양 사상의 장점인 "자연의 숭배와 연속성"에 대한 관심을 불러 일으킨다. 이 논리는 인간을 자연과 불가분의 관계에 있다는 것이다. 우리를 둘러 있는 대우주는 하나의 유기체를 형성하고 인간은 이 우주의 일부분이다. 우리가 겪고 있는 불균형의 문제를 풀 대안을 기대하기 보다는 이 고질병을 조금이라도 완화할 방안을 찾는데 주의를 집중 할 필요가 있다.

시장의 자생적 기능, 즉 개인 이익의 합리적 추구는 사회 악을 치유 할 수 있을 것이라는 믿음은 그 한계를 나타내고 있다. 물질적 풍요를 갖어 왔음에도 복잡하게 얽혀 있는 현대사회의 구조는 발전의 부정적 효과로부터 자유롭지 못하다. 한국인은 산업사회가 물러나고 그 후에 도래 할 제3의 파고와 정면 충돌 할 것으로 예측된다.[1] 과학에 대한 절대적 믿음은 이제 인간의 가능성을 하늘 밑까지 올려놓고 있으나 한편 과학이 과연 우리의 미래를 보장 할 수 있는지 의문을 갖게 한다. 맑스 배버는 우리 사회를 "쇠창살 우리" 라는 말로 한 번 빠져 들면 나오지 못한다 는 문제의 심각성을 예고 한 바 있다. 이 말은 산업화된 도시 또는 인위적 환경에 포로가 된 인간을 지칭한다. 인간은 부를 창출하는 기계의 노예가 되고 있다. "부"라는 것은 인간으로 하여금 역사적 발전의 절정을 맛보지 못하게 한다. 인간은 자연과 분리되어 있다는 견해는 인간을 자연의 정복자로 인식함으로 오만을 불러 왔고 자연 파괴를 합리화 했다. 과학은 인간 능력의 오만한 과시의 결과이다.

"연속선상"의 동양적 개념은 과학 기술의 발전과 물질적 풍요에 가리어져 있었다. 오늘날 이 개념은 물질적 발전의 병을 치유할 가능성을 조심스럽게 탐구하고 있다. 연속선상의 개념이 인간과 동물과의 차이를 배제하는 한편 이 개념은 자연을 두려워하거나 멀리 해야 하는 존재로 여기고 있다. 자연의 인위적 변화는 인간 회생의 측면에서 재앙을 불러 오고 있다. 동양 사상은 어쩌면 인간 중심 사상, 즉 "모든 창조물은 인간에 굴복한다"에 대한 균형 추가 되려고 한다. 동양 사상은 자연의 신비에 인간을 굴복시키고 이성의 전지전능의 한계를 분명히 한다.

불교적 사색은 인간의 정신적 치유에 유익한 행위를 격려하여 왔다. 소위 선종[2]은 동북아시아로부터 유래하여 서양에서 심리 치료 방법으로 널리 사용되고 있다. 명상은 마음으로부터 편견, 선입감, 원한, 소망, 증오를 제거하는 정화 작용을 통하여 마음을 수정 같이 맑게 한다. 인간은 이 과정을 통하여 마음 깊이 내재 해 있는 신성을 볼 수 있다고 한다. 자각 (自覺) 이란 인간이 되어 가는 과정에서 중요한 전진을 뜻한다. 유교는 과한 행동을 억제하는 역할을 한다. 동양적 신비는 개인을 사회악에 물들지 않은 깊은 내면으로 몰아가고 있다.

인간 생활의 물질적 편중은 물질적 소유를 위한 강한 욕구와 잔인한 경쟁에 잘 나타나 있다. 자연을 극복할 능력에 비례하여 인간은 자신들이 만든 도구에 굴종함으로 위엄과 품위를 잃어 가고 있다. 에릭 프롬은 물질적 소유로 채워 질 "심리적 공허감"에 대하여 경고 한 바 있다. 결과적으로 얻어지는 "자기 중심 에고이즘"은 동정심이나 인간적 감정을 흐려 버리는 '정서적 황무지'를 만들고 있다. 물질적 풍요에 싫증을 느낀 젊은이들은 현대생활의 편의를 저버리고 내면적 행복을 추구하기위한 심리적 오지의 매력에 황홀해 하고 있다. 젊은이들은 막연한 불만족과 자기 과신에서 오는 내면적 공허감에 시달리고 있다.

자기 중심 에고이즘은 개인주의 풍토에서만 자란다. 에고이즘은 '자기 사랑'과 동일시되나 깊이 생각해보면 오히려 그 반대의 뜻으로 해석 될 수 있다. 에고이스트는 자신의 정열적 사랑의 이면에 있는 상상의 적을 외면하고 있다고 한다. 에고이즘의 이면에는 자신에 대한 사랑이 물질적 측면에서 자신에 등을 돌리는 가능성을 경고하고 있다. 자신 이외 사람에 대한 사랑이나 관심의 저조는 보다 중요한 것을 잃어버린 것 같은 공허감을 느끼게 한다. 자신을 만족시키려는 반복된 시도 후에는 좌절의 연속이 등장한다. 개인이 자기의 공백을 물질적 소유로 충족하려고 한다면 그는 자기만족의 가능성을 영구히 잃어버릴 수 있다. 그는 더 이상 자신의 진정한 의미가 무엇인지 이해하지 못하고 있다 (이기상 2009,48). 그의 생활은 자신에 대한 다른 사람의 관심이 적을 때 더 살벌 해 진다. 우리의 위기는 여러 개의 공이 탄력을 받아 함께 솟아오르는 상황에 견줄 불안한 상태에 있다.

이성과 세속화

이성이 다른 사상보다 우위적 위치를 확보한 것은 서양 사상의 세속화와 맥을 같이 한다. 종교적 의미로서 세속화는 과학기술의 발달 산업화, 도시화의 등장으로 정적 사회의 종교적 구원에 대한 믿음으로 부터 멀어지는 현상을 말한다. 원래 종교적 신념이 빛났던 지역이 먼저 세속화가 시작되었다는 것은 실로 아이러니가 아닐 수 없다. 뉴-톤의 자동화 기계를 인용하여 풀이하면 신은 우주가 스스로 작동할 능력을 부여했다고 본다. 우주를 하나의 자동화 기계로 보고 있다. "모든 창조물은 자기 종족을 보호할 능력을 갖고 있다"고 다윈은 말한 바 있다. 이 모든 이론에 의하면 이 우주는 자기 고유의 신비와 지적 자작 능력을 갖고 태어났기에 유일신의 존재를 부정한다. 세속적 욕망에 사로 잡히면 역으로 우리의 미래를 좌우할 비 물질적 세계에 눈을 돌리지 않을 수 없다. 영적 탐구는 영혼의 불멸만이 아니라 비 물질적 세계의 여러 면도 추구함으로 마음을 정화하고 도덕적 의식을 고취하는 계기가 될 것이다. 성장하고 얻으려는 노력은 인간 존엄과 인격의 품위를 유지하려는 노력과 같이 갈 수 없다.

새로운 인간의 거주지는 그것이 자연으로부터 이탈된 거리에 따라 인위적 조작이 가미되고 있다고 단언 할 수 있다. 이 인위적 조작이 우리가 말하는 문화이다. 가치관이 세속화 되어 감에 따라 서구 문화는 우리 감각이 포착하는 것만 의식하는 데 문제가 있다. 그러나 우리 감각이 느끼는 모든 것이 이 세상에 존재하는 모든 것을 뜻하지는 않는다. 아마도 우리 감각이 입증 할 수 없는 현상들이 더 많을 수도 있을 것이다. 이 현상들은 우리 의식 속에 깊이 잠재하여 우리의 감각을 교묘히 피하고 있다. 그들이 노출을 꺼리고 있기에 홈 바크는 이것을 "밀폐된 의식" 이라고 부른다. 시그먼드 프로이드는 이것을 '잠재 의식' 이라고 한다.

우리의 생활의 물질적 추구는 잠재 해 있던 정신 세계에 대한 동경을 점화하여 동양 사상의 물질적 추구의 병폐를 치유 할 개연성에 주의가 집중된다. 기독교가 유태교와 이교도를 극복한 이유는 회개, 경건과 복종에 나타나 있듯이 "작은 자아" 로 남아 있었기 때문이다. 이슬람은 반대로 순교가 가져올 천국의 광채와 이 세계에서 누리지 못했던 물질적 보상을 약속함으로 그 시작부터가 물질적 욕망을 점화하고 있었다. 입증되지 않은 신의 약속에 얼마나 많은 젊은이들이 자살 폭탄에 희생되었는가? 불교 역시 금욕적이고 작은 자아로 남아 있어 신앙은 자기 부정으로부터 시작된다는 철학적 심오함을 보여준다. 소위 "역 문화" (Counter Culture) 현상은 물질적 병폐로부터 멀리 하는 내면적 위로를 추구하는 것이다. 인디안 문화는 금욕적 추구를 통하여 이 세상의 존재와 정신세계 간의 경계를 자유롭게 넘나드는 혼으로 남아 있기를 원한다. 시한부 인생을 살아가는 인디언의 얼굴에 서러움, 고통, 좌절, 근심 같은 표상을 읽을 수가 없다.

기술의 발전과 문화의 발전 간에는 괴리가 있기 마련이다. 의식의 변화는 아주 느리다. 과학이 인간 생활을 바꿀지라도 한국인은 이 변화를 조롱하 듯 아직도 종족주의를 지키고 있다. 20세기에 들어와 가장 두드러진 현상은 과학이 변화가 느린 여타 분야, 즉 인종 차별과 민족주의 환상과 동행하여 왔다는데 관심이 집중되고 있다. 나치즘과 파시즘은 최고의 과학적 성취를 자랑 할 때 절정을 이룬다. 과학 기술의 발전은 우리 의식의 변화와 동행해 왔다. 이 두가지 분야는 보편적 변화 괘도를 따라 왔다. 문화는 객관적 관점에 터한 합리적 접근을 허락하지 않는다. 이성의 매력에 눈이 부시어 우리는 지구의 무한한 관대함에 대한 신념을 버리지 못하고 있다.

도시 산업 사회는 발전을 우리가 거주하는 환경이 주어진 자연으로 부터 이탈되어 있는 상태로 정의한다. 인간을 자연으로부터 보호하는 완충지대가 문화다. 도시 산업 문화는 인간을 자연으로부터 격리시킨다. 자연으로 부터의 격리는 가치관의 변화 또는 도덕 의식의 변화로만 해결 할 수 있는 문제를 야기시킨다. 인간 이익의 합리적 추구라고 해도 이는 인류의 집단적 멸망으로 이어 질 수 있다. 앞으로 우리는 과학 발전의 공리적 부분 보다 도덕적, 심미적, 심리적 의미를 분석하고 음미하는데 치중해야 할 것이다. 앞으로 우리가 보는 세상은 프란시스 베이컨이 예견한 바 와 같이 밝은 희망과 비인간화라는 어두움이 서로 교체하고 있다. 그는 정신의 혼란에서 과학 문화의 어두운 면과 환경 파괴의 악몽을 보고 있다.

신용사회와 비신용사회

　오랫동안 신용의 공간은 특수적 가치와 보편적 가치 간의 거리를 오가는 추가 위치한 지점에서 결정된다. 이 개념은 자주적 사회성이 신용의 공간을 확대하는 주요 요인이 된다는 가정에 근거한다. 한국인의 작은 집단 형성 경향은 큰 신용 공간을 확보하는 데 역 작용을 한다고 믿는다. 수용할 내용물이 커지면 그것을 담을 그릇도 커져야 하나 그릇의 깨짐으로 확장적 수용을 거부한다. 이 신용의 공간이 가치 판단의 주요 역할을 한다. 프란시스 후쿠야마는 세계 지도를 신용 사회와 비신용 사회로 구분한다. 자주적 사회성의 부족은 한국 사회를 비신용 사회의 범주에 포함시킨다. 자주적 사회성은 사회구성원 간 서로 믿고 협력을 허락하는 사회적 구조와 기치에 달려 있다.

　이 신용 세계지도는 독일, 일본, 미국 등 선진국들을 사회성을 길러주는 사회자본이 있어 사회적 건강을 누리는 국가들이라고 정의한다. 미국과 일본이 사회 구조에 있어 극대극의 차이를 보이는데도 같은 분류 안에 들어 가 있다는 것이 특기할 만하다. 일본인도 한국인과 같이 소규모 집단에 집착하는 경향에 따라 작은 신용 공간에 머물고 있다고 보아야 한다.[3] 이러한 분류법이 전제가 된다면 신용의 공간은 특수 가치와 보편적 가치간 거리를 오가는 추의 위치와는 관계가 없다. 한국인은 가족적 결속력으로 특징화 된다. 한국에서 막강한 가족의 결집력은 한국인을 혈족으로 구성된 편협한 신용공간에 머물도록 한다. 한국 사회에서 회사의 경영을 전문인에게 맡기는 경우는 드물다.

일본인의 신용 공간은 독립된 자치 콤뮨(Commune)으로부터 시작 된다. 이 콤뮨의 지배자는 다이묘(大命)라 하여 지배영역은 한국의 일 개 도를 훨씬 능가한다. 콤뮨과 시민 간의 공동 운명체를 형성한다. 이 의식 위에 천황이 있어 하나의 지배 주체로서 국가 단위 안에서 신용 공간의 무한한 확대를 보장한다. 이것이 한국과 다른 점이다.

자주적 사회성은 혈족 간 이루어 지는 신용 공간을 주제하는 가치 에 의하여 약화 될 수 있다. 한국에서 신용 공간이 제한을 받아 낯 설 은 사람과의 신용 계약은 좀처럼 이루어지지 않는다. 개인주의 신념 은 가족의 결속력을 약화하고 자발적으로 형성된 사회 조직들이 가 족의 자리를 대신한다. 미국사회는 조밀한 사회 조직들의 네트워크 로 특징화 된다. 이 자발적 조직들이 미국 제도적 약점을 보완하고 있다. 가족이나 혈족을 능가하는 사회적 신용은 낯 설은 사람도 신용 네트워크 안으로 끌어드리기 용이하다.

신용 사회와 비신용사회의 또 하나의 구분 방법은 그 사회가 경험 해온 정치적 구조에 의존하는 것이다. 중국, 한국과 프랑스는 강력한 중앙 집권 시기를 겪어 왔다. 반대로 미국, 독일과 일본의 예를 들더 라도 이들 국가들은 오랫동안 단일 정부를 형성하지 못했다. 미국은 신생국가로 말할 필요도 없으나 독일이 한 민족으로 통일 국가를 이 룬 것은 1871년 더이츠린트 탄생 부터 이다. 일본도 1867년 메이지 유신이 있기 전 까지 300여개 이상의 번으로 쪼개져 전국시대를 연 상케 했다. 국가 권력의 간섭은 자주적 사회성을 약화시키는 결과를 초래 했다. 여기에서 하나의 질문이 생긴다. "일본이 독일이나 미국과 같은 사회적 특징을 공유해 왔는가?"

일본의 봉건주의 제도는 중세기 독일의 체제와 비슷한 제도였다. 메이지 유신의 이전 봉건체제가 중앙집권체제로 전환되면서 일본은 외세의 간섭을 받지 않은 발전과정을 거쳐왔다. 따라서 근대화 이전의 봉건주의 흔적이 신용의 확대 요소였다는 논리는 설득력을 잃고 있다. 근대에 들어와서 통일을 이루고 중앙 집권이 일천 한데도 신용사회가 된다는 설명을 눈 여겨 볼 필요가 있다.

논의는 문화의 역할을 다루기 위하여 작은 공간의 문지방을 건너야 한다. 대형 회사의 긍정적 역할을 논의하는 자리에 가족 단위 작은 회사의 기여도 긍정적으로 논의되고 있다. 가족단위의 회사 기여도는 대만의 경우를 지칭한다. 현대 사회가 경제발전의 주체가 되지는 못했다. 현대 사회에서 생활의 질을 변화시킨 요소는 국가가 할 수 있는 범위 밖에 있다. 문화와 종교의 토착에 뿌리를 둔 기업체와 사회 조직을 망라한 시민 사회는 세계경제의 향상에 견인차 역할을 할 것으로 짐작이 간다.

문화와 가치를 차치하고 라도 기술은 아주 좁은 신용 공간을 만들어 준다. 현대 도시산업 사회의 특징으로 기술은 인간 간의 접촉을 제한한다. 비자연적 세계의 기술 중심 사회에서 인간 간의 접촉은 줄어든다. 사람들 특히 젊은이들은 다른 인간과 괴리된 상태에서 생전 보지도 못한 사람들과 많은 시간을 보낸다. 옆의 친구가 겪는 재앙, 고통, 죽음은 PC 나 의사소통을 위한 기술에 황홀해진 사람들에게는 문제가 되지 않는다. 이들이 일상 보는 것은 이미지 또는 텍스트 뿐이며 진정한 인간들 간의 접촉이 아니다.

비자연적 세계에 매료된 사람들은 절친한 친구나 이웃의 고통에도 감정을 나타내지 않고 있다. 옛날 같으면 서로 공명하는 인간관계를 선호하고 칭찬했다. 이러한 환경에서 신용의 공간 확대를 시도할 명분이 없어진다. 인간적 접촉을 경험하지 못하는 상황에서 신용은 성장하지 못한다. 익명이 사회 곳곳에 침투하고 있는 상황에서 신용사회와 비 신용사회 운운하는 것도 무의미 하다. 어느 때이건 우리는 비인간적 접촉을 경험하게 된다.

가족, 새로운 도전을 받다

규모에 있어 가장 작은 가정은 재래식 기능을 잃어가고 있다. 이 현상은 한국사회가 정서 깃든 인간관계를 상실하고 서양사회를 닮아 가고 있다는 것을 설명하고 있다. 정서적 인간관계는 새로운 현상들에 자리를 내어 준다. 새로운 현상이란 비인간화, 객관성과 익명이 등장함을 뜻한다. 가족의 분위기가 사회로 확대되어 간다는 믿음은 신용 공간의 확대를 시도하려는 인간의 천부적 욕구에 근거를 두고 있다. 신용 공간의 확대를 점화하는 요인은 가족과 사회의 틈새를 막아주는 친밀함을 조장하고 자율적 조직들(NGO)을 만드는 시민 의식이다.

가족적 배타성이 국가까지 확대한다는 유교적 믿음은 결정적 흠을 갖고 있다. 이 개념은 가족적 결속력이 도시 산업 사회에서 사라지고 있다는 사실을 깨우치지 못하고 있다는 것을 설명한다. 현대사회에서는 가족적 공간이 곧장 사회로 확장하는 것을 가로 막는 변인들이 존재하고 있다. 발전 이론은 가족적 결속력이 시민의식으로의 발전을 막는다고 비난하고 있다. 가족적 결속력은 전통사회의 이상을 옹호하고 도시 산업사회로의 변화를 저해한다. 허나 다양한 사회에서 가정은 그 기능을 잃어버리고 있다. 산업 사회에서 가정의 축소된 기능과 관련된 문제들을 살펴보자.

억제력을 갖는 제도로부터 개인이 해방된다는 것은 한편 가정이 수시로 파괴되는 현상으로 이어진다. 이 같은 현상은 산업 사회에서 자주 일어나고 있다. 이상적으로 가정이란 아이들에게 부모의 보호를 제공한다. 그러나 가정의 파괴는 아이들을 거리로 내 몰고 있다. 가정이 가족 가치의 보루라고 주장하나 이와는 달리 한국 가정은 쉽게 파괴된다. 그 이유로 구-신 가치가 조화를 이루는데 실패했기 때문이다. 그렇다고 가정 파괴의 주범을 구 가치관으로 돌리는 것은 공정하지 못하다.

조선일보의 조사에 의하면 최근 결혼한 부부 중 24.7% 가 결론한 지 4년 안에 이혼으로 끝난다는 보도가 있었다. 요즈음에는 20년 이상의 결혼을 유지해온 부부 간 이혼율도 26.4%을 기록하고 있어 젊은 부부 간의 이혼을 능가하고 있다. 한국인의 전통적 가족 사랑은 옛말이 되어 버렸다. 결혼 초기에 두 사람 간의 충돌은 남편의 생활능력의 부족에 기인했었다 (2013, ct. 22). 황혼의 연령에 도달하면 이혼은 부인의 의사에 의하여 제기 된다. 이 시기에 부인들은 억압적 또는 권위주의적 남편의 그늘로부터 벗어나려는 의욕이 왕성해 진다. 이러한 사실은 한국 가정의 구조적 특징을 나타낸다. 한국의 어머니들은 굴종적 태도를 너무 오랫동안 버티어 왔다. 이제 남편이 수입의 원천으로 권위를 잃었으므로 나이 든 부인으로서 재정적으로 남편에 의지할 명분이 없어졌다. 부인들은 성년이 된 아들 집으로 향하기 바쁘다. 엄마와 자식은 아버지와 관계보다도 더욱 강한 유대를 자랑한다.

한국은 빠른 도시-산업화의 결과 많은 문제를 갖게 되었다. 사회가 복잡하게 되면서 가족이나 제도적 보호를 받지 못하고 사회로부터 격리되거나 고립되어 살아가는 사람들이 늘고 있다. 이들은 집단적 감정보다 개인 이익을 추구하는 몰인정한 사람들로 부터 배척당하고 있다. 집 없는 아이들은 사회나 제도가 제공하던 정서적 위로를 잃고 있다. 따뜻한 위로는 아주 작은 집단 속에서 얻어진다. 여기에서 질문을 만난다. "익명의 사회에서 신용 공간이 확대 될 수 있을까?", "우리는 작은 집단에서 정서적 위로에 만족하고 있어야 하나?"

개인이 사회 네트워크의 일부분 이라고 하는 의식을 느끼지 않고 살아가는 사람은 죄를 범할 우려가 높다. 이들의 충동적 행위를 억제할 규제가 존재하지 않기 때문이다. 여기에서 우리는 가정의 새로운 역할을 발견 할 수 있다. 가정은 적극적 정서를 배양하는 곳이다. 사회적 정서는 사랑이 넘치는 관용적 분위기에서 자란다. 적극적 정서는 우리의 마음을 새로운 동기와 야망으로 충족시킨다. 가정의 보호는 현대 사회의 고독한 영혼들의 정서적 필요를 충족 시켜준다. 가정 역할의 개념은 가정을 개인의 자유를 저해하는 불편한 존재라는 막스 배버의 정의를 배척한다. 한국의 새로운 세대들은 남녀 불문하고 결혼을 포기하는 사람들이 많아지고 있다. 이들 중 결혼이란 불편한 제도라고 평하는 사람들도 있어 에고이즘과 자유의 확대와 관련이 있다고 볼 수 있다.

가정을 영구적 제도로 보아 온 관습은 현대 사회에서는 구태라는 낙인이 찍힌다. 역설적으로 '가정은 사회 구성원이 사수해야 하는 제도가 아니다' 라는 새로운 의식에도 불구하고 가정은 새로운 역할을 찾고 있다. 가정이 정서적 위로를 보장하지 못하는 선진 사회에서 무엇이 일어나고 있는지 생각할 필요가 있다. "2001년 통계에 의하면 미국에서 태어나는 1/3의 베이비들이 결혼 하지 않은 부모로부터 태어난다. 이는 1940년 3.8% 와 비교된다. 수 많은 결혼이 이혼으로 끝나는 상황에서 결혼이라는 말은 이례적으로 들릴지 모른다" (마크밀라 2002, 27). 동거는 결혼보다 불안정하나 이러한 일시적 동거는 안정적 결혼을 저해하는 요소들로 본다. 미혼 부모로부터 나온 아이들은 성장해서 결혼을 등한시 하는 경향으로 흐를 가능성이 보다 높다. 이 통계 자료가 낡았다고 하나 이러한 경향은 오늘 날 까지도 계속되리라고 확신한다.

한국은 분명히 선진국을 따라가고 있다. 선진국이 겪고 있는 문제는 더 이상 멀리 울리는 메아리가 아니다. 한국의 가족적 배타주의는 전적으로 제거되어야 할 구태가 아니다. 부정적 견해에 반하여 가족에 대한 새로운 이해가 긍정적 평가를 받을 때 특수 가치는 닦을수록 빛을 발하는 보석이 될 것이다. 이혼한 한국인 대다수는 재혼을 통하여 가정으로 돌아가고 싶어 한다. 홀로 된 사람들은 이웃들의 눈총을 받고 있다는 느낌을 갖는다. 이들은 사적 문제에 대하여 이웃들의 끊임없는 질문을 받는다. 집단성의 기풍은 혼자 사는 편의를 즐기려는 의지를 그대로 놓아 주지 않는다.

효도는 확대된 가족의 기본 요건이나 중요도에 있어서 많이 떨어졌다. 부부 중심 가족은 부모와 같이 한 장소에 거주하려는 의사를 약화시킨다. 효도의 중요성을 약화시키는 사회적 힘이 작용 할 지라도 한국인의 대다수는 효도를 꼭 실행해야 하는 가치로 보고 있다. 현재 부모들이 기대하는 만큼 효도를 하지 않는 자들 중에도 효도는 의식 속에 꼭 실행해야 할 덕목으로 남아 있다. 그 중요도의 인식과 실행 간에는 거리가 있기 때문에 젊은이들의 효도 인식에 대한 조사는 오판을 불러 올 개연성이 높다. 이들의 효도에 대한 인지적 이해는 그것을 실행하려는 의지와는 크게 다르다. 이들의 의지는 선조들의 의식 속에 담아 있던 관념적 이해 수준에도 크게 못 미친다. 한국의 속담에 "오래 사는 사람에게는 효자가 없다." 는 말이 있다.

전근대 사회에서는 사적 영역과 공적 영역 간의 차이가 현저하게 나타나지 않았다. 이제는 이 양자 간에 선을 분명히 그을 때가 되었다. (이상환 2000, 56). 효도는 사적 영역의 의무가 됐으나 공적 영역으로 투사되어 그 의미가 애매모호 하다. 예를 들어 이웃으로부터 소를 훔친 아버지는 효성이 지극한 아들에 의하여 양해 될 수 있을 것이나 문제는 그것이 반 사회적 행위로서 이의 처벌이 불가피하다. 조선왕조에서 통치자를 가장 많이 괴롭혔던 것은 왕족의 범법자를 어떻게 다스려야 할지 뜬 눈에 밤을 지샐 때가 많았을 것이다. 사회 건전성을 위하여 이들은 희생되어야 했다. 사랑하는 자식을 처벌하기 위하여 애정을 포기해야 하는 통치자의 고민을 짐작 할 만 하다. 한국의 애국자들은 조국의 독립을 위하여 가족 부양의 책임을 버리는 경우가 허다했다. 갱 단원들도 조직을 위하여 개인의 목숨을 버리기도 한다. 같은 의무라도 어느 영역에 있느냐에 따라 의미가 달라지고 양쪽의 의무를 동시에 수행할 수 없음을 깨우쳐 준다.

싱가폴 정부는 효도를 격려하는 차원에서 늙은 부모를 부양하는 가정에게 세 감면을 주고 있다. 이 제도는 국민 복지를 추진하는 과정에서 정부의 부담을 줄이려는 시도로도 볼 수 있다 (디니엘 에이 벨 1998,83). 이 방법은 유교 덕목의 실천을 격려 하기 위하여 정부가 고안한 방법이다. 개인주의의 세계적 추세에 따라 이같은 조작 방법은 신용의 개념을 흐려버릴 수 있다는 우려 섞인 말들이 퍼지고 있다. 효도가 실천 됐다는 증거로서 영수증이나 증빙서류를 제출할 것을 요구하고 있다. 효도의 실천이 상업적 거래에 의존하고 있다는 점으로 보아 과거 '성인들의 행위를 모방하라' 는 지시에 반항하고 있다. 도덕적 교훈의 가르침은 가정교육에서 출발해야 한다. "도덕 의식이 발달하는 과정은 성인(聖人)행위의 모방" 이외에 어떤 특정 방법으로 설명될 수 없다 (휴 맥케이, 1993,371).

자유 민주주의의 재고

본 장의 나머지 부분은 자유민주주의의 실현과 관련된 문제들을 살펴보고 이들이 민주주의 기본 가치와 어떻게 대치하는지 알아보기 위함이다. 자유민주주의란 삶의 조건을 개선하기 위한 제도적 방안의 실험을 계속하는 과정으로 본다. 가치 충돌은 급행열차를 탄 사회에서 흔히 보는 현상이다. 한국은 아직도 과거 잔재의 무게를 이기지 못하여 험한 파도를 만난 배처럼 심하게 요동친다. 사적 영역의 특수 가치는 조화로운 공동이념을 실현하기 위한 기존 제도의 유교적 개념을 반영하고 있다.

어느 면을 보더라도 평등과 자유는 민주주의 이상을 제도화 하기 위한 유일한 안내자가 된다. 특수 가치는 사적 영역뿐 만 아니라 공적 영역도 장악하고 있어 민주주의를 이끌어 갈 한국인의 능력에 대하여 회의를 갖게 한다. 이 회의론은 민주주의를 60여년 실천하여 온 한국인에게는 다소 이상하게 들릴 수 있을 것이다. 한국 사회는 민주주의로 성숙되어 왔음을 부정 할 수 없다. 그럼에도 한국인은 민주주의 제도를 이끌어 온 원칙과 가치관 사이 조화를 보여주지 못하고 있다.

민주주의를 실천 해 왔음에도 불구하고 평등과 자유는 한국인의 수직적-집단적 의식 속에 아직도 자리를 잡지 못하고 있다. 이 두 개의 민주주의 원칙은 헌법에도 명시 되어 있다 해도 한국인의 일상생활, 즉 사적 영역에는 완전히 침투하지 못 하고 있다. 한국인이 사적 영역과 공적 영역 간의 차이를 의식하지 못 하는 것은 가족 결속력이 자동적으로 사회로 확대될 것이라는 막연한 믿음 때문이다. 그러나 이 믿음은 복잡한 사회의 익명적 요소에 의하여 실현되지 않고 있다.

특수 가치와 보편적 가치의 이중적 구조는 한국인에게는 두 가지 원칙을 제공한다. 하나는 다양한 실로 짜여진 태피스트리 안에도 서로 포용 할 수 있는 힘이 존재한다고 가정하는 것이고 다른 하나는 가치 충돌 그 자체와 함께 그대로 살아 가는 것이다. 여기에는 자유 민주주의의 진정한 이미지를 곡해하거나 잘못 관리 할 위험이 존재한다. 가치 충돌은 급변하는 사회에서 피 할 수 없는 현실이 되고 있다. 한국의 지식인들은 서로 다른 가치 간의 교류와 모순적 논리로부터 역동성을 즐기고 있다. 가치 충돌은 다이나믹한 힘을 제공 할 것이라는 긍정적 믿음을 갖게 한다. 다이나미즘이 없는 사회는 결국 침체로 죽어 간다.

개인주의의 탄력적 확장력을 주장하는 경험과는 반대로 유교주의의 이원적 보완 관계는 가족으로부터 혈족 집단 간의 결집력을 기르고 있다. 우리의 역사는 가족 결집력이 통치자의 권력을 능가하는 힘의 집단으로 확대되는 현상을 경험 해 왔다. 한국인을 괴롭혀 온 당파 싸움은 가족 중심 집단 간의 경쟁에 의한 것이며 이 집단들이 권력을 추구 할 때 통제 불능의 사태로 진전되어 왔다. 경쟁적 파벌의 결과 한 가문이 과거, 현재, 미래를 하나의 단일체로 묶어 막강한 힘으로 발전하여 통치자를 괴롭혀 오는 것을 보아 왔다. 분당적 경쟁은 다른 집단과의 협력이나 절충을 허락 하지 않았다.

자유 민주주의의 조건

자유와 평등이 화합을 이루면 마음껏 즐길 수 있는 개념이 되지 못한다. 어느 정도의 평등은 자유를 억제함으로 즐길 수 있고 자유 민주주의도 양자 간의 균형을 유지해야 만이 즐길 수 있다. 개리 리디어드는 자유 민주주의가 토양에서 뿌리를 내리는데 필요한 조건들을 명시하고 있다. 첫째로 도시 산업 사회가 자유 민주주의 실현을 위한 유리한 조건을 만들고 있다. 도시화는 시장 경제를 창조하고 산업의 부흥을 조장 한다. 현대 개념의 시장은 재능이나 창의성을 갖춘 자들을 보상하는 경쟁의 장이다. 또한 도시 문화는 모르는 사람들 간의 계약에 의존하는 비즈니스를 전제로 한다. 법률 준수와 합리성이 개별 행동의 지침이 된다.

두 번째의 조건으로 민주주의는 합리성과 논리적 사고에 의존하고 있다. 이러한 행위는 인정 없고 비인간적 행동으로 나타나는 경향이 있다. 한국인 간에 볼 수 있는 정이 넘치는 행위는 공정 사회의 실현에 해가 된다. 한국인은 가끔 "법에도 눈물이 있다"고 말한다. 이들은 눈물 없는 냉엄한 사회를 마음의 뜨거움으로 지키려고 한다. 개인주의가 생활 여러 영역에 침투해 있는 사회에서 합리적 결정은 자기 이익의 철저한 계산을 바탕으로 이루어지고 다른 사람에게는 무관심을 보인다. 한국인의 집단적 사고의 프리즘을 통해서 볼 때 개인주의는 자기 이익만을 위하는 에고이즘으로 해석된다.

사회가 복잡해짐에 따라 개인주의 풍토에서 자란 합리성은 생활의 여러 영역으로 파고든다. 통치술이란 여러 계층과 단체들의 상반되는 이익을 조화로운 상호 보완 관계로 이끌어 공공의 선을 창출하기 위한 것이다. 자유 민주주의 실현성은 몰인정, 익명성, 합리성 과 객관성을 바탕으로 사회제도에 달려 있다. 도시화는 사회 구성원 중

중산층이 대다수를 점유 할 때 실현 가능성이 높아진다. 경제 이론가들은 경제 발전을 민주주의 제도와 연관시킨다. 경제 발달이 일정한 단계에 오면 민주적 참여의 요구를 창출한다. 경제 발달의 단계와 민주적 참여의 등식은 한국의 경우 발달 초기에 완전히 무시되었다. 경제 발전은 국가 주도로 위에서 결정하고 이 결정이 아래로 하달되어 실천 되었다. 중산층이 없는 상태에서 대중이 경제 발전 명령을 자발적으로 숙독하고 이행하기에는 상당한 시간이 소요 되었다. 자유 민주주의는 합리적 생각과 결부된 개인 자율성에 달려 있다. 각 개인은 책임 감각을 동반한 자율적 행위를 실천 할 본능적 의향을 갖고 있다. 따라서 개인은 합리적 존재이다. 출세 의욕이 강한 사람들은 남을 이기려는 욕구가 강하여 남보다 노력을 더 한다. 뒤로 처지는 자는 가난의 채찍을 받아 분발 한다. 사적 소유가 없다면 그만한 동기 부여를 받지 못할 것이다. 볼세비스키 혁명가들은 대중이 기본 필요를 평등하게 충족시키는 유토피아를 상상하여 왔다. 허나 인간의 욕망은 기본 필요의 평등한 충족에 만족하지 않고 있다. 이것이 경쟁이 난무하는 시장 경제로 이끈다.

　　세 번째의 조건으로 사유재산 제도를 들 수 있다. 재산의 사유 소유권은 욕망의 무한한 성장을 키운다. 칼 맑스 와 레닌 모두 고급 화장품, 첨단 유행의 여성 의상, 자동차가 대중 수요가 될 것 이라고 기대하지 못했을 것이다. 사유 재산 소유권은 국가 같은 권위 기관의 사적 영역 침입으로부터 개인을 보호하고 있다. 공산주의는 소유의 절대 평등을 옹호하나 힘과 권력의 배분에는 불평등을 조장하는 자기모순을 갖고 있다. 평등은 물질적 소유에만 적용되는 것이 아니다.

인간이 살아가기 위하여는 물질적 소유 평등을 넘어 사회적, 정치적, 문화적 평등을 요구하고 있다.

평등의 그늘에서 공산주의는 절대 평등이라는 옷으로 변장 하고 압박 받는 대중의 보호자라는 이미지를 부각시켰다. 북한에서는 새로운 부유층이 돌담의 진달레 처럼 힘의 삼각 구조의 정점에 앉아 있다. 평등주의의 막연한 추구는 창의적 인간이 경쟁의 승리자가 되는 자연 법칙에 위배된다. 현실적으로 자연 법칙이 절대 평등을 조롱하는 것 같이 보인다. 평등은 자유와는 반대 방향으로 성장 해 간다. 현대 사회의 복잡한 구조는 개인 자유를 저촉하고 과잉된 평등은 개인 자율성을 침범한다. 공산주의는 자본주의의 불평등 사회에 대한 비관적 반항의 결과로 생성되었다. 그러나 공산주의의 절대 평등 옹호는 억제적이고 비인간적 제도의 등장을 이끌었다. 공산주의는 서구 산업 사회로부터 태어나 모태가 된 자본주의의 결점을 들어내고 있다.

네 번째 조건으로 자유 민주주의는 세계화와 더불어 발전한다. 복합 사회는 우리의 손 끝이 세상 돌아가는 맥을 짚었을 때 잘 돌아간다. 자유주의와 세계화가 자리를 같이 하면 인간과 물자가 국경을 자유롭게 넘나들어 "세계 마을" 형성에 도움을 준다. 민주주의를 실천함에 있어서 사회는 공정성, 개방성, 평등성, 합리성, 투명성, 책임감을 강화하여 시장의 역동성을 살리도록 노력해야 한다. 이러한 요구에 적정 시기에 대응하지 못하면 한국은 퇴보를 겪게 될 것이다. 이 첫 번째 징조가 1997년에 나타났다. 세계화의 열기 속에 특수가치의 얼어붙은 호수는 녹아내리기 시작했다. 특수 가치의 일부는 자리에 남아 변화의 물결에 완강히 저항한다. 이러한 추세로 볼 때 "인간은 보편적 가치에 의하여 자기가 자란 토양으로부터 뿌리까지 뽑힐 수 있을까?" 의문이 제기된다. 이 질문과 함께 전통적 가치의 일부는 보편적 가치와 공생할 것이라는 추측을 낳는다. 합리적 권위주의는 자유분방한 사람들을 벌률 수호자로 바꾸어 놓는데 중요한 역할을 할 것이다.

수직적 질서와 권위주의는 자유의사와 공생 할 수 있을 것이다. 한국인의 60년 동안 민주주의 추구는 수직적 질서와 권위주의를 방출하는데 실패했다. 저명한 정치인들은 민주주의 실현을 일생의 업으로 생각하면서도 그들의 리더십 형태가 권위주의에 머무르고 있음을 깨닫지 못했다. 아직도 토착문화의 뿌리는 보편적 가치의 물결에 완강히 저항한다. 소련이 붕괴 됐을 당시에 소련연방 구성원 국가들의 문화 뿌리 추구는 새로운 열을 받기 시작했다. 민족주의는 다시 소생하여 민족 정체성 확립에 기여하였다. 정치적 세계화는 문화적 민족주의의 벽을 뚫지 못하였다. 세계화는 자유 민주주의가 해야 할 역할에 새로운 지평을 열었다. 세계화는 한 방향으로 전진 만 하는 것이 아니라 2보 전진 1보 후퇴를 번복하여 왔다.

자유 민주주의를 최종 목표로 보는 것은 제도가 고착되어 있고 역사의 발전이 정지 된다는 가정에서 출발한다. 자기 발전을 스스로 유예하거나 정지시키는 제도는 이 세상에서 그 유례를 찾아 볼 수 없다. 공산주의의 흠은 자신의 이론에 유토피아적 광신을 보여 주는데 있다. 허나 민주주의를 하나의 변화 과정으로 보는 것은 이 변화 과정이 끝없이 계속 될 것이라는 전제가 깔려 있다. 변화를 지향하려는 어떠한 제도적 방안에 절대적 진실이란 존재하지 않는다. 민주주의란 하나의 과정이요 이것이 열려 있다면 역동적 변화를 가져 온다. 자유 방임과 작은 정부를 표방하는 자유 시장의 개념은 합리성이 옹호되고 있음을 반증한다. 그러나 자유 경쟁은 무제한의 방임을 허락하지 않는다. 자유 민주주의를 둘러 싼 논쟁은 많은 이론을 낳았으나 이론들이 현실과 부합하는 경우는 많지 않았다. 이성의 광신은 "이성이 모든 것을 가능하게 하는 보이지 않는 손" 이라는 데 있다. 자비로운 신은 1930년대 경제 공항이 미국을 타격 했을 때 미국 정부는 자유기업과 그의 자체 정화적 이론의 편에 서기를 거부했다. 이 경제적 퇴보의 타개책이 현실과 타합했다면 미국의 민주주의는 소생하지 못했을 것이다.

구 시대 가치관

기동성 사회에서 자유민주주의는 보다 잘 성장한다. 삶의 조건을 지향하는 제도적 방안을 현실과 대립시킴으로 그 실현성을 높혀 준다. 기동성 사회에서 생활의 편리함은 가치가 변하여 왔기 때문이다. 가치가 물 흐르듯 변화하여 사회의 유동성을 보장한다. 한국이 자의건 타의건 이제 복합 사회의 길로 들어선 이상 세계에서 한국인의 좌표를 확인하는 것이 필요하다. 이 과정은 가치 체계를 시작부터 완전히 재 구성하는 노력을 요한다. 이 과정은 구 시대 가치관을 완전히 배제하는 것이 아니라 모든 가치 요소들을 보편적 가치와 화합할 능력 차원에서 재음미하는 것이다. 일부 구 시대 가치 요소들은 갈고 닦음으로 새로운 보석으로 탈 바꿈 할 수 있다는 개연성을 보여 준다.

모든 철학 이론이나 종교적 신념은 역사의 흐름과 함께 수정되고 재 구성 되었다. 한국은 유교가 이 땅에 뿌리를 내리는데 유리한 조건을 조성해 주었다는 것은 부정할 수 없다. 한국이 유교의 천국으로 불리는 것도 우연한 일이 아니다. 그러나 현대 한국은 헌법이 보편적 가치에 의존하여 왔어도 전통 가치는 저류를 형성하여 한국인의 행위 결정에 아직도 큰 영향을 주고 있다. 한국인의 조상숭배는 그 의식의 까다로움에 있어서 다른 나라와 비교가 되지 않는다. 조상 숭배 의식의 간소화를 위하여 그동안 입법적 노력이 있었다. 동일 핏줄 간 결혼의 금지를 해제하기위한 노력도 있었다. 그러나 이러한 노력은 국가적 차원의 캠페인이나 한국인의 비 유교화 운동에 큰 기여를 하지 못 했다. 어떤 분은 비 유교화 운동이 왜 필요하냐고 반문한다. 한국인의 속담에 "쥐 한 마리 잡으려다 초가 삼간 다 태운다" 는 말이 있다. 이 말은 구 시대 가치가 있어도 이것과 함께 가야 한다고 말한다. "이태리 마피아 조직은 기독교 가치관에 근거하고 있으나 마피아와 싸우기 위해서 비 기독교 화를 외치는 사람은 하나도 없다." 마피아 조직은 또한 가족 간의 뭉친 힘을 자랑함으로 유교적 색채가 농후하다. 수 백년 이어온 의식을 입법적 조치로 바꾸려 함은 오히려 한국인을 핵심적 가치 보호자로 선회 할 수 있게 할 수 있을 것이다. 여기에서 취할 수 있는 실질적 접근은 유교를 현대화하고, 합리화하고, 유용하게 하여 민주주의가 뿌리를 내릴 수 있는 사회적 풍토를 조성하는 것이다. 이 같은 유교의 토착화 노력은 민주주의를 서양의 수준을 넘어서는 차원으로 승격 시킬 수 있을 것이다. 우리가 추구하는 자유 민주주의는 서양세계의 모델을 모방하는 것이 아니다.

도덕적으로 수양된 사람들이 합리적 시민을 대체 할 수 있다는 유교적 근거에 대하여 현대 사회는 의문을 제기한다. 유교적 도덕성은 집합적이고 수직적 사회에서 배태되어 개인 자율성과 자유경쟁의 개념과 충돌한다. 한국인은 에고이스트 적 개인주의와 유교적 도덕의 잔재 사이에 갈등을 보인다. 이것은 합리적 개인주의와 집합성 도덕 간에 또는 개인 경쟁과 집단적 경쟁 간의 투쟁으로 변질 될 수 있다. 한국은 민주주의로 향하는 길목에서 사회적 격변을 경험하지 못했다. 우리가 경험하는 변화는 우리가 만든 것이 아니요 외부로부터 온 힘에 의하여 강요되였다. 한국의 지식인들은 개화의 초기에 선진국의 민주주의 제도에 호의를 보인 것은 이 제도가 부자 나라의 상징이었기 때문이다. "민주"라는 이름은 모든 분야에서 유행어가 되어 공산화된 북한도 이 용어를 쓰고 있다. 공산주의와 민주주의는 브레진스키가 말한 대로 분명한 모순 어법이다. 자기 수양으로 인격화된 사람은 자신을 한 집단의 이익을 위하여 회생함으로 자기 실현을 찾는다. 자신과 다른 사람 사이의 간극을 베제하려는 유교의 도덕적 시도를 고려 할 때 도덕적으로 수양된 한국인은 서양에서 말하는 합리적 인간에 부합 할 수 있다고 선언 할 수 있다.

평등의 위세

요즈음 평등의 위세가 너무 막강하여 자유와 이상적 조화를 바라는 새로운 사회의 비전을 흐려 버릴 때가 있다. 평등은 "누구나 똑 같이 취급 받는다"를 의미한다. 평등은 물질 충족뿐만 아니라 권리의 공유도 포함한다. 그러나 과도한 평등은 다양한 필요를 포용하는 현대 사회의 성격에 반하고 있어 실현이 어려워 지고 있다. 과도한 평등은 획일성 또는 엄격한 규격화를 요구하여 다양한 분위기에서 자라는 개인의 자질을 억제하는 효과도 있다 (이기상, 49). 평등과 자유는 어느 사회 발전 단계까지 서로 보완 관계로 성장한다. 그러나 평등과 자유를 함께 만족하려다가는 이 두 개념 간 충돌을 예견 할 수 있다. 한쪽의 만족은 다른 쪽의 견제에 의하여 가능하게 된다. 평등은 절대 평등으로 오인되기도 한다. 절대 평등은 공산 유토피아를 몽상하는 사람들의 전유물이기도 하다. 평등의 개념은 소유의 평등과 동일시 되기도 한다. 이 물질적 소득을 위하여 치열한 경쟁이 벌어진다. 그러나 평등은 지갑에 있는 것만 지칭하는 것은 아니다. 삶의 질은 전인적 인격이 갖추어 질 때 보장 된다. 사회 질서는 평등이 자유와 균형을 이룰 때 실현된다.

평등의 막연한 추구는 범인 대중을 권좌에 올려 놓는다. 국가의 권위는 무능한 사람들의 손으로 떨어지고 능력있는 사람들은 치욕적이고 상스러운 선거판으로부터 점점 멀어진다. 니체가 한 말이 떠오른다. "위대한 사람들이 낙담하여 국가 일에 참여하지 않으면 어떻게 국가가 위대 해 질 수 있을까?" 그의 귀족적 통치 옹호는 산타냐에 의하여 반복된다. "민주주의도 그 자체의 악을 갖고 있다: 부패와 무능이 판을 지배 할 때 전제적 모순이 들어 난다. 선거는 재기 넘치는 새싹을 무자비한 둔재로 대체 해 버린다." (1905, 2, 39) 모든 사회 구성원이 똑 같은 옷을 입은 사회를 상상 해 보자. 이것은 자연의 법측에 위배된다. 여기에 하나의 철칙이 있다: "어느 게임이던지 극소수만이 승리자가 된다." 이들의 귀족 통치 선호는 세습제 귀족을 지칭한다. 그러나 "최고의 능력" 에 의한 통치는 제도적 경직성을 초래 할 개연성이 높다. 세습제란 조류애 따라 간다는 세론에 역행하는 것이다. 평등을 보편화 하면서 현대 사회는 대량 생산에 유리한 분위기를 조성한다. 대량 생산이 상품을 표준화하는 경향을 낳고 있어 대량 소비는 인간을 물질적 생활의 표준 틀에 맞춤 형을 만든다.

맞춤 형의 생활형태는 다양하고 복잡한 현대 사회와 맞지 않는다. 사회 표준화는 사회 공통 목표에 순응하고 서로 다른 역할과 신분을 통하여 협동하는 자세를 보이는 사회 구성원을 지칭한다. 허나 표준 생활에 적응시킴으로 수 많은 비 적임자를 배출한다. 평등이 과해지면 시민을 국가의 충견으로 만들 수 있다. 나치즘이나 파시즘은 국가의 충견이 가장 미개적인 정치목적에 사용된 사례가 된다. 한국인의 수직적이고 집합적 의식은 평등의 보편적 개념과 공적 영역의 도덕에 반한다.

평등한 기회의 사회는 모든 유능한 남녀에게 국가 최고 기관에 이르는 열린 길을 보장한다. 유능한 사람들이 통치하는 사회에 대하여 무엇이라고 말하든 우리는 민주주의가 그 자체의 장점을 갖고 있다는 사실을 눈여겨 볼 필요가 있다. 민주주의는 복합적 질서에서 시민의 나라 운명 결정에 참여를 독려하고 있다. 사회는 시민의 생활 질과 능력을 향상시키는 역할에 의하여 평가를 받는다. 이 논리에 따르면 "민주주의는 장점에 있어서 귀족주의를 훨씬 능가한다. 정치적 노력의 초점은 시민의 질을 올리는 것이며 민주주의는 국민 문맹을 타파하는데 그 기능을 발휘하게 된다.

민주주의의 기본 개념은 "국민이 나라의 주인" 이라는 "민주국가" (民主國家)이다. 대의 정치와 정치적 복합주의는 국가 지상주의나 개인 숭배를 지향하는 정치에는 걸림돌이 된다. 국민 주권주의는 인간의 필요를 만족시키는 우수한 사회제도라고 할 수 있다. 다양하고 복합적 조건은 경쟁과 창의력을 기른다. "경쟁과 창의력은 서로 보완 관계에 있어 인간 생활 조건의 개선을 향하여 진화적으로 발전하는 시스템이라고 할 수 있다" (브레진 스키 1998, 327).

제도의 개선은 실험과 실패(Trial and errors)에 기반한 진화적 변화에 달려 있다. 과학적 발견은 현재 지식의 축적에서 한 발짝 더 나가는 것이다. 모든 제도가 진화적 발전의 결과라고 볼 때 공산주의의 몰락은 기존 제도를 완전히 무시한데서 오는 퇴행적 후진이다. 남한이 60년에 걸친 노력에 의하여 민주주의의 압축성장을 이루었다. 이 압축성장은 다른 선진국이 수 백년에 걸쳐 이룩한 성장과 비교가 된다. 이 결과는 남한의 노력에 만 의존 한 결과라고 말 할 수 없을 것이다. 다른 나라가 벌써 이루어 놓은 진화적 발전을 모방함으로 보다 빠른 성장을 가능하게 했다. 민주주의는 발전과정에서 민족주의 보다 이데올로기를 신봉하여 보다 많은 변곡점을 경험해 왔다. 근대 서구 국가 형성에 있어 독일이나 이태리 같은 후발 국가들은 민족주의에 의하여 국가가 통합 되였다. 민족주의 같은 특수 가치도 국가의 통합기능을 해 왔다는 사실을 인지 할 필요가 있다. 불평등은 수직적 의식이 강한 국가에서 새로운 추세에 대한 반작용적 저항을 불러 왔다. 불평등은 사적 영역에서 자라나 일단 공적 영역에 이입하면 효용적 가치가 떨어진다.

한국인은 가치의 사적 영역과 공적 영역의 구분에 익숙하지 않다. 특수가치는 평등과 자유에 뿌리를 둔 공적 가치 발전을 저지한다. 불평등의 풍토는 공정성, 투명성과 책임감이 자라나는 곳이 아니다. 한국인이 새로운 제도를 추구함에 있어 민주주의의 악습은 불가피한 현상이 될 수 있다. 외부에 나타난 결점에도 불구하고 민주주의는 새로운 제도의 실험을 허락하는 하나의 과정이다. 의회의 무능력에 대한 좌절은 능력있는 사람들의 지배를 지지하는 목소리를 낸다. 니체가 말하는 새로운 지배체제는 귀족주의가 민주주의를 대체하는 것이 아니라 능력있는 자에게도 길을 열어주는 두 체제의 종합을 말한다.

집단주의와 개인주의

집단주의 의식은 가족주의 관계에서 출발하여 지역 공동체와 사회로 팽창 해 나간다. 국경이 뚜렷하게 존재하는 작은 땅과 하나의 문화를 갖고 뭉친 한국인은 작은 집단에 안주하는 경향이 있다. 여기에서 외부인은 영원한 이방인이 된다. 한국은 단일 민족과 문화가 사는 곳이기에 작은 집단을 중심으로 국가를 형성한다. 이 중에도 가족은 가장 강력한 결속력을 보여준다 (안병만 2003, 20). 유교의 영향이 감소한다 해도 작은 집단의 결속력과 협동적 네트워크는 그대로 남아 있다. 한국 가정의 수직적 구조는 유교적 영향에 의한 것 만은 아니다. 생태-환경학적 변인도 가족 가치관의 형성에 일조를 해 왔다.

개인 자율성은 감소 해 가는 국가 권력에 역 비례하여 팽창해 나가는 개인주의의 산물이다. 개인주의와 합리성이 합치면 베버가 말하는 기독교 윤리로 진화 해 가는데 자극을 준다. 베버는 유교를 가장 시대에 뒤 떨어진 사상으로 기독교 윤리로의 발전을 저해 해 왔다고 보았다. "유교는 조화와 협력을 강조함으로 이익 집단 간 경쟁과 충돌을 특징으로 한 서양 문화와 같은 합리적 전쟁의 여지를 남겨두지 않는다" 소위 "무장된 평화" 가 없는 땅은 자본주의가 자라지 못하는 불모지가 된다고 보았다.

유교는 불화와 충돌을 방지하려는 노력을 반영한다. 유교의 조화는 소위 "산업적 평화" 와 고도의 생산력을 유지 할 수 있게 한다. 서양에서는 충돌적 가치관으로부터 역동적 변화의 힘을 이끌어 낸다. 한국인의 윤리 개념은 개인을 집단이나 사회의 이익을 위하여 굴복할 태세를 유지한다. 생활의 절제와 검소는 소수의 교양있는 한국인에 국한되어 있지만 기독교 윤리에 가까운 개념을 확산하는데 일익을 담당하고 있다. 그러나 유교는 가까운 인척 간의 모임을 보다 큰 모임으로 확대할 적극적 사회성이 결여되어 있다는 것이 큰 단점이 되고 있다. 베버가 말한 대로 유교 사회는 자기 중심적 가족 성원과 친지들로 구성되어 신용이 가족으로부터 사회로 확대하는 과정을 억제한다. 베버는 또한 유교 사회의 상부 상조의 실체는 사적 영역에 속하고 있으며 공적 영역으로 확대되면 그 위력이 소멸된다.

한국인은 가까운 친지들과 내부 구릅을 형성 할 때 강력한 결속력으로 유명하다. 싱가폴 수상이던 이관유는 서양 사회를 자아 중심 개인들로 구성되어 그들이 일상적으로 교우하는 사람들 이외에는 관심을 두지 않는다고 보았다. 유교는 인간 중심 사회를 이루고 있어 개인과 개인의 관계를 중시한다. 이것은 마을 수준에서 공동 운명체 감각이 강하게 남아 있음을 잘 설명 해 준다. 이관유의 논점은 서양 사회와 동양 사회의 특징을 혼돈 한 듯하다. 친지들 사이에 국한되여 있는 제한된 동정심은 다른 사람들을 이롭게 하지 못한다는 점을 간파하지 못한 듯하다.

집단 사회에서 한 개인은 사회로부터 분리 할 수 있는 존재가 아니다. 이론적으로 하나의 연장선(Continuum)은 개인들이 사회가 요구하는 역할을 의식하게 한다. 집단 사회에서 평등은 수입을 균등하게 하는 효과를 발휘하나 부유층 소수는 대중으로부터 이탈하여 마치 튀어나온 못과 같다. 여기에 누구나 균등하게 하려는 힘이 강하게 작용한다. 역설적으로 평등주의는 공산국가에서 보듯이 소유의 균등을 요구함으로 개인의 유동적이고 창의적 노력을 억압한다. 결과적으로 이러한 사회에는 나태, 무관심과 권태의 등장을 독려한다. 공산주의는 소유의 균등을 역설하나 권위와 법의 균등은 외면한다. 볼테르가 한 말을 인용 해 보자. "평등은 권리와 연관될 때 자연스러워 지나 물욕에 적응될 때 부자연 스러워 진다. 모든 시민이 균등한 부를 누릴 수 없으나 똑같이 자유로워 질 수는 있다."(빌 듀란트 1961,86).

복잡해진 사회에서 평등의 약속은 국가가 간섭 할 구실을 주고 개인의 활동 영역은 축소된다. 유교에 의하면 국가적 통제는 사회가 부유층 소수와 대중의 빈곤으로 분리되는 것을 방지하기 위한 수단으로 당연시 된다. 사회 분리 현상 같은 사회 악은 사회를 위한 공공의 선을 추구함으로 완화 될 수 있다. 이 같은 집단적 의식은 공통의 목적을 추구함으로서 시민 의식과 공생 할 수 있을 것이다. "개인에게 유용한 것은 집단에게도 유용하다." 집단적 의식은 자본주의의 악을 치유할 수 있을 것으로 믿어진다.

외국인 투자에 문을 개방 할 즈음에 중국 공산 정권은 자본주의 악을 몹시 두려워 하여 도덕적 법측이 우선 적용되아야 한다" 는 정치 원론을 천명했다. 도덕성은 집단적 의식에 의하여 오래 살아온 결과로 얻어진 행동의 유형이라고 할 수 있다. 한국의 권위주의 정권은 경제성장에 크게 기여한 것으로 나타나 있다. 아시아 무대에 "네 마리 호랑이" 의 등장은 건전한 가정, 안전한 거리, 건실한 직업 윤리에 명시된 문화와 정신적 지주에 기인한다고 할 수 있다.

권위주의와 민주주의

어버이 가슴과 같이 권위주의는 온정주의가 깃들어 있기 때문에 아직도 많은 관심을 얻고 있으며 마치 자유 민주주의에 도전하고 있는 듯 보인다(프란시스 후쿠야마 2006,3). 권위주의는 그 위력이 쇠잔 해 지면서도 오랫동안 한국인과 동거 해 왔다. 한국 정부를 방문 하는 외국인은 누구나 권위주의 맛을 풍긴다는 의견에 일치 한다. 흔히 보는 광경은 하급자가 상급자 앞에서 굽실거리는 자세를 보인다 던지 아니면 의견을 좀처럼 내 놓지 않고 있는 장면이다. 하급자 측의 좌우명은 "입을 닫고 살자" 라는 인내의 덕을 입에 물고 산다. 대한민국이 탄생한 이후 열한번의 정권이 교체되고 그 중 네 정권은 경제 발전에 기여한 것으로 알려져 있으나 통치 형태는 권위주의로 일관했다. 어느 권위주의 통치자도 자기의 제왕적 통치 행위를 불법으로 단죄하는 자는 없다. 도덕률은 탄력이 있어 어느 용도에도 쓸수 있어 힘을 장악하는 수단으로 이용 되고 있다. 비민주적 행위를 도덕적 행위로 치부하는 것은 흔히 보는 현상이다. 이와 같이 도덕적 당위성에 의존함은 통치자가 법률을 굴절시켜 정치적 목적에 오용할 수 있다는 가능성을 암시한다. 권위주의는 최종의 목적을 위하여는 민주주의 제도까지 유예시킬 수도 있다. 소위 오륜이라는 것은 정서적 유대 (Bond)에 불과하여 사회 구성원을 거미줄 같은 사회에 예속되게 한다. 이 인간관계의 네트워크는 사회 결속력을 유지하려고 하나 제도를 변화 저항적 성격으로 동결시키는 역할도 한다.

한국의 정당은 이데올로기를 중심으로 조직되는 경우는 아주 드물다. 하나의 정당은 여러 개의 분당으로 구성되어 있고 각 분당은 권위주의적 인물에 의하여 지배된다. 이 분당들은 일단 당수 (黨首)의 통제하에 들어가 하나의 정치 목적을 추구한다. 이 목적을 성취하던지 아니면 목적 성취에 실패 하던지 간에 그 정당은 일단 해체되어 분당들은 각각 자기 갈 길을 간다. 한국에서 정당의 빈번한 교체는 결국 그룹의 결속력이 해체되기 때문이다. 작은 분당 안에 안주하여 느끼는 편리함은 큰 집단의 장점을 보지 못하게 한다.

유교의 인간관계 강조는 각 구성원을 상사와의 돈독한 관계를 중요시 하게 한다. 상사와의 인간관계는 하급자의 능력보다 그가 상사를 봉사하는 충성에 의하여 단단 해 진다. 결속력이 강한 작은 집단은 한 출중한 사람이 등장하면 이를 중심으로 한 작은 활동 공간을 만들어 낸다. 흔히 통치자는 시민의 소리를 차단하는 인간 방벽을 만들고 이 방벽은 자신을 고립시킨다. 한국인은 부하의 끈질긴 충성을 그들의 능력과 동일시하는 경향이 있다. 상사에 대한 충성은 무비판적 아첨으로 흐를 개연성이 높아지고 통차자를 시민의 목소리로부터 차단하는 인간 벽은 그를 고립무언으로 만들고 있다. 우리의 일상생활에서 합리성보다 정서가 우위를 점 할 때 정당은 한 개인에 의하여 사유화된다.

대한민국의 초대 대통령 이승만은 권위주의 자질을 갖고 태어났다. 엄격한 유교적 권위주의 가문에서 자랐다. 그는 후일 반평생 이상을 외국에서 살았고, 프린스톤과 죠지 워싱톤 대학교에서 수학했어도 그의 권위주의 성향은 조금도 흐트러지지 않았다. 그의 카리스마는 많은 사람들을 자기 지지자로 만들고 결국에는 자기가 세운 인간 벽에 첫 번째 회생자가 되었다. 그를 국민으로부터 멀리 떨어져 있게 한 인간 방패는 그가 그토록 신봉했던 사람들이었다. 제1공화국의 몰락은 연약한 민주적 정권에 의하여 계승되었다. 그러나 이 정권도 이념적 급진주의자들이 몰고 온 동시 다발적 문제에 직면하여 민주주의라는 무거운 짐을 감당 할 수가 없게 되었다. 여기에다 북한의 공세는 작전적 세련미를 더해 갔다. 출발 단계에서 노출된 약한 체질과 만연된 권위주의적 혼란은 민주주의 탈을 쓴 정권을 더 이상 버틸 수 없게 했다. 제2공화국의 짧은 생애는 1961년 5월 16일 군사 쿠테타에 의하여 종말을 고한다. 군사혁명의 명분은 산적한 문제를 혁파할 막강한 군사력을 필요로 하였다. 혁명정부는 침체된 경제를 부흥하고 공산주의와의 대결에서 국가 안보를 탄탄히 하고저 노력했다. 한국의 제2공화국은 독일 나치즘에 굴복한 바이마르 공화국과 똑같은 운명을 타고 나왔다.

권위주의가 자유민주주의 발전을 저해한다는 논리는 유교의 텃밭에 민주주의의 싹이 난다고 주장해 온 이관유가 반박하고 나섰다. 유교가 자유민주주의와 공생 할 수 있다는 그의 이론을 후쿠야마와 헌틴톤은 유교의 고의적이고 자의적 해석이라고 바난 해 왔다. 자유 민주주의는 권위 정권을 유지하기 위하여 곡해되고 있다. 그 대표적인 예가 한국에서 일어나고 있는 정치 현상이다. 유교가 외치는 사회적 조화는 지배 정권에 대한 도전이 없을 때만 가능하다. 권위주의 정권은 그들의 불법적 정권 착취를 정당화하기 위하여 지금까지 난공불락으로 여겨졌던 문제들을 과감하게 혁파하는 담대함과 모험성을 보여 주었다.

자유 민주주의는 중산층 다수의 목소리에 의하여 성장한다. 충돌적 민주 정치는 조화를 구가하는 한국인에게는 익숙치 않은 제도이다. 민주 정치에는 언제나 정적이 도사리고 있어 원한과 보복의 악순환적 고리가 반복하고 있다. "민주주의의 순수성이 힘의 대결적 구도로 인한 혼란에 의하여 흐려진다. 민주주의의 문제를 간파 했던 니체는 유능한 소수에 의하여 지배되는 권위주의 정권을 옹호한 바 있다[4]. 민주주의가 모든 혼란의 원죄는 아니다. 권위주의의 결함은 현대 사회의 복잡한 문제를 관리 할 능력이 있는 자유민주주의와 비교하여 볼 때 현저히 나타난다. 민주주의는 다른 의견들을 조화로운 앙상블로 연출하는 지휘자의 기술을 요한다. 군사 정권이 종식된 후 발전은 침체의 늪에 들어갔다. 여기에는 소폭의 위 아래로 진동이 있을 뿐이다. 권위주의 하에서 통치자의 개인 리더십이 빛을 발휘 할 때가 있다. 권위주의는 통치자의 리더십 결점을 최소화 해 주는 제도적 완층지를 갖고 있지 않다. 권위주의 하에서는 유능한 인물이 등장하여 민주주의가 상상 해 보지도 못한 업적을 전광석화 같이 대범하게 처리함으로 개인의 인기를 독점하는 경우를 볼 수 있다. 민주주의의 제도적 기반은 한국인의 권위주의와의 경험에 의하여 더욱 공고해졌다. 고위 공직자 교체 시기에 맞추어 대통령은 도덕 정화 운동을 전개한다. 그러나 각 정권의 말기에는 대통령을 둘러싼 친척들의 비리와 부도덕 행위로 얼룩져 버린다. 한국의 젊은이들은 권위주의가 부패의 온상이라고 비난한다. 그러나 부패가 권위주의가 뿌려 놓은 것이라고 만 할 수 없다. 오히려 부패는 하나의 당이 권력을 오래 독점해 온데서 시작되었다고 할 수 있다. 노무현이 그의 충돌적 행동에도 불구하고 권좌에 오른 것은 그의 담력있는 개혁을 기대하는 젊은이들의 적극적 지원에 힘입은 바가 크다.

경제 발전이 민주주의 요구의 소리와 연관이 있다는 사실을 부정할 수 없을 것이다. 한국의 발전은 보다 장기적 차원에서 볼 때 바로 이 사실에 부합한다. 경제 발전은 권위주의 정권으로부터 시작 되었다. 한국, 인도네시아, 싱가폴과 타이완의 성공적 사례는 경제 발전과 민주주의 성장 간에 상관관계를 부정하고 있다(프란시스 후쿠야마 2006,344). 수직적 질서에 익숙한 한국 근로자들은 유능한 관리자와 함께 일한다고 감지 할 때 일의 효율이 높아지고 있다. 한국 근로자들은 그들에게 주어진 일의 중대성을 인지함으로 보다 큰 동기가 부여 되었다. 권위주의적 통치가 자율적 의무 수행과 합칠 때 보다 큰 성과를 기대 할 수 있다.

개인 리더십은 합리적 권위주의와 결부 될 때 보다 큰 효과를 발휘 할 수 있다. 권위주의 역할이 활성화 될 때 상사에 대한 충성은 새로운 가능성을 보여준다. 한국의 경제 성장은 근로자의 충성이 제도, 회사, 이념에 대한 충성으로 승화된 경우를 말한다. 이 충성은 보다 큰 집단의 이익을 위한 개인적 희생이 따른다. 위기 상항에서 권위주의 통치는 그룹의 저력을 값진 성취로 승화시키는 자극제가 된다. 합리적 사고와 조용한 법률적 강요가 합치면 합리적 권위주의라고 할 수 있다. 여기에는 집단적 컨센서스가 개인의 권력을 압도한다.

집단적 의식과 결부된 리더십은 한국인의 저력을 긍정적 근로 윤리로 변화시킨다. 이 근로 의식은 근로자들을 자기 발전을 위한 노력에 정진시킨다. 집단의식은 사회가 추구하는 공통 덕목에 대한 의견의 일치를 가능하게 한다. 미국인의 법률 준수 강요에 대항하여 유교적 마인드는 혈족 중심의 공동체의 이상을 추구한다. 사회의 조화는 유교의 본질이며 당파 분쟁은 사회적 결속이 주는 약속을 배반한다. 한국 사회에서는 사회적 조화와 당파 분쟁이라는 이질적 요소가 공존하고 있다. 이것은 양 극단 간 화해를 성취하기 어려움을 설명해 주고 있다. 소위 타협론자 라고 자칭하는 자는 그의 동기가 어떻든 간에 영원한 배반자로 낙인찍힌다. 합리적 사고로부터 분리된 권위주의는 개인의 자율성을 약속하지 않는다. 남한의 권위주의 통치는 경쟁자를 허락하지 않았다. 한 정권은 다른 정권에 의하여 무너지는 악순환적 고리를 반복한다(안병만 2003,108). 유교가 지향하는 사회 조화는 현 체제에 대한 불화, 도전 또는 협박이 없는 세상으로 정의된다. 이러한 사회는 모든 구성원이 일정한 교육 수준을 유지하며 근신, 기강과 금욕을 겸하는 고결한 도덕성을 유지하는 것이 전제가 된다. 허나 이러한 가능성은 농경 사회에서 만 존재한다.

권위주의는 시민 의식의 볼모지로 알려져 있다. 그러나 빈센트 브란트는 한국의 농촌에서 자유 민주주의와 통 할 수 있는 공동 참여 정신을 발견했다. 그는 마을 일에 참여를 독려하는 공동의 가치관에 주의를 돌리고 있다(1971,34). 개인의 관심이 보다 큰 마을 공동체로 이동할 때 협동 정신은 감소된다. 한국인은 혈족 공간 이외의 타인과 사회성이 제한되어 있으므로 그들의 충성은 소규모의 그룹에 한정된다.

디지털 포퓰리즘

한국에서 이념이 민족주의를 장악하고 있다는 사실이 젊은이들의 과격한 정치 활동의 시발이 되었다는 사실을 되새겨 볼 필요가 있다. "반대로 민족주의가 이념의 위에 있었다면 어떠한 결과를 초래 했을까?" 아마도 공산주의 하에 통일을 이루었을 것이다. 정치 자유화는 산업화 과정에서 학생들 주도 반정부 활동이 지속되어 온 결과이다 (권태준 2006,437). 대중 민주주의는 대중이 기술적 발전과 동행함으로 새로운 변곡점을 맞이하고 있다. 한국은 통신 기술에서 놀랄 만한 발전을 구가하고 있어 정치에 영향을 끼칠 것으로 본다. 소위 디지털 정치는 대중이 인터넷과 트위터 같은 사이버 공간에 노출됨으로 널리 퍼져나갈 것이다.

하나의 예로 2008년 3월 미국 산 쇠고기 수입을 반대하던 시민 궐기를 들 수 있다. 정부의 성급한 결정으로 인하여 수십만의 촛불 시위가 거리를 메웠다. 잘못 전달된 또는 거짓 정보가 인터넷을 순환하면서 적의로 가득찬 대중 감정을 급조했다. 미국에서 미친 소를 잔인하게 도살하는 광경이 미디어를 통하여 급속도로 퍼져나갔다. 노기에 찬 엄마 부대는 아기를 등에 업고 거리 시위에 가담 했다. 가짜 현실이 국가를 혼란으로 몰고 간 것이다. 이 사건은 미디어의 마력을 보여 줄 뿐만 아니라 대중을 가짜 정보에 노출시킬 능력을 그대로 보여준다. 자신들을 사회 빈곤층이라고 보는 사람들이 국민을 선동하고 같은 마음의 소유자를 찾는데 위로를 삼고 있다. 사이버 공간에서는 누구나 하등의 사회적 책임을 의식하지 않고 표현의 자유를 누린다. 혹자는 디지털 문화가 직접 민주주의의 실현과 제도적 유토피아로 가는 지름길이 될 것이라고 믿고 있다.

제도적 유토피아의 개념은 소수의 선동가들이 대중을 압도하는 알버트 바라바시의 디스토피아(Destopia) 개념에 반한다. 디지털 사회에서는 소수가 네트워크의 중심부를 지배한다. 현대 사회는 하나의 이슈가 의도했던 목적을 성취하기 위하여 쟁점화 되는 요건을 충족시켜 준다. 기술 발전은 포퓰리즘을 진작시켜 사회를 지배하려고 한다. 로마 시대 포퓰리즘에 대하여 풀루다크는 경고한 바 있다. "대중과 함께 간다는 것은 그들의 손에서 정치가 파괴 된다는 것을 의미한다." 호세 오르테가 가세트는 "포퓰리즘은 문화와 이성의 저주를 뜻한다"고 하여 좀 더 과격해 진다. "이성과 합리성을 억압하는 힘으로 무장된 사회는 역 문화를 창출한다." 비근한 예로 극단적 우익 민족주의에 기초한 포퓰리즘을 정치적 목적을 위하여 교묘히 이용한 것이 바로 나치즘이다. 중국의 홍위병은 극좌로 흘러 무엇이 정의인지

대중의 감각을 흐려 놓았다.

　기술 발전에 의하여 논쟁은 광장, 사이버 공간, 휴대 폰, 심지어 인간 심장에서 계속된다. 논쟁을 통하여 여론의 깊이를 측정하여 이를 정치 프래트홈으로 동원한다. 디지털 정치는 그 장점도 있지만 가짜 정보를 확산시킬 위험을 내포하고 있다. 이 현상의 이면에는 대중을 거짓 정치 목적에 이용할 리스크가 도사리고 있다. 거짓 정보, 오판, 사실 곡해는 통제가 불가한 재앙으로 이어 질 수 있다. 대중적 정서는 화재거리 이슈를 중심으로 형성됨으로 정치적 행위의 올바른 가이드가 되지 못한다. 제어하기 힘든 포퓰리즘은 공적 정서와 감동적인 기사 거리로부터 유래한다.

　이성위의 정서적 지배는 미래로 가는 길을 흐려 버린다. 여기에서 우민정치가 등장한다. 현대 정치의 지혜는 숲을 뚫고 멀리 있는 나무를 볼 수 있는 정치 지도력에 의존한다. 대중 민주주의를 옹호하는 정치 운동은 최선의 공공 이익을 위한 정치 선택이 오도된 또는 근시적 포퓰리즘에 의하여 훼손될 수 있다는 가능성을 배제하지 않는다. 매스 미디아는 대중 정서를 동요시키는 힘을 갖고 있다. 정치적 결정은 특정한 시간대에 의하여 제한 되어서는 안된다. 집단적 동기에 기초한 포퓰리스트 운동은 피상적 초점에 동요되기 마련인바 현대 사회는 실수로부터 자유로울 수 없다. 정보의 대량 입력과 수많은 정치적 옵션의 존재는 "좋음" 과 "나쁨"을 구분하는 능력을 무력화 한다. 정치인이 민중의 소리를 들으려 하는 동안 포퓰리즘은 민주주의와 동고동락할 운명에 있다. 민주주의가 포퓰리즘을 포용하기 위하여 하나의 생각을 제도적 과정으로 전환시키는 지도자를 발견해야 한다.

광범위한 정보에 의존하는 합리적 사고는 정치적 결정에 대중의 동시적 반동 보다 미력한 영향력을 보인다. 즉 대중의 감정적 반동이 이지적 사고보다 강한 대중의 힘을 보인다는 뜻이다. 대중의 동시적 반동은 미디어 초점에 의하여 즉흥적으로 만들어 진다. 정보가 퍼져나가 동일한 마음의 사람을 움직이는 속도는 사람들에게 가짜를 진실로 각인 시킬 가장 강력한 힘을 갖고 있다. 기술의 발달은 디지털 포퓰리즘을 합리성이나 이성의 위에 올려놓는다.

1968년 월터 크롱카이드는 프랑스 학생들의 반란이 세계적으로 확산되는 광경을 보고 경악하여 다음과 같이 술회했다. "군중의 시위가 텔래비전에 비치기 위하여 일어나고 있는 듯하다. 거리 시위가 텔레비전 자체이다. 거리로 나오는 이유는 이것 이외에 다른 것을 생각할 수 없다. 시위는 텔레비전 앞에서 일어난다. 이것이 시위를 조장한다"(마크 구린스키 1988.102). 거리로 나간 군중은 포퓰리즘 옷을 입은 진실에 의하여 지휘를 받는다. 거리 시위에 흥분된 군중은 급조된 이미지에 의하여 조작된 세계에 탐익된다. 동료에 의하여 강요된 즉흥적 결정은 청춘 문화의 성격을 상징한다. 휴대폰의 메시지는 정치적으로 관심없는 젊은이들을 마지막 시간에 투표소로 쇄도하게 하여 열세에 있던 노무현 후보를 대통령으로 지지 했다. 발전된 기술의 영향 아래에서 투표 형태는 정서적 지배 정치로 향하는 새로운 방향을 제시한다.

디지털 정치는 "자유는 자기 규제를 필요로 한다"는 도덕규범에 도전하고 있다. 인위적 환경 뒤에 숨어 그들 자신의 행동 결과에 책임을 느끼지 않는다. "기술은 인간 간의 교류를 억제하든지 아니면 가급적 인간 접촉을 최소화 하려고 한다"고 모엘러는 말한 바 있다. 인간은 알지 못하는 사람과 인터넷을 통하여 의견을 교환하는데 더 많은 시간을 보낸다. 동시에 이웃 동료의 고통에 대하여 감각이 둔해 진다. 새로운 정치 형태는 과대해진 시민 사회의 결과이다. 시민 사회는 시장과 국가로부터 큰 영토를 빼앗아 간다. 합리적 결정이란 국가의 이익을 위한 정치 옵션 중 올바른 것을 택하는 자유를 말한다. 현대 정치는 시장과 국가 간의 줄다리기가 아니다. 시민 사회가 추가되어 현대 정치는 3자 간의 줄다리기가 되었다. 시민 코-드는 여러 이권 단체를 하나로 묶는 역할을 한다. 이 중에서 가장 강력한 그룹이 자신들을 민주 투사라고 하는 불만자들이다. 그들은 끈질긴 정부에 대한 도전으로 악명 높은 사람들이다.

이 민주 투사들은 대중의 감정을 완전히 장악하고 있다. 그러나 대중 감정을 어리석은 것이라고 평가 절하 하는 것은 공정하지 못하다. 지식인과 엘리트가 부패하여 믿지 못할 때 대중 간에는 명석함과 지혜가 빛나고 있다. 감정적 호소는 디지털 정치에서 없어서는 안될 존재이다. 산업 후 사회에서 정서적 영감은 동행해야 할 파트너이다. 이성의 존중은 현대 정치에서 정서적 열정에 길을 터 준다. 대중의 분노에 노출 되었을 때 흔히 하는 말은 "정서와 같이 가자" 이다. 모든 대중의 분노를 정당화 할 수 없기 때문에 사적영역의 분노와 공적영역 의 분노를 구분 할 줄 알아야 한다. 양자 간의 구분이 명확하지 않을 때 공적 분노가 사적 분노로 변질되어 개인 이익을 챙긴다. 문제되는 것은 "어떻게 하면 감정을 다스리는가?" 이다. 한 가지 방법은 먼저일어 난 분노를 다음 분노가 일어나지 않도록 하는 방어기제로 사용하는 것이다. 공적 분노는 정치적 열정으로 변하여 잘못된 정치 목표의 희생물이 된다. 스탈린과 히틀러는 정치적 열정을 엄격히 규율화 된 프레임에 활용하는데 천재성을 보였다.

그럼에도 불구하고 민주주의에서 공적 분노를 통제하는 데는 어려움이 있다. 디지털 정치가 대중을 정치 참여로 유도하면 누구나 자신을 정치 전문가로 상상한다. 시민사회는 무정부 상태로 빠져들고 서로 다른 이익을 상호 보완 관계로 엮어주는 조화의 달인, 지휘자가 없어 진다. 무정부 상태의 혼란이 사회 조건의 복잡성과 함께 어울리면 하나의 정책이 어떤 결과로 이어지는 지 볼 수 있는 시계를 흐려 버린다. 정치 결정은 결과를 예측하기 힘든 위태로운 도박과 같다. 현대 정치인은 대중 감정을 합리적 현실 감각과 균형을 유지 시킬 수 있는 능력을 갖추어야 한다. 이것은 즉흥적 감성을 초월하는 지혜를 말한다.

디지털 포퓰리즘은 지협적 충성과 더불어 총선에 지대한 영향을 미친다. 한국인의 당파성은 지역적 편중으로부터 온다. 지역적 당파성은 세계 어느 곳에서도 볼 수 있는 현상이다. 한국에서 지역적 이익과 결부된 당파성은 정서적 호감을 창출한다. "지역 결속력은 합리적 결정의 산물이 아니라 지방 감정의 산물이다. 주의를 갖고 잘 조정하면 당 책임자에게 지역적 지지 기반과 정치적으로 난공불락의 힘의 기반을 보장해 준다(김병국, 1995,10).

지역 기반 당파성

한국은 고도의 민족적-문화적 동질성을 갖고도 지역 기반 당파성을 갖는 양면성을 띠고 있다. 하나의 집단 서클은 자신의 동지애를 확산 시키려는 본능적 의지를 갖고 있다. 원심분리기가 돌아가는 동안 작은 서클은 큰 서클로 확대해 나가다가 원심분리가 중단 되면 다시 작은 서클로 돌아와 공간이 축소된다. 가장 큰 집단 서클이 국가와 민족이다. 실제로 한국에서 지역적 동지애가 도(道)의 경계를 넘는 경우는 드물다. 하나의 정당이 중앙 무대에서 정권을 잡기 위하여 지방의 지원에 의지하는 경우가 있다. 한국의 지방 당파성은 지방 특색의 결과가 아니고 집권 세력에 의한 지방적 차등에 대한 지역 반동의 결과로 보고 있다. 이러한 지역적 차등은 경제 개발에 가장 적극적 이었던 군사정권에 의하여 자행되었다. 차등을 받는 지역에서는 강력한 지방 지원에 의지하는 정당이 탄생한다. 이러한 현상은 한국인이 인간 연결고리와 정서적 연대에 의지 하려는 경향과 관련이 있다.

지역 당파성은 대통령 선거에서 분명히 나타나고 있다. 전라도에서는 전체 투표자의 98 퍼센트가 1998년 대통령 선거에서 지역 출신 김대중에게 돌아갔다. 지역 편중 정당이 지역 주민의 정서적 반응에 호소하여 국민 정서에 도전한 것이다. 이러한 현상은 합리적 설명을 어렵게 한다. 김대중이 대통령이 된 것은 강력한 지방 결속력이 국민 정서를 이겨 낸 드문 현상이라 아니 할 수 없다. 또 하나의 한국 정치의 특징으로 권력을 분산 점유하는 과두적 정치를 꼽지 않을 수 없다. 제 6 공화국에 이르러 정권을 몇 명의 당파적 리더들 간에 합의에 의하여 분산 점유 하였다. "이러한 현상은 한국의 정치적 후진성을 보여준다"(최창집. 임현진 2010,19). 단결의 힘을 과시하기 위한 일시적 권력 분산은 오래 가지 못했다. 권력 분산은 그 당시 당이 직면한 문제들을 해결하기 위한 일시적 필요에 의한 것 이었기 때문이다. 현재의 정서를 뛰어 넘는 장기간의 정치적 포석이 눈에 들어오지 않았다.

"서양의 지역주의는 지역 경계와 맞아 떨어지는 종교와 계층 간 충돌을 반영한다(최와 임 11). 서양에서 근대까지 많은 공국이 현존하고 있다는 사실에서 중세 봉건주의의 흔적을 발견 할 수가 있다. 이 국가들은 현저한 종교적 색채와 지방적 특색을 띠고 있어 이를 기초로 하나의 정당이 형성된다. 이 정당은 한 집단의 이익이나 또는 종교적 프래트 홈과 맞아 떨어진다. 계층의 이익이나 종교적 신념은 정치적 아젠다를 제공한다. 지역 정파성의 결점은 자율적 개인주의 토양에서 자라나는 자유 민주주의에 의하여 노출된다. 역사의 전진은 개인의 이익을 추구함에 있어 합리성을 발휘하는 개인들에 달려있다.

인간은 자기를 중심으로 수많은 동심원을 그린다. 이 동심원은 팽창하여 다른 동심원과 중복되거나 합쳐져 시민들을 수 갈래로 분리시킨다(김병국 1997, 25). 이 동심원 안에서 개인은 정체성을 찾는다. 인간은 인간관계의 네트워크가 형성되면 여기에 오래 안주하기를 원한다. 이 인간관계는 거미줄 사회를 만들어 서양 개념의 개인주의가 뿌리를 내리기는 어려울 것이다. 유교가 배타적 편협주의로 인하여 비난 받고 있으나 "중용"[5] 이라는 심리적 중화를 택한다면 배타적 편협주의를 극복 할 수 있을 것이다. 이 심리적 균형은 정서적으로 충만된 상황에서 바른 길의 안내자가 된다. "실사구시"는 완만한 성격을 말한다.

자유 민주주의가 기독교 문화에 뿌리를 두고 있다는 전제는 자유와 평등의 두 개념이 비기독교 문화권에도 성장이 가능한지 의문을 제기하고 있다. 헌팅톤은 분명히 자유와 평등이 보편적 개념이 아니라고 믿었다. 그는 서구인이 같이 살아온 정치 제도가 그 문화권을 넘어 다른 문화권으로 이입 될 수 없다는 소신을 분명히 했다. 우리가 지향하는 미래의 정치 체제는 우리 문화와 가치에서 온 것이어야 한다. 문화는 정치와 제도적 성격을 결정하는 가장 기본이 되는 사회적 요소이다.

인간관계의 파괴

인간관계는 점차 지속력이 사라지면서 편의주의로 흘러간다. 인간 유대가 느슨해지면서 개인주의가 성장할 수 있는 새로운 가능성을 제공한다. 개인주의는 태생적으로 집단 결집력을 해친다. 젊은 세대들은 전통적 가치에 묻혀 사는 것을 마다하고 오감을 만족시키는 것을 찾고 있다. 부유해 지면서 '안전하고 견고한 인간관계에 대한 젊은 이들의 감각이 무뎌 진다. 개인은 행동이 자유롭고 생각은 장애물을 만나지 않음으로 자유분방 해진다. 현대 사람들은 땀 흘려 일한 보람을 외면한다. 한국에서 봉급생활자가 된다는 것은 많은 것을 감내해야 한다. 겨울에 아침 일찍 일어나 만원 통근차에 승차한다. 직장에서 늦게까지 일하고 동료들과 모여 술판 벌인다. 늦은 시간에 집에 도착하여 잠자리에 들자 내일 일은 잊은 듯 늦잠 자다 허둥지둥 만원 통근차에 오른다. '현재를 위하여 산다'는 생활신조가 젊은이들의 마음을 잡는 듯하다. 정서적 생활이나 참신성에 대한 그들의 갈구는 일상생활 패턴으로 보아 쉽게 충족 되는 듯하다. 한국 근로자들은 고상한 일과 천한 일을 구분 한다. 그들은 후자와 거리를 두고 있다. 한국을 세계의 새로운 이목으로 만들었던 살신적 근로 의욕은 어떻게 되었나? 이웃 일본인은 직업의 귀천을 염두에 두지 않는다. 직업이 목수이던 요리사 이던 간에 각자 전문적 완성을 얻으려는 것이 그들의 직업윤리다. 이것이 경제 성장을 이끌어 온 견인차였는지 도 모른다.

부를 얻으면 고상한 취미를 갖게 된다고 한다. 그러나 부는 개인을 경솔한 행동에 빠지게 할 때가 많다. 자유주의와 더불어 단명에 끝나는 인간관계는 오륜의 윤리를 흔들어 버린다. 이것들은 '나'와 '타자'를 구분하는 새로운 힘을 창출한다. 충성은 통치자와 백성을 이원적 상호 신뢰에 더한 강력하고 지속적인 관계 속으로 흡수 한다. 통치자와 백성이 서로 다른 편에 있을 때 이들은 적개심을 불러일으킬 때가 있다. 이원적 요소를 하나로 합치려는 것이 오륜의 도덕적 의식이다.

과거의 엄격한 권위주의 하에서 유행하던 어버이 사랑의 온유함은 애정이 지배하는 일방적 부모 사랑으로 변하고 있다. 친밀도에 따라 어버이는 자식을 자기의 손가락에 놓고 마음대로 돌려 감듯이 자식을 소유의 개념으로 삼아 영원한 의존 지향적 존재로 만들고 있다. 가끔 엄마와 아이는 융화되어 한 몸이 되고 있다. 반면에 남편과 아내는 역할의 구분에 의하여 간극이 점점 멀어지는 느낌을 준다. 아내는 과거에 그 집 식구 속으로 융화되어 자기 정체성을 잃었다. 그러나 현재에 이르러 남편-아내의 관계가 어느 경계를 벗어나면 그들은 긴장관계에 있을 수도 있다. 외국인의 눈에 비치는 한국인의 사회성에 문제가 있는 것으로 파악되고 있다. 한국인은 처음 보는 사람에게

아는 표시를 좀처럼 하지 않는다. 많은 외국인은 한국인의 무표정한 얼굴에 눈과 눈이 마주칠 때 당황하는 모습이 확연하다.

오륜의 이원적 관계는 가까운 친지들로 조직된 서클 안에서는 양자 간 분리되지 않고 있다. 친구와 친구 간의 관계는 제한된 공간 안에서는 그 깊이가 형성되어 견고한 융합 상태를 유지하고 있으나 친구의 개념이 확산되는 기동성 사회에서 살아야 하는 당위성 앞에서는 그 견고성이 허물어질 수밖에 없다. 큰 사회에서 사는 편의는 친구 간 신뢰의 감소에 의하여 상쇄된다. 유교의 성현들은 자유민주주의 실천에 적합한 인간관계의 전형을 고안 해 내려고 애를 썼다. 그러나 결속력이 강한 편협 된 공간은 이상적 관계를 지양하는 보다 큰 공간의 비전을 흐려버린다. 혹자들은 사회적 금지 상황이 엄연히 존재함에도 불구하고 부모와 자식 간의 관계는 긴장과 충돌로 몰아간다. 영원한 가치로 보이는 것도 단명으로 끝날 숙명과 한판의 싸움이 불가피하다. 우리는 문화적 전통을 민주주의와 개인주의라는 외래 개념과 양립할 가능성 차원에서 재 정의하고 재해석하는 것이 필요하다. 사적 영역의 편협된 경계를 넘어 공적 영역으로 돌아 갈 개연성을 되새겨 보아야 한다.

자유주의와 인권은 민주주의의 필수 불가결한 요소이다. 그러나 이 두 개념은 공존 할 수 없는 운명에 있다. 존 로크는 "자유는 자율적 기강을 불러 온다"라는 낙천적 기대를 갖고 있다. 그의 주장에 따르면 "과도한 자유는 공동 소유의 가치 붕괴를 초래 할 수 있다." 인간 유대의 유교적 방어는 상호 존중의 전제에 기초하고 있다. 그러나 인간 유대는 자유에 과도하게 노출되면 붕괴 된다. 절제되지 않은 자유는 다른 사람이 지불해야할 회생을 동반한다. "중세기 기독교 사상은 자유주의와 인권을 홀대 했다"(강정인 2000, 76). 자유주의는 종교 개혁 이후 전개된 세속화와 동반 등장 했다. 이성이 지배하는 세계에서 자유주의는 그 원류를 프랑스 혁명과 만체스타 혁명에서 찾을 수 있다. 이러한 운동은 후일 사회주의 유토피아 건설의 일탈적 행위로 이어진다.

한국 지식인이 자유주의를 이해하는 것은 자유주의의 계몽적 개념과는 다르다. 한국인의 이해 수준은 후쿠자와 유키지의 해석을 그대로 반영하고 있다. 일본의 명치유신 후 세대에 속한 사람으로 후쿠자와 유기지는 개인주의를 국가에 대한 개인의 의무로 보아 왔다. 그러나 그가 이해하는 개인주의는 국가 권력의 감소와 동행하여 온 서구적 자유주의에 반한다. 개인 자율성에 대한 후추자와의 견해는 도덕 실행의 주체로서의 개인의 개념과 충돌한다. 자유주의의 서구적 견해는 "인간에게 올바른 도덕적 결정을 내리는 능력과 정부에 항의하는 담력과 사회 정의를 위한 싸움의 부담을 질머질 용기를 제공한다"(티코노프 블라드밀 2005, 281). 시민 사회에서 가족은 협동적 파트너 창출을 방해하는 것이 아니라 그것을 조장하는 힘으로 보아야 한다. "따라서 아세아인의 경제 발달 원인을 전통적 문화와 연결시키는 노력은 전통을 민주주의와 경제성장과 동행하는 것으로 재해석 되어야 한다"(강정인,2000,72). 역동성에 대한 새로운 해석은 유교의 공리적 해석과 맥을 같이 한다.

문화적 동질성과 국가의 건강

"앞으로 우리 사회가 지향하는 사회는 어떠한 것일까?" 아마도 그 사회는 문화 복합 사회로 미국과 캐나다가 그 전형을 보여준다. 아메리카는 더 이상 다양한 문화의 민족들을 융화하는 용광로가 아니다. 오히려 '살라드 볼'이라고 부르는 것이 적합 할지 모른다. 미국은 한 나라라고 해도 문화의 동질성을 추구하지 않는다. 이점에서 미국 사회는 유럽 대륙과 닮아 간다고 할 수 있다. 유럽은 독립된 국가들의 연합이다. 이 국가들의 연합은 다양한 문화가 중복되든지 아니면 독립적 문화가 병열되어 있다고 본다. 유럽 대륙을 분리하는 것은 언어, 문화와 종교이나 국가 간의 경계나 정치적 독립체의 경계가 아니다. 역사적 또는 문화적 정체성의 네트워크는 국가 간의 경계를 넘어 과학 발전, 역 문화, 패션, 예술적 아이디어의 신속한 잔딜을 가능케 하는 무대가 된다.

이러한 복합 사회의 시민은 다른 문화 와 수정(Cross Fertilization)에 의하여 발생하는 새로운 유행이나 아이디어를 다른 나라 보다 먼저 경험한다. 그런 사회는 외형적으로 순조로운 항해를 할 것으로 예측되나 다른 목소리를 통합하는 데 문제가 없을 수 없다. 여기에는 주류(主流)와 같이 흘러가기를 거역하는 소수가 있기 마련이다. 월남 전쟁이 계속되는 동안과 그 이후의 미국 사회는 심하게 요동치는 배와 같았다. 전국적 규모의 반전 시위, 그 뒤를 따라 미국 사회가 역문화(Counter culture)의 혼돈 속으로 말려 들어가 작가 조이스 캐롤 오우쓰는 그녀의 소설 'Them'에서 '미국 가정의 정서적 불모지'를 그리고 있다. 그녀는 미국 중산층 가정이 도덕적 퇴보로 들어가는 장면을 생동감 있게 그리고 있다. 유럽 대륙도 1968년 학생들의 소요에 의하여 시작된 비슷한 혼돈으로 들어갔다.

　유럽이나 미국 사회를 강타하던 과격 진보주의의 조류(潮流)에 이들 사회는 함몰되는 듯하다가 다시 소생 하였다. 페미니스트 과격파는 자중하는 모습을 보였고, 동성연애자는 자기 정체성에 대한 요란한 주장을 버리고 새로운 환경에 적응하고 있다. 1960년대 발흥하던 '흑표범파'(미국 Black Panthers)는 조용한 망각의 세계로 들어갔다. 무엇이 이들 사회가 위기를 극복하게 했을까? 국가 선박의 바닥짐이 무게 중심을 잡았기 때문이다. 기울던 사회가 몸을 바로 잡기 시작했다. 사회에 적응하지 못한 자들에게 보다 넓은 공간을 주어 그들 나름의 소생의 길을 터주었다. 이것이 복합 사회의 장점이다.

　미국 사회는 처음부터 전통적 금기나 계급적 편향으로부터 자유로워 유럽에 비하여 자유분방한 느낌을 준다. 전래되는 권위에 대하여 강한 저항과 자신의 운명을 혼자 개척 해 나갈 개인의 권리의 무한한 신념은 개인 창의력과 자기주장을 낳고 있다. 미국 사회는 어느 사회보다도 새로운 유행이나 과학적 발견을 먼저 경험하는 것 같다. 그러나 새로운 것에 대한 충동적 욕구를 억제하는 보수적 힘도 가볍게 볼 수 없다. 문화적 복합성은 사회 변화의 속도를 늦추어 주고 변화들이 새로운 환경에 안주 할 수 있게 포용해 준다. 제한된 가치 공간에 구속되어 있던 한국인에게는 낙태, 페미니즘, 정체성 정치와 같은 사회적 이슈에 대한 공론은 이상하게 보일 지도 모른다. 민주주의는 복잡한 사회 구조 속에 안주한다. 종교, 민족, 문화가 복잡하게 얽혀 있으면 사회적 이슈들이 보다 첨예하게 나타나 대통령 선거에서 공론화

된다. 복합적 문화는 단선 문화에 익숙한 사람들의 상상을 초월하는 인간의 가능성을 확대시켜준다.

전통이 아직도 확고하게 자리 잡은 사회에서 옛 관습은 새로운 문제를 다루는 사회의 능력을 훼손하며 새로운 것의 확산을 방해 한다. 단일 문화 사회는 행동의 다양성을 허락하지 않음으로 새로운 것들이 대량 이입하면 폭파될 개연성이 높다. 그 사회는 상도를 벗어난 이슈를 다루는 능력을 상실하고 있다. 사회학적 원리에 의하면 사회가 추구하는 목적과 책임을 모든 사람이 공유 할 때 그 사회는 건전 해 진다고 한다. 세습적 사회에서 문화와 가치는 사회적 결속력을 유지하는데 이념이나 제도 보다 더 강한 힘을 발휘한다. 단선 문화에 익숙한 자들은 복합 사회의 단점으로 다양한 문화 간의 연결망이 약하다고 본다. 복합 사회는 문화 간의 접점(seams) 이 단절 될 위험을 안고 있다. 사회 결속력을 강조하는 것이 현대 조류에 비추어 볼 때 올바른 방향인지 의문이 제기된다.

정서적 연대에 기초한 사회는 위에서부터 아래로 형성된 사회이다. 반대로 이념이나 제도적 공통분모에 의하여 이루어진 사회는 밑에서부터 위로 올라간다. 사회 분열을 막는데 이념과 제도의 공통분모에 의존하는 미캐니즘으로는 약하다는 시각도 있다. 문화적 요소보다 제도에 의존함으로 구성 요소 간 연결선이 끊어져 분열될 위험에 처할 수도 있다.

한국 같이 동질 인종 언어문화와 공유된 가치에 기초한 사회는 강한 사회 결속력을 유지 할 것이다. 이러한 사회는 전통적 습관에 집착하고 있어 사회 목적과 개인 목적 간 타협이 용이하다. 이러한 사회는 위로부터 아래로, 중앙으로부터 지방으로 의견 일치를 구하기 용이하게 만든다. 복합 사회에서 다양한 변인과 대적하기 위하여 시민들은 축소된 공간을 뛰어 넘는 사고와 행동이 필요하다. 변화의 물결은 사회가 현 궤적에 안주 할 수 있게 가만히 놓아두지를 않는다.

한국은 이백 만명의 외국인 근로자를 수용하고 있다. 앞으로 외국 근로자의 한국 입국은 계속 늘어나게 될 것이다. 이와 더불어 사회적인 문제는 더욱 복잡 해 지고 다루기 어려워 질 수도 있다. 국가 간 이동 인구의 이점은 그들이 하는 일에서 찾을 수 있겠으나 이들을 내국인과 같이 공정하게 다루는 사회적 관용에 관심이 집중되고 있다. 해외에 이주한 한국인이 8 백만 명을 넘고 있는 것을 보면 균형이 깨지고 있음을 알 수 있다. 한국인을 함께 뭉치게 했던 가치는 우리 사회가 산업 후 사회로 이동함에 따라 이미 효력을 잃고 있다. 개인 권리, 사회 정의와 민주주의는 국제화 사회에서 존중 받고 있으나 다른 한편 소수의 사람들은 아직도 이 가치들을 부담으로 여기고 있어 사회적 간극을 보인다. 국가를 단일 민족으로 보는 시각은 이민이나 국제결혼에 의하여 시민권을 획득한 자들을 홀대하는 경향이 있다.

이 세상에 제도의 변화를 거역하는 사회는 없다. 유교 사회를 대표하던 가치는 복합 사회로 가는 길목에서 장애물이 될 수 있다. 권위주의는 대체되는 것 보다 힙리적 또는 완만한 권위주의로 변화 할 조짐을 보인다. 이 맥락에서 "'아버지'는 가정에서 무엇을 의미할까?" 한국에서 평등과 민주주의는 헌법의 기본 가치로 받아들임으로 공적 영역으로 들어 왔다. 이와 더불어 한국인은 이들 가치를 가정에 적용하고 있어 수직적 유대를 파트너십 관계로 변화 시키고 있다. 파트너십은 수평적 관계를 유지 하고 있어 성의 역할 구분이 경직되여 있는 수직적 사회에서 발을 부치기가 쉽지 않다. 평등과 개인주의를 가정에 적용 할 때는 종래의 가족 결속력과는 동행 할 수 없음을 알 수 있다. 공과 사적 영역 간의 가치 부조화 현상을 화합하는 문제가 고개를 들고 있다. 문제는 가족의 결속이 평등의 회생을 요구하기 때문이다.

'단결 속의 다양성' 은 복합 사회의 이미지를 상징하는 새로운 개념으로 떠오른다. 단결은 이질적인 것을 혼합하여 하나로 만드는 것을 의미하는 것이 아니다. 단결은 오히려 다른 것들을 그대로 음미하고 인정하는 것이다. 단결이란 다양한 가치를 하나의 혼합체로 통합하거나 과거의 흔적들을 완전히 지워버리는 것이 아니라 사회적 관용을 키우는 것이다. 한국 사회도 흑인과의 혼혈아들이 한국인과 같이 시민 권리를 즐길 날이 언제인가 올 것이다. 통치의 기술은 시민을 통합하는 공유된 가치와 제도를 유지 하면서 특수 가치에 도 영역을 넓혀 나갈 여유를 부여하는 것이다.

과거의 가치관은 규모가 작은 동질적 문화 국가를 유지하는 데 유리 하다. 한국인은 가족의 크기와 관계없이 영원한 가족 결속력에 집착하고 있다. 가족이 상호 친지 간 지원 체제로 존속하는 한 인간 친화적 사회와 익명의 사회 간의 충돌이 불가피 하다. 가족의 확대는 보다 자의적이고 융통성 있는 연결망 (네트워크) 을 훼손하는 결과를 낳는다. 그러나 한국인은 가족제도의 확대를 선호한다. 문제는 가족이 전통적 가치, 즉 인맥 중시, 온정주의, 권위주의 와 편협주의와 함께 성장 한다는 것이다. 권위주의와의 전쟁은 수직적-집단적 의식과의 전쟁을 뜻한다. 이 가치들은 상호 보완하면서 도 하나의 통합체를 이루고 있어 새로운 가치에 대항한다. 그러나 세계화는 이 가치들은 우리 의식으로부터 멀리 하고 있다. 전통 가치관은 그 영향력이 감소될지라도 완전히 사라지는 것이 아니다. 단지 그들은 새로운 가치에 의하여 선택적으로 활용 될 것이다. 민주주의 추구는 권위주의 정권을 공격한 일연의 정치운동을 탄생시켰다. 경제 성장은 정치 민주화의 외침으로 이어졌다고 하나 한국에서 경제 성장과 민주화의 등식이 성립하는 데 오랜 시간이 흘렀다. 경제 성장은 권위주의 정권과 동행 해온 것이 한국 정치의 특징이다.

좌로 갈 것인가?

이념적 대결은 자유 민주주의의 실천을 위한 한국인의 노력을 방해하여 왔다. 한국은 냉전의 최초 희생자요 공산주의와 전쟁을 최초로 경험을 한 국가로서 반공정신을 국가정책의 일 순위로 길러 왔다. 역설적으로 말하면 한국전쟁으로 인한 정신무장이 없었다면 대한민국은 벌써 제2의 베트남이 되었을 지도 모른다. 경험은 증오의 씨앗을 낳는다. 해방 공간에서 공산주의가 압도적 우세에 있었다는 것을 상상 해 보라. 대한민국이 탄생할 즈음에 공산주의자들은 공기관은 물론 군대 내부까지 침투하여 신생 국가의 앞날을 예측할 수 없는 안개 속으로 몰아넣었다. 이념대결은 아직도 진행 중이어서 가까운 미래에 끝날 것 같지 않다. 더욱이 우리를 놀라게 한 것은 한국 사회 안방에서 신 맑스주의가 성장하고 있다는 사실이다. 과거 학생운동으로부터 이어 온 진행형 드라마로 보기에는 문제의 심각성이 커 보인다. 이념 전쟁을 치루고 경제성장의 열매를 구가했던 대한민국이 신맑시즘의 텃밭이 되고 있다는 것이 아이러니가 아닐 수 없다.

통일이 역사의 준엄한 요구라면 "통일된 한국의 정치적 정체성은 무엇일까?"에 대한 해답이 있어야 한다. 이데올로기는 '옳고 그름'의 문제가 아니고 가치선택의 문제이다. 가치 선택의 효과는 상당한 시간이 지난 후에야 나타난다. 만일 대한민국의 탄생과 더불어 자유민주주의를 택하지 안했다면 상황은 어떻게 전개 되었을까?

공산주의는 자본주의 사회의 병폐에 대한 극단적 비관론에서 시작되었다. 칼 맑스의 역사 발전 예측론에 의하면 파괴적 자본주의 다음에는 공산주의가 필연코 온다고 주장한다. 모든 제도는 시행착오를 통하여 성장 해 왔다. 소비에트 연방이 탄생 했을 때 제도적 관점에서 그들이 주장하던 공산주의 유토피아의 실현이 가능한지 검증된 바가 없었다. 공산주의의 이념을 잘 이해하지 못하는 데서 공산주의의 무오류 광신이 성행하였다. 공산주의 사회는 흠이 보이지 않는 완전한 사회이다. 자본 산업주의 병폐에 고통 받는 대다수 사람들에 대하여 공산주의는 열정적 동정으로 보답하였다.

"자본주의 악마와 싸워 온 악몽 같은 경험은 새로운 사회 건설의 시도로 이어졌다" 고 술회한다. 우리는 우리가 살고 있는 현세를 고난의 바다로 비관하는 경향이 있다. 그렇다고 이념의 광신이 완벽한 제도로 이어져 유토피아를 만든다는 보장도 없다. 이념적 광신이 세계를 혁명의 불길로 달굴 때는 이미 지나갔다. 이념도 생물같이 탄생, 유년기, 성장기, 쇠퇴기의 주기를 타고 산다. 절대적 평등은 모든 사람이 삶의 기쁨을 맛 볼 수 있는 유토피아아를 보장하지 못한다. 볼테르는 소유의 평등에 앞서 문화적 평등과 법률적 평등이 보장되어야 함을 역설했다. "모든 사람이 자유와 소유, 그리고 법률 보호의 평등 권리를 외쳤다면 환영할 일이다(윌 듀란트 1961, 186)."

한국인의 민족적 동질성은 그들이 민족적, 문화적, 정치적 연대를 공유하여 온 역사 속에서 찾을 수 있다. 여기에서 민족, 문화 와 정치적 정체성 간에 일치함을 보여 준다. 한국인의 국가에 대한 충성은 동일 혈통에 대한 긍지심의 발로이다. 반면 '다양성' 과 '창조'의 가치를 숭상하는 미국인의 애국심은 자유민주주의와 개인주의의 신념으로부터 온다. 동일 혈통에 기초한 충성이 미국인의 애국심보다 강하다는 보장은 없다. 한국의 오랜 분단은 한국만이 갖고 있는 현상으로 민족적 정체성과 관련이 있을 것으로 본다.

천년 이상 단일 국가로서 살아 온 역사에 비추어 볼 때 현재의 국가 분단은 순간에 불과하다. 재통일에 대한 동경은 감정이 깃든 정서를 들어내어 통일의 합리적 접근을 어렵게 한다. 통일 국가를 구가하던 과거로의 회귀는 성급한 통일을 위한 외침으로 이어지고 있다. 젊은 세대, 특히 정치화된 집단은 무조건 통일을 외치고 있어 북한 선전에 동참하고 있다. 합리적 화합이나 타협에 나서는 사람은 무조건 '사꾸라' 또는 '배반자'로 몰려 말의 폭탄을 받게 된다. 정치인들이 '타협'과 양보' 에 무관심을 보인 것은 어제 오늘의 이야기가 아니다. 민주주의는 충돌적 정치로서 '조화와 평화'를 외치는 한국인들에게는 역겨운 상대로서 에너지를 소진 할 뿐만 아니라 민주 정치와 도덕에 대한 국민들의 오판을 불러 온다.

남한에 있는 급진 학생들, 특히 1980년대 가장 활동적 이였던 세대들은 진보세력으로 위장하고 그들 중 소수는 나이의 무게에 못 이겨 이념적 투쟁을 포기하고 있다. 그러나 골수분자들은 그들이 믿었던 신념이나 이상이 진실과 멀어져도 절대 동요하지 않는다. 칼 맑스의 매니페스토를 보라! "기존의 모든 것에 조종을 울려라 그리고 지배세력을 떨게하라." 이 살벌하고 섬찟한 매니페스토는 아직도 그 위력을 발산하고 있어 혹자는 이를 읽고 온몸에 전율이 통과하고 있음을 느낀다고 한다. 혁명의 쓰나미가 현실이 되고 있음을 보고 있는 심정이다. 그들의 이념적 광신은 현실적 문제를 외면하고 합리적 추측을 불가능하게 한다. 한국인의 민족 분단은 가족 분단으로 이어져 북에 두고 온 혈육을 찾는 애절한 목소리가 크게 들려온다. 한국 전쟁 전에 북으로부터 내려온 난민은 한 때 부와 높은 교육 때문에 북에서 반동분자로 저주받던 인텔리들이다. 인텔리들의 '싹슬이'는 그 사회의 지적 수준과 품격을 낮추어 버린다. 이들은 반사회적 대세에 합류한 사상적으로 무장된 투사들이었다.

좌파들의 '신 유토피아' 동경은 그들의 평화적 쇼의 그늘에 가려 있었으나 그늘이 거치고 나니 남한으로부터 '외국 군대의 철수'와 '보안법 철폐'를 외치는 목소리가 크게 들린다. 젊은이들은 북의 연방제의 외침에 쉽게 감성적 동요를 보인다. 통일 한다는데 싫어하는 사람이 어디에 있겠나? 북의 연방제는 양방의 다른 정치체제에도 불구하고 우선 합쳐 보고 남북을 관할하는 연방정부를 세운다는 것이다. 이런 구상은 미국 같은 연방제의 모방을 뜻하는데 연방제란 지역적 특성과 이념 제도적 공통분모의 기초 위에서만 가능해진다. 연방제의 주장은 '모래위의 성'을 세우자는 외침이 아닌가? 통일을 저해하는 주 원인은 남북 간의 경제 발달의 격차이다. 국민 총 생산을 비교하면 북한은 남한의 1/50에 해당한다. 이러한 상황을 무시하고 두 제도를 합치기만 하면 된다는 그들의 논리가 궁극적으로 무엇을 노리고 있을까? 독일 통일 당시 동독의 총 생산은 서독의 1/3에 해당되나 이 문제는 서독인구가 동독의 4배가 된다는 사실 앞에서 크게 염려할 만한 일이 아니었다. 그럼에도 독일 통일의 후유증은 오래 지속되었다.

성급한 합병은 진정한 통일을 저해한다. 통일은 한국인의 여린 감성을 자극하여 "이념의 함정"으로 몰고 간다. 여기에 한번 빠지면 목숨의 회생이 아니고는 벗어 날 방법이 없다. 시간이 흐르면서 맑시즘에 대한 사회적 비난이 가중되어 왔고 1989년과 90년 사이 쏘비에트와 동독이 모래성같이 무너졌다. 그러나 핵심 좌파 세력은 유토피아의 새로운 비전에 대한 믿음은 절대 동요하지 않는다는 것을 보여준다. 유토피아는 일종의 환상으로 인간의 손에 잡히지 않는다. 행복감은 너무 순간적이어서 오는가 하면 벌써 지나 가 버린다. 따라서 행복감은 기다림 속에서 찾을 수밖에 없다. 헤겔도 행복에 대하여 언급한 바 있다. "우리의 일생은 행복 같은 환상을 위한 것이 아니라 실질적 성취를 위하여 만들어졌다." 역사적 진보주의는 유토피아의 개념이 시대에 맞지 않는다고 선언한 바 있다.

최근 북으로부터 생명의 위협을 감수하면서 남하 한 탈북자들에게 남한정부는 더 이상 '꿈의 나라"가 아니다. 그들은 남한에서 적응과 경쟁을 위한 새로운 한판의 투쟁을 벌리고 있다. 독일 통일 이후 다수의 동독 주민들은 새로운 환경에 적응하지 못하고 옛날의 공산 정권의 보호적 손길을 동경 했던 것으로 알고 있다. 인간은 각자의 비통했던 과거를 쉽게 잊어버리고 즐거웠다는 환상만 남는다. 남한은 북한을 비웃듯 거침없는 비상을 하고 있으나 바로 안방에서 자라나던 신 맑시스트의 싹을 감지하지 못했다. 부의 축적에 의한 자만은 제도 개선의 태만을 불러왔다.

　남한의 권위주의 정권은 좌익 세력의 보금자리로 적격이었다. 이들은 여기에 씨를 뿌리고 성장하여 왔다. 그들의 이념적 입지는 고통받는 대중을 위한 계급투쟁으로 정당화 된다. 남한 정권에 대항하여 싸우던 순진한 학생들은 북한 선동과 선무공작에 쉽게 빠져든다. 신 맑스 주의자들은 남한의 경제성장 열매를 즐기고 자라 제도권의 고위직으로 진출하고 있다. 이들의 수가 증가함으로 기존의 질서에 심각한 위협을 준다. 이들의 생활 행태는 공산주의가 원래 무산계급 노동자를 위한 혁명이라는 것을 잠시 망각하고 있는 듯하다. 어느 사회이건 진보세력은 존재하기 마련이다. 그러나 좌파 세력은 진보세력과 일치하지 않는다. 진보 세력을 하나의 색깔로 볼 수 없듯이 좌파 세력도 하나의 색깔로 볼 수 없다. 학생들은 온건 좌파 (친북)와 과격파 (종북)로 구분 된다. 전자는 남한 정부의 억압적 정치에 불만을 품고 북한 정책에 인증의 신호만 보내고 북한 정책을 선택적으로 옹호한다. 반면 후자는 유토피아의 마력에 도취되어 북한 정책을 무조건

옹호한다. 모든 좌파 학생들을 망라하는 진보 연대가 있다. 이 밖에도 좌파 학생 중에 국민의례에서 애국가 부르기를 거부하거나 국기에 대한 경례를 피하는 자들도 있다. 친미주의적 남한 정부를 민족주의 감정으로 재단하는 것은 온당치 못하다. 그렇다고 북한정권도 반듯이 민족주의를 대변한다고 는 볼 수 없다.

이념적 대결은 종교계에도 침투 해 왔다. 젊은 목회자 중에 진보계열이 심심찮게 보인다. 이들은 386세대의 잔재들이다. 한국의 교회는 권위주의에 대한 저항세력의 은신처가 되어 민중을 선동 해 왔다. 그들의 반정부 활동이 라틴아메리카의 해방 신학과 만남은 자신들이 고통 받는 대중을 위한 영웅적 행위에 참여 한다는 확신을 심어 주었다. 그들은 어깨를 무겁게 누르고 있던 사회정의 실현을 위하여 무거운 시동을 걸었다. 소위 '사회 정의구현 사제단' 이라는 단체는 정부가 자행한 부당한 행위를 조사하여 얻은 성과를 대중에 공개하여 사회적 관심을 이끌어 왔다. 그들은 점점 정치화 되어 갔고 사회 정의 실현에 그들 나름대로 자신감을 얻게 되었다. 성직자들은 정부를 공개적으로 비난하고 민감한 문제에 관하여 북한의 대변인이 되고 있었다. 그들은 남한 정부와 충돌하는 과정에서 신 유튜피아의 꼬임에 대비 할 여유를 갖지 못했다.

성직자들의 주장이 무엇이던 간에 우리는 그들이 옹호해 왔던 신념에 의심을 제기 하지 않을 수 없다. 첫 번째로 그들이 신봉했던 이념은 성직자의 사명과 충돌한다. 혹자의 주장에 의하면 사회적 혼란이 목회자의 사회 참여를 정당화한다고 말한다. 고통 받는 대중을 위한 그들의 성스러운 사명을 논한다면 "왜 종교를 죽인 자들에 대하여는 그들이 눈을 감고 있나?"고 반문하지 않을 수 없다. "그들은 남한에서 민주주의가 죽었다고 통곡하면서 종교를 죽인 북한에 왜 관용을 베풀고 있나?" 그들의 이념적 모순은 불신의 씨앗을 뿌려 대중을 현혹하고 있다. 물론 그들은 자유롭게 불만을 피력 할 수 있으나 그들이 진실과 맞지 않는 믿음의 오류를 고의적으로 은폐할 때 문제는 심각해진다. 그들에게는 남한이 북한보다 더 잔인하다고 보인다.

한국인은 다음의 질문을 안고 산다. "남과 북은 하나가 될 수 있을까?" "공산주의 정권이 이 역동적 사회에서 얼마나 오래 버틸까?"; "남한은 통일 후의 혼란을 감당 할 수 있을까?" 현실의 표면은 조용한 듯 보이나 그 밑에서는 신 맑스주의 혁명의 불씨가 타오르고 있다. 이들은 1980년대 힘의 정점에 있다가 세계화가 맑시즘을 죽음으로 몰아가는 와중에서 신 맑시즘은 '붉은 폭도' 라는 이미지를 털고 다른 옷을 갈아입고 한국의 지성인 중에 뿌리를 내리고 있었다. 혹자는 김일성의 주체사상에 매료되어 있다. 그들은 신 맑시즘과 종속 이론의 프레임에 민족주의의 정의를 맞추어 놓는다(강호석, 1973, 15). 완화된 좌파와 달리 그들의 정치적 목적은 현 정권이 무너지는 것을 보는 것이다. 혼란이 가중되면 그들은 무성한 나무들 같이 성장 할 것이다.

신 맑스 주의자들은 자기들을 도덕과 합법성의 심판자라고 하면서 식민주의로 부터 남한 동포를 해방시키기 위하여 목청을 높이고 있다. 우리는 모든 반정부 운동에 좌파 선동가가 배후에서 조종하고 있는 현실을 본다. 여기에 이념 논쟁이 가해지면 그 논쟁은 끝을 보지 못한다. 최근 대형 관관용 선박이 침몰하여 수 백명의 학생들이 회생된 참사가 있었다. 세월호라고 부르는 이 사건은 이념적 색깔을 지니고 있는 한 그 진실은 영원한 수수께끼에 묻혀 있을 것이다. 좌파들이 유족을 선동하여 이 사건을 이념적 투쟁으로 몰고 간다. 이념을 낡은 구시대 논쟁으로 폄하 하면서 그들은 이념을 도구로 하여 혼란을 부추긴다. 그들 나름대로 도덕성과 합법성의 잣대를 통하여 모든 이슈에 이념적 프리즘을 적용하려고 한다.

좌파라고 말 할 때 극단적 과격 좌파와 진정한 진보주의자라고 칭하는 좌파를 구별할 필요가 있다. 좌우 양극 세력이 지배적 위치에 있을 때 중도파들은 설 땅을 잃고 때로는 '변절자'로 매도된다. 혁명의 열기 속에서 성장한 세대에게 양보 또는 작전상 후퇴는 죽음을 의미한다. 진보주의 연합은 긴 캐라번의 행렬을 연상하게 한다. 맨 앞줄과 뒷줄 간의 간격은 시계 밖에 있다. 진정한 진보주의도 여러 색깔을 띠고 있어 융통성 있게 집합 이산을 한다. 대한민국의 대표적 진보 노동조합이라는 '민주노총'은 다른 진보세력인 경기 동부연합, 한총련 등과 연합하여 카르텔을 형성하고 있어 이들이 정치권에서 행사하는 힘은 날로 커진다. 이들이 좌경 정권과 조우할 때 국가의 운명은 예측을 불허한다.

이념적 열정만으로는 현대 생활의 복잡한 문제들을 풀어 갈 수 없을 뿐만 아니라 다양한 사회적 수요를 충족시키지도 못한다. 절대적 평등은 절대적 힘과 길이 안으로부터 썩어간다. 좌익 세력은 경쟁자와 타협이나 양보를 허락하지 않는다. 이념에 편중된 정치는 제도권에 진입 할 좌익분자들을 길러 내는 텃밭이 된다. "386 세대"의 핵심 멤버는 '586 세대'의 이름으로 똘똘 뭉쳐있다. 이들 대부분은 대학생의 신분으로 노동자로 변장하여 권위주위와 대항하여 싸워왔다. 이들은 민주 투사로서 영웅주의에 사로 잡혀 있었다. 민주주의의 개념은 탄력적이어서 변화무상의 상황에 적용되고 있다. 남한은 민주주의를 퇴보시킨 책임이 있다는 신 맑스 주의자들의 주장은 어제 오늘의 이야기가 아니다. 이들은 진보주의의 과격파 날개를 달고 진보연대에서 큰 자리를 차지하고 있다. 제도권에 진입한 진보 요원들과 이념적 연대를 유지함으로 이들은 소속 당에 정치적 아젠다를 제공하고 그들에 유리한 여론을 조성해 나간다.

실증법 위반으로 투옥된 기록은 이들의 민주 활동에서 훈장으로 취급된다. 그들에게 이 기록은 굴곡진 생활을 상징하는 '영광스러운 상처' 로서 대중의 선망이요 선거에서 유리한 고지에 오를 수 있게 한다. 러시아 혁명 이전의 반 차르 혁명가들은 파란 만장한 사이베리아의 유형을 상징하는 흰 머리와 긴 턱 수염을 하고 귀향길에 올랐다. 그들은 사이베리아 유형의 고통에 반백이 되어 고향으로 돌아와 군중의 열렬한 환영을 받았으나 이들의 혁명 열정은 러시아의 견고한 사회 구조를 잠식해 들어갔다. 그들은 담대한 행동이 영웅주의로 칭송 받던 시기에 생존해 있었다. 많은 젊은이들은 이러한 그들의 생애를 미화하며 동경 해 왔다.

신 유토피아의 추종자들은 하나의 커다란 조직체에서 섭생하고 있다. 예를 하나 들어 보자. 해방 후 남한을 다스리기 위하여 '건국 준비 위원회' 라는 중도파 중심기구가 탄생 했다. 여기에서 좌-우파와 중도파가 리더십을 위한 각축을 벌리다가 공산주의 (남노당계)가 지배적 위치에 오른다. 이들은 건국준비위원회에서 섭생하여 결국 이를 완전 지배하기에 이른다. 이 기구의 창시자 여운형은 리더십 중심으로부터 밀려나기 시작하여 결국 하차한다. 한 조직 내의 세력 대결 구도에서 공산주의의 위력은 상상을 초월한다. 자유 민주주의의 장점은 새 이념이 제도적 측면에서 실현 가능 한지 시험 할 기회를 제공한다. 첨예하게 대립되는 이슈에 관하여 자유 민주주의는 우군과 적군 간의 차이를 흐려 버린다. 진보 세력은 좌파와 우파 간의 대결을 지배 세력과 피지배 대중 간의 경쟁으로 몰아 간다.

공산주의의 이상은 현실과는 멀리 떨어져 있다. 모든 것의 공유를 가능케 하는 평등제도는 공정 사회를 표방하는 듯하나 실제로 이를 실천하기 위하여는 개인의 자유를 억압하게 된다. 공산주의의 논리는 국가를 조작이 편리한 하나의 거대한 기계로 만들어 시민들을 기계의 부품으로 격하 시킨다. 좌파 사상의 특징인 이념적 또는 제도적 경직성은 사회적 관용이나 속죄를 허용하지 않는다. 레닌이나 트로스키가 그렸던 유토피아도 음모와 술수가 난무하는 사회는 아니었을 것이다. 권력의 이동이 거대한 피의 숙청을 동반했고 경쟁자의 도전 가능성을 완전히 배제한다. 세계 1차 대전 중 소비에트가 탄생했고 스탈린 통치 하에서 만 이천 만명의 인명이 살해되었다. 1949년 마우체퉁이 중국을 통일 한 후 문화 혁명시기까지 동일 수의 중국인이 혁명의 대가로 희생되었다. 이 양국의 공산치하에서 살해된 인명 피해는 나치 독일의 인적 희생을 능가한다. 모든 정보나 뉴스는 엄격한

검열에 의하여 신뢰와 논리성을 잃었고 언어는 진실을 묘사 할 능력을 상실했다. 대중은 통치자를 신으로 공경하는 우화 속에 묻혀 있다.

이념적 대결은 고등학교 역사 교과서에 대한 논쟁에 잘 묘사되어 있다. 논쟁은 1948년 8월 15일 탄생한 대한민국의 합법성을 부정하는데 있다. 진보주의는 대한민국의 초대 대통령 이승만을 친일 인사로 몰아세우고 미국 신 제국주의에 굴복한 비겁한 자로 비난의 과녁에 놓고 있다. 대한민국은 그들의 관점에서 보면 식민주의 잔재를 청산하지 못 했기에 주권을 상실한 것과 다를 바 없다고 논리를 편다. 따라서 대한민국의 탄생은 우리의 역사를 식민주의 시대로 퇴보시킨다고 한다.

진보주의자들은 대한민국의 탄생을 1919년 기미년 운동의 여세로 해외 여러 곳에서 설립된 임시정부에서 찾고 있다. 3.1 운동은 대한제국이 국권을 잃은지 10년 뒤에 일어났고 임시 정부는 연해주, 간도, 상해, 서울에 세웠으나 상해로 교민들이 몰려들어 상해 임시 정부가 핵심을 이루고 있었다. 이들 임시정부는 영토와 주권을 잃었기에 국가의 기본 요소를 갖추지 못하고 있었다. 오히려 임시 정부는 식민주의와 싸우던 '민족주의 전선'(Nationalist front)으로 보는 것이 타당하다. 베트남도 제국주의와 싸울 때 민족주의 전선(Vietnamese Nationalist Front)을 표방 했었다. 상해 임시정부는 자유민주주의 제도를 채택하고 있어 대한민국 탄생을 위한 헌법 골격을 제공했다는 데 그 의의를 찾을 수 있다. 다시 말하면 임시정부의 법통이 대한민국 정부로 이전되어 민주주의 싹을 트게 해준 묘판이 되었다. 상해 임시

정부의 수립을 건국으로 본다면 이 임시정부의 초대 대통령이었던 이승만은 어떻게 볼 것인가?

1925년 좌파는 임시 정부와 결별했다. 우파와 중도파만 남아 임시 정부를 어렵게 꾸려 나갔고 이들은 후일 대한민국의 내각 요원으로 역할을 다 했다. 대한민국 초대 내각 구성원으로 보면 "누가 감히 친일 정부라고 할까?" 식민 정책은 한국인을 종족 중심 민족주의 테두리로부터 벗어나지 못하게 했다. 진보주의는 국가의 정통성을 친일 프레임으로 흐려 버린다. 여러 가지 확인된 사실과 설명의 논리성으로 보아 과연 임시 정부를 대한민국의 건국으로 보는 것이 옳다고 볼수 있을까? 이념의 광신은 주장의 논리성을 상실한다. 앞으로도 역사적 사실은 진영의 논리와 싸움을 계속해야 한다. 공산주의가 자칫 좌파 파시즘을 향하여 거침없는 질주를 하지 않을까 하는 우려 섞인 말들이 들려온다.

현대 심리학의 이론에 의하면 인성에는 병폐적 악성이 지배한다고 한다. 개인이 집단적 광기(Collective insanity)에 매몰되면 이성에 의한 도덕적 판단력을 잃게 된다. 인간은 자연재해보다 인간 자신들에 의하여 더 많은 인명이 살해 되었다. 소련과 중국이 공산화 된 이후 살해된 인명 피해는 인간에 의하여 살해된 전체수 (1억) 의 40% 에 해당한다. 캄보디아는 크메르 루즈 정권에 의하여 전체인구의 1/4이 사라졌다. 독일은 1750년부터 1850년 까지 지적 유산의 황금기를 구가했던 국가였다. 그러나 80년 후에 도래한 나치즘은 전쟁의 폐허에서 방황하던 독일 지식인들 간에 그럴듯한 국가구제 안으로 떠올랐을 것이다. 이들 모두 집단적 광기가 개인의 판단력을 무기력하게 만들었던 사례들이다. 지식인의 침묵이 독재자 악령보다 더 큰 재앙을 초래한다.

(1). 알빈 토플러는 제3의 파고가 산업 후 사회를 휩쓸 것이라는 예언을 한바 있다. 그는 산업 후 사회가 산업혁명으로부터 300년 후에 도래 할 것이라는 예언도 했다. 우리는 인위적으로 조작된 환경의 포로가 되었고 이 함정으로부터 어떻게 이탈할 것인가에 대한 논의가 산업 후 사회에 대비할 길을 열어주고 있다. 동양의 문화는 도시산업 사회의 특징인 인위적 환경의 정서적 불모지를 어루만져 줄 대안으로 떠오르고 있다. 우리가 바라고 있는 산업 후 사회는 진보, 생산성, 효율성, 객관성으로 대표되는 가치를 넘어서는 그 이상의 것을 추구한다.

(2). 치안은 우리의 구원은 내면적 각성으로부터 온다고 말했다. 이 각성은 통찰력과 같이 온다. 이것이 붓다의 가르침이다. 우리의 주의를 내면으로 돌림으로 이 각성은 외부적으로 표출된다. 치안은 불교의 전통 가치와 충돌한다. 형이상학적 사유와 학설은 구체적 경험의 논리에 의하여 대체된다. 이러한 종교적 경험은 중요성에 있어서 단순한 지식 획득이나 인지적 이해를 넘어선다.

(3). 미국과 일본은 일정 단체의 탄력적 경계가 보다 넓은 세계로 확대될 수 있음으로 신용사회의 범주에 포함되고 있다. 개인주의는 신용사회의 척도가 된다 개인주의는 국가건설 초기부터 미국인의 마음에 합류되어 있었다. 반면에 일본인은 한국인과 같이 집단적이었다. 국가의 강력한 결집력은 신용사회로의 확장에 장애물이 될 수 있다. 후쿠야마는 사회적 배경에 있어 두 국가 간의 차이에도 불구하고 일본의 신용사회를 강력한 집단적 결집력에 기인한 것으로 보고 있다. 일본 역사의 대부분은 봉건적 사회로

남아 있었다. 이 전통은 1864년 명치유신 때까지 계속 되었다. 일본이 신용사회로 확대된 근본원인은 일본천황에 대한 절대적 존경이었다. 일본은 통치자에게 신적 위치를 부여하는 세계의 유일한 국가이다. 천황은 사회 결집력을 이어온 통치자이다. 결집력으로 말하면 일분은 한국을 능가한다.

(4). 니체가 민주주의에 대하여 쓴 일부는 다음과 같다. "민주주의는 유기체의 각 부 분을 떼어 각 부분이 그가 좋아하는 대로 행동을 허락하고 있다. 이것은 자유와 혼란의 등장으로 그 유기체의 결집력과 상호의존도의 후퇴를 말한다. 민주주의는 우수인보다 범인을 선호한다. 개가 늑대를 싫어하는 것과 같이 민주주의의 가장 모순된 점은 자유정신이다. 범인에 대한 싫증은 독재정치의 찬성을 말한다.(월 브란트 324)

(5). 중용의 원래 뜻은 중간을 의미하는 것으로 중국 고서 4서중 하나로 꼽히고 있다. '과도하게 많은 것'과 '과도하게 적은 것'의 중간을 택하여 유동성의 자세를 가르치고 있다. "중"은 중간, '용'은 변함없는 행동을 뜻한다. 이것은 극단적 폭발성 행동과 극단적으로 수동적 행위의 중간, 완만한 성격의 소유자를 칭한다. 이러한 성격을 일컬어 아리스토 텔레스는 '이성적 성격'으로 정의한다. 격한 감정을 어떻게 다스릴 것인가에 대한 조언이 포함되어 있다. 이 도덕관념은 침착, 감정억제, 조용한 명상을 강조하는 유교적 도덕과 현재 생활의 샤먼니스적 해석의 중간을 뜻한다. 실제적으로 이 중간적 행동은 애매모호한 행동으로 흐를 가능성이 크다. 각자의 개성을 형성하는데 길잡이가 되지 못하는 이유가 여기에 있다.

(6). 자본주의와 공산주의는 같은 어머니로부터 태어났다. 물질적 풍요 측면에서 산업화는 괄목할 만한 발전을 이루었으나 인간은 그에 따른 악성적 효과로부터 자유롭지 못하다. 사회적 제도는 빈자를 약탈하고 소수의 부자를 키우고 있다. 자본주의 파편이 잔재하고 있는 세상에서 공산주의는 메

기아적 호소를 통하여 다음 세대들을 유토피아적 감상에 매료 시킨다. 자본주의와 공산주의는 같은 어머니로부터 나왔어도 극단적으로 배타적 관계에 있다. 공산주의는 현재 잔존하는 모든 제도와 삶의 방식을 부정하고 모든 것을 새롭게 시작 하려고 한다.

(7). 명치유신 후 일본은 개화적 사상가들을 많이 확보하고 있었다. 따라서 그들의 현대화 작업은 외국의 간섭 없이 순조로운 항해를 하였다. 그 중 한 사람이 후쿠자와 유키지이다. 이분은 명치유신 후의 국가와 민족에 대한 일본인의 의식을 깨우쳐 주었다. 그는 일본이 가야 할 길은 아세아를 넘어 세계로 나가야 한다는 '탈아세아론'으로 명성을 얻었다. 그의 주장에 의하면 중국과 한국은 반쯤 깨어있는 미개 국가이다. 다른 아세아국가들도 개화되지 못했음으로 일본이 이들을 이끌고 나아가야할 운명에 있다. 이러한 점에서 볼 때 일본은 아세아의 일부가 아니다. 일본은 다른 서양 선진국들과 어깨를 맞대고 세계적 진출을 부심할 때가 되었다. 후에 후쿠자와는 아세아의 이상론을 주창한다. 그리고 아세아를 서양제국주의로부터 보호해야 할 의무를 강조해왔다. 여기에서 나온 그의 아이디어가 '대 동아 공영'이다. 이것이 일본제국주의의 효시이다.

(8). 조이스 캐롤 오우쓰는 1970년에 출판된 "Them"의 저자이다. 저자는 월남전 이후 미국의 중산층 가정이 몰락하는 과정을 생동감 있게 그리고 있다. 이 중산층 가정의 아이들이 어려서부터 향락주의와 반 문화 운동에 빠져 있고 마리화나와 마약에 손을 대고 있음으로 이성을 잃어가고 있다고 보았다. 이 시기를 허무주의 시대라고 부른다. 저자는 미국가정을 "정서적 불모지(Emotional wasteland)"라고 불러 사회 전체가 종말론을 향하여 가는 듯한 느낌을 준다. 존 업다이크도 이 시기에 등장하여 그의 유명 소설 "Rabit Run"을 통하여 미국이 파국의 길에 들어섰다는 섬뜩한 느낌을 준다. 이 시기에 호전적 젊은이들은 맑시스트, 레닌, 마오 체퉁의 이념에 매료되어 좌편으로 돌아가고 있었다.